그 사람이 보고 싶다

청동산 박달재

도서출판 구암

보은 속리산 세계최대 금동미륵불

송시 松詩

십오세 심은 나무
팔팔에도 늠름한데
네머리나 내머리나
백발이 성글구나

충주시 노은면 수룡리 논고개
원수골 할아버지 산소

명당

2024년 봄 5월 5일 89세의 부부

영원히 잠들 곳

경기도 양주시 장흥면 신세계공원 특지 77-77

함께 가자

막내 한양공대 대학원 석사과정 수료식 1989. 2. 17

神仙과 道聽塗說하다보니
세월이 멈추더라 (작가 시 쓰는 곳)

우울증으로 봉화 청량산 기도원 작가 수양하던 곳

레이디 고다이버

잉글랜드 중부지역에 위치한 작은 도시 코벤트리 영주(領主)인 백작 부인의 놀라운 누드 승마에 관한 이야기를 아는 사람은 그리 많지 않았을 것이다.

레이디 고다이버(코벤트리영주 부인)는 자기 몸을 버려서 영국의 백성들을 구한 여인이기에 유명한 것이다.

레이디 고다이버는 정결하고 맑은 예쁜 여인으로 고결하고 반듯한 성품을 지닌 여인이었다. 그때 영국의 영주 데인족의 가혹한 세금징수로 상인들과 농민들은 세금 무게에 못이겨 노예로 전락하고 여성들은 몸을 팔고 자유와 인권마저 지주들에게 박탈당하고 속박되었다.

남편의 거듭되는 폭정(暴政)을 보다 못한 부인 레이디 고다이버는 밤에 잠자리를 이용하여 이불속 정치를 하였다.

남편이 다가올 때 마다 백성의 세금을 탕감할 것을 졸랐다.

즉 동양의 베개머리 송사를 한 것이다. 고집쟁이 남편 영주는 당신이 뭘 안다고 정치에 개입하느냐고 핀잔을 주었다.

그러나 레이디 고다이버도 그런 남편에게 순종하지 않았다. 세상에서 가장 사랑스런 부인이 잠자리를 거부하며 백성에 세금을 탕감 없이는 당신에게 옷을 벗지 않는다고 선전포고를 했다.

그녀의 잠자리를 갖지 않고는 삶을 잃은 영주는 드디어 부인에게 역 제안을 하였다.

역 제안이라기 보다는 아무런 실천 못하리라 여겼을 것이다.

당신이 그토록 백성을 사랑한다면 전 나신으로 백성이 사는 영내를 전부 돌아올 수 있는가. 그런다면 내 고려하겠다 했다. 그런 제시를 남편으로부터 받은 고다이버는 농·상인 대표를 불러모아 남편으로 하여금 증인을 서게하고 나신으로 말을 타고 코벤트리를 돌겠다는 약속을 하였다.

이와 같이 고다이버의 백성을 사랑하는 마음을 바라본 농·상인 대표들은 고다이버 부인의 나신을 절대 보지 말라는 금시영을 내리고 모든 국민은 멀리서 고다이버가 나타났다 하면 부복을 하고 안보이는 곳까지 다 지나가도록 바라보지 않기로 약조를 하였다.

그런데 코멘트리의 유명 양복점 재단사가 약속을 어기고 설마 혼자 훔쳐 보는데 누가 알랴하고 숨어서 고다이버의 나신을 보는 순간 알수 없는 강력한 빛이 발산하며 눈이 멀게 되었다 한다.

고다이버는 오래전에 세상을 떠났다.

그러나 영국 사람들의 진정으로 존경과 사랑을 받는 지금까지 영원불멸의 영원히 살아 있는 세계 사람들의 가슴속에 살아 있다. 지금 소련과 전쟁 중인 우크라이나의 미녀들이 사나이들의 성매매와 동성에 대한 분노에 저항으로 옷을 벗어 내 던지고 젖가슴에다 남자들의 비겁함을 조롱하며 내 가슴에 적힌 메시지를 보라 외치며 남자들이여 우리를 갖고 싶거든 전쟁에 나가 싸워서 나라부터 지켜라. 그런 군인들에게는 이 한 몸 당신들에게 기꺼이 주겠노라 했다.

이들 우크라이나 미녀들의 알몸 시위는 우크라이나 젊은이들에게 나라를 지키라는 용기를 줌으로써 소련과의 3년 전쟁에서도 나라를 굳건히 지켜오고 있다.

가진 자의 돈에 팔려 옷을 벗는 천박스런(오나시스재크린) 전직 미국 대통령 부인을 보면서 우크라이나 여인들의 숭고한 벗음이 경이롭기만 하구나.

2024. 7.
정태근

차 례

part 1
천년 古刹을 찾아서

그 사람이 보고싶다(1) / 보은 속리산 법주사(2)
선영에 심은 소나무(3) / 가족묘지(4) / 레이디 고다이버(7)

part 2
추천사

년두사(12) / 사필귀정(15) / 덕불고(32)
자서전 문학의 새로운 지평(33) / 선비정신 그 황홀함(35)
등단소감(39)

part 3
우리가 알아야 될 것들

명당(42) / 멀고도 슬픈 인생길(59) / 웃으면 복이와요(69)
잘사는 것이 잘 죽는 것이다(74) / 자연은 위대한 교사다(81)
아름다운 삶(92) / 초판을 펴내며(99) / 시사논평(104)
아버지가 쓴 통일론(109) / 가난은 죄가 아니다 (121)
마음의 조각보(128) / 세상의 중심에 홀로서라(138)
저자가 만들어 논 사랑의 이정표(142)
고전에서 지혜를 배워라(152) / 쪼개진 광복절(158)

part 4
山寺의 풍경소리

스님들의 삶(163) / 승려와 철학자(171) / 출가(180)
사문(沙門)이란(186) / 삼천사에서 만난 여인(194)
산사山寺에 풍경瓊經소리(198) / 인생길(211) / 운명(218)
나침반羅針盤 승산행원스님의 강의에서(220)
유마경維摩經 달마스님一子出家 九族生天(239)
다비식茶毗式(251) / 세월歲月(265) / 어머니(276)
선승禪僧 이규(282) / 서슬 푸른 구도求道(291)/ 연기법煙氣法(295)
용서(영혼속에도 세월이 존재하는가?)(301) / 손手(307)
원앙소리(올드파트너)(315) / 물 흐름을 따라가시게(321)
선악으로 받는 고통(324) / 조롱操弄, 남을 놀림(329)
건강에 감사를 법구경法句經(335) / 약산화상(347)
인생식자우환시人生識字憂患始(352) / 일체유심조一切唯心造(359)

part 5
인 연

작은 빵 가게 아가씨(372) / 독자편지(377) / 인연 이야기(381)
추태醜態(391) / 천상天上에서 온 편지(395) / 인생여정人生旅情(417)
만남의 존재(430) / 어릴때 추억(435) / 그 사람이 보고 싶다(441)
旅行(467) / 아름다운 이야기(472) / 숨겨놓은 이야기(481)
나는 못할 줄 아냐(483) / 사부곡(487) / 사모곡(488)

년두사

입춘 추위가 5일째 극성을 부린다.

수인이 되신 대통령을 생각하니 가슴이 무너진다.

내부분열(內部分裂)은 외적(外敵)보다 무섭다 하였거늘.

옛 고시(古詩)에 정을 주고 보면 사랑에는 미물(微物)도 무생물(無生物)도 구분이 없다 하였고.

그리움에는 기쁨도 슬픔도 경계가 없다 하였으니.

을사(乙巳)년은 나에게는 특별한 해이기도 하다. 큰아들 생일이 을사 8월 15일이다.

아들이 고양 강강술래 갈비 먹으러 가면서 아버지 올해가 어떤 해인지 아세요.

"글쎄다"

을사년이에요. 아버지 책에 2025. 8. 15 경축사(제 생일날) 우리 가족이 다 함께 손잡고 을사을사 춤추며 광화문 광장으로 남북통일 만세 부르러 가자고요.

그 참 좋은 발상이구나.

나는 12·3 계엄을 선포할 때 우리 군이 평양을 접수할 줄 알

앗다. 역시 윤석열 대통령은 배포가 크신 분이구나 국민의 염원을 결국 우리 대통령께서 달성하셨구나.

역시 윤석열은 영웅이시다. 대통령 한 번 더 하시어 마무리 작업까지 말끔하게 하시고 늠름하게 야인으로 돌아가시길 빌고 또 바랬는데. 이게 무슨 청천벽력인가.

봄이 문턱에 왔는데 목련마저 눈 속에 묻혔는가.

어쩌다 용이 승천을 앞두고 의왕에 가 계시는가. 어찌 형혹(熒惑 : 병란의 징조)을 뿌리치지 아니하시고 죄인이 가야 하는 그 곳까지 가셨습니까. 노유생(老儒生)이 90년을 기다려 죽기 전에 통일 소망을 이루는구나. 얼마나 기대했는데 선사께서 말씀하시길 외침보다 내부의 적이 더 무섭다 했거늘 결국 개떼들의 저주(詛呪)를 막지 못하셨구나.

음. 정월 보름 오우가에 말했듯이 동산에 달 오르니 그 아니 반갑고 야·도 눈시울로 바라보았습니다.

남산에 진달래꽃 피어나면 아름이 꺾어다 임 오시는 길 뿌리오리다 지려 밟고 오시옵소서도 다시는 못할 것 같습니다. 유생은 요즘 별이지는 아침에서야 수면을 맞고 저녁노을이 붉게 물들어져서야 새벽을 기다립니다.

언제나 임 오시는 길 청사초롱 불 밝히고 임마중 갈거나.

한○○인지 한통속인지 생각할수록 가슴이 무너집니다. 개도 주인은 물지 않는데 대통령 탄핵되자마자 두 한(韓)이 협치하자구요.

세상이 어수선하다 보니 개만도 못한 인간들이 설쳐대니 왜 그리 인복이 없으십니까.

제가 2월 10일 책 10권을 한남동 안가로 가지고 갔으나 모든 간행물 반입 금지령이 내렸고 거절하여 상면을 불허하여 노인 복지회관 앞 보수연사(윤석열을 즉시 석방하라)에 주고 전해달라 했는데 전달되었는지요.

지난번 탄핵만 막았어도 옥중(獄中) 구속은 없었을 것을 마음마저 수척하시니 군주가 평안하지 않으니 부끄럽고 죄송합니다.

총리마저 쟁면쟁이(爭名爭利)하고 있으니 영상(領相)의 독설(毒舌)을 누가 아니라 주청하겠습니다.

논어에 민지소욕 천필종지(民之所欲天必從之 : 백성이 바라는 바는 하늘이 쫓아서 민심을 들어준다)라 하였으니 우리 국민이 반드시 모두 나와 군주를 지켜드릴 것입니다.

그리고 불경(不敬 : 군주에게 무례함)은 반드시 천벌을 받는다는 걸 국민의 힘으로 보여주어야 합니다.

다시는 제2 이○○, 제3 한○○이 있어서는 안 됩니다. 내부 분열을 계책하는 자는 집안에 두어서는 안 됩니다. 도둑을 집안에 두고 어떻게 잠을 청하시렵니까. 혹여라도 다시 돌아오시더라도 두(二) 한(韓)은 등용치 마시기 바랍니다.

아무쪼록 위 일은 국민에게 맡기시고 성심을 편히 가지소서.

2025. 2. 10.
정 태 근

사필귀정(事必歸正)

사필귀정이란 일어나는 모든 일은 반드시 뿌린 대로 거둔다 했다. 2025년 3월 8일 우리 대통령이 영어(囹圄)의 감옥에서 나오셨다.

노유(老儒)가 년두사(年頭辭) 말했듯이 영원히 통일을 못 보고 죽는구나 애타게 가슴을 저렸는데 어쩌면 다시 희망이 생겼다.

우리 대통령의 신명(神明)의 밝고 맑은 정신을 알아보시고 민지소욕 천필종지(民之所欲 天必從之)라 하였듯이 백성이 바라는 바는 하늘도 알아서 일을 반듯이 성취해 준다 했다. 이 또한 천우신조(天佑神助)가 아닌가.

나는 오늘 그 사람이 보고 싶다.(당일출고) 두권하고 USB 2개를 가지고 한남동 안가 앞에서 가서 우익 정당에서 윤석열 대통령 즉시 석방하라 집회를 하기로 마이크 조정하는 젊은이에게 직접 전달이 어렵다 했더니 그 젊은이가 전달해 주겠다 해서 맡겨놓고 돌아서 오려는데 석방되신다는 소식을 듣고 안양교도소 출옥하시며 지지자들에게 절하여 인사하시는 사진을 찍고 안가 앞에서 들어가시기 전 지지자들에게 악수할 기회가 있음에도 젊은 사람들에게 떠밀려 예약은 못했지만 근거리에서 직접 촬영을 하고 증좌(證佐)를 가져왔다. 2025. 3. 8일은 노유(老儒)에게는 89생전에 마지막 경사라 생각하니 그 의지(意志)가 다르다.

　기쁨은 잠시고 대통령께서는 앞으로 개떼들의 험준(險峻)한 험구(險口)를 어떻게 막아 내실까 생각하니 계엄을 선포하고도 단행을 못 하신 여리고 선량(善良)하신 분이 난국을 어떻게 돌파(突破)하실까 걱정이다.

　그러나 다시는 위엄(威嚴)을 잃지 마십시오. 당신을 지키려는 2,500만 국민이 엄동설한 가리지 않고 싸우고 있습니다.

　반듯이 윤 대통령을 죽엄으로라도 지킬것입니다. 바라건데 문재인처럼 물러나 책방이나 하는 대통령은 되지 마십시오. 반듯이 어떤 희생을 치르더라도 임기 내 남북통일을 하시어 사초실록(史草實錄)에 길이 남을 세계평화를 주도하신 대한민국 대통령으로 이름을 남기시고 자연인으로 돌아가시더라도 반듯이 세계평화를 위하여 계속 매진하십시오.

　국민이 선출된 현직 대통령이 무엇이 부족하여 계엄을 했겠습니까? 그분 말씀대로 가족에는 노모와 아내밖에 자식도 없다 했습니다. 오로지 야당의 독단(Dogma)을 수습하고 국정을 바로 하여 국가를 부강하고 국민에게 안정과 평화를 주기 위함이기에 대다수 많은 국민이 그 추운 날에도 탄핵반대 의거(義擧)

에 동참하는 것이고 대통령이 하루속히 집무에 복귀하실 때까지 우리 애국 국민은 계속할 것입니다.

경제 부총리 같은 분을 총리로 승격시키시고 박찬종 같은 분을 법무부 장관 등용을 하시든, 이 교수를 내무장관으로 임명하신다면 지금 내각보다 훨씬 신선할 것 같습니다.

당과 협조가 힘드시면 국민의 힘에서 탈당하시어 무당으로 오로지 국방외교에만 전념하시고 행정업무는 국무총리에게 맡기십시오. 그리고 수시로 정당보다는 고신(故臣)들을 함께하여 여론을 청취하시어 국정에 반영하십시오. 고신(故臣)들은 어떤 정파에도 은혜가 없으니 중립적일 것입니다.

그리고 절대 가진 정치나 편파(偏跛)정치는 그만하시고 인의(人義)를 소중히 하는 화목(和睦)과 화합(和合)에 정진하십시오.

그리고 훈련 중 폭탄투하 사고에는 일어나서는 안 될 사고라 하지만 또한 불행 중 다행이라 할 수도 있으니까요. 어쨌든 훈련이라도 전쟁을 예상하고 하다 실수한 것이니까요. 이에 대하여는 더 이상 거론(擧論)을 안 했으면 좋겠습니다. 어쨌든 가상전이라도 전쟁입니다. 어느 곳에서도 늘 사고는 있게 마련입니다. 고의 사고가 아닌 실수는 병가상사(兵家常事)라 했습니다. 다행히 살해가 없는 것이 천만다행입니다. 오히려 앞으로의 훈련에 전화위복(轉禍爲福)이 될 수도 있습니다.

어쩌면 강병 교육에 요지가 될 수도 있습니다.

특히 조종사 역시 다른 실수와 똑같이 처벌은 없어야 할 것입니다. 그런 조종사가 다음에는 실수 없이 정밀타격을 할 수 있을 거라 믿기 때문입니다. 그렇다고 실전훈련을 소홀히 해서는 안 됩니다. 전쟁이란 어떤 경우에도 멈춰서는 안 되기 때문입니다.

어쨌든 감시가 소홀했던 것만은 확실하니 출격 전에 반듯이 점검하고 편대 간에 좌표 확인을 맞춰보도록 하여 다시 투하훈련을 실시함이 오히려 강국훈련이라 생각합니다.

훈련 중 일어나는 사고를 가지고 벌측이 따른다면 누가 국가에 생명을 받쳐 충성하겠습니까.

특히 군 장교는 국가에서 가장 우대해야 합니다. 그러잖아도 장교가 부족한데 군은 다른 일반 공직자와 달리 대우해야 합니다. 그래야 마음 놓고 나라에 충성할 수 있습니다.

대통령이 집무에 복귀하던 안하던 관계없이 계엄에 연루된 모든 분은 원대 복귀해야 합니다. 어쨌든 대통령은 국가수반입니다. 사람을 해치거나 나라의 치안을 위태롭게 하지 않은 이상 오히려 명령에 거역했다면 그것이 반역이라 여깁니다.

이번 계엄은 야당의 횡포를 방지하려는 통치권이니 대통령의 명령은 정당하다고 봅니다.

남자는 남자다워야 하고 여자는 여자다워야 한다.

속물근성은 가문과도 관계없고 학벌과도 관계없고 직위와도 무관하다.

특히 대한민국 의원들은 도대체 정체를 알 수 없다. 견생인지 축생인지 의사당에만 들어가면 똥강아지 아기 지저귀 물고 으르렁대듯이 물고 뜯는 것이 상습적이다.

타인의 시선 따위는 안중에도 없다.

양심도 교양도 싸울 때는 조금도 볼 수 없다. 여자건 남자건 싸울 때는 다르지 않다. 오직 주인의 눈치만 보고 있다.

오직 주인의 입과 동작에 따라 움직인다. 진정한 아름다움이란 외모에서 비롯되는 것이 아니라 내면에서 우러나와야 찐한 맛이 난다. 그래서 시인은 호박꽃을 더 좋아한다. 빨아먹을수록 꿀맛이 우러나니 아무리 예쁜 꽃도 꿀이 없으면 벌이 날아들지 않는다.

된장찌개, 김치찌개는 우리 한식에는 빼놓을 수 없는 메뉴다. 그런데 요즘은 세계음식이 다 모이다 보니 맛을 모르겠다.

어디 가도 순 된장이라던가, 김치찌개도 제맛이 없다. 하기야 된장도 된장 나름이지. 우리나라 토종 장은 청국장, 박 주기장, 된장밖에 없지만, 지금은 조리사가 바뀌어 제맛을 못 낸다. 청국장은 장모님이 끓여야 제맛이 나고, 박 주기장은 외할머니가 끓여야 하고 김치찌개는 묵은지라야 제맛이 나고, 청국장에는 두부와 잘 맞고, 박 주기장에는 조개가 들어가야 하고, 올갱이 국에는 아욱이 들어가야 하고, 매운탕에는 참게가 들어가야 제맛이 난다.

남자들 순수한 아가씨를 된장녀라 하는데, 여자도 순수한 남자를 된장남이라 한다.

  된장이 우리나라에 표준 음식이듯이 사람도 외래에 물들지 않은 사람을 된장남, 된장녀라 한다. 그래서 된장 맛을 아는 사람은 남자고 여자고 모조품과는 못산다. 그래서 지금 이혼이 많아진다.

  공연히 눈보라가 휘날리는 흥남부두에 금순이 꼴 안되려면 대전발 0시 50분 기다리지 말고 목포행 완행열차라도 타라. 버스 지나간 뒤 손들지 말고 정신 차리고 버스 오거든 아무 버스나 집어 타라. 막차 기다리다 안 오면 서울 가는 12열차도, 비 내리는 삼랑진도 차는 기다리지 않는다.

  지금은 KTX가 있으니 완행열차는 안 타도 되지만 주당은 양주보다 자갈치 아주매가 따라주는 막걸리가 더 맛있고 술도 꼬질대끼리 먹으면 술맛이 안 난다. 적쇠(炙釗)에 조개구이에다 두꺼비 따라가며 발라먹은 살 맛은 천당엘 가도 없을 것이다.

  어쩌다 생각이 나는 냉정한 사랑이라도
  마누라 앞에서는 절대 말하지 마라.
  여자는 오직 너의 거시기 하나 바라고 부모, 형제 다 버리고 불원천리 왔다.
  이런 여자는 언제나 기대만 꽂아도 OK 목장이다. 빗속의 여인은 핵탄두던, 순항미사일이든 올챙이 족속 백만대군을 몰고 와도 곡사포 한 방이면 전멸시킨다.

어떤 의사가 건강강연을 하는데 특히 고지방 식단을 조심하라 하며 잘못 먹다 걸리면 소화가 안 된다 하면서 고단백 먹는 법을 아는 분 손들어 보라 하니 80먹은 할망구 이가 없으면 잇몸으로 빨아 먹으면 되지요. 하니 의사 과연 구관이 명관이십니다.

된장찌개에 염증을 느낀 사나이가 마누라보고 어째 당신은 날마다 그 맛이 그 맛이야 하니 이 돌대가리야 조개는 짠물에서 사는 거야 날마다 야채만 처먹고 무슨 짠맛 타령이야. 당신이 된장 맛이 어떤 것인 줄 알기나 알아. 나도 갈빗살 맛 좀 보았으면 좋겠다. 어디서 대추 씨만도 못한것가지고 맛 타령이야. 누군들 맛을 몰라 못 먹은 줄 알아. 마누라도 좀 호텔 같은 데 데리고 가 무드 있게 스테이크를 먹여봐.
괜히 된장 맛 찾다 헛물만 키고 말았네. 고기도 먹어 본 사람이라야 고기 맛을 안다고 된장 맛이 짠지 싱거운지 맛도 모르면서 맛 타령이야.
어떤 놈이 싸우는데 닭이 먼저냐. 알이 먼저냐 싸우는데 알이 먼저기도 하고 닭이 먼저이기도 하여 내가 병아리가 먼저 아닐까요. 삐약이 커서 닭이 되고, 닭이 알을 낳으니 병아리를 까는 게 아니요. 하니 닭도 수놈이 등어리를 다녀가야 병아리를 깐데요. 우리 집 암탉은 알만 낳고 병아리를 못까요 하니. 야 그게 내 탓이냐. 병원에서도 너는 아무리 암탉이 많아도 무정란이라 자식을 못 본다 한다.

  내가 싸우지만 마시고 수정하면 되지요. 지금 인공수정으로 자식을 얼마든지 낳는다 합니다. 남자 녀석 그제 마누라보고 미안해 우리 병원에 가서 수정란 사서 자식 하나 낳자.

  장례식장 화구에 대고 Aigoo G goo하지 말고 외로운 나그네를 위로하라. Aigoo G goo 해 보았자 가신임은 오지 않는다. 하느님 아버지 찾아 보았자 천당에 나 사는 아버지가 올리만무고 부처님 앞에 가서 삼천 배를 해도 질투에는 돌부처도 돌아 앉는다 했으니 109배든 3,000배든 말짱 나무아미타불.

  한여름 불볕더위에 지하철을 탔더니 앞의 아가씨가 미니스커트가 허리만 감아있고 핫 팬티가 보일 듯 말듯한데 앞에 부부가 남편이 마누라는 짓거나 말거나 거들떠도 안보고 앞에 아가씨 거시기만 보고 있으니 마누라 뭐하는 거야. 돌아보니 마누라 미니스커트가 엉덩이에 걸려있다.

  남자 녀석 하는 말 남편 있는 여자가 그게 뭐니. 조신하지 못하게 허벅지를 다 드러내 놓고 개소리하고 자빠졌네. 아까 앞에 여자 들어오는 거 보고 아 섹시하다 하며 여자는 저 정도는 되어야지 한건 언제고. 마누라 엉덩이는 된장단지냐.

  송가인의 미아리 고개를 듣다 생각나는 분이 윤석열 대통령 생각이 낫다. 동지섣달 기나긴 밤 감옥살이 그 얼마나 고생을 하실까. 옛말에 큰 인물이 되실 분에게는 반드시 시련을 주신다고 하더니 당선전에 고생을 안 하셔서 늦고 생을 시키시나.

들리는 것도 보이는 것도 나와는 아무런 상관도 없는데 내가 왜 가슴을 저려야 하나. 나 어릴 때 가수 고복수가 생각난다.

애수의 소야곡이 그립다.

다시 한번 그 얼굴이 보고 싶어라
몸부림치며 울며 떠난 사람아
저 달이 밝혀 주는 이 창가에서
이 밤도 너를 그려 이 밤도 너를 그려
못 잊어 운다.

누가 보아도 다 이긴 총선에 사람 하나 잘못 들여 멸망지환을 당했으니 어찌할고. 애써 빼앗은 정권을 펼쳐보지도 못하고 쫓겨나게 되었는데 나라의 부강과 국민의 태평을 책임진 대통령이 어찌 이를 보고만 있었다면 무능한 대통령이라고 할거고 또 한마디 하게 되면 대통령이 선거운동한다고 할테고 대통령 해먹기도 힘들기는 필부(匹夫)나 다름없구나.

나는 책을 쓰면서 수없이 부추겼다. 계엄이라도 하여 선정(善政)을 방해하는 자는 가차 없이 전두환이 하는 방식으로 삼청교육대로 보내시라고 나라와 정부를 경직시키고 대통령을 탄핵하는데 보고만 있었다면 그게 무능한 관리이지. 내가 총리였다면 내가 대통령께 적극 권고했다 할 것이다.

국민의 안녕질서(安寧秩序)를 바로 하고 선정(善政)을 펴기 위하여 일으킨 정변을 어찌 내란이라 할 수 있는가.

왕은 법 위에 존재함이 맞다. 국민을 학살이나 박정희처럼 3선 연임을 계책한 것도 아닌데 대통령에게 탄핵을 한다는 것은 절대 반대다. 오히려 탄핵을 옹호하고 극좌노선에 가담하는 야당부터 탄핵하라 엄벌에 처함이 맞다.

독재를 하기 위하여 국민을 학살한 것도 아니고 대통령이 선정을 펼치려고 하신 일을 어찌 법의 심판을 받아야 하나. 대통령을 구금한 공수처장을 즉시 구속하고 대통령은 청사로 가시어 산재 된 업무를 처리하시게 하라.

고래로 통치권은 나라를 위해서 국민이 부여한 최고의 권한인데 왜 사법부의 판단을 받아야 하나. 나는 더 이상 국력을 낭비하지 말고 민심을 갈라놓지 말고 대통령이 업무를 차질 없게 하라.

미국에 대통령이 우방으로 언제나 한국이 일 순위인데 이때껏 정상끼리 통화 한 번 못하고 있다. 당신 같으면 국민의 지지로 당선된 대통령이 마음대로 물러날 수 있을까. 절대로 물러나서는 안 된다. 법에서 붙잡고 있어 보았자 국민만 분열된다.

이제 2년밖에 임기가 안 남았다. 지금 선거를 치른다 해도 새 대통령이 위임 받아 정치를 할 것이라고 믿는가. 우리 국민이 법관이 파면시킨다고 박근혜처럼 물러날 줄 아는가.

당장 소 취소해달라 헌재에 읍소합니다.

저는 야당에서 김건희 영부인을 붙잡고 늘어지는 야당 대표를 나쁜 사람이라 한 것은 큰 정치를 하는 사람은 그런 소견머리 없는 짓은 안 하는 게 원칙입니다. 국정을 가지고 싸운다면 누가 뭐라 하겠습니까.

그러나 제발 큰 부정만 없다면 사소한 뇌물사건은 안 건드려야지요. 당신의 아내도 영부인도 될 수 있고 아내이고 엄마입니다. 예부터 뇌물이 아닌 선물은 흔히 있는 관성(款誠)이라 했습니다.

그래서 가급적이면 영부인이 아니어도 뇌물이 아닌 지인끼리 오가는 상품은 건드리지 말았으면 좋겠습니다. 괜히 털어 보았자 상처만 남지 무슨 당에 이익이 있습니까.

김소월은 나보기가 역겨워 가실 때도 영변 진달래꽃 아름 뿌려 주리오다. 하지 않습니까. 또 한용운 시인도 하늘을 우러러 한 점 부끄럼 없기를 바라는 마음이 참사람의 마음입니다. 잎새 이는 바람에도 괴롭다 하지 않습니까. 작가는 특히 여인은 살인자라도 용서하고 싶습니다. 여자의 몸 안 거치고 태어난 사람 어디 있나요.

선승 이규(일본인)는 뚝 넘어 버드나무 밑에 쉬러 들어갔다 목욕하는 여인하고 부딪쳤을 때 삿갓을 벗어 놓고 여인의 음부에다 절을 세 번이나 하고 아무 일도 없는 것처럼 삿갓을 쓰고 유유히 그곳에서 사라지니 인근에서 일하든 사람들이 선승께서는 체면 없이 하찮은 여인 앞에다 삼배를 하시니 어인 일이십니까. 하니 선승 이규가 하찮타니요.

나의 어머니도 나를 그곳으로 나으셨고 예수도 석가도 공자도 소크라테스도 다 그곳에서 잉태한 곳을 보고 못 본 척 한단 말이요. 나는 인간을 탄생한 그분 앞에 예를 드렸을 뿐이라 했듯이 내 가족이나 남의 가족이나 건드리지 않았으면 좋겠다.

옛부터 자식 키우는 부모는 남의 자식의 허물은 들추지 말라 공자께서 말씀하셨다.

논어만 읽어도 예절쯤은 알 수 있을 것이다. 글쟁이는 이렇게 욕을 하거나 잡아가거나 불의에는 참지 못하고 다 까발려 놓아야 속이 후련하다. 김경희 여사부터 소 취하하고 문재인 여사도 더 이상 건드리지 말았으면 한다. 이재명도 사람인데 국민의 힘에서 자기 부인을 고발하는 데 가만히 있겠는가.

대한민국은 동방예의지 국가다. 설혹 뇌물 수수니 가방이니 이런 것 가지고 싸우지 말고 사내답게 큰 정치를 하시라.

사극에서도 보았지 않는가. 남의 부인을 인질로 잡아다 보스가 잠자리에 취하려 하자 여인이 스스로 자결을 하려하니 그 여인의 절개를 목숨과 바꾸려는 여인을 가상히 여겨 부하들에게 시켜 많은 보화를 주어 돌려보냈다는 설화.

비록 적장의 아내라도 장수의 품위가 놀랍지 않은가. 남자는 그런 배짱이 있어야 남자지. 소소한 여인 치마꼬리나 들추고 다녀서야 쓰겠는가. 야당 원내 대표처럼 당선 이래 오로지 김건희 여사 치마꼬리만 매달려 정치를 하니 그게 남자인가.

노벨 문학상의 한강의 글보다는 그의 숙연한 모습이 더 아름답다. 글이야 보는 관점이 부족해서인지 내 글보다 돋보이질 않았다. 그런데 그이 참신한 모습에서 순수한 여인상을 볼 수 있었고 아름다웠다.

이런 여인을 일러 수화수채(受和受采)라는 것이다. (진실한 성품을 가진 사람은 예를 잘 익혀 행한다) 한강은 여인의 가장 수치스러운 곳을 감수성 그대로 표현함으로써 높은 점수를 받지 않았을까. 만약 남자 작가가 여인의 요소를 탐익(耽溺)했더라면 여인들로부터 비난(非難)이나 수모(受侮)를 면치 못했을 것이다.

예술가는 어떤 일에도 솔직해야 한다. 어떤 경우라도 가설로 꾸민다거나 가면은 독자를 우롱하게 된다. 나 자신도 어떤 때는 글을 쓰다가도 망설일 때가 있다. 그러나 정직에는 가정이란 없다.

사실 옛날에도 이상한 일이 지금보다 더 많았다. 차마 입에 담을 수 없었던 일도 부지기수다. 그만큼 그 시절에는 섹스를 상품화하지 않았고 보통 마을에서 수시로 일어나는 일이었고 범죄 취급을 하지 않았다. 그저 예의에 벗어나면 부정한 사람이라 손가락 질은 했어도 어떤 처벌도 없었다. 지금 생각하면 그때가 오히려 연애가 자유로웠다. 과수댁이면 먼저 골인하는 사람이 선착순이었다. 물론 다 그런 것은 아니지만 주로 작부

(酌婦)는 거의 기둥 서방님이 있었다. 섹스는 누구나 허락된 것이지만 아무리 작가라도 남의 수치(羞恥)까지 반론할 수는 없는 것이다.

　나 장가 갈적만 해도 마을 여인네 들이 다 모여와서 창호 문을 뚫고 정사 장면을 훔쳐보아도 누구도 나무라지 않았다. 누구나 다 감수하는 일이라서 인지 들여다보고 킥킥거려도 아무 거리낌 없이 할 일은 다 했다.

　그리고 그 시절만 해도 아프리카 토착민이나 별로 다르지 않았다. 젖은 으레 내보이고 다녔고 아래도 수시로 볼 수 있는 광활궁(廣闊宮 : 엉덩이를 넓게 타개논 속 옷)이었다. 그만큼 속옷이 없었고 어머니들 치마 속에 고쟁이 하나 달랑 입고 있다가 앉아 있을 때 고쟁이 틔어 논 곳을 잘 아물리지 않으면 수시로 들킨다.

　또 어떤 아주머니는 아이들이 보고 쳐다보고 웃으면서 보려면 보거라 너희들 다 이곳에서 나왔다 한다.

　그리고 아기 날 때도 아기 받고 물 떠다 씻기고 가족이 다 동원되어 돌보게 된다. 지금은 태어나면서부터 지저귀를 채우지만 국민학교(지금 초등학교) 다닐때도 여자 아이들도 남학생 보는데서 길가에서 쉬를 하고 남학생도 여학생이 곁에 있거나 말거나 쉬는 했다. 어떤집 아이들은 옷감이 없어 10여살까지 여름에는 발가벗고 다녔다. 지금은 성에 대하여는 어느 부위보다 엄격하여 남자는 웃통만 벗어도 음흉하다 예의없다 하지만 솔직히 여자는 보기가 민망할 때가 많다.

범죄 도시에서는 누구나 다 알 수 있는 탤런트가 실오라기 한점 안 걸치고 10여 명씩 늘어서서 보스 마음대로 골라 섹스를 하는 장면까지 묘사하니 남자고 여자고 흥분하지 않을 수가 있는가. 하긴 국회의원은 박근혜 나신을 전시했어도 처벌받았다는 소리는 못 들었다.

나 역시 하도 내 글을 돌아보지 않아서 이번엔 큰맘 먹고 야한글을 써 보았다.

글을 쓰다 보니 더 시선을 끌게 없을까 하다 보면 기괴망측(奇怪罔測)한 문장이 나오고 또 나 자신도 책을 읽다 보면 그 장면이 더 즐거울 때가 있다.

2025년 2월 6일 연예계의 큰 별이 사라졌다.

이름도 송대관.

그의 노래 중에 네 박자 속에 사랑도 있고 이별도 있고 눈물도 있다 했던가.

또 윤수일은.

이렇게도 사랑이 괴로울 줄 알았다면
차라리 당신만은 만나지나 말 것을
이제 와서 후회해도 소용없는 일이지만
그 시절 그 추억이 또다시 온대 해도
사랑만은 않겠어요.

고래로 사랑에 빠진 시든, 노래든, 풍자는 내실(內實)이 없다.

실연은 남자보다 여자가 더 아프다 한다. 나야 여자의 심정을 어찌 알까만 실연당한 여자들의 생각이 거의 동의한다. 누군들 고무신을 거꾸로 신고 싶어 신나 눈물이 앞을 가리니 보이질 않았겠지.

남자와 여자가 다른 것은 여자가 더 회복이 빠르다는 것이다. 위의 노랫말을 보다시피 그 시절 그 추억이 또다시 온다 해도 사랑만은 않는다 했지만, 여자는 내가 왜 이리 누워있어 그놈 약 올리라고 보이는 데는 다 뜯어고치고 예쁜이수술까지 하고 젊고 멋진 남자 꼬여 그 놈 집 앞집에 언제 그런 일이 있었느냐 팔짱을 끼고 다니니 이제 와서 후회해도 소용이 없으니 낙하산도 없이 뛰어내리니 제 딴엔 보복이라도 한다지만 떠난 여인 영영 이별이다.

누구나 살다 보면 인생이란 단어에서 만도 수많은 사연들이 일어나지만 그때마다 생각나는 것이 심수봉의 비가 오면 생각난다. 그때 그 사람 언제나 어쩌고저쩌고. 하다가도 박정희 시해되든 그 자리에서 부르던 황성 옛터는 내가 가장 지금도 듣고 싶은 레퍼토리(Repotory)다

과거의 시(詩)문은 선비들이 지식을 자랑하는 현실의 풍경을 시로 묘사한 머리로 쥐여 지낸 창작품이지만 내가 쓰는 작품은 인생사에서 일어난 일들을 현실적 감각으로 표현한 기억을 더듬어 피안(彼岸)된 것으로 때로는 후회도 되고 때로는 반성문도 되지만 글은 나이가 들수록 더욱 성숙해진다.

그러므로 지난 세월도 헛되지 않고 남은 여생을 살아가는데 조각보가 될 것이다.

우리는 일상의 생활이 보잘것없는 것 같지만 작은 것 하나에도 추억이 담겨있다.

옛글에 귀하기가 극에 달하면 천해지고 천하기가 극에 달하면 귀해진다(貴上極則 反賤賤下極則反貴)라 하였다.

옛날엔 우체배달부만 다녀가면 빈손으로 올 때가 거의 없다. 누가 죽었다는 보고서부터 혼사며 안부까지도 전화가 없을 때라 사철 보내오면 또 다 답장을 써야 하기 때문에 문장(편지) 쓰는데는 이력이 낫다.

그래서 학교는 안 다녔어도 편지는 잘 쓴다는 칭찬은 많이 들었다.

한 두 번 써주는 버릇을 하다 보니 이웃집 아가씨 연애편지까지 대필하여 주었다. 작년에도 구독자로부터 2통의 편지를 받았다. 지금 아이들 편지를 못 쓸줄 알았는데 오히려 내 수필보다 더 재미가 있어 독자가 편지 377페이지에 있다.

편지 한 장은 교회에 나오라고 나에게 앵벌이 하러 다녀간 여자가 내가 준 책을 읽고 만나자 한다.

나는 무시해 버렸다. 나야 어디에 있어도 거리낄 것이 없지만 아무래도 아가씨와 만남이 정당할 수는 없기 때문이다.

아마도 내 글이 순진한 아가씨를 너무 자극(刺戟 : 감각기관을 흥분시켜 독특한 감각을 일으키게 하는 작용)하였나 보다.

추천사

덕불고 德不孤

장 덕 환

세계여행작가협회 회장, 교수, 정치학 박사

덕이 있는 사람은 덕으로 다른 사람을 감화시켜 친한 이웃이 되게 하므로 외롭지 않다 하였다.

저자(著者)와는 우연한 인연으로 늦게 만났지만 학문적으로 사리에 밝고 덕망이 있음을 알았으나 한학(漢學)을 한 사람으로 촌부자(村夫子), 한문 훈장으로만 여겼었는데 그가 쓴 『山寺의 풍경소리』는 선비아버지의 고금독보(古今獨步)와 고담(古談)을 담아 아들의 현대문학과 곁들여진 합작품으로 실감(實感)이 두텁게 감명(感銘) 깊게 읽었다.

더욱이 등단 시(時)까지 순수하고 담백함이 경요(瓊瑤)에 다다랐으니 혹세(惑世)에 살고 있는 우리들에게 마음의 위안이 될 글이라 여겨 추천하여도 양서(良書)에 조금도 손생이 없을 것이라 자부할 수 있다.

추천사

자서전 문학의 새로운 지평

김 유 조
국제 PEN한국본부 부이사장, 건국대학교 명예교수(부총장 역임)
미국소설학회 회장 역임, 서초문인협회 회장 역임, 문화 주간

정태근 거사居士가 쓴 『그 사람이 보고싶다』를 처음 접하면 단순한 자서전인가하고 짐작하기 쉽다.

그러나 내용을 들여다보는 순간 자신의 일생을 미화하여 스토리로 만들었거나 특정의 인간사를 타인이 화려하게 저술한 전기가 아니라 꾸밈이 없으면서도 예사롭지 않은 심원한 자전적 세계를 금방 느끼게 한다.

자서전은 '사실의 기억에 있지 않고 그 해석에 있다'라는 말도 있다. 그런데 정태근 거사는 우선 기억력도 비상하다.

일생 걸어온 넓고도 다양한 생애의 체험을 어찌 그렇게 일목요연하게 기술해 내는지 우선 감탄을 하게 된다. 그러나 이 촘촘한 기억의 그물망은 그 자체로 그치지 않고 그 내면의 의미와 함축성이 깊은 사유와 자신의 확고한 철학으로 재해석해내

는 그 안목이 책을 읽는 독자들에게 침을 꿀떡 삼키며 무릎을 치지 않을 수 없게 만든다.

글쓴이의 의도적이든 그렇지 않든 생애의 여러 국면을 단순한 산문으로만 처리하기에는 너무 갑갑하다고 느꼈는지 문학의 모든 장르를 다 동원하고 있다. 일종의 글쓰기 전략의 확장이라고 할 것이다. 빼어난 수필 문장이 있는가하면 시와 시조 등의 운문에 의탁하기도 하고 단편 소설을 읽는 재미도 선사한다. 그리고 그 배경에는 동서양의 해박한 지식, 특히 한학에 관한 학식과 지식이 경탄을 자아낸다.

오늘날 활자 매체가 여러 영상 매체의 위력 앞에서 다소 위축하고 있는 이유 중의 하나에는 스토리의 부재라는 약점도 있다.

그러나 이 책에는 그러한 점은 전혀 걱정하지 않아도 좋을 번득이는 이야기들이 출몰한다. 그런데 이 이야기들은 대뜸 교훈적인 내색을 하지 않고 은근히 내면의 진리를 담아서 '행복한 유언'으로 후대들에게 깊은 뜻이 전달되도록 하고 있다.

오늘날 문학의 여러 장르가 예전처럼 경계를 높이 치지 않고 서로 융합하고 통섭을 하는 방향으로 나아가고 있다.

『그 사람이 보고싶다』는 이런 새로운 트렌드를 앞장 서 이끄는 넓은 지평의 자서전이라고 할 수 있겠다. 널리 독자들을 초대하기에 주저함이 없다.

[심사평]

선비 정신 그 황홀함
전통의 시학

　신인상에 응모한 정태근 작가의 시詩등 문질文質모두가 수준이 고르고 품격이 높은 작품이었다.
　정태근님의 시관詩觀은 감성적 측면과 윤리적 측면에 서로 부딪히는 가치부재의 시詩인식을 한국시의 위기성으로 포착하고 시적유형의 모든 속성을 하나의 원론으로 통일시키려는 의지의 체계로 나타나 있다.
　송강松江정철鄭澈의 후손답게 정태근님의 시詩작품에서는 드높은 선비정신과 인간 이해의 보편성, 역사의식간의 전통의 시학을 읽을 수 있다. 우리는 정태근님의 시詩작품 중에서 〈청계를 바라보며〉, 〈말없음의 기도〉, 〈자기 그림자〉 세편의 작품을 선정하였다.
　〈청계를 바라보며〉는 "청계가 살아나고 삼각산 훈풍 부는" 자연의 리듬과 우주에서 들려오는 영원의 소리를 교감하면서 그 길만이 새로운 긍정과 의지라고 굳게 믿는 시인의 마음이 잘 표현된 시였다.

"세상살이 모두가 수수께끼라 했던가

여류세월 지나가니 환형幻形만 남았구나

선승이 도읍할 때 청루(궁궐)를 오류하여

맞이하는 천심마다 편안 세상 안 만들고

민성을 외면한 채 사리사욕 못 버리고

부릅뜨고 흘겨대며 수회일탈收賄逸脫하는구나"에서 보듯 정태근님의 의식 내부에서는 시詩인식의 예술적 질서와 일관성의 높은 정신이 뚜렷하게 표현된다.

흘겨대며 라는 특이한 시어詩語를 사용하여 지은 허물에서 벗어나려고 발버둥 치는 인간의 안타까움을 정확하게 나타내고 있다.

이 뛰어난 작품은 역사라는 시간의식과 보편적 인간의 삶의 문제를 진지하게 다룸으로써 진정한 예술관념의 세계를 우리에게 일깨워 주고 있다.

두번째 작품 〈말 없음의 기도〉는 원래 제목이 〈침묵〉이었는데 심사위원들이 그러한 평범한 제목으로 작품을 소개하기보다는 쉬우면서도 우리말이 깃들여진 좀 더 독특한 제목으로 〈말 없음의 기도〉로 바꾸었다. 양해해 주시기 바란다.

"말 없음은 인간만의 참 모습이다

말 없음은 자기 흉중胸中 울림이다

말 없음은 자기 정화淨化의 평심이다

말 없음은 자기질서秩序의 예의이다"에서 보듯 교과서적인 시詩특정한 옛날 시작품의 고려가요의 분위기까지 교양과 지식에 힘입고 있기 때문에 시행의 발전과 흐름에서 제재의 선비적 현학투를 자연품의 묘사로 풀어가는 방법을 통해서도 이를 간파해 낼 수 있다.

정태근님의 보여주는 시인적 자아확립의 양식은 한 시인의 창조적 의지가 역사조건과 현실에 얼마나 명백히 보여줄 수 있는가를 분명히 알려주고 있다. 이 시인의 놀라운 잠재력을 앞으로 우리 시단은 눈여겨보아야 할 것이다.

세번째 작품 〈자기 그림자〉는 정태근님의 많은 시詩작품 중에서 비교적 쉬운 시어와 서정적인 흐름으로 일관되게 표현된 특별히 의미깊은 작품이라고 할 수 있다.

"외로움이 지쳐서도 안되지만
고독의 즐거움을 몰라서도 안된다네
가끔은 시장끼같은 외로움에서
그리움의 목마름을 흐느낄 수 있어야 한 것"처럼 관념결벽의 형식주의를 과감히 탈피하고 쉽게 친절하게 우리 곁에 다가오는 수작秀作이다.

이 작품의 흐름속에서 감지할 수 있는 외로움, 시장끼, 그리움, 목마름, 흐느낌, 홀로살이, 홀가분함, 온전한 자유, 고통, 번뇌, 번민, 시달림 따위는 시인 자신의 자화상이기도 하지만 동시에 이 시대를 살아가는 우리 모두의 실체이기도 하다. 이

시 작품을 몇번이고 감상하다보면 순결무구한 존재의 신념 또는 자아의 극복에 대한 갈망으로 시적 문맥속에서 새롭게 읽혀지는 것이다.

정태근님의 뒤늦은 등단이지만 시작이 반이라는 속담처럼 외로움조차 느끼지 않을 홀가분한 삶을 향해 멋들어지게 달려갈 것을 믿는다. 우리가 멍한 눈을 비비고 있을 때 정태근님은 벌써 늠름한 독수리의 비상처럼 저만큼 앞서 나갈 것이다.

우리 심사위원들은 정태근님의 뛰어난 전통의 시인이 될 것임을 확신하고 즐거운 마음으로 추천한다. 앞으로 발표하는 작품들을 주의깊게 지켜보겠다.

2023. 3
심사평 〈문학평론가〉 장철주
심사위원 : 김용언 장철주 심명숙
추천인 : 정치학박사, 교수 장덕환
건대부총장, 소설가 김유조

등단소감

미명(微明)의 글을 등단시켜 주셔서 감사합니다.

우매한 유생의 글을 그토록 유별(類別)나게 칭찬을 아끼지 않으시니 몸 둘 바를 모르겠습니다.

老生 87 늦깎이로 등단을 하고 나니 글을 쓴 보람을 느끼겠네요.

몇 번을 글을 쓰면서 미천(微賤)한 식견을 가지고 맛난 글을 쓰려 하니 막막할 따름입니다.

어떠한 형식에도 구애받지 않고 내가 보고 느낀 대로 삶에서 겪어온 대로 쓰다 보니 유서 같기도 하고 타인에겐 별로 흥미가 없을 겁니다.

정말로 좋은 글을 한번 써보고 싶었습니다.

그러나 지식이 짧으므로 의욕만 앞섰지 좋은 문장이 떠오르지 않아 그냥 삶에서 사생활과 애환을 담아 쓴 글이 이토록 칭찬을 받을 줄이야 기대는 안했습니다.

서산대사께서 말씀하시기를 궁이후공(窮而後工 : 시인이 궁하면 궁색할수록 그 시문은 훌륭하다)이라고 말씀하시었듯이 세월에 묻어난 넋두리가 빛을 보네요.

 글이라고는 한학만 하다 보니 현대 사조에 맞지도 않을뿐더러 구법(句法)도 안 맞고 나이가 먹다 보니 신성한 네파토리도 없고 정신마저 혼미해져 평생 입에 달고 다니든 평상용어마저도 뱅뱅 돌고 떠오르지 않아 그만둘까도 했는데 선생님들이 추천해 주시고 심사하여 주시니 용기가 생기네요.

 글이란 사유(事由)와 사조(思潮)가 융합한 것으로써 인류가 지켜야 할 규범이기도 하지요. 부족한 학문만 가지고 좋은 문장만 탐내다 보니 시대의 변화에 적응하지 못하고 옹색한 변명만 늘어놓네요.

 제 글을 저보고 평가하라니 자찬하기도 쑥스럽고 폄하하기도 자존심이 허락하질 않네요.

 어려서부터 생사의 고비를 세 번이나 넘고 남달리 기구한 운명을 안고 살다 보니 머무는 곳마다 고립무원(孤立無援)이 되다 보니 한이 서렸나 봅니다.

 대충대충 요령 없이 살다 보니 성품(性品)마저 나도 싫을 만큼 삐뚤어져 글마저도 깊은 한(恨)을 토해냈나 봅니다.

 지금도 함박눈이 펄펄 눈보라가 몰아치면 아득한 벌판에 홀로 서서 궁핍했던 시절을 생각하면 나도 모르게 눈물이 양 볼을 타고내려 옷 솔개를 적셔줍니다.

 평생을 그리움에 애가 타다 보니 정신적·문화적 갈등 속에서 묻어난 넋두리가 사무친 그리움이 되었나 봅니다.

아무런 충분한 준비도 없이 마음대로 구상(構想)한 글이라 평석(評釋)하시느라 얼마나 애로(隘路 : 이해할 수 없는 장애)가 많으셨습니까. 가뜩이나 메마른 소재에 불분명한 소재를 가지고 성리학(性理學)과 신문화(新文化)를 마구 섞어 찌개를 만들어 놓았으니 어떤 감상을 하셨을까 궁상도 떨어 보았습니다.

모든 독자들이 세월강 건너보니, 시(詩: 488p 사부곡, 489p 사모곡)를 읽고 마음의 평화와 고성낙일(孤城落日 : 외로움과 불안함)에서 벗어날 수 있었으면 좋겠습니다.

시생도 인기에 연연하지 않고 수명이 다하는 날까지 문모(文謨)를 바르게 하여 미숙(未熟)하나마 좋은 세상을 만드는데 작으나마 밀알이 되고 싶습니다.

촛불이 자기 살과 뼈를 태워 어둠을 밝히듯이 인계(人界)를 정화(淨化)하는데 성심을 다하겠습니다.

감사합니다.
고맙습니다.

2023. 03. 20.
당선인 정태근

명당

우리는 태어나면서부터 스스로 알아 가는 것과 공부를 하면서부터 깨달은 것을 삶과 죽음이라 한다.

삶이란 기껏해야 평균 80~90을 사는 것이고 거기서 20세까지는(성인이 되기까지) 누구도 삶은 똑같다.

우리 인생을 80이라 하면 20세이면 1/4은 거의 부모 도움으로 살아야 한다.

우리의 일생에 가장 중요한 시기가 21세부터 40세까지이다. 40세이면 결국 1/2을 사는 것이다. 여기서부터 자기의 목표를 세워야 하고 결혼도 해야 하고 자식을 낳아야 하고 돈도 벌어야 한다. 그런데 이상하게 일이 꼬이고 공부도 주의가 산만하고 결혼도 배우자가 나타나지 않는다. 일도 자꾸 꼬이고 사고가 생긴다. 나는 나대로 열심히 노력하고 잘해보려고 부지런히 찾아다녀도 이상하게 일이 잘 안 풀릴 때가 있다.

첫째, 몸이 건강한데도 가족에 우환이 잦고, 약도 먹고 운동도 열심히 해도 교통사고도 잦고 할 때가 있다.

이럴 때 우리는 먼저 조상의 산소부터 보아야 한다. 꼭 명당을 찾으라는 것은 아니다.

　명당은 복이 다아야 오는 것이고 아무리 권세가 높아도 부자라도 명당은 쉽게 구해지지 않는다. 부자가 되려고 명당을 찾는다면 그는 죽을 때까지 찾아다녀도 명당은 못 찾는다.

　지금도 대권에 출마하려면 명당부터 찾는데 일부러 뭐가 되려고 명당을 찾으면 그런 명당은 어디도 없다. 그리고 지금 지관(풍수를 보는 장인)을 한번 데려다 보려면 가장 잘나가는 로펌보다 돈이 더 비싸다.

　그뿐이 아니다. 우선 자리가 있을 때 내가 마음대로 터를 정하고 살 수 있어야 하고 또 조상의 묘지를 조성할 능력이 있어야 하기 때문에 앉은자리가 명당이라도 어쩔 수 없다.

　명당은 첫째 가족이 화목하고 자손이 번성하며 하는 일이 순조롭게 잘 풀리면 그게 명당이다. 그러니까 정반대로 가족이 싸움만 하고 자식이 없고 하는 일마다 손해를 보던가 일이 꽉 막히고 안 풀릴 때는 이사를 하던가 선대의 묘지를 한번 돌아보아야 한다.

　특히 결혼에 실패한 사람은 꼭 다시 생각해 보아야 한다. 특히 우리 동양인은 명당을 중요시했다. 혼인을 할 때도 상식 있는 사람은 한 번쯤은 사성을 맞춰본다. 그게 미신이든 아니든 관계없이 보아서 나쁘면 거의 나쁘다. 아니 나쁘다는 소리가 늘 마음속에서 무슨 일이 생길 적마다 미심쩍은 것도 힘이 생겨 열심히 올인하다 보면 일이 성사되고 그것이 나의 운명과 맞아 떨어지면 그것이 명당이다.

명당은 나에게만 해당하는 것이 아니다.

조상이 좋지 않은 곳에 모셔져 있거나 지금 사는 집이 좋지 않으면 삶이 평탄하지 못하다. 장사도 같은 장소인데도 어느 집은 문전성시로 돈을 많이 벌고 누구는 죽도록 고생만 하다 다 망하고 폐업을 하고, 누구는 돈을 쌓아 놓고도 저녁을 가야 하고 아무런 가진 것 없이 살아도 가정이 화목하고 자손이 다 잘되고 90을 살아도 아쉬운 것을 모르니 어느 삶이든 다 자기의 극복과 노력만으로는 성사할 수 없다.

불교에서는 이를 뿌린 대로 거둔다고 했다. 자기는 조 씨를 뿌려놓고 지장 쌀을 수확하길 바란다고 지장을 거둘 수 있을까. 콩 심은 데 콩 나고 팥 심은 데 팥 나는 것이 정상이지 팥 심은 데 콩이 나면 이는 남의 밭에 콩을 훔쳐 심었기 때문이다.

남의 씨앗을 받아서 와서 아무리 남편 씨앗이라 우긴들 남편 씨앗 될까?

운영은 없다. 명당에 따라 운명은 얼마든지 바뀔 수 있는 것이다. 명당은 운이 안다면 엉덩이로 깔고 앉아서도 못 찾는 법이다.

옛날에는 명인(풍수지리를 보는 사람)이 따로 있었고 명인은 자리를 알아도 아무나 일러주지 않았다. 오히려 악질은 사람에게는 명당을 돈을 아무리 줘도 점지해주질 않았다. 아무리 없이 살아도 효자나 효부는 명인들은 알아서 좋은 곳을 찾아주었다.

그러나 지금은 그러한 해박한 지식을 가지고 풍수지리를 보는 사람도 없을 뿐만 아니라 설혹 있다 해도 보통 사람은 그들과 접선하기도 어렵고 또 재벌이나 대권을 꿈꾸는 이 아니고는 접선을 할 수가 없다.

그들이 명당을 알고 있으나 지금은 지주가 아니면 가랑잎 하나도 따다가는 도적밖에 안 되고 그 비용이 대형 로펌 하나 사기보다 거금을 주어야 하기 때문이다.

요즘도 대권에 꿈을 가진 사람들이 먼저 조상 묘지부터 이장하는 것도 명당을 찾는 이와 무방치 않다.

저자는 아버님이 한학을 하시었고 나 또한 일제 강점기에 산골에서 태어나 학교도 못 다니고 5살부터 20세까지 한학만 하다 보니 소학, 대학, 논어, 시전, 서전, 주역을 읽다 보니 패철이 없어도 명당은 볼 수 있었다. 그리하여 지금 이 집을 지을 때부터 그 돈이면 강남에서도 허름한 아파트도 살 수 있음에도 3,000만 원의 웃돈을 주고 이곳으로 이주하였고 서울 오면서 험지는 절대 살지 않았다. 사실은 시골에 선산 1정 3,000평이 남향진 좋은 곳에 할아버지 선영이 있다.

책 4p에 소나무도 내가 15세에 시제 날에 캐다 심은 것이 지금도 늠름하게 성장했다.

※ 그냥 보아도 대략 명당이 좋은 것을 보려면
(1) 삶에서 집안에 우한이 없고 가정이 화목함

(2) 자손이 번성하고 생기가 있을 것

(3) 매사가 마음 가는 대로 순조롭게 잘 된다

※ 명당을 이르러보면

(1) 남향진 곳일 것

(2) 인근에 혐오시설이나 소음이 없을 것

(3) 학교(영아·초등·중·고)가 가까이 있는 곳

(4) 자동차 출입이 원활하고 주차가 편리할 것

(5) 천재지변에 노출되지 않는 곳(홍수나 지진, 기움에도 피해 입지 않을 곳)

이상이면 명당이다.

※ 살아서 안 될 곳

(1) 북향 진 곳에는 피할 것(우한이 잦음)

(2) 계곡 옆이나 산 경사진 밑에 살지 말 것

(3) 소음이 심하거나 위험물(기름탱크나 유사한 인화 물질 취급소 근거리 피할 것)

※ 피해야 할 곳

(1) 유치원이나 초등학교를 차 타고 다니는 먼 곳에 떨어져 있으면 아이들이 힘들다.

(2) 집 들어가는 입구가 좁거나 막다른 골목, 차가 언제나 순

조롭게 드나들 수 없는 곳은 피하는 그것이 좋다.

(3) 장마 때 물이 모여드는 곳이나(계곡진 곳), 또 언덕 밑(축대 밑)은 피하라

우리는 삶만이 전부가 아니다.

죽음도 삶에서와 별반 다르지 않다.

다만 죽어서 명당은 학교나 시장과는 관계가 없지만, 그 외는 집터와 별반 다르지 않다.

삶이란 기껏해야 100년을 못 살지만 죽음에는 한이 없다.

중국의 진시황도 그 자리에 살고 있고 우리 할아버지 정송강(정철)도 진천에 송강 문학관에 살아계시고 세종대왕도 여주 능서에 그냥 살고 단종도 영월 영릉에 그냥 살고 있다.

이는 살아서 준비하지 않으면 죽어서는 모른다. 지금 서민들은 도재시뇨(道在屎嫋) 밥 잘먹고 오줌 똥만 잘 싸면 되지 뭔 놈에 명당이냐 하지만 못자리 좋은 가족 쳐 놓고 나쁜 사람은 90년을 살아도 못 보았다. 나는 명당 옆에는 김두환 법원장, 가수 배호의 묘가 있다.

우리는 도청도설(道聽途說)이라 했다.

오다가다 떠드는 이야기만 잘 듣고 행하여도 명인이 다름없다. 자기주장만 옳다고 하는 사람치고 성공한 사람 별로 없다.

안정된 삶을 살아가는 사람은 절대 부자도 대권도 원하지 않는다.

예부터 부자 3대 가는 집 없고, 권력은 반드시 쇠하고 만다고 했다.

잘사는 것이 잘 죽는 것이라 했다.

명인은 절대 욕심을 부리지 않는다. 그러기에 어느 때든 화를 입지 않고 삶이 항상 무사태평하다.

부자는 욕심이 한계가 없기 때문에 평생 가난을 못 면하고 옹색하게 살아가지만, 권력자는 자리를 지키자니 두려움을 안고 살아야 한다.

보통 사람은 마음이 비었기 때문에 물만 먹고 살아도 부족함을 모른다.

나도 70세까지는 그냥 처자식 부양하다 보니 세월을 먹고 살았고 명당은 생각지도 못했고 할아버지가 계시는 선산만 고집하고 살았다.

내가 확실한 건 꿈이 허무(虛無)가 아니라는 것이다. 꿈도 인생(人生)에 한 부분이다. 예언(豫言)이라는 것이다. 짐작이 반듯이 실제로 온다는 것이다.

나도 한때 육순(六旬)에 우울증에 시달려 아내보고 같이 시골에 가서 살자 하니 시골 생활에 멍이 들어 다시는 안 가겠다고 하여서 할 수 없이 생이별했다.

고행도 모자라 이혼까지 하게 되었다.

그래서 지금 사는 집도 1/3은 아내 명이고 2/3는 내 명의이다. 속세(俗世) 보통 사람들은 살지 못한다. 욕심이 없으면 추락하고 만다. 그래서 지금 역세권 재개발로 동의서 얻는데 APT 두 채를 받았다. 내가 간 곳은 깊은 산중이다. 그 사람이 보고 싶다. 주천강 별장(본편 91p) 법흥사 들어가는 산속. 전화도 안 터지고 처음엔 전기도 없었다.

집을 지으며 내가 신청하여 지금도 전기요금은 내 이름으로 나온다. 나는 옛날 어린 시절에 호랑이도 보았고 늑대들이 상여 메고 가는 시늉도 들으며 살았기 때문에 시골 가기 전 많은 준비를 했다. 1950. 6. 25후부터 남한에는 호랑이, 늑대가 씨가 말랐다.

첫째 고독을 면하려고 아코디언을 배웠고 색소폰도 배웠다. 2년 동안을 직접 악기를(3,000만 원 프랑스제품)을 샀고 연습을 제일 선생에게 교습을 받았다. 그리고 몸을 보호하기 위하여 엽총도 허가를 받았고 또 보호장비로는 중부시장 대장간에 맞춤 낫을 베려왔다. 낫 등에다 주먹만큼 커다란 함마를 달아 팔뚝만한 나무도 한번에 싹둑 자를 수 있고 남대문시장 군복파는 데서 전투복. 가시에 찔러도 안들어 가는 옷과 똘창에 빠져도 방수가 되는 무릎까지 올라오는 소가죽 군화를 준비해 갔다.

어느 해 봄 다래 순을 채취하다 큰 멧돼지를 만났다. 너무나 갑작스러워 기겁하며 소리치고 낫으로 얼마나 세게 내리갈겼던지 앞니가 두 개가 코를 뚫고 10cm는 나와 있고 송아지만 한 놈이 덤빌 생각도 못 하고 한방에 비명을 지르더니 선지피를 줄줄 흐르며 쏜살같이 숲속으로 사라진다.

 아마 호랑이도 만났다면 망치, 낫에 한 번 찍히면 혓바닥이 잘렸을 거다. 나는 돼지 누웠던 자리 다래 덤불 사이로 비석이 보이기로 욕망이 일어 선사시대 무덤이라도 만난 줄 알고 큰 덤부사리를 다 걷어내고 보니 정영옥 묘라 쓰여 있다.

 이름만 보아도 여인의 무덤은 확실한데 괜히 남의 묘에 벌초만 해 주었다 하다가 가만히 생각하니 자손이 없는 것 같아 측은지심이 생겨 삼 년을 벌초를 해 주었다.

 그러다 어느 해 추석 명절을 쇠고 아내가 싸주는 음식을 묘에다 갖다 차려놓고 내가 좋아하는 노래 박정희 시해되는 날 심수봉이 불렀던 황성 옛터를 아코디언 연주에 맞춰 구슬프게 부르는데.

 황성 옛터에 밤이 되니 월색만 고요해
 폐허에 서른 해포를 말하여 주노라
 아~ 가엾다 저 나그네 혼자서 잠못 이루어
 구슬픈 풀 벌레 소리에 외로워 눈물짓네

 이때 어떤 내 또래 아저씨가 어이구 어떤 분인가 했는데 머리에 황혼이 깃들어 있네요. 하기로 어째 첫마디부터 롱조(弄調)로 나오는 것이 무지몽매(無知蒙昧) 하지는 않아 보였다 .

 아래 저의 산장에 가서 커피라도 듭시다. 이렇게 우리 집까지 이곳으로 내려와 처음 사람을 만났고 금방 산에서 채취한 송이버섯 10뿌리를 얻었다. 주면서 이렇게 실한 건 10뿌리면 1kg은 너끈합니다. 해서 내가 고맙습니다 하고 돈 20만 원을 주며 돈이 이것밖에 없다 하니, 아니란다, 자기는 서울 어떤 사장님이 매년 가을이면 천만 원 맡겨놓고 버섯을 가져간다며 돈 받을 거면 드리지도 않았다 한다.

저의 집은 아랫마을 마을회관 앞집이란다. 나는 그 후 서울 집에 다녀가면서 산에 다니는 분이라는 것을 알고 남대문시장에서 미군복 한 벌, 훈련화 한 켤레 사가지고 찾아가니 주인아주머니 혼자 있는데 벙어리였다.

반기며 들어오라 손짓하는데 어찌할 줄 몰라 이장을 찾아가 사정 이야길 하니 이장이 손짓 몸짓으로 통역을 했고 남편은 서울에 갔단다.

저렇게 마음씨가 고우신 분이 벙어리라니 가슴이 찡하다. 물으니 자녀들은 잘되어 서울에서 공직생활을 하고 있다 한다.

어느 날 나는 벌초를 깨끗이 하고 그 날도 미움인지 그리움인지 노래를 하고 자는데 꿈에 묘 속에 여인이 나타나서 낮에 벌초하고 노래를 불러줘서 고맙다 하면서 내 팔베개하고 갔다.

※ 어차피 떠난 사람
눈물을 보였나요 그립기도 하던가요

아니야 아니야 소리 없이 내리는 빗물에 젖었을 뿐이야

싫다고 갔는데 밀다고 갔는데 울기는 내가 왜 울어

잊어야지 잊어야지 어차피 떠난 사람

생각이 나던가요 그립기도 하던가요

아니야 아니야 소리없이 내리는 빗물에 젖었을 뿐이야

싫다고 갔는데 밀다고 갔는데 잡기는 내가 왜 잡아

괴로워도 웃으며 웃으며 보내리다

나는 아침을 먹고 목욕을 하고 머리도 기름을 바르고 아코디언을 둘러업고 막 나가려고 하는데 밖에서 자동차 소리가 나더니 문을 두드린다.

누구냐고 물으니 말씀 좀 물으려고 한다기로 문을 열며 너무 놀랐다.

아마 여인이 혼자였다면 들어오라고 방으로 들였을 것이다.

아가씨 둘이 꼭 어젯밤 내 팔베개로 자고 간 그 여인과 닮았고 말소리도 똑같았다.

남자가 대뜸 우리 엄마가 어디 갔어요.

내가 괘씸해서 자네 어머니 어디 간걸 왜 나한테 묻나 하니 누나가 동생을 핀잔을 주더니 죄송합니다. 저희가 어려서 어머니가 돌아가시어 아버지도 없고 외숙이 장례를 치렀고 그때는 이곳이 온통 길도 없고 돌무더기 묵밭이었고 그 묵밭 지나서 어디에 어머니를 모셨는데 각기 살다 보니 어머니를 못 찾아뵙

다가 동생들이 엄마가 보고 싶다고 하여 오랜만에 다 같이 휴가를 내어 왔으나 아스팔트 도로가 나고 집을 짓고 다리도 놓고 완전히 지형이 그때와 달라서 어머니 묘를 못 찾겠네요 한다.

막상 딸들이 울음을 터뜨리니 숨길 수가 없어서 엄마 이름이 정영옥 씨지 하니 다 같이 아저씨가 엄마를 어떻게 하여 그간 있었던 일이며 나도 지금 엄마 보러 가는 길이라 하니 엄마가 아버지 생겼다고 우리를 부르셨나보다 하며 기뻐하며 우리 아버지 해 주세요 한다.

그날 아들이 사가지고 온 음식을 먹고 딸들과 재미나게 노래도 부르고 아코디언 연주도 하고 잘 놀았다.

자고 가라 하니 큰딸이 대한항공 스튜디오라 하여 영월 가서 첫차로 올라가야 비행기에 오른다 하고, 딸 하나는 울산시청에 근무한다 하였고 아들은 고깃배 탄다 하였다.

딸 둘은 내 읽던 책에다 전화번호를 적어놓고 갔는데 그 후로 내가 본가로 들어오고 나서 아이들보고 내 책을 같다 달라 해도 대답만 하고 안 같다 준다. 사실 꿈이라기보다는 그 일로 인하여 시골에 산소를 모신다 해도 2~3년만 돌보지 않으면 덤부사리가 된다는 사실을 깨닫고 지금 장흥묘지를 조성한 동기가 되었다.

그리고 나서 아이들보고 시골에 선산에다 가족묘를 조성하자고 하니 자식들이 다 반대다. 손주들 성묘 갔다가 벌에 쏘여 죽는 꼴 보고 싶으면 하시라 한다. 아내 역시 집에 있지 말고 가족묘지 좀 찾아보라 하기로 그때는 내가 운전할 때니 의정부부터 벽제까지 모조리 뒤져도 마음에 드는 자리가 없다.

아이들은 그저 평퍼즘하면 좋은 곳인 줄 알지만 나는 여러 가지로 보아야 하므로 명당 찾기가 어려웠다.

어느 날 장흥에서 추어탕을 먹고 면소에다 차를 대놓았기로 차를 타려고 하는데 어떤 아저씨가, 아저씨 차 좋은 것 타시네요.

네. 아이들이 사고 날까 염려하여 BMW 제일 고급으로 사주었어요. 이곳에는 누가 있으세요. 아니요. 어디 가족묘 자리 좀 찾으러 왔습니다. 그러시구나. 나 이곳 노인회장이요. 내 친구가 신세계 회장이니 명함을 주며 내가 보냈다 하면 잘 모실 겁니다. 그날 확실히 BMW 덕을 보았다.

이렇게 면소 뒤에 신세계 공원묘지를 같다. 나는 여태 공원묘지를 수없이 보았어도 신세계공원 같은 곳은 처음 보았다.

어떻게 자연은 하나도 안 건드리고 묘지에 소나무도 원시 그대로 덮여 있다. 신세계공원 회장님이 추천사를 써주신 31p 장덕환 성대교수님이시다.

명함을 보이니 회장이 직원 하나 대동하고 남아있는 곳을 다 돌아봐도 좋은 곳은 다 임자가 있다. 두어 곳 점 찍어 놓고 내려오다 길가에 아름드리 소나무가 가지가 4~5m씩 뻗어 커다란 바위를 덮고 있다.(본권 4페이지 명당)

이곳에 바위에 올라보니 꿩이 알을 품은 자리다. 이만한 자리는 내 견해로는 처음이다. 이곳은요 하니. 이렇게 큰 바위를 누가 사겠어요 한다. 하긴 그렇네요. 누군들 바위를 사겠어요. 바위가 사방 2m는 되고 겉에 드러난 것만 높이가 2.5m이다.

그냥 집에 와서 이야기하니 아내가 큰아들을 부르더니 가보자 한다. 나는 어제 보아 둔 곳을 가보고 이곳을 보이니 아들이 바위위에 올라가서 앉더니 이곳 사면 여름 휴가는 이곳에서 할 가보다. 텐트하나 치고 이곳에 있으면 종일 볕도 안들고 좋을 것 같다 한다. 너무 시원하고 좋네요.

내려오는데 관리실에 가자 하기로 들어가니 회장하고 같이 다닌 직원이 알아보고 반긴다.

돌 없는 곳 먼저 본 것 하니 다녀가신 뒤 강남에 사신분이 계약하고 갔어요 한다.

아내가 돌 있는 곳 계약서 쓰세요 한다.

내가 돈이 어디 있어. 나는 그냥 왔는데 하니 계약금 천만원만 걸면 되지요 한다.

관리인이 그거야 마음대로 하세요. 여기 땅은 사셔도 개인소유로 등기는 없습니다. 그것은 공영묘지는 어디 가도 개인소유로 등기는 안 나가요 한다.

아내의 금고 속 팬스에 꿰매 달은 주머니에서 봉투 둘을 내어놓는다. 천만 원 계약이 끝나고 아들보고 잔금은 너의 형제가 알아서 치르고 돌은 당신이 알아서 치우라고 한다.

거금을 투자해서 샀으니까 돌은 깨든 파내어 석함을 만들든 알아서 하란다.

명당 **55**

나는 그날 후로 날마다 출근했다.

점심은 주로 사 먹고 그곳 가서 종일 있다. 저녁에나 집으로 왔다. 일하는 사람마다 통사정해도 포크레인도 못 깬 돌을 어떻게 인력으로 깨느냐 한다.

송추 초등학교 앞에 손짜장 집에서 식사를 하고서 커피를 마시는데 어떤 아저씨들이 앉아서 학교 뒤에 전원주택지 부지 공사를 하는데 돌이 차돌이라 얼마나 야무진지 포크레인 함마로 아무리 두들겨도 먼지만 푹푹나서 전수 우물파듯 길이로 뚫고 폭파로 돌을 깨 냈다고 하여 붙들고 사정을 하니 옆 조수격인 사람이 일도 없는데 노는이 가 봅시다 하여 데리고 가서 얼마에 할거냐고 하니 자기네도 돌의 성질을 몰라 도급으로 못하고 일당 2명 50만원에 식대, 공구값해서 60만원씩 하기로 하고 목마른 사람이 우물 찾는다고 60이만원이 아니라 70만원이라도 꼭 한달만에 만나 하겠다는 인부를 놓칠수가 없어서 나도 매일 같이 했는데 정말 힘들었다.

꼭 두어 달 걸려 2천 오백에 돌 하나를 다 깨고 잔작도 쌓였는데 너무 경비가 많이 나와 잔작은 물통 갖다 놓고 혼자 일주일을 거의 다 걷어냈는데 어떤 회장이라는 분과 사모님이 한 분하고 기사가 내려오다 그곳에 오더니 회장님 여기 돌 다 걷어냈네요 한다. 와서 한참 서서 보더니 그냥 내려가더니 기사란 사람이 혼자 와서 내가 하도 쾌제제하니까 그곳 주인으로 생각을 못했나 보다.

달 포를 뙤약볕에서 수염도 안 깎고 일을 했으니 그리 여길 만도 하였을 거다. 기사 이야기가 실은 우리 회장님이 두 번이나 지관을 데려와 봤는데 돌 깨겠다는 사람을 못 구하여 미뤄 왔는데 그만 놓쳤다며 매우 섭섭해하더라고요.

아저씨는 이 땅 주인을 아실 거 아니요. 나도 모르는 척 아니까 일을 하지요 하니.

아저씨 이 땅 흥정만 붙여주면 거간료를 일억 즉석 현찰로 드릴게요. 나는 또 모르는 척 글쎄요.

돌 깨는 데만 삼천만 원이나 들였는데 팔까요 해서 잘만 되면 10억 드릴게요. 돈이 무척 많으신 분인가 보네요. 강남 부자들이야 10억은 돈 같지도 않게 생각해요. 그분들이 탐내던 자리라 무척 아쉬워 한다. 하긴 어떤 아줌마는 이혼비만 20억씩 받고도 재산분할비를 조 단위로 받는다는데. 그렇기도 하네요.

실은 나를 방배동에 APT를 한 채 사준 게 있는데 아무리 못 받아도 10억 이상 받을 수 있는데 이 집 팔아 이곳만 사주면 새 아파트를 사주겠데요.

어디 명함이나 줘 보세요 하고서 내 주인한테 물어보고 전화 걸게요. 하고 집에 와서 저녁을 먹으며 오늘 별 미친놈을 다 보았다 하면서. 글쎄 묘지를 10억에 팔라잖아 했다가 어쩐지 불나게 쫓아다니기로 잘한다 했더니 그거 팔아 처자시려고 신나게 다녔군 하며 밥도 먹지 말고 당장 시골 산장으로 내려가.

어이구 웬수 어떻게 마누라 아들이 사서 준 못자리까지 팔

명당 57

궁리를 해. 아니라니까 괜히 그 미친놈 때문에 나만 바가지 썼네.

아니 어느 미친놈이 남의 산소자리 사겠다는 놈이 있어 당신이 팔 의향을 비쳤겠지.

아냐 그건 오해야 잘못하면 쫓겨나게 생겼다.

사실 명당을 달포를 다니며 찾았어도 없었는데 그런 곳이 내 것이 될 줄을 누가 알았으랴. 이렇게 명당을 구해서인지 손녀 딸도 고려대학교 졸업하고 의사 공부하더니 서울대병원 가정의학과에 있고, 장손도 27세에 군에 다녀와 포스코에 취업하면서 1년 6개월 동안 포철에 파견근무하고 원대 복귀하면서 승진했다하고, 둘째 딸 손주도 대학원 다니며 행정고시 합격하고 세종시 청사에 근무하며 2025. 2월 박사학위 받는다고 할아버지 할머니 모시러 온다하기로 거절했다.

괜히 복잡한데 차 가지고 먼 길 왔다 데려다 주느냐고 고생된다고 이제 나는 다른 바램은 없다.

손주들 아홉 가정 꾸며 아들, 딸 많이 낳고 건강하고 화목하게 사는 것. 증손 다섯도 잘 크는 것.

셋째딸 손주는 7세인데 상하이 국제학교에 다니는데 3개 국어를 유창하게 잘한다. 대학나온 외숙들보다 더 영어를 잘한다. 친가가 중국 10대 안쪽 부자이기도 하지만 그래서 늘 행복하다.

또한 바람이 있다면 윤대통령 한시 빨리 돌아오시어 분산된 국정을 바로잡아 놓으시고 남은 여생을 국가에 헌신하시기를 바랄 뿐이다.

멀고도 슬픈 인생길

 더 이상 머무를 수도 떠날 수도 없는 인생길.
 어느 사이에 희끗희끗 머리 위엔 흰 눈이 덮이고 마음 안에서 사랑한 모든 것들은 영원히 마음 밖에서도 만날 수 없다.
 이 세상 모든 문제를 여는 열쇠는 바로 우리의 가슴속에 들어있다.
 언제나 산은 그 자리에 있어도 사라지지 않는다.
 강은 언제나 흘러도 물은 끊이지 않는다.
 나는 내가 쓰는 글에 대하여 누가 뭐라 해도 하등에 불만이 없다. 그것은 내가 목마름과 외로움 배고픔과 추위, 절망과 고통이 뒤엉켜 있는 가시밭길을 헤치고 80에 비로소 첫 작품을 아무런 도움 없이 스스로 창작하였고 87세에 시와 수필에 등단하였으니 수필은 산사의 풍경소리(251p) 다비식으로 등단하였고, 시집은 초판에 100수로 되어 있다.
 어쩌면 남은 여생의 동반자가 될지도 모른다.
 앞으로도 목마름과 외로움 절망과 고통은 계속 이어질 것이다. 지금까지 내가 겪었던 것보다 더욱 가혹한 아픔과 멸시가

기다리고 있을지도 모른다.

그러나 그것을 극복하기 위해 나는 하루를 더 살 수 있다. 농사꾼은 땅을 일구어 가꾸듯이 나는 펜을 하루에 하나씩 소모하며 언어의 씨앗을 뿌리고 거기에 내 정신의 물을 주고 산다.

대개의 예술가가 어둡고 외로운 인생을 고집하는 이유를 알았다. 예술가는 어느 것도 가지길 원치 않는다.

좋은 것과 소중할수록 그 자리에다 두고 보길 바란다. 풀 한 포기 나무 한 그루, 하늘과 땅, 바다 모두 마음속에 간직하고 자기의 사랑의 대상을 그 내부에서 찾아 묘사하기 위해 보존할 때 비로소 떠도는 자기의 영혼을 모든 자연으로부터 내 마음과 함께할 수 있도록 불러드리기 위함이다.

예술가는 작품을 만들기 위해서라면 일부러 자기 자신의 사랑에 상처를 내기도 한다. 따라서 풍부한 지식의 소유자보다 풍부한 감정의 소유자들이 더 좋은 작품을 만든다.

예술이란 한 악장의 심포지엄보다는 한 소절의 유행가를 사랑하고 한 폭의 미켈란젤로보다는 한 장면의 벌거벗은 에로 신이 더 필요하다.

독특한 상상력 탁월한 언어의 직조(織造 : 짜 맞춤)로 특유의 괴벽(怪癖 : 버릇)으로 바보 같은 기괴(奇怪)로 자신만의 색깔이 뚜렷한 문학의 세계를 구축하여온 예술가로서의 인간답게 행동하는 것이 아름다움의 추구이며 세상을 아름답게 하기 위하여 다양한 작품들을 통해 보여주려고 노력하고 있다.

고통 없는 사람이 어디 있으랴. 고통은 살아 있는 자와 도저히 지울 수 없는 영원한 상처이자 현상(現像)이다.

하지만 사랑을 하면서 느끼는 고통도 사랑을 잃어버린 후의 고통에 비하면 보잘것없다.

사랑할 때 우리는 세상 사람들이 저지르는 여러 가지 잘못들도 넉넉한 마음으로 용서할 수 있게 된다.

예술인은 무엇을 따로 미워하고 사랑하지를 않는다. 바람이나 달빛이나 물소리는 사랑을 줄 수는 있지만, 어둠이나 매연이나 소음들은 사랑을 베풀 수도 나눌 수도 없다. 산호초나 이슬이나 감자꽃, 호박꽃도 사랑할 수 있지만, 곰팡이나 독거미나 지네나 거머리를 사랑할 수 없다. 이처럼 사랑이란 아름다움을 추구하는 데서만 일어나는 현상으로 혐오하는 데서는 절대 일어나지 않는다.

신이 창조하신 모든 것은 각기 제 나름대로의 사랑받기를 원하고 있지만, 신도 추하고 더러운 것들에게는 사랑을 베풀지 않는다.

그렇다면 인간이 가장 행복할 때는 언제인가.

소크라테스는 이렇게 말했다. 사랑받고 싶어 하는 것과 행복해지고 싶어하는 마음과 같은 것이다. 사랑의 감정을 유발시키는 것은 바로 아름다움이다. 따라서 그대가 만약 사랑받고 싶어 한다면 우선 정신적으로든 육체적으로든 아름답지 않으면 안된다.

그것은 인간에게만 적용되는 말이 아니라 모든 동, 식물에도 적용되는 말이다.

하지만 이 세상에 있는 그 무엇이 그대를 아름답게 하는 것일까. 화장품일까, 권력일까, 돈일까, 재물일까, 아니다 그런 것들은 알고 보면 인간을 더욱 천박하게 만드는 것일 뿐 사랑의 거울을 놓고 비추어볼 때 그것은 바로 사랑을 베풀고 싶어 하는 그대 자신의 가슴이다.

사랑 그것은 절대적인 것이므로 전지전능하며 모든 빛과 어둠의 근원이 된다. 잊을 수가 없다는 것은 사람만이 겪는 참다운 병이다. 이세상에는 사람 외엔 이별이 없기 때문이다.

우리는 그 병을 알기 위하여 수 없는 작별을 감수해야 하고 사랑은 그 어떤 것으로도 대용할 수 없다. 그것은 서로의 마음과 마음을 통해서만 전달되는 것이다. 서로의 가슴안에 소중한 마음으로 간직하는 것이다.

이 세상에서 가장 소중한 것은 눈으로 보거나 손으로 만져지질 않는다. 단지 가슴으로 느낄 뿐이다. 눈에 보이거나 손에 쥐어지는 것은 안 보이게 되면 잊어버리게 된다. 그러나 가슴속에 품은 사랑은 칼로도 도려낼 수도 없고 강력한 세제로도 지울 수가 없다. 불로도 태울 수 없으며 잊고 싶다고 잊어지질 않는다. 가슴이 옹이처럼 박히어 사랑이 깊을수록 더 깊이 뿌리를 내린다.

언제나 젖어 있으라. 땅이 마르면 물이 고이지 않는 것과 같이 사랑도 가슴이 마르면 마음에서 떠난다. 내가 사랑하는 것들은 내가 외로울 때 마음의 위로가 되어주고 대화를 나눌 수 있을 때 참사랑이 살아나는 것이다.

예술적인 사랑은 생명까지도 기꺼이 희생할 수 있어야 많이 마음을 움직일 수 있다. 껍질의 모양이나 빛깔에서 억지로 추측되어지는 추상적 감정은 사랑이 아니다. 그것은 그냥 글 쓰는 사람들이 미화하는 것이기 때문에 대상 없는 연애와 같은 것이다.

사랑은 '영혼'과 '육신'과 '정신' 이 세 가지가 잘 조화되었을 때 하나가 될 수 있다.

혼자서는 사랑을 감상할 수는 있으나 공유할 수는 없다. 사랑은 둘이만 하는 것이다.

왜냐하면 말로하는 사랑은 새싹이 돋아 나질 않는다. 대상없는 사랑은 잉꼬없는 찐빵과 같다. 진정한 맛을 모른다. 찐한 맛이란 살점이 녹아내리고 한없이 깊은 나락으로 빠져들었을 때 진정한 사랑이라 할 수 있다.

사랑이란 나를 위한 기도가 아니고 상대를 위한 헌신이 있어야만 상대가 내 가슴에 안착할 수 있다.

그래야만 멀리 떨어져 있어도 간절한 그리움으로 가슴을 파고든다. 우리는 사랑을 너무 쉽게 생각하기 때문에 진정한 사랑을 하지 못하는 것이다.

눈으로 보는 아름다움은 눈에서 사라지면 오래 머물지 못한다. 또 다른 곳에서도 아름다움은 볼 수 있으니까. 그러기에 보거나 잡히는 것은 사랑이 아니다. 진정한 사랑은 가슴에 품었을 때만 같이 있거나, 떨어져 있거나, 보이거나, 안보이거나, 손에 잡히거나, 안 잡히거나 항상 내 마음속에서 함께 있다.

마음의 사랑은 아메리카에 있거나, 대서양에 있거나, 유럽에 있거나, 북극에 있거나, 남극에 있거나 한결같다. 사랑은 항상 내 가슴속에 젖어 있어야 하고 내 마음의 열쇠다. 그 열쇠는 그 사람만이 가질 수 있고 열고 들어올 수 있다. 그 사람이 열고 들어오든 내가 열고 들어가든 둘 사이에는 경계가 없다. 둘만이 열 수 있는 것이고 대여도 맡길 수도 없다.

열쇠는 번호가 없다. 언제나 0번이다. 그러기에 둘의 텔레파시로 열고 닫고 하기 때문에 누가 훔친다던가 주어갈 수도 없다.

부모나 가족 간에 나누는 사랑은 걷어찬 이불을 덮어주고 염려하는 사랑이지 품 안에 간직할 수 있는 사랑이 아니다. 그냥 맹목적인 사랑이다.

배우 임채무는 인생은 정답이 없다 했으며 직접 쓴 '아내에게 바치는 노래'는 우리의 가슴을 설레게 한다.

누가 먼저든 나중이든 사랑에는 변함이 없다. 변화가 있다면 그것은 이미 둘 중의 하나가 열쇠를 잃어버렸기 때문이다.

사랑이란 두 글자를 누가 지었는지는 모르지만, 생명을 가진 만물은 오로지 사랑만을 위하여 살다 가는 것도 많다.

사랑이란 한번 가슴속에 자리 잡으면 내가 살아 있는 한 항상 내 마음속에서 같이 숨 쉬고 있다. 우리는 삶에서 가장 쉽게 접할 수 있는 것이 걸레다.

지금은 걸레도 따로 사다 쓰지만, 옛날에는 옷 해 입고 나머지 천일 수도 있고, 아리따운 아가씨의 가장 깊숙한 곳을 가려주는 속옷일 수도 있고, 아기들의 지저귀 일 수도 있다.

또 아내의 달거리를 받아주는 무명천일 수도 있고, 할머니의 요실금을 받아주는 지저귀 일수도 있고, 불도를 닦는 선승의 가사(袈裟)일 수도 있다.

우리는 이 걸레를 통하여 성자의 모습을 볼 수도 있고 누더기의 역할이 얼마나 신성한가를 볼 수 있다. 걸레는 낡고 퇴색된 뒤안에서도 내 몸을 정갈히 하여 주변을 정화시키므로 잔멸(殘滅)할 때까지 자기역할을 다한다.

어쩌면 내 인생도 걸레 인생이라 해도 다르지 않다. 사배공반(事倍功半)이란 열심히 일하고도 대우를 받지 못함이니 이 글을 아무리 정성을 다하여 써본 들 잡문(雜文)에 불과한데도 그 끈을 놓지 못하고 붙잡고 있다.

벌거벗은 나목에서 지혜를 배워야 한다 하였으니 이 세상에 존재하는 그 어떤 것도 그 자리에서 자기 역할을 하는 것이 생존에 이유라 했지만, 순자는 자신을 불행한 존재라고 생각하면은 더욱 불행한 신세가 될 여지가 있다 했고 아주 작은 일에도 큰 긍지(矜持)를 가지는 사람에게는 그 어떤 불행에 닥뜨리더라도 다 받아드릴 수 있는 저력이 있다 하였으니 우리 대통령께서도 이번 일만 잘 극복하신다면 대의멸친(大義滅親 : 대의를 위해서는 사사로운 정은 희생시킴)이라 하였으니 민심이 대통령의 편이니 이 또한 선정을 펴시는데 경륜이라 여기시고 옥체강녕하십시오. 사람이 만물의 영장이라 하면서 짐승보다 못한 짓거리 하고 있으니 이를 어찌하리오. 짐승은 먹거리를 가지고 싸우거나 자기 영역을 지키기 위하여 싸우지만, 약자와 싸우지는 않는다.

지금처럼 먹거리가 풍부하고 지구상에 어디가 살아도 자유가 보장되어 있는데 매일같이 전쟁이 끝일 날이 없다. 소련은 세계에서 제일 넓은 영토를 가지고 가장 많은 지하자원을 가지고 있으면서 인접 우크라이나를 침공하여 남의 나라를 초토화시키고 자국 국민을 수십만을 죽이고도 모자라 한반도까지 전쟁에 끌여 드리고 있는데도 유엔이라는 곳에서는 무엇을 하고 있는지 더욱이 미국 대통령은 동맹국마저 헌신짝 버리듯 서슴치 않는다.

인생의 고통은 풍요로운 결실을 걷을 수 있는 것이라 했으니 우리가 역경에 처했을 때 한 몸이 되어줄 수 있는 또 하나의 분신(김건희 영부인)이 있는 한 어디에 계시든 결코 외롭지 않으실 것이다.

모든 생(生)은 어떤 목적을 가지고 태어난 사람은 하나도 없다. 그냥 태어나서 살기 위하여 어떤 일을 하는 것이고 왜 살아야 하는 것이 아니고 어떻게 살 것인가가 더 중요하다.

목사도 그냥 하느님을 찾다 보니 목사가 된 것이고, 중도 그냥 길을 가다 부처님을 만나서 부처님의 사제가 된 것이다.

벌레들은 아주 먼 곳에서도 불에 타 죽은 줄 모르고 불 속으로 날아들고, 물고기는 미끼인 줄 모르고 사람들의 야망에 미끼를 문다. 우리는 불행의 순간을 기다리지 못하고 그물인 줄 알면서도 관능적으로 뛰어든다.

술을 먹고 운전하면 불행해진다는 것은 누구나 다 알면서도 술을 먹으면 운전대를 잡는다. 마약은 반드시 폐인이 된다는 것을 알면서 마약을 한다. 죄를 짓고 싶어 짓는 사람은 없다. 우리가 살아가는 데는 언제나 덫과 함정이 도사리고 있다. 대통령도 함정이 있다는 사실을 모를 리 없을 터 함정에 뛰어든 것은 오로지 민생을 구제하기 위함일 것이다.

정권을 잡고서 민주당 하자는 대로 했으면 아무런 일 없이 임기를 마치고 야인으로 돌아가실 수 있음에도 계엄을 한 것은 순수한 애국애 발기(發氣)에 서다. 국가의 원수로서 국가와 국민을 잘 살게 하려는 것이다.

개떼는 하느님이 천당을 준다 해도 막지 못했을 것이고 부처님이 환생하여 돌아본다 해도 막지 못했을 것이다.

인생이란 뒤돌아보면 순간에 불과한데 만물의 영장이란 인간들은 욕망에 치우쳐 죽자사자 싸워댄다. 싸움에는 어느 싸움에도 이겨도 상처고 저도 상처만 남는 것인데 국민이 뽑아 준

대통령이 임기를 마치고 조용히 국민으로 돌아갈 수 있도록 배려하지 않고 죽자사자 헐뜯고 비방하니 공자 말씀이 남의 허물을 들추지 마라. 그것이 가장 나쁜 도덕이라 했건 늘 싸움질만 배우고 어찌 선정하겠다고 희희낙락하는가. 수오지심(羞惡之心)이란 자신의 불순을 부끄러워하라는 말이다.

민주당의 이상이 아무리 절대적이라 하더라도 투쟁이 아무리 순수하다 하더라도 분노와 용기만으로는 그 무엇도 이룩할 수 없다.

세상 이치는 흥하면 반드시 쇠한다 했다. 영구 정권은 없다. 어찌 백 년 누릴 것처럼 오만불손한가. 국민이 우러러 하는 사나이 중 사나이 나훈아조차 세상이 왜 이래하고 속세와 등지게 하는가.

요즘 상상하기조차 끔찍한 일이 일어납니다.

학교 선생이 학생을 보호는 못 할망정 어떻게 그 어린 것을 그 맑은 것을. 만지기 조차 아까운 아이를 얼마나 아팠을까. 그 아이는 더 이상 죄 없이 하늘나라에서 영생할는지는 모르나 그 부모는 어찌 살라고 어찌 명복을 빌 수가 있을까. 할 말을 잊었구나. 부디 더 좋은 세상에 다시 태어나 못다 누린 인생까지 살기 바란다.

나무관세음보살

2025. 2.

정 태 근

웃으면 복이와요

옛 속담에 웃는 얼굴에 침 못 뱉는다는 말이 있다.
그만큼 웃음에는 격의(隔意 : 서로 간 간격)가 없다 했다.
만물이 저마다 특성을 지니고 있듯이 사람은 누구나 제 빛깔의 향기를 지니고 있다. 아기는 어른이 웃어 보이면 따라 웃고 화내 보이면 까무러지듯 울어댄다. 아이는 어른들의 마음은 모른다. 그런데도 어른들 표정만 보고도 웃기도 하고 울기도 한다. 우리는 이런현상을 순진난망(純眞㸐眊)이라 한다
개그맨이 잘 떠든다고 다 잘한다고 하지 않는다. 몸짓, 발짓, 얼굴 표정서부터 넘치는 유머 감각이 뛰어나지 않으면 남을 웃길 수가 없다.
우리는 같은 말이라도 짜증을 나게 하기도 하고 섬진강 재첩국처럼 시원하면서도 맛깔나는 말이 있다. 맛깔난다는 말은 민화속 코주부영감처럼 발랄하면서도 포근한 세련미가 묻어나야 감칠맛이 난다.
글도 마찬가지다. 읽으면서도 코미디언을 대하듯 포근한 세련미가 있어야 지루하질 않다. 사람은 기대감이 있어야 발전한다.
남산기슭에 피어나는 아지랑이처럼 눈 속을 뚫고 나오는 새

싹의 입김처럼 무엇인가 보일 듯 말 듯 가려져 있어도 살짝살짝 지나가는 현상이 있어야 묘미가 있다.

불교에서는 이런 말이 있다. 향을 싸던 종이에서는 향내가 나고 생선을 엮었던 새끼에는 비린내가 난다고 지극히 타당한 진리를 가지고 왜 그랬을까?

사람은 타고난 성품은 변하지 않는다는 말을 애둘러 한 말이다.

이 세상 어느 것도 그가 가진 특성은 어디다 갖다 놓아도 변치 않는다는 것이다.

우리는 책을 읽을 때 감상 없이 그냥 글씨를 보고 읽는다. 그러나 그러면 금방 지루하게 된다. 글을 읽을때는 섹스를 하듯 몰입해야 새로운 정심(靜心)이 일어나 안정하게 된다.

그 단어 하나하나 음미하게 되면 맛있는 음식을 먹듯이 입맛이 돈다. 그래서 책도 풍자와 유머가 깃들여 있어야 즐길 수 있고, 장난기가 만화처럼 있어야 재미가 난다. 만일 공연장에 강연을 듣듯 엄숙하다면 그처럼 따분할 수가 없을 것이다.

우리는 맛있는 음식은 보기만 해도 군침이 돈다 했다. 웃음도 그냥 이야기 중에 코털 웃음에는 격조(格調)가 없다. 느낌이 있는 웃음이라야 훈풍이 일어 답답한 가슴을 시원하게 녹일 수 있다. 한강은 가장 야한 스토리로 노벨상을 탔다.

글도 읽으며 그 속에 든 알맹이를 내 것으로 만들어야 성숙(成熟)해진다. 지치고 힘들 때는 그늘을 만드는 큰 나무가 되기보다는 밭을 매 가꾸는 호미든 농부가 되어라. 그늘에서 쉬어가는 나그네보다 새싹을 잘 키우는 농부가 더 보람된 일이 아닐까. 우리는 삶에서 이익에만 치우치다 보면 욕심에 취하면 소화제가 없다. 우리는 돈 가지고 성공하는 사례는 전혀 못봤다. 사업의 성공과 사재와는 괴리가 있다.

손해를 보는 심정으로 조금씩 나누다 보면 더 많은 것을 얻을 수 있음에도 먹이를 놓고 싸우는 것은 짐승들이나 하는 짓이고 영리한 사람은 매사를 긍정(肯定)으로 받아드린다.

비록 배움이 짧고 모자라더라도 신뢰(信賴)와 존중이 더 인간답고 순수(純粹 : 사욕이나 사념이 없이 소박함)하다.

돈 많이 가진 옹색한 부자보다는 마음이 풍요(豊饒)로운 인간이 되어라 옹색(壅塞)한 사람은 아무리 많은 것을 가져도 늘 궁경(窮境)을 못면하고 마음이 풍요(豊饒)로우면 가난을 모른다 하였다. 잘사는 것이 어떤것이냐 묻는다면 안 쓰는 것이다. 남이 쌀밥 먹을 때 보리밥 먹고, 소고기 먹을 때 돼지고기 먹고, 자가용 탈 때 지하철 타도 조금도 불편하지 않고 절대 쪼아질 필요가 없다.

혼탁한 세상을 살아가는 데는 용기보다는 지혜가 더 필요하다 했으니 코미디언이 지식이 모자라서 개다리춤에 농지거리를 하는 게 아니라 관객 한번 웃겨보려는 그들 나름대로의 노하우(Knowhow)다. 우리 인간은 다 먹고 살기 위하여 끝없이 자기개발을 하는 것이다.

바보는 생각 없이 떠벌리고 돌아다녀도 누구도 나무라거나 역겨워하지 않는다. 바보의 웃음에는 어떤 목적이 없다. 좋은 것도 나쁜 것도 없다. 그래서 바보라는 것이다. 바보의 웃음에 코미디언처럼 목적이 있다면 그는 바보가 아니다.

나 어릴적 할머니 등에 업혀 있을 때 할머니가 대문에 써 붙여 놓은 글 소문만복래(笑門萬福來)를 가리키시며 '숭용아' 이 글이 무슨 뜻인줄 아니?

숭용이 할머니 그걸 어떻게 알아요. 다섯 살에 천자는 떼었으나 아직 글자는 읽었어도 낮말까지는 몰랐다.

할머니 이 글은 느 애비가 써 부친 글이다. 웃으면 복이 온다는 말로 매년 정월이면 이렇게 써 붙이는 것이 그때 시절엔 보편화 되어 있었다. 너의 아비는 공부는 잘했는데 할미가 신학 공부를 못 시켰다. 저렇게 얼치기가 되어 가지고 어떻게 사는지 그렇게 자식에 대해 걱정을 하고 사시었다.

숭용이 할머니는 어떻게 웃어야 복이 들어오는데요?

할머니 너 아비 복주머니는 너 어미니. 그건 엄마한테 물어 보려무나. 그 시절엔 가정꾸리고 자식 많이 두는 것이 최고의 행복이다.

숭용이 엄마에게가서 할머니가 그러시는데 엄마가 아빠의 복주머니래. 그때는 그냥 어른들이 그러시면 그런가 보다 하고 그냥 관심이 없었다. 지금 생각하면 그때 할머니 말씀이 맞는 것 같다. 할머니는 늘 손주들 앞에서도 족벌 교육이시다.

너희 할아버지는 영일정씨 송강자손, 할머니는 달성서씨 약

봉자손, 느 어미는 광산김씨, 또 밥 먹을 때 한 숟가락씩 푹푹 게걸스리 먹으면 저놈의 자식은 밥 먹는 것 보면 밥 복은 있겠다 하시다가도 조금만 밥상머리서 끼적거리면 저놈 밥 주지 마라. 어디서 어른들 앞에서 상 머리에서 밥 그릇 놓고 끼적거려 복 도망간다 하시면서 종아리를 때리시곤 했다.

옛날에는 암자도 많았다. 그런데 흉년에도 절에 가면 꼭 밥을 준다. 절밥은 누가 먹어도 공짜다.

산속에는 어디고 물 좋고 양지바른 곳에는 산사가 있다. 이런 산사를 우리는 암자라 했고 거의 대처승이 살았다.

절에 가면 어느 절이고 글씨가 많다.

우리 마을 뒷동산 너머에는 부처당이 있는데 그 집에 가면 두 부부가 무척 인자하셨다. 거기에는 수본지심 제일정진(守本旨心 第一精眞)이라 벽에 글이 있다. 나는 중에게 그게 무슨 말이냐고 묻곤 했다.

절에서는 순수한 참 마음을 찾은 것이 가장 으뜸가는 공부라는 말이다. 스님들은 속세와 등지고 살기 때문에 아이들처럼 누구라도 보면 웃으신다. 늘 천진난만한 아이들 같다.

또 어떤 분은 개그맨 같이 찡그려 보이기도 하고 웃기기도 하다가도 준엄하지만, 속내는 여리고 자상하고 그대로 해박(該博) 하시다.

그리고 스님들은 매일 독경을 외운다. 독경 중에도 회심곡은 철 모를 적에도 가슴을 울린다.

잘사는 것이 잘 죽는 것이다

사람들은 네가지 큰 고통을 생로병사(生老病死)라 했다.

누구나 살아오면서 한 번쯤은 임종을 맞는 자신의 모습을 상상해 보게 된다. 모든 것은 다 지나간다. 다만 죽음의 형태(形態)만 다를 뿐이지 생사의 고비는 똑같다.

우리는 가족이 사별한 뒤에야 비로소 가족의 소중함을 깨닫게 된다. 미국 하원의원인 리처드 뉴버그(Richard Nevbeger)는 암으로 죽기 전에 투병 생활에서 이렇게 말했다.

역행할 수 없는 변화가 나에게 찾아왔다. 하면서 자신이 암에 걸렸다는 사실을 알았을 때 갑자기 찾아오는 외로움을 이렇게 말했다.

먼저 친구들과의 약속을 어떻게 할까. 사랑하는 아내에게는 사실대로 이야기해야 하나.

또 자식들에게는 뭐라고 말할까. 끊임없이 마음을 괴롭힌다. 내 입으로 언제 죽는다고 말하기가 왠지 싫었다.

지금 내가 가장 해보고 싶은 것이 무엇일까. 그는 조용히 일어나 케이크 한 조각과 오렌지 주스를 꺼내 한 컵 따라 마시며 침실램프 아래에서 책을 읽으며 얼마 남지 않은 인생을 조명하여 본다.

내가 무엇을 잘못했나, 왜 나인가.

지금에 와서야 건강이 가져다주는 인생의 찬미(讚美)를 느꼈고 처음으로 건강에 대한 고마움을 참회(懺悔)했다.

잘사는 것이란 어떤 것일까. 가정이 화목하고 건강하게 부부 해로하고 자식들 잘 사는 것이다. 또 더 바람이 있다면 손주들 공부 잘 하여 좋은 직업 갖고 결혼하여 아들, 딸 많이 낳고 사는 것이다.

삶이란 어떤 고난으로 살거나, 부귀영화를 누리고 살거나 하루하루 삶이 즐거우면 잘사는 것이다.

우리는 어떤 삶과는 관계없이 다 놓아버리고 떠나야 한다. 그것은 죽엄을 준비하는 자의 의연한 모습이다.

어떻게 보면 당연한 사실을 가지고 웃기도 하고 울기도 한다.

삶이란 욕망에서 무덤까지 흘러가는 수곡류(水曲流: 물줄기가 계곡을 돌아 흐르는 현상)와 같다.

또한, 죽음이란 망루에 다아있는 물속에 너울진 황혼빛이다. 돌아보면 누구나 다 가는 길인데 내가 조금 먼저 갈 뿐인데 왜 나일까? 에선 나도 모르게 눈물이 주르륵 두 볼을 타고 내린다.

우리는 지금 이 순간에도 늙고 죽엄을 향해 조금씩 천천히 다가오고 있다는 사실을 알면서도 생각하지 않고 있을 뿐이다.

그러나 그 과정 또한 우연이 아니고 내 인생에서 한 번은 반

잘사는 것이 잘 죽는 것이다

드시 받아들여야 할 순환의 이치다.

자연을 보라. 누가 알려주지 않아도 봄을 맞으면 꽃을 피우고 새순을 돋아 열매를 맺어 여름에 성숙하여 가을이면 스스로 떨어져 눈 속에서 부활(復活)한다.

사람도 혼자서는 절대 잉태를 못 한다. 음(陰)과 양(陽)이 합일치(合一致) 되어야 모태에서 열 달을 자라면 스스로 자궁 밖으로 자연 분만(分娩)한다.

사람뿐 아니라 생명을 가진 것은 음·양의 만남이 없이는 하나의 씨앗도 생산할 수 없다. 물질도 발명할 때 양극(兩極)의 원리를 이용하여 전기를 생산하였고 우리가 사용하는 모든 물질서부터 지구도 북극, 남극, 양극이 하나가 되어 살아 회전한다.

모든 생물뿐이 아니라 식물 박테리아까지도 음양의 합일이 이루어져야 새 생명이 탄생한다.

다른 동물은 배란기라야 교미를 이루고 평상시는 교미를 허락하지 않는다. 오직 유일하게 사람만이 장소 구별 없이 성교한다. 물론 짐승처럼 상대가 누구든 관계하지 않지만, 사람은 결혼이라는 상호의존함으로 동물처럼 싸워서 이겨서 암컷을 취하지 않는다. 동물은 아무리 힘이 세도 암컷과는 싸우지 않는다. 그러나 종족 번식에는 수컷끼리는 사생 결단을 한다. 이기지 못하면 암컷과 교미를 할 수 없다.

사람 태어날 때부터 남, 여의 일정이 다르게 산다. 남자는 의례 장가를 든다 했고, 여자는 의례 시집을 간다고 했다.

든다는 것은 데리고 산다는 의미로 간다는 것은 부모 곁을 떠난다는 것이다. 지금도 형편에 따라서 많은 변화가 있지만 대부분이 남편 따라 사는 것이 보편적이다.

또 몸 구조상 남자는 여건만 되면 지퍼만 내리고도 간단히 해결할 수 있지만, 여자는 어떤 경우에도 엉덩이를 벗지 않으면 해결이 불가능하다. 최소한도 엉거주춤하고 일을 본다해도 엉덩이는 내놓아야 한다. 특히 길섶이나 경사에서는 앉아 일을 볼 수가 없다. 엉덩이를 최대한 추켜들어야 옷에 지리들 않는다. 엉덩이를 추길수록 음부를 드러나야 하니 참 생활 자체가 복잡하다.

또 여자만이 겪어야 하는 달거리는 생활을 더 복잡하게 만든다. 지저귀를 담아서 다니자니 가방도 커야 하고 또 여자는 이별하면서도 화장을 한다. 울면서도 하고, 버스를 타고서도 하고, 지하철에서도 하고, KTX에서도 하고, 밥을 먹다가도 하고, 술을 먹다가도 하고, 춤을 추다가도 하고, 화장실 가서도 하고, 사랑하면서도 한다. 비행기 속에서도, 배를 타고서도 한다.

또 젊은이들 미니스커트에도 팬티가 보이고 엉덩이가 반쯤 드러나 보여야 섹시하다 하다가도 제 마누라는 무릎 위만 보여도 옷이 그게 뭐니 남의 부인이 왜 제 마누라를 가지고 남의 부인이라 하는지.

하긴 예부터 자식은 안 보이고 멀리 가 있어도 핏줄이라는 딱지를 부치고 다녀야 하고 마누라는 헤어지면 남이라 한다. 밤마다 꼬실 때는 언제고 제 것처럼 가지고 놀다가 뭐 피 한

방울도 안 섞였다고 남이라고 짐승마저도 못한 놈.

짐승도 여자와는 절대 안 싸운다. 암컷 한번 품으려고 사생결단을 하지만 암컷만 보면 짐승도 침을 질질 흘리고 꽁무니를 쫓아다닌다.

그런 것을 보면 지금 야당 하는 꼴 보면 짐승마저도 못하다.

왜 의회에서 국정을 가지고 싸워야지 당선 이후로 영부인 치마꼬리만 잡고도 연봉, 보너스 타 자시는 것 보면 가관이다.

요즘 사회도 그렇지만 정치판이 너무 각박하게 메말라 그를 바라보는 국민이 너무 쓸쓸하다.

정치가는 정치가답게 의회에서 국정쇄신을 갖고 싸우든 멱살을 잡든 누가 뭘할까 꼭 개만도 못한 인간들이 남의 흠이나 만들고 영부인 치마꼬리나 잡고 추잡을 떨고 있다. 지성인이면 지성인답게 덕의를 갖고 토론의 정치를 하시기 바란다.

가만히 있어도 국민은 다 보고 알고 있다. 국민, 국민 팔지 마라. 당신들 지역에서 상대보다 표를 더 얻었을 뿐 누가 당신의 국민인가.

대통령은 전 국민의 지지로 당선되신 분이다. 어떻게 일개 지역 국회의원이 전 국민을 대고 국민이라 부를 수 있는가. 어디서 나쁜 버릇만 배워서 추한 행동만 하면서 그것도 아가리라고 짖어대고 있는가. 추잡(醜雜)하고 경망(輕妄)스러워 듣기조차 민망하다.

국민께서도 좀 깨어나십시오. 당장 눈앞에 이불이해에만 바라보지 마시고 우리 대한민국이 어떻게 해야 통일을 하여 세계의 평화를 조정하는 강대국으로 후손들에게 물려줄 건가를 생각하십시오.

　대한민국의 명암은 우리 국민이 판단하기에 따라 장래가 달라진다는 것을 명시하십시오. 동쪽에서 서쪽까지 두 시간이면 오고가는 작은 나라에서 분단이라니 말이나 됩니까.

　소련, 일본, 중국 강대국 사이에서도 우리 선조들이 지켜온 한반도를 지금 김정은은 소련에다 가져다 바치려 하고 있습니다.

　사람이 죽고 사는 것은 운명에 맡겨야 합니다.

　잘 죽는 것이란 국립암센터(가정의학전문의) 윤영호 박사는 잘 죽는 것에 대하여 다음과 같이 미리 쓰는 유언을 남기셨습니다.

　자신의 의사 표시를 제대로 못 할 경우를 대비해서 적어두오니 고통을 줄이기 위한 의료행위에서 실제로 병을 고쳐 사회생활을 할 수 있는 치료는 허용하되 단순히 생명 연장만을 위한 경우라면 어떤 행위도 금한다.

　<u>스스로 숨을 쉬지 못</u> 한다고 인공호흡기를 물리지 마라.

　<u>스스로 음식섭취를 못</u> 한다고 강제로 영양을 투여 마라.

　죽어가는 환자에게 압박을 가하여 심폐소생 등 인위적 방법으로 멈춘 심장을 압박하지 마라.

　의사는 환자의 상태를 진지하게 진찰한 뒤 다시 소생하여 건강을 회복할 수 없는 환자에게는 고통을 최소화하도록 처방하라.

　이는 유언장이라기보다 모든 담당 의사나 가족들에게 주는 메시지(message)가 아닌가 한다.

나는 지금 이 시간 이후로 나에게 일어날 일들에 대하여 위와 같이 육필로 유언(Living Will)을 남기는 것이니 어떤 다른 생을 연장하지 말라.

짧은 인생이지만 너무 많이 누리고 간다. 시신은 병원에 기증하고 의사의 처분에 맡겨라.

2024년 12월 22일 일요일

서울시 은평구 불광동 606-19 푸른빌라 402호
작성인 정태근

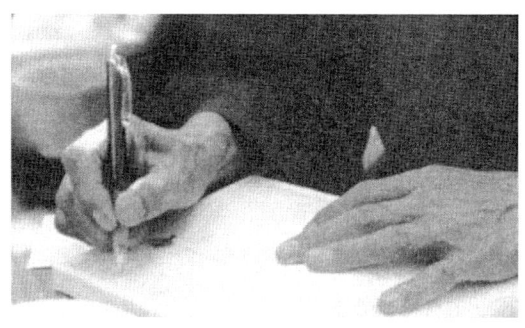

자연은 위대한 교사다

지금까지 우리는 자연과 조화를 이루기보다는 개발이라는 미명 아래 자연을 파괴하는데 더 치적(治積)을 기려왔다. 마치 자연을 지배하는 것이 성공의 신조처럼 누려왔다. 이제부터라도 우리는 자연의 내밀한 목소리에 귀를 기울여야 한다. 그래서 자연을 숭배하고 자연의 이치에 따라 정결(淨潔)하게 보존하여야 한다.

모든 생명에 에너지를 공급하고 퇴색된 삶을 일깨워 주는 나무나 풀, 산이나 강, 해와 달, 공기와 물, 흙과 돌 어느 하나 소홀(疏忽)하게 취급할 수 없는 존재들이다.

인간뿐만 아니라 모든 생명에게 많은 것을 베풀어 주고도 대가를 바라지 않고 묵시(默示) 중에 많은 진리를 가르쳐 주고 하면서도 어떤 것도 요구하지 않는다.

우리 인간은 지구상에서 유일한 영장이라 하면서도 자연의 고마움은 헤아릴 줄 모른다.

모든 생명체는 자연과 떨어져서는 생존할 수 없다. 우리는 자연을 접하지 않고서는 건강을 유지할 수 없다.

너에게 주어진 세월이 몇 해가 지나고 몇 날이 남았느냐. 너는 이 세상에 어디쯤 와 있느냐. 오스트리아 철학자 마르틴 부버가 쓴 '인간의 길'에서 한 물음이다.

한 인간이 자신의 행로를 되짚어 볼 수 있었다는 것이 이 물음의 크나큰 행운이다.

옛 고리짝을 정리하다 고리짝 밑에 깔린 누렇게 색 바랜 신문지 속에서 박혀있는 한 철학자의 자연을 노래한 물음은 매우 순수하고 허식 없이 진실하여 소재에 목말라 하던 유생에게 매우 소중하고 참신한 소재를 주었다.

그분의 쓴 시와 시문을 일부분이라도 다시 볼 수 없다는 것이 너무 아쉽다. 대형서점을 몇 군데 부탁했으나 없단다. 전국 서점을 뒤져서라도 한번 읽어 보고 싶다.

그리고 그분이 남긴 인간의 길을 가보고 싶다. 작가의 문체를 소중히 여겼던 〈1960-1970〉은 나에게는 인생의 새로운 출발점이기도 하고 최초의 로드맵이기도 하다.

그 사이에 처음 사회에 발을 디뎠고 자식 5남매를 두었고 군대를 다녀왔고 첫 직장도 얻었고 홍수로 남한강이 범람하여 아내가 시집올 때 해 가지고 온 명주 솜 이불 달랑 버스에 싣고 서울로 올라온 때가 1970년이었다. 그때는 전부 다 떠내려 보냈어도 국가에서 일 원 한 푼 보상이 없었다.

아버지께서 한문공부를 가르치시며 늘 이르는 말씀이 항상 내 인생에 부메랑이 되어 지금까지 따라다닌다. <u>북향의 집에서</u>

살지 마라. 해와 달에 손가락질하지 마라.

<u>큰 山과 큰 江에 함부로 발길질하지 마라. 큰 나무나 큰 뱀은 함부로 베거나 죽이지 마라.</u>

아버님의 그 말씀이 어려서는 족쇄처럼 느껴왔고 젊어서는 창과 칼이 되었다. 이제 황혼의 그림자가 흰머리 끝에 신기루가 되어 붉게 물들어질 즈음에서야 그 뜻을 깨닫고 나니 인생식자 우환시(人生識字憂患始 : 사람이 문학을 함으로써 인생의 여러 가지 모순을 알게 되고 삶에 대한 고민이 생긴다는 것)라 했듯이 감성적인 글에 길들여진 이들에게는 별거 아닐 줄 모르나 87살 나이에 겨우 등단을 하게 된 초년생에게는 먼 훗날이라도 가보로 남기를 바란다.

길가는 나그네가 하룻밤 여독을 풀고 가면 수많은 전설이나 사연들이 깊은 산골짜기 외딴집에도 메마른 가슴에 한바탕 눈물과 웃음을 뿌리고 지나간다.

그만큼 내 어린 시절엔 이야기 하나만으로도 마을 사랑간을 돌면서 살아가는 풍월(諷月)의 삶도 많았다.

마음 하나 착하게 가지면 그가 지닌 그 모습 그대로만으로도 예쁜 것이고 또 대하는 마음에 진실성이 배어 나오면 더욱 예쁘게 되는 것이다.

어느 꽃도 항상 예쁜 꽃은 없다. 이 세상에 영원한 것은 아무 것도 없다.

내 인생 또한 내가 만드는 것이지 누구의 외탁으로 만들어졌다면 그것이 진짜 짝퉁 인생이다.

　지금 내 인생을 사는 인생이 몇이나 있는가?

　왜 멀쩡한 자기 삶을 두고 개새끼 인생을 사는가. 나중에 부모님 뵈면 나는 사람을 낳았는데 어디서 개자식이 되어 왔느냐고 하면 뭐라 대답할 것인가. 저마다 자기 행위에 대한 책임이 있다.

　사람은 수시로 현재 자신의 삶을 돌아볼 줄 알아야 한다.

　보라 개는 주인한테 밥이나 얻어먹기 위하여 알랑거릴 줄만 알지 비전(祕傳 : 양심을 숨기거나 모략을 꾸며 사람을 속이려 할 줄 모르지 않는가)이 없지 않는가. 남에게 위해가 되지 않는 일이라면 그 일을 통해 자기 삶에 새로운 에너지와 탄력과 리듬이 붙게 된다. 이것이 진짜 내 삶이다.

　우리는 삶의 가치를 어디에 두고 있는가?

　다들 이유를 알고 싶어 하지만 아무도 이유는 모른다.

　사람마다 성품이 다르듯이 태어남이 다르듯이 삶의 이유가 다르니 일괄적으로 대답할 수 없다. 그러나 그렇게 복잡한 것도 아니다. 그냥 우연히 그렇게 살 뿐이지 그 외에 아무런 이유가 없기 때문이다.

　열매는 떨어질 때가 되면 어떤 가해가 없이도 떨어진다. 아직 무르익지 않은 씨앗을 억지로 발려내 보았자 싹이 트지 않는다.

　일상생활 속에서도 소용돌이나 늪에 빠졌을 때 지혜를 발휘하지 않고 억지로 빠져나오려고 허우적거리면 점점 더 깊이 빠져들어 간다. 가만히 인내하고 빠지게 된 동기부터 생각하라. 어디든 어떤 일이든 원인이 있으면 해법이 있는 것이다. 원자폭탄도 원리만 알면 무사히 해체할 수 있는 것이고 원리를 모르고 무턱대고 해체하려 든다면 파멸을 면치 못할 것이다.

 삶에 환경이 다르듯이 삶이 한결같은 것은 없다. 만족하다고 느껴졌을 때 매진하라.

 그래야 더 나은 삶을 영위할 수 있다.

 그때가 가장이란 걸 잊지 마라.

 이게 아닌데 생각이 들 땐 머뭇거리지 말고 즉시 변화시켜라.

 낡은 타성의 끈을 붙잡고 애원해 보았자 낡은 끈은 곧 끊어진다.

 그릇된 생활 습관을 오래 붙잡을수록 잘못된 늪으로 빠져든다. 마음이 그릇된 현상에 사로잡히면 빠져나오기가 어렵게 된다. 그것은 곧 괴로움으로 이어지고 수렁으로 빠져든다. 그래서 아무것도 집착하지 말라는 것이다. 지혜로운 사람은 아무것도 집착하지 않는다. 그냥 즐길 뿐이다.

 집착에는 욕망이 생기고 욕망에는 근심이 따르고 결국은 고통 속으로 추락하게 된다.

 자기 주변을 정리할 줄 아는 사람은 이사를 다닐 때 홀가분하기 위해만은 아니다. 삶에서 자유를 얻기 위함이다. 정신의 감옥에서 해방되기 때문이다.

앞에 장애물이 쌓인다는 것은 썩기 마련이다. 앞의 장애물을 쌓아 놓고는 먼저 갈 수는 없다. 아무리 노력해도 뒤에 처질 수밖에 없다. 쓸데없는 물건에 눌려 처지만 점점 옹색해진다. 잘 사는 것과 많이 갖는 것과는 다르다. 아무리 많이 가져도 융통성이 없이는 삶이 피곤할 뿐이다.

우리는 언젠가는 몸도 버려야 한다. 적게 가지고도 얼마든지 잘 살 수 있다. 가진 게 적을수록 삶은 자유로울 것이니까. 소유의 늪에 빠지면 영원히 헤어나지 못한다. 차라리 공간의 늪에 빠지면 헤어나기가 쉽다. 그래야 본질적인 삶을 누릴 수 있는 것이다.

아무리 좋은 것도 많으면 그 가치가 상실된다.

세상은 여기저기서 사가라고 욕망을 부추기고 있다. 거기서 벗어나야 한다. 욕망에 빠지면 파멸이다. 집착과 욕망은 항상 몸과 마음을 결박하고 있다. 우리가 일상에서 벗어나 다른 세상으로 간다는 것은 매우 신성한 발상이다.

사람만 늙는 것이 아니다. 동물 곤충 산짐승 나무 물고기 자연을 빼어 놓고 생명을 가진 것은 모두 늙음의 법칙에서 벗어날 수가 없다. 내 몸이라고 구성하고 있는 요소들을 원하는 상태로 유지하기란 불가능하다. 자기 자신에 대해 깨어나지 못하면 불만족의 원인이 되고 만다. 결국 현상만 쫓게 된다.

조금 내려놓으면 조금 평화로워질 것이고 많이 내려놓으면 많이 평화로워질 것이고 완전히 내려놓으면 홀가분하고 완전한 자유와 평화를 얻게 될 것이다.

 크게 버리지 않고는 천하를 얻을 수 없다. 자연이란 소멸이 없다. 태양, 물, 지구, 공기 다 가만두면 스스로 정화하지만 사람이 오염으로 자연의 작용을 막기 때문에 재해가 발생하는 것이다.

 그 주범이 사람이 버리는 쓰레기다. 작은 것 하나도 못 버리고 어찌 큰 것을 얻고자 하는가.

 우리에게 봄이 있는가? 인간에게 봄은 어디서 오는가. 묵은 과거를 말끔히 버렸을 때 새롭게 태어난다.

 타성과 번뇌는 가차 없이 단절하지 않으면 지혜가 돋아나질 않는다.

 근원적인 의문을 가지고서는 자신을 잃어버리게 만드는 모든 악마를 떨쳐버리고 편안과 안락의 즐거움을 떨치지 못한다면 우리는 환상(幻想)에서 벗어날 수가 없다.

 산 정상에서는 산들바람만으로도 낭만을 노래할 수 있어야 하고 골짜기 졸졸 흐르는 도랑물 흐름소리에서도 무한한 행복을 느껴야 한다. 우리는 자연의 작은 것에서도 행복할 수 있어야 한다. 인간은 자연과 떨어져서는 한시도 살 수 없다.

 정신병 치매는 자연이 가장 빠른 치유다. 아무도 없는 적막한 산 중에서 숲속을 스쳐 나온 바람소리 돌 틈새를 비집고 흐르는 도랑물 소리를 듣고 언제인지도 모르게 가슴이 탁 트이고 머리가 상쾌하여진다.

아무것도 먹지 않아도 배고프지 않고 아무것도 가지지 않아도 춥지 않고 하늘만 바라보고 누워 있어도 마음이 포근하다.

천둥소리가 요란하고 폭풍우가 몰아쳐도 나의 마음은 한없이 고요하다. 비로소 귓전에는 세월이 흐르는 소리가 들리고 저물어 가는 황혼만으로도 세월이 바뀜을 실감할 수 있다.

도시의 까슬까슬한 시큼하고 메마른 공기와 달리 촉촉이 스며드는 포근한 흙의 감각은 가슴 구석구석 녹아난 오물이 깨끗이 씻겨 나가고 유한정정(幽閒貞靜)에〈마음이 고요하고 그윽하며 절개가 살아나고 부덕이 생김〉매몰(埋沒)된다.

이 세상을 내 손으로 바꾸지 못할 바에야 차라리 자연과 벗하고 유유자적(悠悠自適)하며 유연(悠然)하게 삶도 삼경(三卿 : 삼정승)에 미치지 않을까 공연이 쓸데없이 허우적대지 말고 산림에 묻혀 사는 것도 정신적 병에는 치유의 방법이다.

새로운 변화를 통해서 잠재된 나를 다시 일깨워 유불선(儒佛仙)에 다다를 수 있다면 설혹 그 길이 가시밭길이라도 가보고 싶다.

인생은 어떤 목표나 완성이 아니고 끝없는 실험이고 고경(苦境)이기 때문이다.

허구한 날 맑은 햇살을 듬뿍 쪼이고 밤마다 달과 별을 노래하며 그리움을 관조(觀照)함도 그 아니 즐거운가.

사람은 살만큼 살다가 언제나 자기 차례가 되면 이 세상과 작별할 때도 온 길을 되돌아가듯이 아무런 이수(離愁 : 슬픔이나 시름없이)의 존재로 사라질 수 있다면 이 아니 즐거운가.

호텔이나 모텔을 전전하는 풍아(風雅)들이 그윽한 인생관을 어찌 알랴.

남의 집 셋방살이를 살아봐야 집 없는 서러움을 알 것이고 동지섣달 설한풍에 이삿짐을 싣고 다녀 봐야 고통의 심정을 헤아려 볼 거다.

셋방살이란 이유 없이 눈치를 봐야 하고 죄 없이 가슴을 저려야 하고 소리 없이 기를 죽여야 한다.

지금 젊은이들 내 집 한번 가져 보려면 87년을 한 푼 안 쓰고 모아야 한다니 어렵사리 집 한칸 마련한들 평생 빚쟁이로 살아야 하니 언제나 근심 없이 두 다리 쭉 뻗고 콧노래 불러 볼까.

그러나 너무 서두르지 마라. 내 집이 없으면 어쩌랴. 너무 오래 기다리지도 마라. 빨리 가보았자 오히려 늦음만 못한 것이 인생이다.

돈이 필요한 세상보다는 인정이 그리운 삶을 살자.

작은 하나에도 그대 곁에 그대를 기다리는 아내와 잠든 아기가 있으면 조금도 불행하지 않다.

가정이 있으면 동지섣달 설한풍에 허허벌판에 나가 있어도 행복하다. 우리 인간이야말로 가정이 첫째다.

넓은 묵밭에서는 행복의 씨앗을 거둘 수 없다. 작은 채소밭이라도 알찬 씨앗이 자라는 그런 밭에서도 얼마든지 행복할 수 있다.

공연이 인생의 밭을 묵히지 마라.

아무리 좋은 밭이라도 가꾸지 않으면 잡초만 자란다.

작은 것에서 지혜를 얻어라. 그리고 그 속에서 희망의 꽃을 피우고 알찬 열매를 맺어 새싹을 틔우자.

옛날에 현자의 말씀이 사람은 물과 불만 잘 다스려도 얼마든지 행복해질 수 있다.

억지로 이루려 하지 마라. 생각이 안 나거든 자연에서 배우라.

자연은 천지간에만 있는 것이 아니다. 언제 어디서든지 존재한다.

나는 20024. 11. 25일 마지막 교정에서 千年古刹을 찾아서에서 생애(生涯) 흔적을 지우고 돌아와서 기형(奇形)의 〈진기한 현상〉 꿈을 꾸었다.

우파새(優婆塞: Upasake)가 되어 비구니가 앞에 나타나시어 우담바라화(優曇跋羅華: Uolumbara 三千年에 한번 핀다는 상상의 꽃)에다 물을 주는 꿈을 꾸었다.

여태껏 꿈속에 나타나 본적이 없던 어머니가 나타나신 것과 생애에 찾아가본 천년고찰을 흔적에서 지운 것이 마음에 찡하게 걸려 출판사에 전화를 걸어 편집을 하루 늦춰달라 하였다.

사실 나의 유작(遺作)은 아들의 창작품에는 빼려 했는데 꿈에 생모가 나타난 것은 千年古刹을 다시 복원시키라는 사명이라 여겨져서 다시 복원을 결심했다.

누구보다 특별히 태어나서 특별한 삶을 살아왔고 특별한 이야기를 담아 쓴 창작품을 다시 찾은 것 같이 홀가분해졌다.

내 생이 그랬듯이 이 또한 부처님의 은총이라 생각하니 어쩔 수 없는 생고라 여겨 다시 펜을 들었다.

행복을 돈을 벌고 높은 자리에 오르는 데서 찾고자 하기 때문에 한없이 욕망에 매달려 집착에 빠지게 된다.

돈도 적으면 적은 대로 만족하고, 지위도 그 자리에서 최선을 다하다 보면 언젠가는 목표에 도달하게 된다. 자연은 언제 어디서 어떤 환경속에서도 그대로다. 내 인생도 자연처럼 그렇게 산다면 목표에 도달하지 못해도 행복할 것이다.

아버지 주천강 별장, 글 쓰던 곳

아름다운 삶

 삶이란 불가에서는 생생세세(生生世世)라 살아서나 죽어서나 영세(永世)영겁(永劫) 세월은 변하지 않고 영원하다 하였습니다. 삶도 죽음이 끝이 아니듯이 죽음도 죽음이 끝이 아니라는 것입니다.
 이생에서 삶에 따라 극락왕생(極樂往生)한다 하였습니다. 나쁜 짓을 하게 되면 고통 속에 사는 지옥(地獄)으로 떨어진다.
 그것은 우리의 삶이 보여준다.
 짧고 귀한 인생길을 걸어오면서 수없이 생사고비를 넘기면서 사람으로 겪어야 할 인생 여정을 다 겪고 살다 보니 고희(古稀)를 앞두고 우울증까지 걸려 살다가 결국, 아내와도 고별하고 정처 없는 나그넷길도 걸어 다니다 영월 동강 상류에서 방랑시인 김삿갓 비문도 만져보고 어쩌면 나 보다 그 시절이 더 좋았다는 생각이 들기도 했다.
 시 한 수로 기녀들의 치마를 벗기고 동전 한 푼 없이 살아도 숙식 걱정을 안 하고 산 김삿갓 얼마나 낭만적인가.
 돈을 가지고도 자동차 없이는 밥 한 끼, 잠자리 구하기조차 힘든 현실에서 고립무원(孤立無援) 산장 생활이란 정말 힘들었다. 새, 짐승 소리, 도랑물 소리 외엔 인적이란 찾아볼 수 없는 두메산골.

20년 전만 해도 강원도 오지에는 전기도 안 들어오고 핸드폰도 안 터지는 곳에서 뼈와 삶을 태워 어둠을 밝히는 촛불을 벗하고 옛 한서(漢書)를 읽다 보니 영혼이 투명해지고 아직까지 세상에 알려지지 않은 진기한 에피소드(Episode)가 새로운 삶에 기쁨과 생지(生地 : 삶의 용기)를 불어넣어 나의 생활의 모멘텀(Momentum)을 바꿔 놓았다.

자연에서 우러나는 시와 수필들은 맹목적이긴 하나 험난한 인생살이를 헤쳐 나가는 데 내 인생에 평생 반려(伴侶)가 되었다.

1950년 6·25 전쟁 전망해도 소설, 수필, 산문 등은 접해보질 못했다. 간혹 한시(漢詩)로 된 시문은 종종 읽을 수 있었으나 다섯 살부터 아버님 훈장으로부터 한학만 배우다 보니 지금까지도 오히려 한자어구(漢字語句)가 더 편이(便易)하다.

술술 읽어가는 한글책보다는 진리(眞理)를 탐구(探究)하는 그런 글을 쓰고 읽고 싶었다. 그리고 읽으며 무아경(無我境)에 빠지거나 이상(理想)에 도달할 수 있어야 책의 묘미가 있다.

사람이 어떻게 살아야 잘 사는 것인지는 누구도 모른다. 그것은 사람마다 기준이 다르고 목표가 다른 것이다. 그러나 어떤 것이 내 자신을 발전시킬 수 있다는 것은 다 알고 있다.

또한, 어떻게 살아야 할지는 누구도 모르지만 어떻게 죽는 것이 잘 죽는 것인가는 다 알고 있다.

어떤 삶에서도 부끄럽지 않게 사는 것이 잘 사는 것이고 죽을 때 부끄럽지 않게 조용히 죽는 것이 잘 죽는 것이라 여긴다.

부끄럽지 않는다는 것은 부자도 아니고 권좌도 아니고, 종교도 아니다. 무엇과도 얽힘 없는 자유를 말하는 것이다.

보람 있는 것이란 나만 잘 사는 것이 아니고 누구에게도 피해 주지 않고 공정하게 사는 것이다.

그리고 어떤것이든 사회에 이익이 되는 일을 하라는 것이다. 이렇듯 좋은 삶이란 나 자신을 투명하게 들여다볼 수 있어야 한다. 우리는 자연의 고마움을 알고 자연을 그리며 살 때 때로는 눈을 번쩍 뜨이게 하고 안일(安逸)한 내 일상생활을 깨우쳐 활력을 준다.

이와 같이 책은 지식이나 학문을 문자로만 쓴 게 아니라 마음과 혼령이 함께 길들어져야 한다. 무엇보다 소중하게 여기는 것은 삶에서 얽매임이 없는 자유와 평화이고 경제적으로 풍족하지 않더라도 마음이 풍요로워야 한다.

삶을 살아가는 데는 두 가지 접근법이 있다.

하나는 내 능력에 따라 삶을 살아가는 사람과 하나는 모험을 하고 투기로 나만의 이익을 창조하는 삶이다.

전자는 어디에서 어떻게 살든 부족함을 모른다. 언제나 마음이 풍부하니 누구에게나 존중받을 만하지만 후자는 항상 허전하고 삶의 균형이 없다. 아무리 최상의 목적이라 하지만 늘 쪼

들리고 불안하고 초점을 잃게 된다.

결국, 종말엔 타락하고 그리움을 잊고 산다. 거의 낙하의 원인은 거의 돈에서 비롯된다.

그리움이란 사람만이 삶에서 누릴 수 있는 가장 그립고 아름다운 환경이다. 즉, 예술, 산문, 수필, 소설, 시 등 음악, 미술은 항상 마음의 풍요를 가져다주고 삶을 살찌게 한다. 그러기에 사람이 그리움이 없으면 아무리 돈이 많고 권좌에 있어도 항상 가슴이 메말라 있다.

사람은 가슴이 젖어있어야 마음이 너그럽고 풍요를 누릴 수 있다. 삶의 풍요란 가족과 더불어 같이 일하고 자연을 만끽하며 노래도 부르고 음악도 연주하고 그림도 그리고 시도 쓰고, 책도 읽으며 그런 삶을 말하는 것이다. 우리 사회는 끝없는 성장 위에 과소비로 지탱하면서도 인정은 끝없이 메말라 있다.

사실 이 글은 지금 우리의 생활 정서와는 괴리가 많을 것이다. 그러기에 우리의 삶이 어떤 것이 아름다운 것인가를 제시한 것으로 지금처럼 모든 것이 넘쳐나는 세상에서 괴로움과 번민에서 벗어나 돈 없이도 누릴 수 있는 삶의 자세를 정의한 것으로 진정으로 풍요로운 인생을 살고자 한다면 인생사에 참고서라 여기시면 타당하다 할 수 있을 것이다.

이 글은 마음에 절망에서 헤어나지 못하고서 정신병을 알고 있는 절망에 나락에서 희망을 잃은 모든 분에게 마음을 밝혀주고 삶에서 가슴에 맺힌 응어리를 녹여 없애고 삶의 행로를 바꾸어 자신에게 머물러 있는 변화를 모색하여 영혼의 꿈을 이루어 정열적인 내면에 여생을 누리기를 바람에서 이글을 드립니다. 부디 욕망에서 벗어나 자유자재(自由自在)하다 보면 병(病)이란 없는 것입니다.

눈부시게 푸르른 날은 그리운 사람을 그리워하자
황혼과 같이 저물어 가는 가을 끝자리
초록이 아직도 푸르러 있는데 벌써 눈이 내리면 어이하나
무뚝뚝한 가지 위에 설한이 가시기 전에
벌써 아지랑이가 어른대면 어이하나
내가 죽고서 네가 산다면

내가 죽고서 네가 산다면
눈부시게 푸른 날은 옛 사랑을 그리워하자
산이 붉게 타오르거든 옛 친구를 연상케 하라
출출할 때 마시는 커피는 삶을 밝혀 주는 여백이다
갈증 날 때 나그네의 주막은 추억을
노래하는 반주다.
망년(忘年)의 노유(老儒)가 서론(序論)의 책갈피를
한 장 두 장 넘기며 김이서린 커피 잔을 입으로 가져가며
삭풍이 몰아치는 동지섣달 긴긴밤에 그리움의 흐느끼며
시화(詩話)를 조롱(操弄)하다

소동파 적벽가를 시 한 수를 읊어보고

태진아의 옥경이에 대한 안타까운 심정을 애련(哀憐)하게 생각되어 동반자로 시작하여

정 많은 나훈아가 왜 사랑은 눈물의 씨앗이라고 했을까?

송대관은 왜 울기는 왜 울어 했을까?

나도 모르는 사이에 책을 덮으며

생각이 나던가요 그립기도 하던가요

아니야 아니야 소리 없이 내리는

빗물에 젖었을 뿐이야

싫다고 갔는데 밉다고 갔는데

울기는 내가 왜 울어 잊어야지 잊어야지

어차피 떠난 사람

첫사랑을 그리며 트로트를 한 곡 뽑으니.

갑자기 문을 활짝 열어젖히며 왜 그렇게 못 잊겠으면 당장 쫓아가 봐. 노잣돈 없어 내가 노잣돈 줄게. 마누라의 종종 경멸하는 말투다.

어이쿠 깜짝이야. 노래도 못 하냐. 늙은이가 어디 노래할게 없어서 떠난 사람이나 찾고 앉았어. 애들 부끄러워 못 보겠다.

어이구, 얼른 죽어야지. 마누라 무서워 못살겠네.

죽을 사람은 죽는다. 말도 못하는데 죽는다 한지가 20년도

넘었다 하네. 어쩌랴 산 목숨 끊을 수는 없지 않는가. 말은 그렇게 하고도 열심히 시장봐다 한끼도 거르지 않고 내 뒤 치닥거리를 한다.

이혼도 합의이혼이라도 한달안에 동사무소에 가서 주민등록을 정리 안하면 원상복원된다 하네요.

그러나 이런 삶이야 말로 내가 살아가는 아름다운 삶이다.

이것이 나의 인생이다.

강희언, 〈인왕산도(仁王山圖)〉. 개인소장

초판(初版)을 펴내며

 자신의 삶에서 가장 중요하고 근간(根幹)에 따르는 것은 지엽상지(枝葉相持 : 가지와 잎이 서로 받쳐줌)라 말할 수 있다. 더 정확히 말하자면 지금 이 순간에 취사선택(取捨選擇)을 어떻게 하느냐에 따라 관곡(款曲 : 복잡하게 얽힌)한 문란(紊亂)을 극복(克服)할 수 있을까. 아직까지 글이라고는 시문(詩文) 한 장(章)도 써본 적이 없이 새삼 시리 글을 쓰려니 막막하다.
 아버님이 일과(日課)처럼 써놓은 일기(一期 : 한평생) 장 속에 유고(遺稿)를 읽다가 그냥 묻어두기 아까워 편기(篇技)하였으나 한문만 하신 글이라 초창(初創)부터 난해(難解)한 데다가 설레기도 하고 답답하여 심란하고 두려웠습니다. 사실 원본을 그대로 써야하나, 내 뜻대로 수정하여 편기해도 될까 망설이기도 했다. 기초부터 허둥대다 지난날의 사적(事蹟)에서 우리 민족의 애환을 돌아보고 우리 후손들에게 희망을 꿈꾸게 하는 독특하고 이상적인 유토피아(UTOPIA) 상상(想像)을 뛰어넘는 탁월(卓越)한 문명(文明)의 글을 찾다보니 자꾸 순서없이 꼬여만 가네요.
 글이란 음식과 같아서 반찬(飯饌)에 양념을 치듯이 속담(俗談)에 해학(諧謔)과 풍자(諷刺)를 곁드려야 걸쭉한 섞어찌개 맛이 나는데. 저는 양해가 부족하여 양서라 하여도 교과서적이고 철학적인 글보다는 순수하고 순진하며 감수성(感受性 :)이 풍부하고 넋두리가 뒤섞긴 서투른 글 읽기를 더 좋아했습니다.

아버님의 글은 한학(漢學)만 하신 분이라 난해한 문장이 보통인들이 읽기에는 어려울 것 같아서 난해한 한문에는 해석을 하였습니다.

옛 선비의 인생에 애환(哀歡)을 담은 글이라 심오(深奧)한 인생철학이 내재된 내면묘사(內面描寫 : 인간의 정신, 심리, 감정, 기분 따위의 내적인 면을 문장으로 그려내 놈)의 글이라 그 절묘호사(絶妙好辭 : 뛰어나게 절묘한 좋은 문장)함은 신선을 만난 것 같고 하늘과 땅, 산천초목에 이르기까지 자연을 미화하여 우리 생활과 밀접(密接)된 글이라 읽으면 읽을수록 진미(眞味)가 우러나고 할머니가 화롯불에 끓여주시던 박주기 장맛이 난다.

옛 선비들의 통용하는 글은 우리가 이해하기는 난해하지만, 문장마다 길드려진 유며, 익살, 풍자, 해학은 대학교수님들도 머리를 달래달래 흔든다. 양념미 듬뿍친 김치찌개처럼 시원하면서도 감칠맛이 목구멍을 간지른다.

감히 질박하면서도 저속하지 아니하고 순미하면서도 겉치레가 전혀 없는 정성스럽고 어떤때는 한없이 유려(流麗: 글이나 시가 유창하고 아름다움)하다가도 롱완(弄玩: 재미로 가지고 놂)하니 웃음에 표현마저도 깊고 넓고 신비하고 오묘하니 나의 상식으로는 도저히 평가할 수 없었습니다.

물론 보는 관점(觀點)에 따라 다르기는 하겠지만 글로써 남을 웃기기란 하늘의 별을 따는 만큼 어렵고도 난감하다. 유머란

교묘한 방법으로 남의 비위를 맞춰주는 말이라 하지만 익살과 풍자가 어우러지면 희서(戱書) 하나만으로도 인식할 수 없는 도를 이룬다. 유머, 풍자, 익살이야 말로 선천적으로 타고나지 않으면 구사할 수 없다.

나 어릴 때 코미디언이 생각난다.

배상용 할아버지, 이주일아저씨 철 모르는 시절의 이야기라지만 그분들의 말 한마디는 절규(絶叫)속에 살아가는 현세 사람들에게 웃음과 안일(安逸)을 주었다.

우리의 문화 문명은 작가들의 역사적 식견으로 이루어졌다 해도 편견은 아니다. 책은 인류의 역사를 지탱해온 노정표(路程標 : 길을 안내하는 표지판)다. 아버님이 쓰신 비구니가화집이야 말로 세대(世代)에서 볼수 없는 명작이라 해도 손색(遜色)이 없는 문화(文化)적 가치가 두루 담겨 있다. 또한 아버님의 서재에 진열된 1,000여권의 장서를 보노라면 가슴이 뿌듯하고 삶이 경이롭고 흐뭇하다. 시문이란 특별한 묘책이 있는 게 아니라 전하려는 마음과 자신의 행적(行蹟)이 같이 전해지면서 시문(詩文)도 따라서 전해지는 것이다. 이것이 지금의 고전이라 해도 무방할 것이다.

만물(萬物)과 감상(感想)이 서로 대조(對詔)하여 자신의 역사를 개척해 나가는 문학의 장르라 할 수 있다. 특히 시문(詩文)은 동방문화(東邦文化)의 핵심으로 예로부터 전해 내려오는 조상의 문화유산이 담긴 전통이므로 이를 계승하고 살려내어서 자손만

대로 영원히 이어갈 유산이며 문학의 꽃이기도 하다. 또한 우리 민족의 철학사상과 창조성을 기여하고 본성(本姓)을 밝게 밝히는 길이기도 하다. 우리의 삶에서 큰 시련이 닥쳤을 때 시비(是非) 선악(善惡)과 같은 상대성(相對性) 대립을 버리고 모순(矛盾)의 갈등(葛藤)을 상통 융합(融合)하는 절대경지(絶對境地 : 경쟁이 없는 곳)로 나가게 하는 철학이기도 하다.

 글이란 참다운 자아, 참다운 세계, 참다운 사회를 이루는데 그 목적이 있는것이고 덕이 퍼져 나가는 의미를 정확히 알고 표현하며 한 차원높은 우리의 내면(內面)의 정신이나 심리의 향기를 풍겨내야 한다.

 우리 가슴깊이 새겨야 할 일은 우리의 조상 동족이 만든 우리말이며 우리 글 이라는 사실이다. 무엇보다 때를 잘 알고 모든 일에 있어서는 효력을 잃지 말아야 한다.

 자기 수양을 통해 갈길을 바르게 이끌어가는 인재를 가릴 수 있어야 한다. 그렇게 간담상조(肝膽相照)하는 마음으로 허심탄회(虛心坦懷)하게 조금도 숨김없이 터 놓고 토론하고 의심 없이 말할 수 있는 명철한 벗과 같다. 불빛에 비춰보면 맑은 옹달샘처럼 속이 온전히 드러나 보이는 그런 사람이야말로 진정한 문인이라 할 수 있다. 사람이 꽃보다 아름다운 것은 꽃향기는 십리를 가고 말의 향기는 백리를 가며 베풂의 향기는 천리를 가고 인품에 향기는 만리를 간다 했으니 이와 같이 문학이란 사람만이 품겨 낼 수 있는 내면의 향기를 풍겨내기 때문이다. 시(時)는 시인의 고행(苦行)에서 탄생된다. 주옥같은 실체를 지닌 성숙된 인간의 위대한 투시(鬪時 : 시를 지어 우열을 가림)이며 진풍경을 보여주는 것이다. 우리가 말로는 할 수 없는 기승전결(起承轉結 : 시구의 배열과 맺음을 잘 정리된 글)은 보이지 않은 마력으로 인류문화사상(人類文化思想)을 일깨워 줌으로써 영혼을 살찌게하고 밝은 미래와 연결시켜 주는 것이다.

　인생을 좌우하는 것은 개인적인 재능이나 지혜가 아니라 단 한치앞을 모르는 운명의 굴레라는 것이다. 하지만 누구나 다 주어진 분복대로 되는 것은 아니다. 항상 맑은 양심을 살려 현실에 잘 순화(順化)하고 부동심과 호연지기로 어려움을 극복해 나간다면 번창한 미래가 반듯이 거침없이 이룰 수 있을 것이다. 시란 그 당시의 풍속, 문화, 규범, 유행 등을 진솔(眞率 : 꾸밈없이 정직하고 깨끗하게) 정결(淨潔)히 담아놓은 역사적 산물(産物)로써 많은 사람들이 공감하고 전파하였기에 후세들이 계승하여 전달된 것이므로 지금까지 온전한 모습으로 전해 내려오는 것이다.

　이는 우리 인간만이 지닐 수 있는 부단한 정신과 분발(奮發)에 의해 보다 확실하고 폭 넓은 명작을 탄생할 수 있었던 것이다.

　비록 초보(初步)라 성글긴 하여도 시험공부하는 심정으로 각고(刻苦) 노력으로 초시(初試)로 입문(入門)한 글이니 결례가 되더라도 용서하십시오.

2024. 10
정 숭 용

시사논평

　우리 사회의 모멘텀을 바꾸려면 긍정적 요소에서 벗어나야 합니다. 영도자의 강력하고 지엄(至嚴)한 통제 없이는 선정을 펼치려면 혹독한 비평을 감수(減收)해야 합니다. 순명(順命)으로는 대통령도 대놓고 모욕하는 자유 대한민국에서는 순조(順調) 정치할 수 없습니다.
　보십시오. 이재명 야당 대표의 수세(守勢)의 강건한 자존(自尊)심을 지금 우리나라는 위기입니다. 세기의 혹독(酷毒)하기로 유명한 김정은이 대놓고 선전포고를 하고 있습니다. 지도를 펴 놓고 보란 듯이 서울 함락(陷落) 모의 장면을 보여 주고 있습니다. 위기는 기회라 했습니다.
　전쟁도 기회가 제일 중요합니다. 지금이 기회일 수도 있습니다. 우크라이나 전선의 보란 듯이 파병을 하고 있습니다.
　무인기를 공공연히 전시하고 남한에서 보냈다고 유엔에서까지 공개하는 것은 침략의 구실을 노출하는 것입니다. 정부의 이런 매우 급한 상황인데도 총리라는 분은 무수한 난제는 하나도 해결 못 하고서 여수 순천 반란 일은 잘 기억하여 단독 행차하시어 역대 정권이 무시하고 없던 참사를 빛나고 오셨습니다.
　지금 김정은보다도 더 시급한 내란을 방치하고 대통령을 탄핵한다, 사법부를 탄핵한다. 대통령을 우롱하고 영부인을 폄하하는데 한가하게 여수 가서 70년 전 일이나 끄집어낼 시기입니까. 지금 혁신이 문제입니까 상황을 좀 검토하시고 수정하십시오.

우리 대한민국은 개발도상국 OECD 국가 중에서도 가장 먼저 글로벌 금융 위기를 극복한 나라로 국민 소득 4만 불을 돌파(突破)한 최단기일에 선진국 반열에든 나라입니다. 세계 어느 민족에서도 볼 수 없는 부지런한 민족으로 강대국 사이에서도 반만년 역사를 지켜온 한반도입니다.

선조가 피땀으로 지켜온 나라를 공산화하여 소련에다 바치려 합니다.

대통령의 일관성 있는 정치도 좋지만, 그것은 평화 시에나 할 수 있는 정책입니다. 지금 같이 내외적으로 난국에서는 국민의 민심을 얻지 못하면 나라를 지키기가 어렵습니다. 민심을 얻으려면 우선 빈부격차부터 해소하십시오. 일개 범부가 참견할 바는 아니지만, 국무총리가 너무 한심한 짓거리만 하고 다녀 감히 말씀드리는 것입니다.

총리가 대통령, 그러면 야당에게 당신들 그 따위로 탄핵만 주장하면 정부도 어쩔수 없이 계엄을 선포한다 했어야지요. 말려도 대통령이 고집을 부렸다고요. 그게 총리가 할말입니까.

지금 난세에 충효를 따질 때가 아닙니다. 여당만이라도 뭉쳐야 합니다. 이준석도 대통령이 직접 불러 쓰십시오. 다 여당의 자산입니다.

어려울땐 지푸라기라도 잡으라고 했습니다. 한동훈처럼 제멋대로 놀아 난다면 어떻게 국란을 평정하겠습니까.

그리고 나라 기강부터 바로 세워 주십시오. 21세기 들어 급작이 왜뢰(倭賴) 풍조가 숨어들어 마약 청정국이 마약 중독국이 되어가고 이제 초등학교 학원까지 파고 들고 있습니다. 또한, 자영업자나 그에 따른 노동자는 일요일도 없이 일해도 월 100만 원도 못 번다 합니다. 그런데 아직 젖도 안 떨어진 어린이가 수십억 수백억 재산 소유를 하고 고급 음식점이나 호텔은 문전성시이니 노동자가 일할 기분이 나겠습니까. 아무리 사유재산이라 하지만 이건 너무하다고 봅니다.

그래도 대기업 노동자는 연봉이 억대인데도 단체 교섭이니 총파업이니 기댈 때라도 있지만 자영업자나 일용 근로자는 그럴 힘조차 없지 않습니까. 노인도 60~70대는 건강하니까 재취업도 하고 또 거의 연금을 받지만 80~90대 노인은 거의 노령연금 25만 원밖에 아무것도 없습니다.

민심부터 안정시키지 않으면 잘못 그들이 야당 동원에 합심한다면 정부가 위태하게 됩니다. 정부가 먼저 솔선하시고 여당이 실천하면 야당도 따르지 않을 수 없을것입니다.

병원도 파업인데 개혁이고 혁신이고 대통령의 뜻은 고상하나 우선 민심부터 안정시키십시오.

지금 골목 상권은 파리만 날려도 골프장도 가보면 외제 차만 있고 너무 빈부격차가 만연되어 보통 사람들 일할 힘이 안 난다 합니다.

지금 김정은이 남침준비도 문제지만 국내 분열이 더 시급합니다.

사회가 온통 사기도박판이 되고 문제는 미성년자의 도적질 음주 마약이 더 문제입니다. 그게 핸드폰이 생기고부터 더 많은 사회 문제로 대두되고 있습니다. 그래서 핸드폰도 공장에서 어린이용, 학생용, 성인용, 노인용 이렇게 구별하여 적성에 맞게 입력해야 부작용이 줄어들 것입니다.

초등생이 음란 사진을 검색해 보는 것을 보았습니다. 학생은 도박이나 게임에 특히 음란 등은 접촉을 금해야 합니다. 또 사회 질서가 너무 엉망입니다. 그렇게 술 단속을 해도 자고 나면 교통사고 그런데 운전면허가 너무 남발하고 있습니다. 저는 매일 보는 건데 좌회전 신호에 직진 차가 안 가고 정치하고 있어 수신호 한 적이 여러 번 있습니다. 직진 차든 우회전 차가 빠져줘야 좌회전이 수월한데 앞에 빨간 신호가 무조건 정지인 줄 알고서 있으니 좌회전 차가 빵빵대도 굳게 버티니 그런 신호도 모르는 사람이 운전하니 사고가 날 수밖에.

김정은은 선전포고하는데 정부나 국민이나 너무 안일한 것 같아서 정책에 도움이 될까 책을 쓰면서 말씀드려 보았습니다. 개혁이든 혁신이든 잠시 멈추시고 먼저 청사에서부터 모멘텀을 바꾸셔 민심부터 추스르고 전쟁준비부터 차질 없이 점검하시고 유사시 우왕 좌장 하는 일 없도록 경계를 철저히 하여 국민이 안심할 수 있도록 선처하여 주십시오.

쓸데없이 강력 경고나 지진 피해 요령이나 하지 말고 전쟁 시 국민 행동지침 요령이나 풍선에 접근 말고 신고하라는 방송 말고 접경지 주민부터 대피시킬 준비와 풍선이고 뭐고 접경에 보이거든 넘어오기 전에 격파시키도록 하여 주십시오.

남한 방송보다 적 훼방 방송이 더 시끄러워 이쪽에 손실이 더 크고 조선족 비라 보내는 것보다 고무풍선 피해가 더 크다는 것을 아시고 공연이 이득 없는 방송이고 별미 주지 말고 미사일이고 고무풍선이고, 무인기고 떴다 하면 요격하십시오.

경고 같은 건 전쟁에서 쓰는 용어가 아닙니다. 실전에 경고가 어디 있습니까. 특히 인사에 신경 쓰셔야 합니다. 안에서 새는 쪽박이 밖에서도 샌다고.

꼭 말이 많으면 사고를 내고 맙니다. 나라에 각료란 자들이 책임질 생각은 않고 간교한 꾀로 현장만 모면하려 하고 있으니 그런자들이 어찌 별을 달고 다녔는지.

웬체 장수는 거사에 실패하면 죽엄으로서 명예를 지켜야 하거늘.

아버지가 쓴 통일론

 아버님은 88세까지도 자손들이 용돈을 드리면 만유(漫遊 : 한가로이 놀라는 말)에도 불구하고 문고부터 달려가시어 책이 넘쳐나 매월 수십 권씩 내다 버리면서도 서재엔 항상 1,000여권의 장서가 있습니다.
 아마도 그렇게 많은 책을 읽으셨기에 학교공부는 안 하셨어도 글을 쓰시지 않았나 합니다.
 아버님 글은 어느 구절(句節 : 한 토막의 말이나 글)도 천천히 음미하다 보면 무한한 경지(境地)에 도달할 수 있습니다.
 구(舊)한말 선비로서 현대 문헌(文憲)이나 어구에 맞지 않아도 학식에서 우러나는 다정다감하고 구이지학(口耳之學 : 보고 들은 말이나 글을 음미한 것)이 어음이 달라 소통이 안되는 바 없지 않으나 지식이나 문장을 새로 지은게 아니고 인생의 삶에서 행해온 현상(現象)이며 선현(先賢)들이 많은 시문(詩文)에 쓰인 전해오는 속설(俗說)이며 해학(諧謔 : 농찌거리) 들을 주어 모아 담아논 글이라 어떤때는 카피한 문장같기도 하지만 일부러 가져다 붙인게 아니고 글을 이어쓰다보면 본의 아니게 그런 현상이 보일때도 있습니다.

그러나 글은 똑 같은데 수천년을 두고 성인(聖人) 문사(文辭)들이 좋은 문구는 다 도려내 울구어 잡수셨으니 재탕, 3탕인들 구설(旧說)이라고 다 버리면 앞으로는 어떤 명인이라도 양서는 못쓸 것이다.

좋은 글이든 조잡한 글이든 글을 쓰다보면 꼭 들어가야 하는 정칙(正則)이 있다보니 문학(文學)을 배우면서 읽힌 그대로인데도 논문이나 문장을 가지고 이론은 옳지 않다고 봅니다.

물론 외어에 능통하다면야 신작로(新作路)을 가듯 쓸 수도 있겠지만 신작(新作)이라고 다 양서는 아니라 생각한다.

오히려 속담이 우리네 정서와 잘 맞아 이해하기가 쉬울 것이다. 책은 인간의 사회를 형성하는데 결정적인 역할을 한다고 했다. 책이 없으면 인류는 현재의 세상을 이루지 못했을 것이다.

배움에 있어서 동양인은 동양사상이 있고 서양인은 서양사상이 있듯이 우리는 읽으며 깨닫고 배울 수 있는 잠든 내 영혼을 불러 일으켜 삶의 의미와 기쁨을 안겨주는 것은 수 많은 세월을 거쳐 지금도 살아 숨쉬는 동양의 고전들이 우리가 읽어야 할 책이란걸 '그 사람이 보고싶다' 책이 증명해 줄 것이다.

탐구와 독서가 없었다면 우리는 옛 성현들의 삶을 알지도 못했을 것이고 우리의 정서는 잡초가 우거진 폐허가 된 황량한 벌판을 걷고 있을 것이다.

세상에 나도는 책이 다 양서일 수는 없다.

아버님 서재에도 역시 읽기조차 민망한 조잡된 책도 많다. 그러나 그런 책 속에도 우리가 꼭 알아야 할 것들과 배워야 할 것들이 잠재되어 있다는 것을 독서를 해보면 알 수 있습니다.

원체 발달된 세상이라 숨긴다거나 응용하는 것은 핸드폰으로도 다 걸러볼 수 있다.

그리고 아버님처럼 한학을 하신분은 카피가 뭔지도 모르고 양심에 글을 쓰셨기 때문에 그 점은 염려 안해도 될것이라 장담할 수 있다.

아버님은 구(舊)한말에 출생하시어 오로지 산중에서 사회에 물들지 않고 사신 분이라 자식을 셋을 두도록 돈 일전을 만져보지 못하고 사셨다 하시었다 합니다.

거의 일세기를 사시면서 전쟁을 두 번이나 겪고 고경(苦境)의 세기(世紀)를 사셨기에 사리판단이 바르시고 매사를 대처에 소홀함이 없으셨고 사유(事由)와 행적(行蹟)만 가지고도 독창(獨創)적인 작품을 얼마든지 생산(生産)할 식견(識見)과 능력을 갖추고 있으셨다.

이 시대를 살아가는 한 개인이나 공동체가 어떤 삶, 어떤 사회를 지향하며 그 기준과 방향을 정하는데 이 소중한 양서나 소전(所詮: 경서나 한서)이 없었다면 오해가 많았을 것입니다.

어느날 내 둘레를 돌아보고 내 주변에 무엇이 있는가를 자문해 보았다.

간소하게 산다는 것은 인간의 본질적인 삶이다. 복잡한 것은 본질이 아니다. 단순하고 간소해야 삶이 자유롭다. 우리는 살면서 너무 많은 것을 요구하고 있다.

일을 한가지나 두가지만 가지고도 충분히 자유로울수 있음에도 더 많은 것을 가지려 하기 때문에 일이 꼬이고 번거로워지는 것이다. 인생을 단순하게 살면 단순할수록 여가가 많이 생기고 몸도 자유로울 수 있다. 그때 비로서 환상(幻想)과 환영(幻影)에서 벗어나 물만 마시고 살아도 가난을 느끼지 못한다는 것이다.

그것이 바로 나의 철학이고 종교다. 자연을 숭배하는 것은 생명이며 풀꽃들을 자라게하고 모든 동식물을 자라게 하는 생명력이기 때문이다.

그것들을 자각하고 경험함으로써 영속적인 기적에 그 생명력에 주의를 기울이게 된다.

<u>우리는 자신이 이용할 수 없는 부를 같기 위해 끈임없이 일해야</u>하는 삶의 부조리를 발견할 수 있다.

현대인들이 열광하는 개발이라는 말에 늘 모함(謀陷)을 느껴왔고 그것이 공정한 발전이 아니라 몇몇 정치가들이 공약을 하기 위해 만들어진 시스템이란 것을 알 수 있었다.

그 원칙은 무한한 성장과 무한한 근거를 두고 있을 따름이며 그들로 인하여 불러온 파괴적인 결과는 공정을 지탱해온 사회를 문란시키고 그로 인하여 발생되는 재해는 고스란히 선량한 서민들이 떠안게 되었다.

우리가 살기 위하여 양식을 구하는 것은 당연한 일이다.

사자는 양을 잡아먹고 배가 차면 다른 사냥 못 하는 짐승이 먹으라고 그대로 놓아두고 간다 합니다.

어느 짐승이 와서 먹든 방해하지 않는다. 그런데 부자들은 도가 넘칠 정도로 쌓아놓고 필요 이상의 것을 저장한다.

프랑스의 피에르나바는 가족이 먹을 만큼만 일을 하고 거두었을 뿐 나머지 시간은 자연과 벗하고 음악을 연주하고 책을 읽고 글어썼다.

우리 사회는 위해가 될 성장을 장려하고 있다.

그리고 끝없이 소비를 부추기고 소비로 사회를 지탱하고 있다.

농업은 식량을 공급하는 대지와 직접적인 관계가 있고 식량을 공급하는 대지는 매년 조금씩 인간의 개발행위 때문에 고갈되어가고 있다.

대지를 사랑하고 보호하는 것은 우리의 생명을 유지하기 위해서이다.

대지 없이는 우리에게는 퇴화와 죽음만이 있을 뿐이다. 북인도 다라크 지방에 사는 노인에게 가진자들의 불행에 대한 이유를 묻자 이렇게 대답했다 합니다.

가지고 있는 좋은것들이 지나치게 많기 때문에 거기에 마음을 빼앗겨 차분히 자신을 되돌아 볼 시간이 없을것이라 하며 결국 가진 재물이 가져다 주는 것보다 빼앗기는 것이 더 많기 때문이다 하면서 많은 것을 가진다고 다 행복하다면 그들은 벌써 멸망하고 생존할 수 없을 것이라 하면서 그 이유는 오직 생산은 안하고 뺏기 위하여 싸움질만 하기 때문이다. 우리들이 인간의 가치를 결정하는 것은 사회적 지위나 재산 소유에 있는 것이 아니고 나 자신이 내 영혼과 얼마나 일치되어 있는가에 있다.

다시 말해서 내가 하고 싶은 일과 핵심적인 힘이 부여하는 것은 나 자신의 사람됨이다.

지금부터라도 오만과 어리석음에서 깨어나 소비를 줄이고 무모한 개발을 멈추고 지가(地價 : 땅의 가치)를 사유화하지 말고 나라에서 관리하여 인간이 지구의 최후의 동물로서 스스로 멸종만은 막아야 한다.

인간들의 무모한 개발에 산짐승이고 숲이고 자연이 파괴됨으로 모든 동식물이 멸종위기에 있고 유해한 세균만 번성하여 인간마저 주검으로 몰아넣고 있다.

사람들을 부자로 만드는 것은 돈과 권력에서 벗어나야 한다. 부자는 자기에 따른 모든 사람과 부를 공유해야하고 권력은 가진자들의 부당한 이익을 환수하여 노동에 대가를 축적하여 줌으로써 빈부격차를 해소하고 공정한 사회를 만드는데 공권력을 바로 세워야 한다.

사회 질서를 바로 잡아 남을 음해하거나 거짓을 남발하고 사회질서를 어지럽히는 자는 지위 여하를 막론하고 엄단하여 더는 사행이 판치는 사회가 없도록 기강을 바로 세워야 한다.

그리고 탐욕스런 부자는 더 이상 이 사회에서 누리지 못하도록 하여야 한다.

자신만 알고 돈과 권력으로 약자의 재물을 탈취하거나 막대한 손실을 조성(組成)하는 자는 가차 없이 환수조치 해야 한다.

김건희 특검은 당장 멈추라. 다른 나라 보기 창피하다. 내 여직 대통령을 수물 한명이나 배출했어도 영부인 갖고 정치하는 야당은 처음 보았다.

법을 존중한다 하면서 임의 법정에서 판정이 난 사건을 가지고 특검을 요하는 저의가 무엇인가.

잘잘못을 대통령과 따져야지 소소한 소송건은 법관이 다 알아서 판단하면 될 것을 영부인과 싸우는가. 국회의원이 그리도 할 일이 없단 말인가.

이 세상을 떠나는 위대한 사람들은 안일한 삶을 원치 않는다. 이별의 순간을 위해 끊임 없이 정의를 위해 싸우고 고귀한 주검을 장식한다. 부귀영화보다는 모두를 위해 자신을 희생하고 내일의 종말이 올지라도 비굴하거나 비열하지 않는다.

이런 사람들을 우리는 영웅호걸이라 한다,

이런 사람들을 대할 때 우리는 보다 투명해진다. 간디는 비노바바베를 가르켜 인도가 독립되는 날 인도의 국기를 맨 먼저 계양할 사람이라 칭송했다. 가급적이면 우리 대한민국이 통일되었을 때 가장먼저 대한독립만세를 부를 수 있는 큰 그릇이 되시라.

역대 대통령이 하나도 국민의 우러러 존경할 일을 한분이 있는가.

노무현이 그리 떳떳하셨으면 변호사까지 하신분이 왜 부엉이 바위에서 뛰어내렸을까.

문재인이 윤석열 보고 역대 가장 무능하다 했는데 당신이 한 업적이 무엇인가. 대통령을 했으면 나라를 위하여 무엇을 한것인가를 먼저 생각하고 부끄러운줄 알라. 책방이나 하고 앉아서 풀어진 입이라고 거들고 있으니 참으로 후안무치(厚顏無恥)한 자로다.

우리의 소원은 통일인데 김정은하고 지금이라도 가서 통일을 논의한 적이 있는가.

국민은 자유통일을 기원하는데 두 국가를 바라는 것은 역적이 아닌가. 대통령은 하늘이 내는것이지 억지로 탄핵을 주장한다고 하야 시킬 수 있는가.

정치를 잘해서 다음 선거에 정권을 뺏을 생각은 안하고 선정을 방해하며 낙마시킬 궁리를 하면서 국민의 신임을 얻을 수 있다고 보는가.

지금 김정은은 전군에게 전쟁 준비태세를 명령하였다. 이에 대해 국가를 책임진 인사로 한마디 대통령에게 건의한 적 있는가.

김건희 여사 건이 전쟁돌발보다 더 중요한가. 남북통일은 그냥 우리만의 승리가 아니다. 야당이라해서 무조건 국권을 말살

한다면 어느 대통령이 선정을 펼것인가.

지금 와서 돌아보면 아버님 글이 조금도 틀리지 않는다.

보라 우크라이나 대통령이 미국에 원조를 바라고 갔으나 원조는커녕 손님 대접도 못 받고 쫓겨나왔다. 그래도 미국에 대하여 누구 하나 우크라이나를 거들기조차 못한다.

이것이 급변하는 세계정세다.

미국이나 소련은 세계 초강대국이다. 그들 강대국은 이제 이데올로기 같은 것은 생각지 않는다. 자국에 이익만 생각할 뿐 다른 나라는 신경 쓰지 않는다. 소련과 미국은 그들 대로의 생각이 맞아 있으므로 협력하는 것이다.

소련에 북한과 우크라이나를 주고 미국은 캐나다와 쿠바를 가지려는 것이다.

지금 중국과의 대치를 위해서 일본과 한국을 파병한 것이지 한국을 지키려고 파병한 것이 아니다.

세계의 가장 부자나라가 약소국을 이용하여 국익을 취하려 하고 있다. 동맹국도 자기보다 잘사는 것은 용납지 않는다.

한국은 핵 없는 북조선을 아무리 외쳐도 트럼프는 김정은을 용인하고 있다. 언젠가는 김정은이 소련을 업고 남침을 해도 수수방관할지도 모른다.

우리는 자유가 너무 넘치고 있다.

우리는 사치가 너무 넘치고 있다.

우리는 사회 질서가 너무 문란해지고 있다.

우리는 빈부격차가 너무 벌어져 있다.

지금 이런 사회 부조리에서 벗어나지 못하면 언제 공산화의 재앙에 묻힐지 모른다.

우리 사회는 자주권을 완전히 상실하고 있다. 서울 종로구 인사동 거리는 외국인 천국이다. 만일 미국에서 손을 뗀다면 조그만 한반도는 하루아침에 적화에 떨어질 것이다.

지금이라도 중국과의 친교를 돈독히 하여 중국을 우리 편으로 만들어야 할 것이다. 중국마저 등진다면 언젠가는 미국과 김정은이 소련을 업고 전쟁을 일으킨다면 남한은 완전히 자유를 잃게 될 것이다.

야당은 지금도 통수권을 마비시켜 완전히 김정은의 하수인 역할을 하고 있다.

다행히 늦게나마 대학생들이 현 정변을 깨닫고 국정을 바로 세우는 데 동참하니 조금 안심은 되나, 만에 하나 이재명에게 정권을 넘기는 날에는 자유는 완전히 상실하게 될 것이다.

남북이 통일되어 8,000만 국민이 가공한 신무기로 100만 태군이 무장을 한다면 대한민국이 세계평화의 중추가 될 것이다.

기회는 자주 오는게 아니다.

북이 핵과 신무기가 완성배치되면 반드시 남침을 강행할 것이고 6·25때처럼 넋 놓고 있을 때 기습공격하면 한강(江) 이북은 하루에 적의 수중에 떨어진다.

그때는 우리 무기가 아무리 좋아도 무용지물이다. 서울시민에게 사용할 수 없지 않은가.

더 이상 남하 안하고 한강을 경계로 방어를 한다면 우리는 싸워보지도 못하고 한강이북을 내줘야 한다.

마찬가지로 우리군이 선제타격으로 대동강을 따라 평양만 사수한다면 김정은이 아무리 배포가 커도 평양시내에다 핵은 사용 못할 것이다 하여 우리는 전선에서 전쟁을 할게 하니라 일제히 군시설을 타격하면서 직접 인천상륙작전처럼 특수부대가 동해 원산만 서해 대동강 하구로 진입하여 평양먼저 탈화하시라.

방어만 한다면 절대 김정은도 아버지 영안소까지 타격은 못할것이니 그때 회담이 들어오면 전국을 우리에게 넘기고 평양만 갖고 김씨가문을 이어 나가도록 하고 김일성 궁전을 평화의 전당으로하고 관광객만 유치해도 김정은 가족은 호의호식 할 것이고 남북통일로 세계에 제일 강대국이 되어 중립국가로 된다면 전쟁에 파괴가 있다해도 단시일에 복구가 가능할 것이다.

그리고 김정은과 윤석열은 세계평화의 상을 2025년에 대한민국 대통령이 받을 것이다.

책을 쓰다가 김정은이 전쟁준비를 보고 울화가 치밀어 예정에 없던 통일론을 기술하였습니다. 오만(傲慢)한 점 있더라도 처음 쓰는 글이니 용서하여 주시기 바랍니다.

그리고 국민께 한 말씀 드리겠습니다.

국회는 국가의 부를 위해서 존재해야 함에도 제일 거대 야당이 국권를 그냥 뺏으려 하고 있습니다.

오죽하면 대통령이 내란을 일으켰습니까.

우리의 투표 한장이 국회를 난장판으로 만들었습니다.

다음엔 주권을 바로 행사하십시오.

과거의 흉터 투성이를 국회로 보내는 일은 없어야 할 것입니다.

2024 10.

정 승 용

가난은 죄가 아니다

유석(儒釋)에 가문에서 태어나 일강정기에 살다보니 공부도 못하고 심산유곡(深山幽谷)에서 결혼전까지 돈이 무엇인지도 모르고 무사태평(無事泰平) 한학만 하다가 人生에 끝 자락에 와서 책(冊)을 쓰려니 초장(初章)부터 어리 둔절(遁絶)하다 허공(虛空)을 바라보니 새삼 고려충신 최영장군이 생각났다.

〈황금 보기를 돌같이 하라〉 그분이 지금 세상에 사셨다면 지금도 진여월(眞如月 : 근심 걱정에서 잊고 마음 편이함)하고 살라 하였을까? 봄부터 세 번의 교정을 하여 유작(遺作)이라고 마감하고 나니 몸과 마음마저 허탈(虛脫)되어 피로에 지쳐 누우니 아내가 70년을 함께한 내 모습이 가련(可憐)하게 보였던지 장어를 먹으러 가자 한다.

평생을 가난하게 살아온 주제에 집에서 아무거나 먹지 그 비싼걸 사 먹어 하니 허리춤에다 팬티 설기에 꿰매 달은 복주머니 속에서 신사임당을 미련 없이 꺼내준다. 우리 집 마누라는 얼굴도 한번 안 보고 장가를 들었으나 결혼은 알짜배기로 잘 얻었다. 예쁘진 않아도 지금 송가인하고 꼭 형제 같다. 얼굴뿐만 아니라 키, 손, 다리, 뒷모습 똑같다.

언제고 팬티 속 주머니에는 오만원권 20장은 늘쌍 넣고 다니다 꺼내줘 내 기를 죽여 놓는다.

마누라 덕택에 먹는 주제에 주법은 아는 척 미끼한 기름진 음식엔 술을 곁들여 먹어야 한다나. 금복주 한병에다 장어 한마리, 사이다 한병.

카드를 주니 93,000원을 영수한다. 아내가 돈 준건 어쩌고 카드를 쓰느냐 한다. 현찰이 아쉬운 나는 카드를 쓰면 포인트가 나와서 더 이익이야. 이런식으로 아내 돈을 뜯어 내는 것도 내 능력이다.

누가 말했던가? 가난은 죄가 아니라고 기약 없는 인생길 걸어오면서 서로에게 위로가 되는 관계를 우리는 얼마나 원했던가. 여행은 무엇 때문에 떠나는가.

말라버린 가슴에 체험에 눈물을 적시려고 이 각박하고 메마른 시대 매표 한장만 잘 팔아도 한달 급여를 벌 수 있다는데 나만을 위해 사는 사람이 많으면 많을수록 세상은 척박해지고 남을 위해 사는 사람들이 많으면 많을수록 세상은 화평하리니 삶을 살아가며 인연의 소중함과 세월의 무상함을 느끼게 되고 또 한편으로 자연의 섭리에 순응하며 차별 없이 세상을 살아가고 있는 자신에게 감사하며 살다보니 어느센가 89망구(望九)가 되었구나. 앞으로의 삶 동안 지나온 세월을 반추하고 잃어버렸던 세월을 더듬어가며 메마른 가슴을 적시는 삶을 살아가야지.

항상 칭찬하며 감탄하는 마음과 감사의 마음으로 보답하는 삶을 살아야 하지 않을까. 모든분들이 마음 법을 깨우쳐 행복한 삶을 누릴 수 있도록 간절한 마음을 담아 반추해 본다.

장어만 오른게 아니다. 영화관 입장료도 오르고, 어물전 꼴뚜기도 오르고, 아가씨의 팁도 오르고, 마누라 옥타브도 올랐다.
 전기세, 물세, 쌀값, 버스요금, 지하철 요금 이름 있는건 다 올랐는데 내 몸값은 최하란다. 돈을 붙여 내 놓으면 돈만 떼어가고 몸뚱이는 5, 6월 뙤약볕에 한 열에 쪄 죽거나 동지섣달 설한풍에 얼어 동태 눈갈을 하고 돼지거나 거들떠도 안본다나.
 이놈의 세상이 어찌되려고 돈독만 잔뜩 오르고 인정은 메마르는구나.
 옛 노인들 늙으면 죽어야지 하면서도 비틀비틀 발도 못 가누면서 병원을 신나게 드나들더니만 장가들때는 풀뿌리만 캐어 먹어도 임의 맛만 갓다면 한 평생 임 품속에서 살겠다던 마누라도 장어 효험이 없으니까 저리가라 떠밀며 어이구 그걸가지고 사내라고 덤벼든다고 조롱을 하네요.
 인도에 어떤 노인은 90에도 자식을 낳는다는데 90도 안된 88세에 이게 무슨 망신이람.
 그대만 옆에 있으면 행복하다는 여자의 말 믿지 마시라. 다 쭈그러지면 그땐 그때고 지금은 지금이지. 당신이 그때 같아 하는데 뭐라 해야 하나 남자는 연장이 시원찮으면 아예 포기하는 것이 오히려 수모는 안 당하느니 자성할지어다. 아무리 돈이 많고 호화주택에 살아도 남자는 거시만 늘어지면 별 볼일 없는 것이어. 여자를 돈으로 제압할 시대는 영영 지났다. 여자는 인간보다 그 인간에 붙어 다니는 물건을 더 소중하게 평가 되는 시대에 살고 있는 것이 불행이다.

 남자는 돈만 많이 벌어놓으면 죽는 것이 가장 행복이다. 돈 벌어놓고 오래 살면 마누라 들볶음에 제 명에 못 산다. 돈만 많이 벌어놓고 죽으면 새 서방님까지 모시고 열심히 봉안소를 찾을 것이니까?

 옛날에는 가장 소중한 것이 자식이라 했는데 이제 남편도 자식도 2~3위로 물러나고 1순위가 저금통장이라 하는데 그것도 0이 아홉 개 이상이라야 그나마 옆자리라도 빌어 앉을 수 있다네.

 그러나 부자들이어 돈 많다고 자랑마라. 돈은 살아있을 때 쓸 만큼만 있으면 된다. 많이 쌓아 놓았자 처자식 바보만 만든다. 돈독 잔뜩 올려보았자 사람값만 떨어진다. 잘 살려고 애쓰지 말고 잘 죽기를 생각하라.

 이 세상엔 고독을 질겅질겅 씹으며 살든 남이사 통째로 삼키든 껌을 찌걱찌걱 씹고 나 다니던 지금 누구가 안다고 예 하고 들어주는 세상인가. 민주당 원내 대표는 당선이래 김근회 처마꼬리만 잡고 매달려도 또박또박 급여에 보너스까지 타 드시는데.

 남자는 가을이라 하는데 왜 당신은 가을의 풍요를 국민과 함께 누리지 않고 미친개처럼 매일 입에 거품을 물고 실효도 없는 허공을 대고 짖어대는가. 자고로 〈옛 노인들 말씀이〉 대장부는 여인과 다투지 않는다 하시며 여인과 다투는 남자를 날건달, 졸장부라 했다. 국회의원이 그토록 할 일이 없든가. 정권을 갖고 싶거든 국민의 손을 잡아야지. 여인의 치맛자락만 잡고 추잡을 떠는가. 예부터 장수는 여자의 목을 베지 않는다 했다.
 야당이 대통령의 실정을 비판한다면 누가 뭐라 할까만 대장부가 그만한 아량도 없이 무슨일을 하겠다고 저 하발치 부스러기나 하는 행동을 하고 있는가 글을 쓰기조차 창피하다. 나는 글을 쓰다보니 이 세상에 모든 여인은 다 사랑스럽다. 아무리 큰 죄를 지었어도 나는 용서할 것 같다.
 산은 높이 오를수록 점점 고독해진다. 연약한 여인에게 죄를 씌운다는 것은 어머니를 능멸하는것과 뭐가 다른다.
 사람들은 높이 오를수록 저마다 개성을 잃어가고 있다. 절대 손해보는 일은 아무리 좋은 일이라도 안한다. 어떻게든 저하나만 인생을 편히 살라하고 남의 처지는 생각지 않는다. 현자(賢者)가 취할 바는 어린이가 읽던 소학만 읽어도 다 아는 사실인데.
 모터모스사건과 현 국정과 무슨 연관이 있다고 죽자사자 개걸레 물고 싸우듯이 으르렁 대는가. 영웅은 돈에 노예가 되어도 안되고, 여인의 노예가 되어도 안되고, 사심에 노예가 되어서도 안된다. 차라리 대도가 되던지 거지 오야봉이 될망정 똥강아지는 되지 마시라.
 대한민국에는 엄연히 삼권이 존재하거늘 죄가 있으면 고발하면 되지 그런 잡담이나 늘어놓을 시간이 있었거든 어떻게하면 남북통일을 하여 우리 후손에게 통일된 한반도를 남겨줄까를 걱정하라. 오늘만 살겠다고 하지말고 우리의 자식들을 걱정하라. 통일없는 평화는 역적이다.

우리 민족에게는 통일이 우선이다. 영웅이 되고 싶거든 통일의 주체가 되시라. 통일 없는 성장이 무슨 의미가 있단 말인가. 하루에 초토화될 것인데 가자지구를 보고 또 우쿠라이나를 보면서도 국민을 볼모로 정권이나 얻으려 한다면 김정은 청소부 노릇이나 할 인간들. 통일만 시키면 누구고 지도자가 되는 것은 기정사실인데 언제까지 영부인 치마꼬리나 잡고 특검타령이나 하고 있을 것인가.

현 정부가 무능하다고 하지만 그래도 현 정부도 어쨌든 국민이 뽑아준 정부다. 누구 마음대로 좌지우지하는가. 당신 같으면 특검한다고 아이고 죄송합니다 하고 순순히 물러나겠는가. 우리 국민이 반드시 지켜야 한다.

요즘 TV 보기가 민방하다. 공영방송마저 저출산이나 결혼, 가정이 어떤 것이란 것을 문화콘텐츠를 구상(構想)하여 건전한 방송은 하지 않고 틀이에 구더기가 기어다니는 방송을 혐오스럽게 하고 노가수, 코메디는 비아그라 선전이나 하니 자라나는 아이들이 보면 실제 틀이에 구더기가 자생하는 줄 알고, 남자는 강장제를 먹어야 연애를 하는 줄 알것이 아닌가. 옛 사람들 강장제 안먹어도 부인 둘, 셋 거느리고 아들, 딸 10여 남매 두고 사시었다. 내 영혼에 따르는 나의 행위가 곧 나의 최선이다. 조금이나마 힘겹게 하루하루를 고난속에 묵묵히 살아가는 정직한 국민들에게 힘이되는 정치를 보여주고 공영방송을 보여주시기 바랍니다.

마음의 조각보

불교에서는 심전(心田)이라하여 마음은 선(善) 악(惡)의 씨를 자라게 하는 밭이라 했다. 심외무별법(心外無別法)이란 마음 외엔 따로 법이 없고 삼라만상의 모든 진리는 마음에서 나온 것이지 마음과 별개로 존재하는 것은 아니라고 했다.

인생이란 평지가 아니고 굴곡이다.

아름다움은 만드는 것이 아니고 스스로 가꾸는 것이다.

가는 세월을 잡을 수는 없지만 명상할 수 있다. 우리는 자기발전을 가지기 위해 연구와 수행을 철학적 발전과 명상수행에서 문제의식 지향(志向)할 바를 지각(知覺)의 폭을 현재의 감각과 과거의 경험을 융화(融化)함으로써 독창(獨創)성 유연(悠然)성, 의욕(意慾)과 끈기 등 모방 없이 혼자서 창안하고 서두르지 않고 침착하게 여유를 가지고 적극적으로 부단한 자기훈련과 노력을 통해서만이 가능해지는 것이다.

즉 아름다움이란 자신의 생활과 성찰(省察)을 통해서 성장(成長)해 가는 것이다. 또한 자연을 숭배(崇拜)하고 자연속에 동화하여 흙과 바람과 햇빛 그 속에서 우주적인 위대한 나 자신만의 신(神)과 함께 삶을 즐기며 가장 원초적인 행복을 기원하는 것이다.

마음안에서 생(生)과 멸(滅)의 끊임없는 반복으로 지금의 나로부터 다시 태어나서 이어져 가고 있다.

내 인생에 삶이 고행(苦行)이라면 나의 마음은 구도(構圖 : 꾀하여 도모함)의 길이다.

내 삶의 다른 언어는 끊임없이 변화하는 존재의 부활이다. 언제나 고여있는 행복의 가치란 내가 좋아하는 일에 충실하는 것이다. 위대한 사람과 하찮은 사람은 따로 없다. 다만 위대한 일과 하찮은 일이 있을 뿐이다.

위대한 사람은 하찮은 일까지도 위대한 일로 만든다. 그가 하는 모든 행동 모든 몸짓에서 위대함이 흐르기 때문이다.

스스로 곱게 가두어 길들여지는 시간속에서 가장 순수하고 평범한 것에서 가치를 발견하는 사람 소소한 가치에서 소박한 순수를 이르는 사람.

마음이란 자기의 생각과 연출에 따라 달라진다.

조각나 버려진 파편조각이 내 손을 통해서 다시 내 정성으로 매듭지어 진다면 그 작품 또한 내 예술의 향기를 품고 있는 것이다. 세상의 복잡함을 버리고 단순함 만이 남아 있을 때 예술은 살아난다. 나는 나의 고뇌를 탓하지 않는다. 단지 나의 길을 갈 뿐이다.

마음은 불확실성 속에서 방황하는 과정이다. 중요한 것은 목표에 따라 자신이 하고자하는 일을 찾아 내 길을 가고 있을 뿐이다.

　스스로 열심히 노력하지 않으면 아무것도 이루어 낼 수가 없다. 날마다 일기를 쓰듯 눈으로 보고 가슴으로 느끼며 손끝으로 피어나는 나를 발견하는 것도 수행이다. 현실을 초월한 내 순간의 감사는 나의 행복이고 미소다.

　바람속에 태어나 바람같이 사라지는 꿈의 중심에서 모든 것이 꿈일지라도 절제와 균형의 중심에서 나의 그릇을 찾아 행복을 담아 세월의 흔적이 묻어 있는 흩어진 기억의 상혼(傷魂 : 다친 자리의 흔적)을 찾아 꿈을 꾸는 아름다운 인생의 봄날을 그린다.

　자기 자신을 인식할 수 있는 삶. 나를 이끄는 순수하고 경이로운 목적, 잠재의식, 창조에 몰입하는 그것이 진정한 자신만의 고유한 삶을 사는 것이다. 즉 지향하는 목표. 겉으로 들어나지 않은 나만의 노하우 순전한 내 기능으로 이루어 논 작품을 위해 온 몸을 던져 몰입(沒入)하는 것이 내 작품속에 바치는 영혼이 정신적 구도다.

　내가 머물고 있는 이 무한한 삶의 여정(旅情)에서 내 존재 깊은 곳에는 끊임없이 샘솟는 창의적인 재능과 능력을 발휘하고 주어진 몫을 나답게 살려야 한다.

　내가 기쁨을 담으면 기쁨이 되고 진정한 생명은 나의 내면 깊고 순수한 나만이 누릴 수 있는 자유롭고 아늑한 휴식을 가질 수 있다. 나를 움직이고 나를 깨우는 꿈의 정원과 영원이란 개념(槪念 : 동일한 종류의 사물에서 공통점을 뽑아 그것을 종합하여 얻은 생각)에서 깨닫는 경이적인 자연을 벗 삼아 나무처럼 살고싶다.

바쁘게 돌아가는 세상 속에서 정신없이 생활해야 하는 사람들이 느끼지 못하는 세월이 무상함과 인간의 참다운 가치를 생각하며 살고싶다.

내가 나인 것을 알려면 마음을 청결히 하고 정신과 육체에 맑고 밝은 에너지를 취해야 한다.

반칙이나 넘치는 욕심으로 빨리 속도를 낼 때 어느 순간 복잡해지고 실타래처럼 묶여 있다는 것을 알았을 때 우리는 이미 많은 것을 잃고 후회하게된다. 마음속 허욕을 버리고 자신의 삶에 충실하고 성실(誠實)한 자만이 진정한 행복을 누릴 수 있다.

위대한 사람은 많이 가짐을 부끄러워하고 비움에서 행복을 누린다. 비움에서 또 다른 영혼의 빛과 평화와 자유로운 존재로 거듭, 부활할 수 있다. 지혜로운 섭리를 따르지 못하면 행복한 인생을 살지 못한다.

도(道)란 계속 비워가는 과정이다.

도는 예술과 명상을 통해 내 마음으로 마음을 닦는다. 진실한 수행은 스스로 발견해 나아가는 내밀한 행위이며 눈뜸이다.

모든 것의 근본은 고요함 그 자체이기에 어디에서 머물든 고요함과 함께하면 그것이 내 세상이다.

모든 근심 걱정을 없애고 우아한 것은 진정한 고독을 즐길 줄 아는 자만이 가질 수 있는 최상의 아름다움이다.

향기 나는 삶이란 어디에도 얽매임 없이 순수하게 집중하고 몰입할 때 저절로 평온해지고 맑고 투명해진다. 어떤일도 우연히 일어나지 않는다. 사람들은 자기의 일은 자기 스스로 만드는 것이다.

삶이란 우리의 인생 앞에 어떤 일이 생기느냐에 따라 결정되는 것이 아니라 우리가 어떤 태도를 취하느냐에 따라 결정되는 것이다.

누구에게나 결코 쉽지 않은 삶, 기다리지 않아도 봄은 오고 보내고 싶지 않아도 세월은 간다.

반복되는 일상은 변함이 없지만 세월은 간다. 마음이 넉넉한 이해하는 삶을 살도록 하라. 이세상 누군들 마음에 짐이 없는 사람은 없을 것이다.

빛으로 인해 그림자가 생기듯이 욕심으로 인해 괴로움과 두려움이 생기는 것이다.

작은 것을 가지고도 고마워하고 만족할 줄 안다면 어떤 곳에 살더라도 마치 궁전에 사는것처럼 평화로운 삶을 누릴 수 있다.

무엇을 채우려고 욕심내지 않으면 고뇌도 번거로움도 생기지 않는다. 채움이 있으면 비움이 있어야 공간이 생기는 것이고 버림의 자리는 항상 깨끗하고 신성하지만 쌓인 자리는 썩어가고 앞을 가려 성가시고 답답하다.

바람과 물은 막아놓지 않으면 한 자리에 머물러 있지 않는다.

좋은 하루를 보내는 것이 좋은 인생길을 만드는 길이다. 하루하루에 기쁨이 전생에 기쁨이다. 어진 눈길을 묵묵히 모아 순수한 마음을 간직함으로 작은 것에도 감동할 줄 알고 사소한 일에도 감사하며 자신의 마음을 비운다면 멋진 인생을 영위할 것이다.

　어떤 것이 잘 사는 길인가는 어느것도 정답이 없다. 그러나 가장 중요한 것은 건강을 잃지 않는 것이다.

　세상의 이치는 덧없는 것이고 우리의 목숨은 밤, 낮 가리지 않고 줄어드니 부질없는 욕심을 버리고 분수에 맞게 만족할 줄 알며 마음이 넉넉하면 그것이 잘 사는 것이라 여긴다.

　어떤 사물에 부여하는 표면도 진실 만큼 도움이 되지 못한다. 자신의 인생이 아무리 비참하더라도 그것을 똑바로 맞이해서 살다보면 반드시 음지에도 볕들 날이 있게 마련이다.

　인생이란 삶의 조작들이 모여 내 모습을 이루고 나에게 주어진 삶의 조각들이 모여 나의 삶을 비춰보고 있다. 육체적 마음에서 생기는 마음은 물욕에 매혹되어 사도(邪道)에 빠질 위험이 있고 본래의 도의심은 물욕에 가려 드러내 보이기 어려우니 아직 알려지지 않은 일화(逸話)와 심안(心眼)으로 볼 수 있는데서 일어나는 환상(幻想)은 헛된 허구(虛構)에 불과하다.

　인간사의 전 생애의 과정을 보면 기쁨과 슬픔, 노여움과 즐거움이 지나가는 현상이라고 믿는다.

　인생의 낙원을 이루려면 자연과 더불어 자연에 기대여 살아야 한다. 그곳에서 내 삶을 어루만지고 음미하며 내 삶이 어디로 흘러가는지 무슨 의미속에 인생을 맡겨야 할 것인지 정신적이고 육체적이고 윤리적인 문제들을 통하여 참선의 길을 찾아가야 한다.

번잡하고 때 묻은 세상속에서 진리와 마음의 평화를 찾아가는 길은 부질 없는 것들에 심각하게 매달리지 않아야 한다. 존재의 눈을 뜨고 가장 본질적인 진리를 찾기 위해서는 우리는 그대로에 어떠한 저항도 하지 않는 법을 배워야 하고 현재의 순간에 고요히 머무는 법을 배우며 자연의 순리속에 더 이상 좋은것도, 나쁜것도 없는 은총과 평화와 빛속에 존재하는 진정한 자기 자신속에서 새로운 형태와 환경을 만들고 창조해야 한다.

저 노을이 지듯이 내 목숨이 사라질 때 내 영혼이 부끄럼 없이 축복속에 떠날 수 있도록 나로 하여금 가장 큰 적인 나 자신과 싸워 이길 수 있는 그윽한 눈빛으로 아픈만큼 성숙해지는 삶은 내가 풀어야 한다.

곱게 거두어 길드려지는 시간속에서 가장 순수하고 평범한 것에서도 가치를 발견하는 이 목표여야 하며 깨어있는 머리와 뜨거운 가슴으로 감싸주어야 하며 충만한 마음을 지니며 비어있음에도 무기력하지 않고 구차한 현실 속에서도 내 자신을 돌아볼 수 있고 인생의 주인공은 세상이 아니라 나 자신이라는 긍지를 가져라.

밀려오는 세월의 발길에 내 영혼에 젖어있는 구석구석을 햇살과 부드러운 바람을 만나듯 지혜를 스스로 발견해 나가는 것이다.

거룩한 삶이 이 세상에 어디에 있는가?

세상일 모두 잊고 촛불 앞에 향 피우고 차끌이며 덧없는 세월이야 오거나 가거나 욕심없이 소박한 삶이 내 바라는 삶이란 것을 나는 알았다.

인간은 욕심이 많음에서 어리석어 지는 것이다. 행복해지는 비결은 욕망과 기대치를 낮추는 것이다.

내 가진 것이 많을수록 행복의 수치는 낮아지고 고통의 수치는 늘어난다. 삶의 허상을 경계해야 하며 살아갈수록 깃털처럼 가벼워져야 한다.

자신의 한계를 알고 만족할 줄 아는 사람, 평화를 사랑하는 사람이 행복한 사람이다. 자신이 불행하다고 생각하는 사람은 더 많은 것을 기대하기 때문이다.

진정한 행복은 승리나 패배에 있는 것이 아니고 어떤것에도 구애받지 않고 내 마음대로 콘트럴 할 수 있어야 한다.

이 세상에서 가장 확실한 것은 이 순간의 나 자신에 관한 의식이다. 그 일이 어떤 일이든 그것은 그의 운명이다.

삶에서 가장 중요한 것은 현재 그가 무엇을 하고 있느냐 하는 것이다.

가장 훌륭한 인생은 높은 정신수련에서 나온다. 어떻게 가장 자기답게 살아가야 하는지는 알아야 한다. 착각에 이르는 길은 무수히 많지만 진리에 이르는 길은 오직 하나밖에 없다.

무미건조한 스토리가 있는가 하면 훌륭한 베스트셀러도 있다. 사람 사는 세상에는 이것도 인생이고 저것도 인생이다.

남들이 기대하는 것 이상의 노력과 나만의 목표가 있는 삶속에서 거부할 수 없는 긍정적인 힘이 있다. 자신의 목소리에 귀 기울이고 헌신과 인내, 포기, 노력, 상상력 남들이 볼 수 없는 자기 관리를 철저하게 하여야 한다.

우리의 삶은 고통으로 가득차 있기도 하지만 우리는 고통속에서 안식을 찾아야 한다. 자유로운 동향(動向)의 지혜는 모두 자연으로부터 왔다. 선택과 집중, 침묵과 열정, 의식과 무의식의 경계, 철학적 동방예절(東邦禮節)에 길들어져야 한다.

나 아닌 다른 누군가의 삶이 내 삶과 연결되어 있고 우리 모두의 삶은 서로 연결되어 있다.

표현이 다를 뿐 내가 느끼는 인생의 비애가 나 혼자만의 것이 아닌 우리 어머니 그리고 우리 가족, 우리 사회 전반에 미칠 수 있다.

이 세상에는 공짜가 없다. 내가 얻은 만큼 지불해야 한다. 그것이 있기 때문에 세상은 공평한 것이다.

현실 그 벗어날 수 없는 삶의 이면에 숨어있는 고뇌와 허무 시시콜콜한 생각들을 덮기 위해 시간은 나의 마음가짐을 건조하게 말려 버렸다. 어떤 고통이든 이겨내는 순간 존재에 대한 전율과 희열을 맛본다는 사실이다.

세파에 찌들어 온 내 영혼 무심하지 않은 나날들이 생각의 골을 따라 발효되고 있다. 작아지는 기쁨을 터득하여 모자람이 없음을 알게 되었고 덧없는 것들 속에 내 삶이 남루해짐을 알았다. 나쁜일이든, 좋은일이든, 바쁜이유, 화나는 이유, 미워하고 좋아하는 이유 모두가 마음에 있음이라 것이다. 삶이란 위태로움과 완강함 빛과 어두움 사이에서 달고 쓴 내 가식의 허물을 벗기는 후회의 연속이다. 이 헛된 가식에서 벗어나는 길은 헛된 욕망에서 벗어나는 것이다.

　치열하고 척박하고 모진 세월속에서도 생을 누릴 수 있었던 건, 세상을 보는 이치와 자신을 튼튼하게 지켜낸 내성이 있었기에 가능했다.

　명상은 가장 고요하고 잔잔한 자아의 비판이다.

　자연과 벗하고 자연의 품에 안길 수 있다면 가장 건강하고 행복한 길이다.

　정성을 다하는 삶의 모습을 오늘이라는 시간의 덧없음을 보면서 마음의 방을 털고 닦는다. 스스로 유배의 방을 만들어서 틀어박혀 지난 삶을 명상해 본다. 세상을 향한 눈과 귀는 멀리하고 자신 앞에 놓인 시간들을 지혜로운 삶을 위해 욕심없는 마음으로 비움을 찾아 집착에서 벗어나 살고 싶다.

2024. 10.

정 승 용

세상의 중심에 홀로서라

중경외폐(中扃外閉)란 속의 욕심을 겉으로 드러내지 아니하고 외부의 사학함이 마음속으로 들어오지 못하게 하라.

사물에 가장 중요한 중추(中樞)로써 사회에 조직 따위의 가장 중요한 인물(人物)이 되어라.

미합중국 대통령 오바마의 인터뷰에서 인간은 그 자신이 영혼의 별이다.

정직하고 완벽한 인간이 되기를 원하는 나에게 내 영혼은 모든 빛과 힘이되어 명령을 내린다. 그 명령은 너무 일찍 오지도, 너무 늦게 오지도 않는다. 좋든 나쁘든 운명의 그림자가 언제나 나를 뒤따르고 있지만 내 영혼의 명령에 따르는 나의 행위가 곧 나의 최선이다.

마음속에 잠재된 확신을 꺼내서 세상을 향해 이야기하라. 그러면 내 안에서만 존재하던 그 확신은 머지 않은 날에 세상의 보편적인 견해가 될 것이다.

왜냐하면 깊숙이 간직했던 나의 생각은 때가 되면 세상에서도 모습이 들어날 것이고 나의 처음 생각이 세상에 모습을 드러내면 그 영광은 승리의 나팔소리와 함께 나에게 되돌아올 것이기 때문이다.

모세와 플라톤 그리고 밀턴 같은 선지자들을 보라. 그들이 세상에서 찬양받을 수 있었던 것은 그들의 책과 전통을 무시하고 세상사람들이 생각하는 것이 아닌 자기 자신의 생각을 말했기 때문이다.

우리는 시인과 철학자들이 제시하는 삶의 지침을 따르기 전에 우리 자신의 마음에 번개처럼 스치는 섬광을 발견하고 관찰하는 법을 먼저 배워야 한다. 그러나 우리는 얼마나 자주 섬광처럼 찾아오는 그 직관을 미처 주목해 보지도 않고 습관처럼 지워버렸던가?

자신을 고집하라. 결코 모방하지 마라.

그러면 전 생애를 거쳐 닦아온 축적된 힘으로 매 순간 당신의 재능을 펼쳐 보일 수 있다. 그러나 가장 잘할 수 있는 일은 오직 그의 창조자만이 가르쳐줄 수 있다. 그러나 그가 그것을 드러내 보이기 전까지는 누구도 그것이 무엇인지 모르고 할 수도 없다.

불확실한 세상이 가고 또 오지만 뿌리를 내린 인연은 그 자리에 머문다. 나는 한때 그가 가버렸다고 생각했다. 그러나 수많은 세월이 흐른 뒤에 시들지 않는 빛나는 온화함이 마치 매일 떠오르는 해처럼 거기에 있음을 본다. 나의 조심스러운 마음은 다시 자유로워진다.

오 그대여. 나의 가슴이 말한다.

오직 그대를 통해서만 장미는 붉다.

그대를 통하는 모든 것들은 보다 고귀해지고 우리 운명의 물레방아가 나타나면 그대는 태양의 행로가 된다.

그대의 고귀함이 또한 나를 가르쳐왔기에 나의 절망을 다스릴 수 있는 힘이 되어주는구나.

나의 숨겨진 삶의 샘은 그대를 통해서 온당해진다.

에디슨의 글을 읽다보면 어느새 고개를 끄덕이고 있는 나 자신을 발견하게 된다.

우리가 인생을 헤쳐 나가면서 깨닫게 되는 삶의 법칙이나 마음에 품은 어렴풋한 생각들이 그의 글 속에서 확연하게 다가오기 때문이다. 그는 우리 삶의 모든 행위는 원인과 결과라는 엄밀한 연결 고리에 의해 결정지어지는 것이므로 우리는 끊임없이 우리 삶을 건전하고 성실하게 꾸려가야 한다고 말한다.

충실하게 사는 삶, 미루지 않는 삶, 사랑하며 사는 삶이야말로 우주의 법칙에 순종하며 사는 삶이고 우리는 그때 비로서 마음의 자유와 평화를 얻을 수 있으리라는 것이다.

하지만 또 그 이면을 들여다보면 그는 어떤 어려운 이론이나 학설을 끌어오기 보다는 자신의 삶에서 느끼고 경험에서 우러나온 비유와 은유 또는 우화를 즐겨쓰고 있다는 사실도 알 수 있다. 따라서 단지 표현의 차이일 뿐 그 메시지는 오히려 쉽고 명쾌하다. 심지어 그의 언어는 때로 직설적이고 도발적이라고 느껴질 정도로 선명하다.

오늘날 우리가 듣고 싶어하는 이야기를 또는 우리에게 필요

한 이야기들을 어떤 철학이나 종교의 틀에도 얽매이지 않고 이렇게 솔직하고 대담하게 전해 줄 수 있는 사람이 얼마나 될까. 그런 점에서 그는 시대를 초월한 진정한 스승이라고 할 수 있을 것 같다.

그렇다고 우리가 그의 말을 떠받들 필요는 없을 것 같다. 우리가 모르는 새로운 지혜를 보여주려는 것이 아니라 우리가 이미 알고 있는 것, 세상에 대해 바른 눈을 가진 사람이라면 누구나 느끼고 있는 보편적 진리를 말하고 있기 때문이다.

그러므로 우리의 경험속에서 그의 말을 떠올리고 공감하며 가슴으로 받아들일 수 있다면 그것으로 족한 것이다.

또한 살면서 어렵고 고통스러운 일이 닥쳤을 때 그의 말에서 용기와 위안을 얻고 우리를 다시 추스를 수 있도록 도움이 된다면 이 책의 의미는 가장 커질 것이다.

그러나 결국 중요한 것은 나 자신이다.

진정 대중을 생각하고 염려했다면 이 진심어린 충고가 시대가 흘러도 결코 빛이 바래지 않을 보편적인 진리들이 내게 그랬던 것처럼 독자들의 마음속에도 깊이 다가설 수 있기를 바라며 이 글을 바친다.

그러나 나는 과시(誇示)하기를 원치 않으며 건강하기를 원한다. 나의 삶은 삶 자체를 위한 것이지 남에게 보이기 위한 것이 아니기 때문이다.

나는 화려하고 불안정한 삶보다는 긴장이 없는 삶이 더 좋다. 더 진실하고 자유롭고 평온하기 때문이다. 나의 삶이 진실하고 거짓이 없기를 원하며 감미롭기를 바랄뿐이다.

나는 어떤 당신의 행동에 동참하라는 요구는 일절 거절할 것이다. 많은 사람들에게 훌륭하다고 평가받는 일이 있든 없든 나에게는 나와는 상관없이 살기를 원하고 있을 뿐이다.

그리고 나의 재능이 작고 평범할지 모르지만 그렇다고 긴장하지도 않고 누구에게 미안할 필요도 느끼지 않는다. 세상속에서 세상의 견해에 순응하며 살아가는 것이 쉬운 일이다.

군중속에서도 완벽한 온화하고 평정을 유지하며 고독하게 홀로서는 사람이 되겠다.

인사난우(人師亂遇)라 했다. 스승으로 우러를 만한 사람은 만나기 어렵다 했다.

그만큼 덕행(德行)이 사회 전반에 무너졌기 때문이다. 학제(學制) 자체가 안정(安定)적 요소(要所)가 결연(決然)되고 성적(成籍)순이다 보니 인망(人望)이 사라졌기 때문이다. 하루속히 돈보다 인정이 그리운 사회를 치중해야 할 것이다.

2024. 10.

저자가 만들어 논 사랑의 이정표

나의 89 생전에(오늘 2025. 3. 16 새벽 4시)처럼 환각(幻覺)에 빠져 본 적이 없었다.

꿈도 아니고 생시(生時)도 아닌 그냥 누워서 명상(瞑想)에 혼자서 잠겨 있을 때 신기(新奇)하게도 현상(現象)처럼 예쁜 여인이 품에 안기어 Sex를 재연(再燃)하는데 신낭(腎囊)이 오히려 젊어서 보다도 더 견고(堅固)하여 흠뻑 환희(歡喜)에 빠져있다 깨어났어도 몽설(夢泄)도 없이 만끽(滿喫)할 수 있었다.

돌이켜 생각하니 회광반조(回光返照 : 석양빛이 떨어질 때 더 붉다는 말로 사람이 목숨이 다하기 전에 잠시 기운이 되살아난다)라 하였다.

중국의 속담에도 애급옥오(愛及屋烏)라 하여 아내가 사랑스러우면 처갓집 지붕에 앉은 까마귀도 사랑스럽다 하였고, 우리 속담에는 아내가 사랑스러우면 처갓집 소말뚝에다 절을 한다 했지요. 사실 19세 철 모르고 결혼하여 어떻게 아내를 즐겁게 하여 줄 줄도 모르고 자식을 5남매를 낳았고 공부 가르쳐 짝지어 가정 꾸려 내놓고 보니 50이 되어서야 아내를 사랑하는 법을 알고 나니 황혼(黃昏) 역에서야 부부도 잠자리가 예술이란 걸 알았다.

  악기를 다루듯이 세요(細腰)를 찾아 무마(撫摩 : 어루만져 쓰다듬어 줌) 해야 감각(感覺)이 살아나고 새로운 흥미를 느껴 흥분이 고조되고 갈증(渴症)에서 벗어나 환호(歡呼)에 다다라야 정이 깊어지고 두터워진다는 것을 알았다.

  로소부정(老小不定)이라 했듯이 젊은이나 늙은이나 수명은 알기 어려우니 젊어서 활기 왕성할 때 사랑도 누리라 했다.

  우리 인간의 삶에서 번뇌(煩惱)를 지울 수가 없으니 불교에서는 생(生) 자체가 팔고라 하였고 어떤 삶도 순탄(順坦)한 길은 없다 하였다. 평탄한 길을 가기보다는 굴곡을 굽이굽이 돌아가며 가는 길이 더 경이롭듯이 삶에도 굴곡이 오히려 전율이 있는 것이라 했다.

  옛날엔 떨어진 헝겊 나부랭이 하나도 버리지 않고 떨어진 구멍을 지어 입고 살았어도 부부만 함께하면 행복했듯이 글쟁이는 삶에서 느껴온 애환(哀歡)과 고통의 추억들을 주워 모아 담아놓은 글이 더 감미롭고 애처롭다.

  과거에 고난의 삶과 현세와 미래의 삶과 비교할 수는 없지만 부부의 애정 표현은 예나 현재나 미래나 변하지 않을 것이다.

  우리는 부부간에도 항상 초야의 여신(女身)을 탐색하듯 경험하지 못한 흥분으로 마지막 남은 속옷을 벗겨야 사랑이 시들지 않고 새로운 정수(精髓)를 맞이할 수 있고 꿈인 듯 환상인 듯 황홀한 꿈나라로 여행할 수 있다.

언제나 세심한 애무로 가장 수려(秀麗)한 계곡으로 석청(石淸 : 나무 틈새나 바위틈새에서 꿀을 땀)을 따는 심정으로 신생아가 젖을 찾아 물 듯 앳된 아가씨도 본능적으로 싱그러운 감촉에 매료되어 걷잡을 수 없이 뱃고동을 울린다.

그때 비로소 자연동굴을 배회하듯 나도 모르게 탕아로 변신한다.

그때 일어나는 움직임은 호수에서 운무(雲霧)가 어우러져 너울너울 춤을 추듯이 아무것도 먹지 않아도 아무것도 가지지 않아도 자연의 신비에서 우러나듯 아무것도 보이지 않는 혼수상태(昏睡狀態)가 되어야 태초(太初)의 자연현상이라 할 수 있다.

무명천 계곡따라 솟구치는 온천수가 촉촉이 전신을 타고 흐를 때 우리는 협곡(峽谷)의 절경을 음미할 수 있다.

우리 인간만이 지구상에서 유일한 부부의 인연을 끊지 못하는 것은 밤마다 맞이하는 음, 양의 조화가 이루어지기 때문이다.

누구나 사랑의 미로를 알고 나면 평생 떨어질 수 없는 궁합(宮合)에 도달할 것이다.

더티한 사랑일수록 유연하고 순수하다.

독특한 상상력, 탁월한 성품과 지질한 언어, 특유의 괴벽으로 바보같은 순진함, 광기어린 기인(奇人)같이 자기만의 색깔이 뚜렷한 문한의 세계를 동경(憧憬 : 애틋하게 그리워함) 하며 역사를 만들어 가며 인간의 아름다움을 추구(追究)하여 도저히 지울수 없는 사랑의 상풍패속(傷風敗俗) 좋은 풍속을 해치고 질서를 문란(紊亂)하는 사회질서를 바로잡아 안심하고 활성화(活性化 : 침체된 활동에 생기를 불어 넣어 정상 기능을 발휘함)를 할 수 있도록 아름다운 세상(世上 : 모든 사람들이 자기 뜻을 세우고 펼쳐 나갈 수 있는 곳)을 만들어 어디서든 인간만이 추구하는 사랑에 꽃을 피울 수 있기를 기대해 본다.

신이 창조하신 모든 것들은 각기 제 나름대로의 아름다움을 간직하고 있다. 따라서 각기 제 나름대로 사랑받기를 원하고 있다. 그리고 그 모든 것들은 자신이 가지고 있는 아름다움을 영원히 간직하고자 하는 욕망을 가지고 있으며 그 욕망에 의해서 또 다른 아름다움을 창조하게 되는 것이다.

인간은 누구나 행복해지기를 바라고 있다.

그렇다면 인간이 가장 행복할 때는 언제일까?

소크라테스는 이렇게 말했다.

사랑받고 싶어하는 마음은 행복해지고 싶어하는 마음과 같은 것이다. 이 말은 인간은 사랑받을 때 비로소 가장 행복을 느끼게 된다는 것을 의미하고 있다. 사람의 감정을 유발시키는 것은 바로 아름다움이다. 이것은 인간에게만 적용되는 말이 아니라 모든 동물이나 식물에도 적용되는 말일 것이다.

그렇다면 그대를 아름답게 만들어 주고 그대를 사랑받을 수 있도록 만들어 주는 것은 무엇일까?

그것은 바로 남에게 사랑을 베풀고 싶어하는 그대 자신의 가슴이다. 사랑은 결코 그 어떤 것으로도 대용되어지지 않는다.

그것은 마음과 마음을 통해서만 전달되는 것이다. 따라서 주는 것도 아니고 받는 것도 아니다. 서로의 가슴속에 소중한 마음으로 간직하는 것이다.

이 세상에서 가장 소중한 것은 눈으로 보이거나 손으로 만져지지 않는다.

단지 가슴으로만 느낄 수 있을 뿐이다.

아주 작은 사랑도 쌓이고 쌓이면 보다 큰 사랑이 된다. 그리고 마침내 신적인 아름다움의 영역까지 도달하게 된다. 신은 누구나 그곳에 도달할 수 있는 권리와 자격을 부여했다.

언제나 젖어있으라.

땅이 마르면 물이 고이지 않는 것과 마찬가지로 가슴이 마르면 사랑도 고이지 않는다는 사실을 알라.

그것들은 바로 나와 함께 살았던 것들이며 내가 외로워할 때 마음으로 위로가 되고 힘이 되어주고 대화를 나누었던 것들이다.

사랑을 위한 사랑은 큰 의미가 없다.

진실한 마음 생명까지도 기꺼이 희생할 수 있는 그런 사랑만이 우리의 마음을 움직일 수 있다.

이 시대는 불안하고 암울하고 희망이 안 보이는 웃기는 시대다. 혼돈(混沌 : 구별이 확인하지 않는 모양) 그 자체다. 무엇이 옳고, 무엇이 그르며, 무엇이 죄이고, 무엇이 법인가. 무전유죄. 우리는 보지 않으려 해도 뻔히 보이는데 그들은 정당하다고 한다.

그러나 이제 우리 국민도 어느 정도는 알고 있다. 우리가 너무도 본질 밖으로 벗어나 있다는 사실을 마음이 열려있던 시대는 가고 물질만능시대가 와서 이제 우리는 담장을 높이 쌓고 그 위에 유리 파편 또 그 위에 철조망까지 설치하고 살아도 늘 두려움에 움츠려야 한다.

그러나 비록 사회는 썩어가지만 사랑만은 간직하고 살았으니 영혼까지 멸망하지는 않으리라. 그것은 견딜 수 없는 고통이 지나간 후에 비로소 성취될 수 있는 것이라는 사실을 우리는 안다.

어떤 현실속에서도 아름다움을 느끼고 그 대상을 진심으로 사랑하게 된다면 저절로 마음 안에 촛불이 환하게 밝혀질 것이다.

아름다움이라고 하는 것은 겉으로 드러나 있는 것보다 속에 깊이 간직되어 있는 것이 한결 가치가 높은 것이어서 한눈에 반해버린 아름다움보다는 보면 볼수록 친근감이 더해가는 아름다움이 훨씬 더 생명력이 긴 것이다.

헤어진 것들은 왜 그리 자꾸 간절한 그리운으로 가슴을 복받치는지. 돈으로 사랑을 살 수 있다고 착각하지마라. 그것은 떠다니는 구름을 사는것과 똑 같다. 사랑을 팔고 살 수가 없다. 마음으로 주고 받는 것이다. 자신을 불행한 존재라고 생각하는 사람은 더욱 불행한 신세가 될 여지가 남아있다. 아주 작은 일에도 큰 기쁨을 느끼는 사람에게는 그 어떤 불행도 위력을 상실한다.

때로는 지혜롭지 못한 부모가 자식의 장래를 망쳐버리고 만다. 애정만으로는 올바른 교육이 이루어지지 않는다. 서양인은 어려서부터 자식을 스스로 제 몫을 살아가게 터치하지 않는다. 그냥 잘못된 것만 바로잡아준다. 배가 지나가면 물결이 일고 바람이 스쳐가면 나뭇잎이 흔들리듯이 한 세상 사는것도 물에 비친 뜬구름 같다.

그 나뭇잎이 흔들림 속에서 시(詩)가 움터나고 물에 비친 달빛 속에서 음악이 연주할 수 있다면 우리가 숨 쉬고 있는 한 모금의 공기조차 시(詩)가 되고 노래가 될 것이다.

간절하게 이루지 못하거나 그리운 사람과 헤어지는 경험도 어쩌면 인생의 한 과정일지도 모른다. 슬프고 괴로운 절망이 우리에게 지혜를 가르쳐주듯이 고통의 순간이 없다면 우리의 인생은 풍요로운 결실을 거둘 수도 없다.

사랑하기를 원하다면 우리는 모든 속박으로부터 벗어나야 한다. 진정한 자유인이 되는 순간에 사랑의 길이 환하게 열리는 것이다.

군자는 마음을 밝게하고 덕으로써 세안 만물을 바라보아 자신을 아름답게 비치는 법이다.

좌절은 금물이다. 인생이란 시련을 극복한 사람에게만이 참다운 삶의 진정한 의미가 있는 것이다.

새벽녘에 소리죽여 흐느끼는 가을밤에 빗소리를 들었다. 가슴 밑바닥에 시린 한숨 소리에서 내 인생의 흐느낌의 소리를 들었다.

빛과 웃음만의 인생이란 그 누구에게도 존재하지 않는다. 어둠과 시련의 눈물도 항상 있게 마련이다. 진실로 인간을 퇴보(退步)시키는 것은 퇴폐(頹廢)주의가 아니라 이기(利己)주의다.

이 세상은 철학적 교육에는 관심이 없다.

오직 현실의 쾌락을 추구하는 일에만 급급해 있는 못들은 척, 못본 척 자기자랑만 늘어놓는 인간들 뿐이다.

세상이 온통 싸움뿐이다.

나라와 나라끼리서부터 개인과 개인, 정당과 정당, 종교와 종교 세상이 온통 싸움판이다.

우리의 이상(理想 : 뜻하고 노력하여 도달하여야 할 최고의 목표)이 아무리 절대적인 것이라 하여도 우리의 투쟁이 아무리 순수하고 정의롭다고 하더라도 우리의 밖에서 현실은 조금도 개선할 조짐은 보이지 않는다.

여당은 여당끼리 저만 잘났다고 으르렁대고, 야당은 김건희 영부인 하나만 물고 늘어져 정치고 민생이고 다 내팽개치고 오로지 법의 판결마저 아랑곳하지 않고 제멋대로 버둥되고 있다. 분노와 용기만으로는 그 무엇도 이룩할 수 없다. 인간 같잖은 인생에도 고통과 슬픔이 항상 뒤따르는 법이다.

그리고 그 어떤 것에서도 존재 가치를 찾아볼 수가 없었다. 차라리 산다는 것이 짜증스러워서 견딜 수가 없었다. 어디 무인도에라도 가서 살아보았으면 좋겠다는 생각이 들 때도 있었다. 인생이 가장 그리운 것은 자유다.

이렇게 아무런 의미도 없는 하루가 아무 의미도 없이 흘러가고 아무런 의미도 없는 밤이 다가와서 아무런 의미도 없는 잠을 맞는다.

다시한번 30년 전으로 돌아가 아름다운 여자와 데이트도 해보고 싶고 아무런 두려움 없이 술도 마시고 담배도 꼬나물고 껄껄거리며 후련하게 한바탕 웃고도 싶다. 가만히 있어도 시간은 흐르고 열심히 일해도 세월은 가고 가만히 누워있어도 죽게 될 것이다. 살아 있는 것은 언젠가는 죽어질 것이며 죽어지면 누구나 그냥 묻히던, 재로 묻히든, 관(棺)에 넣어 묻히든 결국은 똑 같은 결과로 돌아간다.

어떤 길이든 이미 그 길은 내가 스스로 선택한 길이며 죽음으로 연결되어 있는 길이다.

행복을 원하고 있지만 대부분의 사람들은 그것조차도 모르고 오로지 부와 권력만 좇아 인생을 난도(亂道 : 인도를 어지럽힘)질을 하고 있다. 서점은 장사가 안되어 날마다 하나씩 사라지는데 술집과 모텔들은 밤 낮 없이 문전성시(門前成市)다.

그러잖아도 쓰레기 몸살을 앓고 있는데 김정은은 남한을 온통 쓰레기장을 방불케 만드는데도 어떤 자 하나 보복하는 시늉도 못하고 속수무책으로 당하고만 있다.

국민은 굶어 죽는데 사람 죽이는 무기나 만들고 선진국들은 환경오염을 줄일 생각은 안하고 수 없이 자연파괴로 경제적인 이득과 군사적인 성과를 거둔다지만 후진국이 무슨죄가 있다고 그들이 파괴한 환경속에서 공포와 질병에 시달려야 하는 것일까?

이혼을 장난처럼 하고, 결혼도 살아보고 하고 철모르던 시절에는 낭만으로 술을 배운 것이 지금은 자학으로 술을 마신다.

술이란 정말로 우리가 가장 경계해야 할 액체다. 취하면 모든 추억이 되살아나 짜릿한 아픔이 가슴을 파고들어 가을비처럼 축축하게 적셔주기도 하고 때로는 슬픔의 그리움이 빗물처럼 가슴속까지 숨어들어 심장을 헤집어 놓기도 한다.

우리는 지금 너무 사랑을 쉽게 생각한다. 이혼을 무슨 자랑이라도 하듯 자기들 마음대로 한다.

우리는 자식한번 성혼시키려면 너무 많은 대가를 지불해야 한다. 모든 일가 친척에서 할아버지서부터 손주 지인들까지 다 모여 축복하고 격려하여 주었는데 조금만 금이 생기면 그냥 깨뜨려 버린다. 그러면 어렵사리 모든 정성과 자본을 쏟아 꾸며준 부모는 무슨 면목으로 지인을 대할 것인가.

우리 부모님들은 그 고난속에서도 내 자식만은 수치(羞恥)스럽지 않게 하여주려고 얼마나 오랜 세월을 노심초사(勞心焦思 : 애쓰고 속을 태움)하고 살았는데 젊은이들이여 사람은 별반 다르지 않다. 서로 사랑을 게을리하지 않으면 어떤 애로도 극복된다. 함부로 이혼을 하지 마라.

그리고 이 글을 읽으며 사랑의 연기를 배워서 가정을 원만히 꾸릴 수 있다면 늦게나마 책을 쓴 보람을 갖지 않을까 한다.

고전에서 지혜(知慧)를 배워라

 21세기 새로운 1,000년의 개막과 함께 세계는 격동(激動)의 파고에 흔들리고 있다.
 세계가 하나가 되고 점차 인구가 소통(疏通)되는 현시대에 급격한 인간으로부터 재앙이 일어나리라고 누가 예상을 할 수 있겠는가.
 거기다 시시때때로 일어나는 천재지변까지 문명이 발전될수록 인간의 힘으로는 억지(抑止)할 수 없는 일들이 일어나고 있는데 세상을 평정하여야 할 강대국이 약소국을 침략하고 살생을 함에도 이를 저지 못 하는 유엔이 존재 의무가 있는지 국가를 경영할 명확한 비견(比肩)을 같고 있는지 영토와 조상과 언어와 풍속이 같은 민족이 서로 우호(友好)하고 외세(外勢)에 방패(防牌)는 되어주지 못할망정 주적(祝敵)이라 대놓고 서울점령을 모사(謀事)하는데 여당은 여당대로 패거리 싸움이나 하고 야당은 들개처럼 짖어대며 선정을 베풀어 나라를 안정하여 차기 대선에 정권탈환(政權奪還)할 생각은 안하고 다수의 힘으로 사투(死鬪)로 정권을 빼앗으려하니 이게 나라인가. 역대 정권이나 세계적 사례를 보아도 여당안에서 자중지란을 일으키는 정당은 처음 보았다.

모름지기 명확한 비견을 갖고 확고한 이념(理念)을 확립하지 않으면 결국 외설(歪說)에 시달리게 되고 종말(終末)엔 망신창이(亡身瘡痍)가 되어 회생불능 상태에 도달하게 된다.

윤 대통령이 지금 이 지경에 도달하였다. 개떼들의 소소한 시비(是非)에 연연하지 말고 지금이라도 북이 파병하거든 우크라이나 원조하여 남의 싸움에 말려들지 말고 즉시 계엄을 선포하고 김정은 가장 아픈 곳을 타격하고 육군 투입 없이 항공모함이나 항공기로 군사시설만 초토화하고 시진핑 회담에 통일만 방해하지 않으면 중국과 불가침 우호조약도 맺을 수 있다고 하십시오.

일본하고도 싸울 게 아니라 독도 동도는 일본에서 관리하고 서도는 한국에서 관리하고 관광명소로만 만들어 동서 중앙에 오성급 호텔을 짓고 관광 이익금은 양국이 배분하도록 하는 조건으로 일본이 동해 부분을 맡아 제공권을 확보하여 동해는 한일 공동 구역으로 하시라.

그리고 시진핑 만나거든 미국 영향권에서 벗어나 중국과 역사적으로 함께 적을 막아왔듯이 할 것이니 통일을 도와달라고 읍소하시라.

죽의 장막이라 불릴 만큼 강력한 독트린으로 봉쇄(封鎖)된 중국이 이데올로기에서 개방되어 자유경제를 답습하고 정치를 병행하여 무한한 자기 계발 능력을 새삼 확인하여주는 비약적으로 발전하고 있는 놀라운 중국의 숨은 저력을 답습하는 것도 국익을 위하여 반드시 실현하시기 권고드립니다. 돌이켜보면 우리는 유사 이래 기나긴 세월 동안 중국문화권의 영향 안에서 살아온 것은 주지의 사실이다.

해방 전 일본하고 싸움에도 함께했고 앞으로도 영원히 함께 가야 할 상대임에도 두말할 여지가 없다.

또 한때는 신탁통치는 했지만, 일본처럼 식민지 통치는 안했다. 특히 인류가 이룩한 찬란한 문화중에서도 유교 문화는 역사적으로 보더라도 뗄레야 뗄 수 없는 공통된 전래(傳來)를 가지고 있다. 특히 한중간에는 유교문화는 동양철학의 발상지(發祥地)로 국가관이나 가풍(家風)이기도하다. 이는 나라를 떠나 우리의 조상이 중국과 뿌리를 같이했고 문화형성에도 막대한 영향을 미쳐 왔던 것도 주지(主旨)의 사실이다.

앞으로도 우리가 정치적으로나 경제적으로나 안전한 방향으로 나가기 위해서는 중국의 영향권을 벗어나서는 안정하게 나갈 수가 없다.

우리도 지금의 혼란에서 벗어나려면 지도자의 혁명 없이는 끝까지 버틸 수 없을 것이다.

너무 자유가 도를 넘어 국가존립마저도 위험에 처해 있다.

살신성인(殺身成仁)이란 성어는 필요 없이 만든 실언(失言)이 아니다. 필요에 따라서는 단행하라는 말이다. 지금 우리나라는 내란(內亂)에 처해 있다. 구안점(具眼占)을 잃어가고 있다.

정보를 조정하고 능멸하고 경시(輕視)하고 있다.

온갖 잡종(雜種)들이 다 패거릴 만들어서 춘추전국시대를 방불케하고 있다. 하루빨리 중국의 통치를 답습하지 않으면 정권마저 빼앗기는 현상이 도래를 것 같다.

첫째, 야당들이 너무 설쳐댄다. 대통령에 령(領)이 안 선다. 대통령이 그렇게 허약해서 어떻게 임기를 보장할 것인가.

나는 글을 쓰면서 일찍이 경고했다.

영을 세우라고 국기(國基 : 나라를 유지하는 기본 틀)를 저해하는 자는 무조건 잡아다 무인도에 영치(另置)하고 국법으로 엄히 다스리고 우리 사회에 무질서(無秩序)한 행동을 하는자는 무조건 잡아다 수용소로 보내고 사회 질서가 안정되거든 석방하시라.

둘째, 음주 운전은 자신은 물론 애꿎진 생명까지 빼앗아간다. 이 또한 형량을 정하지 말고 무조건 격리시켜서 완전히 개과천선하거든 해방시키라.

셋째, 국회 면책특권 무효화하라. 국민투표에 부치라. 국회의원이라고 죄를 짓고도 또박또박 연봉을 수령하고 국민은 말한다만 잘못해도 죄를 다스리는 법은 폐지하라.

넷째, 국록만 타 먹는 국회는 해산하고 새로운 국민투표에 부쳐 의원 수를 반으로 줄이라. 많아 보았자 싸움박질만 하는 국회를 존속시킬 필요 없다.

다섯째, 그리고 정부부터 솔선수범하라.

빈부격차부터 해소하라. 보너스는 전부 반납하여 국민 최하위 계층에게 주되 한창 일할 나이에 빈둥빈둥 놀고먹는 젊은이에게는 데려다 군 복무를 시켜서 계급에 의하여 급여를 지급하면 군도 증강되고 사회에 무노동, 무임금도 없을 것이다.

군 생활도 본인이 어떤 직업 가리지 않고 일하겠다는 서약을 받고 돌려보내고 그렇지 않을 시는 노인연금 해당되도록 군에서 생활하도록 하십시오. 일단 군에 들어오면 군기에 해당되기 때문에 항명은 못할 것입니다.

또 당사자의 능력에 따라 배치되면 수확을 잘하면 포병에 배치하고 노동에 익숙하면 진지구축이나 공병에 편입시키고 기예(技藝)가 있으면 작전에 투입하고 격투나 건강에 자신이 있으면 수색대나 정보병에 편입시키면 최저 임금으로도 실업을 구제할 수 있을 것입니다.

국민은 윤석열 대통령이 너무 몸을 사려서 싫증을 내는 것입니다. 전두환처럼 기백 있게 정치를 하십시오.

전두환은 광주사태에서 살생 때문에 죗값을 치른 것이지 치안을 잘했지 않습니까. 오히려 역대 정권 중에 가장 치안이 안정되었습니다.

지금도 국민이 만들어 준 그 자리를 보신이나 하다 물러나는 군주가 되지 마시고 북한도 쓰레기를 보내고 탄도미사일을 쏘는 되 강력 경고나 하지 말고 무조건 발사체를 타격하십시오.

박근혜처럼 가만히 앉아서 홍시나 떨어질 때 기다리지 마시고 당신을 당선시킨 국민에게 죽엄으로써 보답하십시오.

그 길은 통일밖에 없습니다. 주저하지 말고 김정은이 까불어 대거든 혼을 내 주십시오. 가만히 보고만 있으니 자기가 무서워 그러는 줄 알고 기고만장 하는 것입니다.

그런 자는 혼쭐을 보여줘야 합니다.

절대 물러나시면 안 됩니다. 당신의 관저 앞에서 혹한에 당신을 지키려고 떨고 있는 시민, 병사들의 마음에 상처를 남기는 대통령은 되지 마십시오. 영웅은 죽엄을 두려워하질 않습니다. 그리하여 올해 광복절에는 통일의 주역으로 영구적 대한민국의 주인이 되십시오.

체포영장 가져오거든 아직 내가 대통령인데 네가 감히 대통령을 체포해서 하시고 그들을 체포해서 무인도로 보내십시오.

악질에게는 순리로 상대해서는 안 됩니다.

을지문덕은 수나라 30만 대군을 항복하는 척 속여 청천강에 몰아넣고 싸우지도 않고 수장시켜 겨우 1,000명만 살아 돌아갔다 하지 않습니까. 지금 죽느냐 사느냐가 극에 와 있습니다.

먼저 제압하지 못하고 끌려다니면 안 됩니다.

대통령 앞에는 우리 국민 1/2이 지키고 있습니다.

2024. 11.
정 태 근

쪼개진 광복절

이제 전쟁은 제압할 수 없는 가공할 무기와 함께 핵은 평화를 담보하는 외교 수단(隨斷)이 되었다,

더욱이 우리나라같이 분단국에서는 악성창질(惡性瘡疾)과 같은 위협(威脅)적인 존재이다.

고래로 전쟁은 항상 언제 어느 때나 있었지만 전쟁 없는 화해(和解) 평화는 보지 못했다.

결국, 어느 한쪽이 죽어야 끝나는 것이 전쟁이다.

이스라엘과 하마스 전쟁이 그랬고, 소련과 우크라이나 전쟁도 그랬다.

최 강대국의 소련도 동맹국의 원조가 지속되는 한 승리하기란 그리 쉬운 일이 아니다. 더욱이 소련은 세계에서 가장 광활(廣闊)한 영토를 가졌음에도 약소국과 전쟁을 하고 있다.

현대전은 영토분쟁이 아니고 이데올로기 전쟁이다. 내 편, 네 편, 좌·우 옛날과는 다르다. 옛날에는 영토분쟁이었지만 좌, 우간 대리전이기 때문에 더 복잡하다.

뭐니 뭐니 해도 2024년 광복절 행사는 우리 민족의 최하의

수치이다.

  언제나 여·야의 대치는 상존했으나 광복회장이란 인사가 괴뢰(傀儡) 수뇌를 모아놓고 경축사를 했다는 것은 이유 여하를 막론하고 역적 행위이다. 다른게 역적이 아니다. 김정은이야 아무래도 어쩔 수 없지만, 대한민국 국민이 국가행사를 따로 한다는 것은 절대 용납해선 안 된다.

  8·15행사는,

  이승만의 추모도 아니고,

  김구의 추모도 아니고,

  김일성의 추모도 아니다.

  우리 국민의 경사이다. 남북 8,000만 민족의 행사이다.

  주권국 국가행사에 다른 집단의 행사란 결국 현 정부를 부정하는 것으로 마땅히 반역에 해당되는 처벌을 받아야 할 것이다.

  나는 금번 윤석열 대통령의 평화 독트린을 보고 난생처음 흐뭇했다.

  일국의 대통령으로서 얼마나 자신감 있는 연설인가.

  역대 대통령이 김위원장 눈치 보느냐 말 한마디 못하고 국민이 두려움에 떨었는데 8·15 경축사에서 자유민주 통일 만이 우리나라가 완전한 평화라 하였으니 어떤 자신이 서지 않으면 할 수 없는 충족(充足)된 발상(發祥)으로 반드시 성공하여 역사에 길이 남을 대통령이 되시라.

  2024. 8. 15. 윤석열 대통령의 경축사야말로 경천근민(敬天

勤民 : 하늘의 뜻에 따라 국민을 위하여 오로지 사명을 다하겠다는) 우리 대통령 얼마나 미더운가.

김정은은 지체 말고 화답하라. 언제까지 왕벌군주(王伐君主)로 족벌(族伐)을 대물림 할 것인가 차라리 윤석열과 통일을 하시라.

그리고 두 영수가 권력 있을 때 남북통일을 완수하라.

김정은이 일본 천왕같이 평양의 군주로 영원히 누려도 조국 통일만 성사시키면 국민은 영원히 잊지 않을 것이다. 김씨 가문은 영구히 보존하고 정치는 선거에 의하여 대통령이든, 수상이든 자유민주주의만 보장된다면 왕좌를 계승해도 국민은 용납할 것이다.

윤석열 대통령도 역대 대통령처럼 가신이나 챙기고 가족이나 챙기는 허수아비로 임기나 채우는 대통령이 되지 마시고 진짜 국민의 소원이 무엇인지 잘 헤아려 2024. 8. 15. 경축사가 헛되지 않도록 반드시 통일을 이룩하여 주시길 바랍니다.

만에 이런 좋은 제안에 통일을 이룩하지 못한다면 김정은도 윤석열도 범인에 불과할 뿐 아니라 역사의 죄인이 될 것입니다.

잠시 권력을 누리다 주체할 수 없는 구렁텅이로 빠질 것인가. 아니면 두 분이 서울에서 가퍼레이를 하고 8천만 국민의 영원한 국부로 남을 것인가. 그리되면 염려하지 않아도 김정은 가문은 국민이 지켜줄 것이고, 윤석열 또한 우리 역사에 길이 남을 것이지만 지금의 권력을 더 연장하고자 한다면 역사의 죄인으로 못 면할 것이다. 그게 뭐하는 짓거리인가. 짐승만 사는 세상도 아닌데 철조망이나 설치하고 그것도 전기로 산돼지나 씨 젖으면 좋겠다.

지금 유럽에서 전쟁이고 소련에서 전쟁을 보시라.

누가 이기고 누가 지는 것인가. 결국은 모두가 패하는 전쟁이다. 특히 우리나라는 조상이 같고, 영토가 같고, 먹거리가 같고, 언어 문화가 같은 한 할아버지의 자손이 싸워서 이긴들 무슨 이득이 있는가. 상처만 깊어질 뿐이다.

어떤 권력도 영원한 권력은 없다.

반드시 권력이란 흥하면 쇠하게 마련이다.

영구히 남는 것은 나라를 구하는 일이다.

윤석열도 김정은도 걸어서도 갈 수 있는 거리 평양과 서울 두 분이 통일 조국을 만들어 부산서 평양 북경을 거쳐 동남아로, 소련 유럽을 거쳐 북극으로 고속철을 놓고 누구의 간섭없이 두 분의 화합으로 통일만 이루어 놓는다면 오만 원짜리 화폐 김정은, 10만원 화폐 윤석열, 화폐개혁부터 완전 고려연방을 만든다면 바라지 않아도 우리는 세계에 일등 국가, 일등국민이 될 것이다. 또한 자손만대 통일의 수호(守護)로 국민의 추앙(推仰)을 받을 것이다.

바라건대, 2025년은 8·15 경축이 아니라 남북통일의 경축날이 되었으면 좋겠다. 여기 김정은과 윤석열이 나란히 서서 고려연방 공화국 만세 삼창을 할 수 있기를 바란다.

전쟁이란 이겨도 우리 국민만 피해를 보는 것이고, 져도 우리 국민만 피해를 본다.

결국, 전쟁에 이익을 보는 것은 주변국들뿐이다.

남이 이기든 북이 이기든 피해 보는 건 우리 국민이다.

다변화되어가는 21세기에 나를 떠나 나라를 생각하는 군주라면 하루도 통일을 늦춰서는 안 된다.

중국이고 소련이고 미국이고 일본이고 통일을 바라지 않는다.

왜냐하면, 남북통일은 가장 무서운 대국이 될 것이니까.

우리가 남북통일로 핵도 그대로 이어가고, 군대도 100만으로 유지한다면 중국도, 소련도, 일본도, 미국도 결국은 두려운 존재일 수밖에. 우리가 어느 쪽을 드느냐에 따라 세계의 판도도 달라질 것이니까.

우리는 통일만이 세계의 일등 국가가 되는 길이다.

윤석열 대통령도 북핵을 우리의 핵으로 만들고 북 인사도 남한 인사와 똑같이 경제부터 하나로 하여 후손들에게 우리 조상이 세계평화의 선구자가 있었다는 긍지를 남겨 주어야 한다.

2024. 8.
정 태 근

스님들의 삶

　불계를 받고 불교의 신자가 된 사람의 이름이니 염리예토(厭離穢土) 란(더러운 사바세계가 싫어서 속세를 버리는 것이다). 불현듯 살아왔던 날들과 앞으로 남은 삶을 떠올려 본다.
　어쭙잖은 재주로 시작한 글쓰기가 이렇게 난해(難解)할 줄은 몰랐다.
　내가 글쓰기를 만만히 보았던 것 같다. 글쓰기는 첫 소절을 구상(具象)하기가 가장 어렵다는 사실을 몰랐다. 두서(頭緖 : 글의 단서)를 잘못 잡으면 아무리 글을 잘 써도 맞춤 문장을 만들어 낼 수가 없다.
　몇 번을 깎고 다듬어도 흔적뿐 글맥 잡기가 점점 버겁다.
　그간 몇 권의 수필을 썼으나 허접한 글 뭉치를 아무렇게나 던져놓고 자화자찬(自畵自讚)만 했으니 마땅히 외면당할 수밖에.
　비구니 가화집이라 내놓고 실제 불교에 대하여 아는 것이 없다 보니 책을 600페이지를 만들어 놓은 것이 격화소양(隔靴搔癢 : 신을 신고 발을 긁는다는 비어)이라 했듯이 애만 썼지 영 성에 차질 않는다.

불자란 여러 장르를 통하여 말했듯이 고해(苦海)라 했고 고행(苦行) 오직 깨달음을 얻기 위해 육신을 괴롭히고 고뇌를 견디어 내는 것이거늘, 다른 어떤 장르보다 삶에 대한 미련을 버려야 하는 것이다.

삶이란 어떤 개별 철학보다 중후(重厚)한 무게를 차지하지만 한 권의 작품이나 작가의 전체 인식하는 핵심요소이기도 하다.

어쩌면 불자의 삶이 아니라면 삶의 철학 요소를 제외하고는 문학적 성과를 평가하기가 오히려 수월했을 것이다.

물론 그것을 수용하는 것은 독자의 평가에 따라 다르겠지만 작가의 글 속에 녹아있는 내면묘사(內面描寫 : 정신, 심리, 감정, 기분 따위의 재적인 면을 문장으로 그려낸 것)가 얼마나 이해하기 쉽게 길들여 있는가가 더 중요하다.

우선 이 글을 불교에 그 토대(기반)를 두고 있다. 그렇다고 불자라고 불교사상 혹은 불교 철학을 형이상학(形而上學 : 무형(無形)태로써는 인식할 수 없는 영역의 도를 이름)적으로 설파하는 것은 아니다.

작자는 불교의 가르침에 의지하여 삶의 진실과 지혜를 제시하였을 뿐이다. 불교를 방향전환(方向轉換 : 방향을 바꾸거나 주창(主唱 : 사람들의 호응을 얻기 위하여 본질을 바꾸어 내 생각대로 함)하는 것도 아니다.

불교의 방향 등으로 삼아 자유로운 존재로서 자기를 정립하고 삶의 윤리적 완성을 탐색하였다.

이는 불교 경전 또는 불교 관련 서적을 인용하고 고승 관련 일화 등 유명 스님의 삶을 통한 구도자의 참 모습을 보여줌으로써 다양한 방식으로 불문(佛門)을 두드려 보고 생활에 밀착하여 대승화된 불교의 원리와 철학이 작품에 다양한 모습으로 녹아있다. 하지만 그것은 불교의 특정한 사상으로 보다는 생활철학이나 윤리와 결합된 상태로 드러나 있다.

다시 말해 불교의 원리나 사상은 그 자체가 불자의 목적이 아니라 삶의 궁극적(窮極的)인 문제를 풀어내는 데 실상(實相)을 알리는데 의지(意志)가 있다고 본다. 그냥 불자는 세상을 바라보는 창이고 인간 존재와 삶을 묘사(描寫)하는 것이다. 세상 어디에 변하지 않는 구도(構圖 : 조화롭게 배치된 도면)가 있으랴.

삶이란 걷잡지 못할 변화에 휘둘리다 어느 날 돌연히 사라지는 존재(存在)라 불교에서는 고증(考證)된 실설(實說)은 없다 할 것이다.

불변의 본체가 따로 있는 것이 아니라 무상(無常 : 모든 것이 생멸하여 변전(變轉 : 잠시도 머무름이 없음). 마침내 불교사상의 요체란 제행무상(諸行無常 : 인생은 무상하다는 불교의 근본사상) 깨달음에 있는 것이다.

비루(鄙陋 : 학문이나 지식이 천박한)한 재주를 가지고 글을 쓴다 하니 고승이나 선승(禪僧)에게 불미(不美)하고 부도덕 하지 않나 두려웠다.

이처럼 무상과 무심이란 불교의 중심 사상을 형이상학(形而上

學)적으로 설명하지 않는다. 그보다 중요한 것은 이성이나 관념을 통해 불교의 원리를 이해하는 것이 아니라 깨달음을 깊이 새기며 그것을 생활에 실천하는 일이다.

단기 출가학교에 입교하여 불교의 가르침을 직접 체험하기도 하고 일상에서 명상을 통해 불교에서 터득한 지혜를 생활 속에 접목시켜야 한다.

이처럼 불교는 그의 삶의 한 가운데 있다. 더 나아가 불교의 가르침을 토대로 인간 존재의 근원적 의미를 탐색하고 인간 삶의 윤리를 제시한다. 불자가 친화적인 신뢰감과 공감력을 발휘하는 까닭도 여기에 있다고 하겠다.

할머니가 서울에서도 갑부로 부족한 것이 없음에도 자식의 바른 삶을 위하여 비구니가 되신 어머니의 정성과 일제 강점기 선비로서 무한한 지식을 가지고도 과거에 출시도 못하고 여러 가족과 살아가려는 선비의 정신이 오로지 절약과 검소함이 몸에 뱄다.

안 쓰고 부지런한 삶 만이 신조는 차돌처럼 단단하고 빈틈이 없었다. 아버지의 진정성 넘치는 삶의 자세는 검소만으로 끝나지 않았다. 도덕과 진리만이 바른 삶이라 여기시고 자식에게도 생명의 존귀함을 몸소 실천하여 보이는 아버지의 모습에서 우주 진리 그 거대한 신을 향해 고개를 숙이는 겸손한 구도자의 모습을 발견한다.

태어나서 자란 집 정든 고향산천 귀엽고 사랑스러운 처자식,

부모 형제, 정다운 친구들마저도 이 모든 것들과의 인연을 끊고 마음에서 우러나오는 그대로 뜬구름처럼 바람부는 대로 물결치는 대로 산을 넘고 물을 건너 굽이굽이 돌아돌아 발이 부러터 진물이 나고 피를 흘리며 조그마한 봇짐에 세파에 찌든 고달픈 진세(塵世)에 흩어진 부스러기를 주워 모아 싸 짊어지고 오라는 사람 없는 정처 없이 떠돈다. 바람에 날리는 가랑잎 신세가 되어 너를 원망하며 피눈물을 얼마나 흘렸던가.

이 골짜기, 저 골짜기 고난의 세월을 돌다 보니 배는 허기(虛飢)져 등짝에 드러붙고 서산에 해는 기울어 내 마음을 휩쓸고 사라져간 바람을 보았다.

그 새벽은 눈앞에 붉은 태양이 붉게 솟아오르고 정수리에는 별들이 보석같이 반짝였지. 구름은 하늘을 맴돌고 산천은 푸르고 강물은 굽이쳐 흐르고 나의 주위를 스치고 사라져가는 소슬한 바람결에 은은히 들려오는 풍경 소리는 나도 모르게 부처님 앞에서 합장하고 있었지.

인간의 마음엔 걸려서 남는 것들이 어찌 그리 많은지 나를 감싸고 있는 모든 것들이 나를 휘감고 있는데 그래도 살아야 하겠다는 일념으로 부처님께 108배 정성으로 기도하니 오갈 적마다 따라 다니던 그림자가 없어지고 나니 허상과 허무뿐이었다.

천국과 천당 극락정토는 어디에 있는가?

무의식중에도 나는 그런 곳을 찾아온 곳이 산사다. 수많은 존재가 이 세상 속에 자신들만의 세계를 가진 채 살아가는데 왜 사람만이 어둡고 고달픈 고통의 세상을 만들어 살아야 하는가.

만물의 영장이라 하면서 왜 인간만이 애석하게 온갖 진애(塵埃)를 끌어안고 극락왕생을 빌며 죽음을 향하여 가고 있는가?

변화는 우주의 진리다. 우리 인간도 무엇인가로 변하기 위해 새로운 세계를 찾아 지상낙원을 찾아 끝없이 헤매고 있다.

바다 깊은 곳의 심해는 언제나 평화롭고 고요하다. 인간의 평화와 행복도 마음이 깊을수록 인생길에 실의와 풍파가 없다. 그럼에도 지구는 인간들의 무분별한 쓰레기에 묻혀 열병을 앓고 있다. 바람은 아무리 보려 해도 볼 수 없고 아무리 잡으려 해도 잡히지 않아도 우리의 마음과 땀방울을 시원하게 씻어 준다. 헤아릴 수 없이 수많은 것들이 내 곁을 짓밟고 지나가도 이 육신을 죽어 흩어져 없어진다 해도 우리 인간은 보이지 않는 영혼을 찾아 어딘지도 모르는 영생을 찾아 이곳에 왔다.

내가 있으므로 우주 공간 만상이 존재하는 것이다.

모든 조화는 나로부터 시작되고 나로 인하여 탄생되어 내가 창조하였다. 그러기에 내가 사라지면 아무것도 없다.

물이 이 골짜기, 저 골짜기 아무리 흘러들어도 바다는 넘치지 않는다.

그것은 우리는 답을 구할 수도 없지만 외면할 수도 없는 문제다. 누구도 죽음을 외면하고서는 자기 존재를 주체(主體 : 의사

표명)할 수 없기 때문이다. 살아간다는 것은 죽음을 찾아가는 여정인지도 모른다. 죽음에 진실과 가치를 찾는 일은 죽음이란 인간 존재의 한계를 전제하지 않고는 불가능하다.

죽음은 삶의 진실을 찾아가는 이정표다.

삶에 지혜와 의미는 죽엄을 배행(輩行 : 같이 동반)할 때 그 가치가 드러나는 법이다.

죽음은 삶의 끝이 아니라 삶의 전부를 집약해 놓은 한 지점이다. 죽음은 나를 이야기할 수 있는 모든 생에 대한 인준이다. 이야기꾼은 죽음을 통해 그의 삶의 의미를 조언해 준다는 뜻이 아니겠는가.

이때 이야기는 자연사(Natural death)로서 죽음에 수렴된다.

디지털 시대가 본격화되면서 문학은 독자 이탈이라는 위기를 맞이했다. 시간적 연속성이 없는 디지털 정보의 폭주로 이야기 문학은 주변으로 밀려났다. 수많은 글들이 생산되지만 그것을 읽는 독자층은 갈수록 사라지고 있다. 글이 다가갈 수 있는 방책을 모색하는 일은 현세의 글쟁이들의 주어진 중요한 책무이기도 하다.

따라서 이 책을 읽는이로 하여금 사찰에 대한 지식이나 관심이 부족하더라도 한 장, 두장 탐독하다 보면 마지막엔 무엇인가 잃어버린 것같은 아쉬움이 남게 될 것이다.

아쉬움이란 어딘가 모자란 것 같지만 꽉 채워졌어도 더 채우고 싶은 마음의 갈증이다.

이 책은 역사와 연대에 구애됨이 없이 알기 쉽게 한자 문장은 풀어 이해하기 쉽게 하였다. 짧은 지식이지만 조금도 보태거나 빼지 않고 보고 들은 그대로 저술하였기로 불타(佛佗)의 본말체(本末體)와 어긋남이나 불합리한 점이 있더라도 꾸짖어 주시면 바르게 시정하여 드리겠습니다,

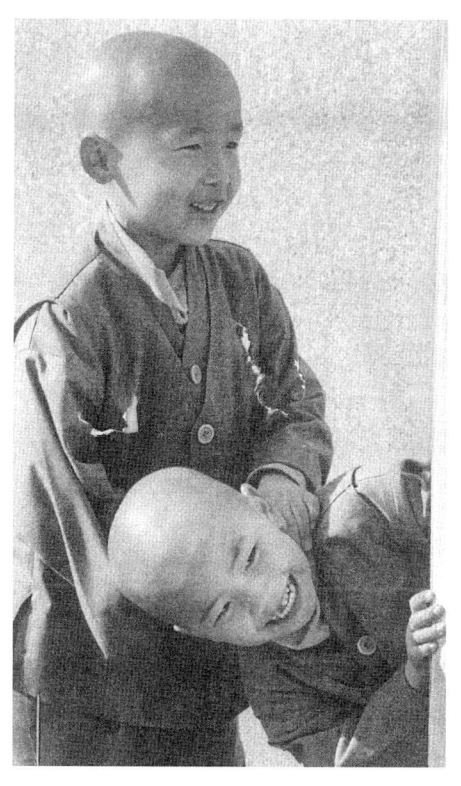

승려와 철학자

　장 프랑수아 르벨은 문학과 철학을 전공한 대학교수로서 여러 해 동안 철학을 가르치다가 언론인이 되었으며 몇 권의 주목받는 철학서를 출판했다. 〈마르크스도 예수도〉아닌 전 세계적인 베스트셀러가 되기도 했다. 최고의 지성인이 모인다는 프랑스 한림원의 정화원이기도 한 그는 모든 형이상(形而上 : 형태로써는 인식할 수 없는 불도)학은 공허하다고 생각해 왔다.
　마티유리카르는 프랑스에서 분자생물학 박사학위를 받은 후 파스퇴르 연구소의 연구원으로 일하던 중 모든 것을 버리고 떠나 히말라야에 정착했다.
　40년 전부터 네팔에 거주하면서 위대한 티베트 승려들 아래서 수행자로서 살아가고 있으며 달라이라마가 프랑스를 찾았을 때는 통역을 맡기도 했다. 철학자와 승려와의 대화이자 서양과 동양의 만남이었다.
　또한 이 두 사람은 아버지와 아들이었다.
　이들 부자는 1966년 5월(음 4월 8일) 카트만두의 어느 외딴 산장에서 아들이 승려가 된지 20년 만에 만난다. 대조적인 가치관으로 인해 영원히 평행선만 그을 것 같던 두 사람은 히말라야 풍경을 바라보며 마주 앉았다. 그동안 의절한 상태는 아니었지만, 서로의 세계관에 대해서는 깊이 대화해 본 적이 없었다.

그런데 최근 서양 사회에서 불교가 급속도로 확산되는 것을 계기로 자연스럽고 체계적인 대화로써 서로에 대한 생각을 허물없이 나누어 보기로 한 것이다.

무신론자인 아버지는 맛있는 포도주와 즐거운 인생을 사랑했다. 그래서 아들 마티유가 승려가 되겠다고 말했을 때 미쳐버리는 줄 알았다고 고백하는 아버지 장 프랑수아는 최우수 평점으로 이학박사 학위를 받은 아들이 유럽 최고의 과학 문명에 몸담고 있다가 갑자기 결코 경력에 도움이 되지 않을 것 같은 불교에 입문한 이유를 첫 질문으로 던진다.

아들. 제가 불교에 귀의한 것은 흥미진진한 과학탐구에 대한 거부가 아니라 과학탐구가 삶에 근본적인 문제를 해결할 수 없다는 깨달음의 결과였습니다.

생물학과 물리학이 생명의 기원과 우주의 형성에 있어 놀랄 만한 지식을 낳은 것은 사실입니다.

그러나 이러한 지식으로 행복과 고통의 근본적인 메커니즘을 규명할 수 있습니까? 과학은 그것이 아무리 재미있다 해도 제 삶에 어떤 의미를 부여하기엔 충분치 않았습니다. 반면에 티베트 스승들은 존재 자체의 그들이 가르치고자 하는 바가 반영되어 있는 듯이 보였습니다. 아들 마티유는 출가전 위대한 철학자나 예술가, 시인을 만나고 세계적인 과학자들을 사귀었지만 그것이 진정으로 내가 추구하는 모습인 가에 대해선 의문이 가져야만 했다.

아버지는 서구 철학자를 대변해 비판적 질문을 던지고, 아들은 불교의 내밀한 가르침에 대해 풍부한 비유를 들어 답변한다.

육체와 정신(精神 : 마음, 일, 영혼, 정기, 육체) 선(善)과 악(惡) 삶과 죽음 같은 철학적 문제에서부터 안락사와 인종갈등, 유전자복제 같은 현대적 쟁점들까지 넘나들며 대화가 계속된다. 서양철학은 실험적 검증을 통해 근대 과학의 모태가 되었다. 불교에서는 "왜" 이런 발전이 없었는가?

물론 불교에도 실험적 검증이 존재합니다.

그런데 그것은 불교의 목적을 염두에 두고 바라봐야 합니다. 불교의 목적은 이 세계의 물리적 작용을 가함으로써 외부세계를 변화시키는 것이 아니라 인간으로 하여금 내적인 앎을 발전시키게 하여 보다 훌륭한 인간을 만듦으로써 세계를 전쟁없는 자유로 변화시키는 것입니다.

불교에서는 육체적이고 정신적인 고통은 부정적인 행위와 말과 생각의 결과로 봅니다. 부정적인 생각은 자아를 애지중지하고 그것을 온전히 보호하고 싶어하는 마음에서 생겨납니다. 우리가 집착하는 자아가 실체없는 허깨비임을 깨닫고 현상의 확고부동함에 대한 우리의 집착을 내려놓을 때 비로소 고통의 악순환은 끝납니다.

　이 대화는 불교가 말하는 삶의 궁극적인 목적이 무엇인가에 대한 마티유의 결론과 연결된다.

　아버지가 묻는다.

　죽음이 두려운 것이냐.

　아들이 대답한다.

　죽음은 친구같은 존재. 삶의 한 단계로 단순히 옮겨가고 있을 뿐입니다. 우리가 알고 싶어서 하는 삶의 무수한 비밀과 의문들에 대해서 두 사람은 체계적으로 묻고 구체적인 답을 보여준다.

　부자(父子)의 대화는 환생과 윤회 부분에서 서로의 간극을 재차 확인하게 된다. 우리가 본 세 살짜리 아이가 네 스승 키엔체 린보체의 환생이라고 하는 근거가 무엇이냐.

　불교에서는 윤회가 있다고 하던데 불교는 계속적인 삶의 단계들에 대해서 말하고 있습니다.

　모든 것은 현재의 삶으로 끝나는 것이 아닙니다. 우리는 이미 현생(現生) 이전에 다른 삶의 상태들을 체험했고 죽음 이후에도 다른 상태들을 체험하게 될 것입니다. 그렇다면 이때 우리가 육체와 별도로 비물리적인 영혼이 존재하는가? 라는 질문을 갖게 됩니다.

　이 육신과 영혼사이의 관계를 분석하지 않고는 환생(還生)에 대해 설명할 수 없습니다. 승려는 계속적인 윤회를 통과하는 것은 동일한 인격이 아닌 조건으로 제약(制約)된 영혼의 흐름이라고 설명한다. 문제가 되는 것은 연속(連續)체 그 흐름을 통과하는 어떤 고정되고 자율적인 실체가 없는 영속적인 영혼의 흐름이다.

마치 흐름을 따라 내려가는 사공 없는 나룻배가 강물 따라 내려가듯 연속적으로 자연적으로 다음 등잔으로 옮겨가는 불꽃에 비유하면서 마지막에 가면 처음 등잔의 불꽃과 같은 것도 아니고 다른 것도 아니라고 한다. 마음의 지혜이자, 유일신을 거부하는 불교의 정체성은 대화의 중요한 화두이다. 불교는 종교인가, 철학인가? 에 대해 마티유는 달라이라마를 인용해 이렇게 대답한다. 자기 내면을 온전히 바라보는 명상을 통해 자아를 비롯한 만물이 사실은 비어 있음을 깨달아야 한다는 것이 불교 가르침의 출발이다.

그런데 개인적 체험과 성찰의 영역인 마음을 과학으로 측정할 수 있을까?

첨단과학인 분자생물학 분야에 몸담았던 마티유. 그러나 그는 인간의 마음과 의식까지도 검은 상자안의 유령이라 비유하며 신경세포만 내의 화학적이고 전기적인 현상으로 설명하려는 과학의 시도를 비판한다.

유한성에 바탕을 둔 철학과 순수한 종교적 이상 사이에서 벌어지는 이 아름다운 부자간의 전투는 잘 조율된 평행선을 달리는 것과도 같은 긴장 미를 연출한다.

두 입에서 뿜어내는 장광설(長廣舌: 떠드려 대는 웅변설)은 불교 입문서로 읽기에는 다소 까다로울 수 있지만 다 읽고 난 후에 주어지는 배움은 영영 아쉬움이 남는다.

때로는 일치하고 때로는 대립하는 긴 대화는 합일(合一)된 결론을 억지로 요구하지 않는다. 단지 각자의 결론을 통해 입장을 확인할 뿐이다.

아버지와 아들의 각자 다른 철학자의 결론으로 열흘간의 이야기를 마무리한다. 철학자는 불교의 가르침들이 우리에게 많은 깨달음을 가져다준다는 사실에 공감한다.

하지만 아들 마티유가 불교적인 지혜의 이론적 배경을 자신에게 충분히 납득시키지 못했다고 지적하며 불교를 단순한 철학으로 서양의 빈 공간을 파고들어 점유하는 고도의 지혜가 철학으로 결론짓는다.

지혜의 전통을 잃어버린 서양에 때마침 제시된 불교는 지혜 자체로서는 높이 평가될 수 있지만, 쾌락주의나 금욕주의나 마찬가지로 실용적인 형태로서만 받아들여질 수 있다고 판단한다.

마티유에 견해에 의하면 불교의 구도는 다른 위대한 정신적 전통처럼 우리가 더 나은 인간이 되도록 돕는 것이다. 그러나 과학은 이러한 목적에 도달하려는 의도나 수단을 가지고 있지 않다.

과학의 목적은 우선 가시(可視) 직접 눈으로 볼 수 있는 현상들의 성격을 밝히고 이러한 발견을 통하여 그 현상들을 변화시키는 것을 목적으로 한다. 과학은 삶에 조건들을 개선할 수는 있다. 하지만 인생에 삶의 질(質)이 어떠한가에 대한 문제는 여전히 과제로 남는다. 진정으로 질 높은 삶을 살아가는 유일한 방법은 인생에 내적인 의미를 부여하는 것이다. 존재의 내적인 의미를 부여하는 유일한 방법은 우리의 마음을 알고 변화시키는 것이다.

이 글은 두 부자(父子)조차도 책의 성공을 보며 깜짝 놀랐다 한다.

스티븐 호킹의 "시간의 역사"의 경우와 마찬가지로 평화가들은 이 책이 대중의 인기를 얻으리라고는 전혀 예상못했다 한다. 그러나 현재 전 세계 16개국의 언어로 번역출간되었다.

철학이 소르본대학 강의실이 아닌 공항 대합실에서도 쉽게 읽을 수 있게 되었다 한다. "르롱드"와 "뉴욕 타임즈"도 이 책에 수록된 대화가 다소 난해하게 느껴진다면 그것은 대화를 나누는 두 부자(父子) 주인공이 보여주는 진지함과 지적인 깊이 때문일 것이다.

아버지는 회의(懷疑)적인 시각으로 아들의 신념(信念)을 넌지시 시험해보려 한다. 특히 윤회에 대한 아들의 설명에는 예리(銳利)하게 반박한다.

해박한 지식을 아는 아들은 각각의 주제를 명쾌하게 설명하면서도 비유적인 표현으로도 설명한다.

아들 승려와 아버지 철학자가 미루어둔 결론은 앞으로도 종종 만나 긴 대화와 이해를 요구하는 두 세계에 맡겨진 과제다.

서구의 지적전통을 대변하는 철학자들이 동양의 지적전통을 대변하는 불교와 만나는 일도 더 낯설게 느껴지지 않는다.

일찍이 쇼펜하우어는 인도철학에 깊은 관심을 표방했고 카를 융과 엘리아데의 경우도 마찬가지였다.

에드워즈콘즈는 서구 출신의 유명한 불교학자이며 벽촌(僻村) 안에는 위대한 승려도 많이 있다.

특히 티베르의 영적 스승 달라이라마가 세계여러 종교지도자들과 철학자들을 만나면서 교류의 장이 활짝 펼쳐지고 있다.

이글은 승려 아들과 철학자 아버지 간의 대화이지만 물질문명 속에서 살아가는 현대인들의 일상적인 고민을 담고 있기도 하다.

지금 우리가 진정으로 열망하는 것은 무엇인가. 진정한 행복은 어떻게 다가오는가. 그 궁극적인 질문에 다가서는 하나의 단서가 되어준다.

불교는 깨어있음의 종교다. 어둠과 무의식으로부터 깨어나 한 치의 흔들림 없이 세상과 자신의 마음을 주시하는 수행이다.

부처님은 길을갈 때 매우 천천히 걷곤 했다고 한다. 사람들이 그 이유를 묻자 걷는 것 자체가 하나의 가르침이며 매움이니라 하시었다.

한겨울 얼음 개울물 속을 걷듯 천천히 지켜보고 걸으라 얼음 돌에 미끄러질 수 있기 때문이라는 것이다.

  욕망과 번뇌의 돌에 미끄러지지 않도록 깨어있으라는 것이다. 우리가 부처님의 가르침을 배우는 목적이 무엇인가. 삶의 불만 속에서 벗어나는 길을 찾기 위한 것이다. 마을을 괴롭히는 성가신 불만족의 실체가 무엇인가를 이해하고 그 원인을 제거하기 위함이다.

  고통은 원인이 있어서 생긴것인가. 그 원인을 찾아 나가는 것이 수행이고 종교적인 탐구이다. 그렇게 해서 발견한 평화와 행복을 모든 존재들과 나누기 위한 자비의 노력이 수행이다.

출가

서산대사의 〈선가귀감〉에 보면 이런 법문이 있습니다.

출가하여 수행자가 되는 것이 어찌 작은 일이겠는가.

편함과 한가함을 구해서가 아니고 따뜻하게 입고 배불리 먹으려는 것도 아니며 명예와 재물을 구해서도 아니다. 생과 사의 괴로움에서 벗어나자는 것이며 부처님의 지혜를 이으려는 것이고 끝없는 중생을 건지려는 것이다.

이것이 출가 정신입니다.

이 각오, 이 정신을 늘 지녀야 합니다. 출가란 모든 집착과 인연의 얽힘에서 벗어나는 일입니다. 이것은 수행자에게만 해당하는 일이 아닙니다. 진정한 삶을 살아가려는 사람 누구에게나 이 출가 정신이 필요합니다.

지금까지 살아오면서 이게 아닌데 하는 생각이 든 적이 있다면 삶을 변화시켜야 하고 낡은 타성에서 벗어나야 합니다.

이혼하고 집을 나오라는 소리가 아닙니다. 그릇된 생활습관과 잘못된 업에서 벗어나라는 것입니다. 새로운 업을 지으라는 것입니다.

사람을 일이 있어야 합니다.

일이 있어야 그것을 통해 전체 삶에 탄력이 붙습니다. 일이 없으면 삶 자체가 시들하고 활기가 없어집니다. 우리는 삶의 가치를 어디에 두고 있는가. 오늘 글을 쓰면서 출가 정신에 관해 이야기하고자 합니다. 나는 글을 쓰다 보니 그 사람에게 직업에 대하여 종종 묻습니다.

특히 스님들에게는 반드시 묻습니다. 또 신부님에게도 꼭 묻습니다. 왜 신부님이 되셨습니까. 다들 이유를 알고 싶어 하지만 복잡한 사연이 있는 것이 아닙니다. 자신도 모른다 합니다. 열매가 여물어 떨어질 때가 되었기 때문에 나무에서 떨어지듯이 다 그렇게 중이 되고 싶어서 중이 된 것이고 신부가 되고 싶어서 신부가 된 것이고 목사가 되고 싶어서 되었다 합니다.

일상의 삶 속에서도 소용돌이나 늪에 갇혀 허우적거릴 것이 아니라 거기에서 헤쳐 나올 수 있어야 합니다.

그것은 우리가 마음먹기에 달려 있습니다. 삶의 환경이 여러 다르므로 한결같을 수는 없겠지만 자신의 삶에 만족할 수 없어서 보다 자기다운, 보다 꽃다운, 보다 인간다운 삶은 없을까 찾게 되는 것이 바로 출가한 이유입니다.

꼭 불교적으로 출가하는 승려들만 그런 것이 아니라 일단 덫에서 벗어나야겠다고 마음을 일으키면 그때는 나도 모르게 신앙을 찾게 됩니다.

기독교에서는 신학대학이 있어서 미리 가족과 상의하고 갈 곳을 정하지만, 세계 어느 나라에도 스님을 모집한다는 광고가 없으니 다 제 발로 걸어 들어갑니다. 참으로 신기한 일입니다. 누가 시킨 것도 아니고 어디서 부른 것도 아닌데 어느 순간 불쑥 마음이 일어나 집을 나와 산으로 들어가고 싶은 때가 있습니다.

어느 날 생각이 일어나 자연스럽게 걷다 보니 산사에 당도하였고 그냥 편안한 마음에 있다 보니 누가 왜 왔냐고 묻지도 않고 식당에 가면 밥을 주어 먹고 그러다 부처님 앞에 서면 공연히 죄를 지은 것 같고 스님들의 염불을 듣다 보면 다시는 시끄러운 속세로 돌아갈 생각이 없어지고 그렇게 중이 된 것입니다.

초기 경전인 〈숫타니파타〉의 출가 편에 부처님 자신이 출가에 대해 고백하는 구절이 나옵니다.

눈이 있는 사람은 왜 출가를 했는지 그가 무엇을 생각하기 때문에 출가를 선택했는지 그의 출가에 대해 나는 이야기하노라.

여기서 말하는 눈이 있는 사람은 깨달은 사람입니다. 자기 자신의 출가에 관해서 이야기하고 있습니다. 집에서 사는 삶은 비좁고 번거로우며 티 끝이 쌓인다. 그러나 출가는 널찍한 들판이며 번거로움이 없다고 생각한 까닭이다.

초기 경전이기 때문에 표현이 무척 소박합니다. 아무리 넓은 집에 살아도 비좁고 번거롭다는 것입니다. 먼지라는 것은 털어 내는 먼지만이 아니라 여러 가지 삶에서 일어나는 고뇌스러운 일들을 뜻합니다. 세속적인 것은 거리낌이 없는 널찍한 벌판에서 살기 위해서 한마디로 자유인이 되기 위해서 모든 구속에서 벗어나 안팎으로 자유로워지기 위해서 출가했다는 것입니다. 출가했다고 해서 비좁고 번거롭지 않거나 티끌이 쌓이지 않는 것은 아닙니다. 올바른 출가수행 생활을 함으로써 번거로움과 비좁음 티끌에서 벗어날 수 있습니다.

어디에도 거리낌이 없어지게 됩니다.

모든 욕망에는 어쩔 수 없이 근심과 고뇌가 따르는데 절에 가 있으면 모든 것에서 벗어날 수 있고 평안하고 조용하다 단순히 어떤 주거공간 그런 곳이 아니고 집착과 욕망

의 집에서 벗어나는 것입니다.

수행자는 그날부터 자기 집이 없습니다.

머무는 곳이 내 집이요. 모든 수행자가 내 동기간입니다.

자기 집이 있거나 개인의 재산이 있다면 수행자일 수가 없습니다. 재산이 있어서 절을 사서 가도 그 절은 개인소유가 아니고 절에 전속됩니다.

이와 같이 집착할 집이 없고 욕심부릴 재산이 없습니다. 그러기 때문에 근심도 고뇌도 없습니다.

마음이 어떤 대상에 대한 집착에 사로잡히면 누구도 수행을 할 수 없습니다. 그래도 도승은 언제나 아무것도 가진 게 없어야 수도 생활을 할 수 있습니다. 부처님은 기원정사에 머물 때 제자들에게 말합니다. 진실로 아무것도 갖지 않는 사람은 행복하다. 지혜로운 사람은 어떤 것도 자기 것으로 생각하지 않는다.

자 보라 많이 가지고 있는 사람이 여기저기에 얽매여 그 얼마나 괴로움을 당하고 있는가를 모든 욕망에는 근심이 따릅니다.

그냥 이루어지는 일은 없습니다. 일상적으로 흔히 경험할 수 있는 일입니다. 불필요한 욕구는 고통을 가져옵니다. 자기 주변을 정리해야 합니다.

어디로 이사 갈 때만이 아니라 계절이 바뀔 때마다 정리하는 습관을 들여야 합니다.

너저분한 것들이 얼마나 많습니까?

한때 필요해서 사들인 것들이 집 안에 쌓이면 감당할 수가 없습니다. 어딜 가나 사람이 물건에 걸려 삶이 옹색해집니다. 우리에게 필요한 것은 많지 않습니다. 물론 무소유는 수행자에게만 해당하는 것이지만 그래도 우리의 삶에서 쓸데없는 것들이 너무 많습니다. 늘 깨어있는 것이 출가 정신이라면 물질의 더미에서 깨어나는 것 역시 출가입니다.

우리를 가두고 있는 비좁은 소유의 방에서 벗어나는 것이 곧 진정한 출가입니다.

출가 수행자는 소유의 자로 쟀을 때 가진 것이 없을수록 부자입니다. 언젠가는 이 몸도 버리고 가야 합니다. 내 몸도 버리고 갈 텐데 소유라는 것은 대단한 것이 아닙니다. 소유의 늪에 오래 갇혀 있지 말아야 합니다. 그래야 본질적인 삶을 이룰 수 있습니다. 세상이 복잡하므로 단순하게 살아야 제정신을 차릴 수 있습니다. 그렇지 않으면 자신의 삶을 자주적으로 살지 못하고 무엇엔가 휘말려 쫓기듯 살게 됩니다. 세상은 우리에게 계속해서 무엇인가를 사도록 현혹하고 욕망을 부추깁니다.

수행자는 하늘을 지붕 삼고 땅을 잠자리 삼아 어디에도 집착할 것이 없기 때문입니다.

우리에게 집착을 가져다주는 원인은 자식에 대한 집착, 재산에 대한 집착 명예에 대한 집착 이런 것들 때문에 괴로움이 찾아옵니다.

출가란 괴로움의 집착에서 욕망의 집착에서 벗어나는 일입니다.

태국 출신의 소승 아진 차 스님은 말합니다.

조금 내려놓으면 조금 평화로워질 것이다.

많이 내려놓으면 많이 평화로워질 것이다.

완전히 내려놓으면 완전한 평화와 자유를 알게 될 것이다. 그때 세상과의 인연은 끝난 것이다. 크게 버리는 자만이 크게 얻을 수 있습니다. 전부를 버리지 않고서는 전체를 얻을 수 없습니다. 그래서 출가를 이 욕에서 벗어남이라 하는 것입니다.

사문(沙門)이란

출가하여 불도를 닦는 사람을 총칭함이다.

바른 도리를 이해하고 실천하여 청정하게 삶을 불교에서는 도(道)라 하였고 실천은 곧 드름이라 하였다.

드름에서 이어짐이 곧 깨달음이니 대상 감각 기관에 의하여 지각(知覺)되는 구체적은 구법(句法)을 현상(現像)이라 한다.

현상이란 지치고 사람에 대한 믿음이 무너질 때 실천해야 할 구도(構圖)다.

(1) 쌍요품(雙要品)

동일한 상황에서 대상에 대해 선택할 수 있는 선(善), 악(惡)의 결과를 대구(對句) 형식으로 보여주어 듣는 사람에게 자연스럽게 선한 행동을 하려는 의지가 생겨나도록 해야 한다.

(2) 방일품(放逸品)

한바탕 삶을 버려라. 그리고 참 계율을 잘 지켜 그릇된 정신에서 깨어나서 맑고 어질게 살아가라.

(3) 심의품(心意品)

마음이 빚어내는 여러 가지 다양한 모습들을 보여주고 마음을 바르게 다스려 좋은 과보를 보여주어서 실언이 없도록 해야 한다.

여기서 마음이란 경험이다. 현실적인 생활을 영위함은 물론 불성(佛性) 내지 불심(佛心)으로까지 이어져 나가야 한다.

여기서 쾌락을 좇는 마음은 번뇌의 원인이며 잘 다스러진 마음이라야 번뇌에서 해탈할 수 있다.

(4) 화향품(華香品)

일상적으로 접할 수 있는 꽃과 향기를 비유로 들어 도덕적 행위를 실천해야 하는 이유를 설득력 있게 제시해야 한다.

예를 들어 활짝 핀 꽃은 금방 시들어 버리듯 육신도 성(盛)할 때 근신하지 않으면 덧없이 늙어간다.

누구나 덕을 많이 쌓아야 좋은 곳에 태어난다.

(5) 우암품(禹闇品)

어리석은 사람이란 자신이 지니고 있는 옳지 못한 지혜로 말미암아 어떤 복을 받는가를 생생하게 보여주었다.

(6) 명철품(明哲品)

지혜로운 사람이 자신의 세속적인 능력이 뛰어난 것이 아니라 자신을 다스릴 줄 아는 사람이라는 것이다.

(7) 나한품(羅漢品)

나한이란 불교에서 가장 좋은 수행자에게 도달한 성자를 가리키는 말이다.

모든 얽매임에서 벗어나 마음이 자유로운 사람이란 것을 다양한 방식으로 서술한 것이다.

(8) 술천품(述千品)

인간은 누구나 진리를 찾고자 하는것은 복을 얻고자 함이며 그것을 위하여 많은 노력을 기울이지만 누구나 다 진리를 찾고 복(福)을 얻을 수 있는 것이 아니다. 무엇을 하든 단 한번이라도 바르고 정성된 마음으로 해야 하며 형식에 그치는 것이라면 천 번을 한다 해도 아무런 이익이 되지 못한다는 것이다.

(9) 악행품(惡行品)

모든 행동의 결과는 반드시 자신에게 미친다는 점을 강조하여 악한 행동을 하지 말 것을 권고하여라. 그리고 현실에서 무수한 악행을 저지른 사람이 그에 따른 과보를 받지 않고 살아가는 경우가 생겨나는 것은 아직 그가 지은 업이 무르익지 않았을 뿐이다.

따라서 언젠가는 반드시 자신이 지은 업에 따른 재앙을 받게 된다는 것을 밝히고 업에 따른 과보의 필연성을 강조하였다.

(10) 도장품(刀杖品)

칼과 몽둥이를 가리키는 것으로 폭력을 상징한다. 여기서 폭력이 낳는 과보(過報)의 엄중함을 더욱 강조하여 자비로운 생활을 실천하도록 강조하였다. 폭력은 폭력을 부르고 또한 후에는 열 배의 재앙이 따라오며 이와 반대로 모든 것을 자애롭게 대하면 원수를 맺을 일이 없고 자연히 평화를 얻을 수 있다.

(11) 노모품(老耗品)

진리는 깨닫기 어렵고 생명은 한정되어 있는데도 수행을 게을리한 채 덧없이 늙어가는 사람을 경계한 것이다.

한바탕 삶을 즐기며 늙어서 힘없이 쪼그려지고 있는 노인을 가을 낙엽이나 마른 못을 지키는 백로의 처량한 모습에 비유하면서 젊은 시절에 부지런히 수행하라 하였다.

(12) 애신품(愛身品)

자신을 사랑하지 않는 인간은 없지만 참으로 자신을 사랑하는 방법을 아는 사람은 드물다.

악한 행동은 결국 자신을 위태롭게 하지만 사람들은 자기 기호에 맞는다고 편히 여기고 있다. 그러나 그것은 자신을 사랑하는 사람이해서는 안될 행동이다.

(13) 세속품(世俗品)

이 세상에 모든 것은 인연에 의해 이루어졌으므로 영원하지 않다. 인간들은 이러한 실상을 알지 못하고 그 헛된 것을 자신의 것으로 만들고자 하는 욕망을 버리지 못한다.

그러나 실체가 없는 것은 결코 영원히 소유할 수 없으므로 이러한 인간의 욕망은 결코 충족될 수 없다. 인간의 소유욕이 필연적으로 고통이라는 결과를 수방하는 이유가 여기에 있다. 따라서 비움에 이치를 깨달고 바른 도리에 따라 청정하게 살아가면 자유로운 경지에 도달한다는 것이다.

(14) 술불품(述佛品)

부처님의 깨달음을 얻기 위해 행했던 수행과정. 그 이후에 중생교화에 나선 부처님과 관련된 여러 가지 일들을 생생하게 기록하여 종교적 이상으로서의 부처님의 인격적인 품모를 잘 들어나 보이는 것이다.

(15) 안녕품(安寧品)

인간이라면 누구나 꿈은 고통이 없고 안락한 경지에 도달하기를 원하는 사람이 실천해야 할 행동 규범을 밝혔다.

사소한 다툼에 눈이 멀어 분노와 원한에 불타는 삶은 노뢰(老賴 : 나쁜짓을 하고도 부끄럼을 모르는 늙은이)만 따를 뿐이고 모든 집착에서 벗어나 다투지 않고 청정하게 살아가는 것이 참된 평안을 얻는 길이라는 점을 강조하였다.

(16) 호희품(好喜品)

일시적으로는 만족을 주지만 그 이후 영원한 고통이 따르는 감각적 욕망에 매달리지 말고 잠시 힘들더라도 영원한 즐거움을 주는 바른 도리를 따르면 근심·걱정이 없다는 것을 밝혔다.

(17) 분노품(忿怒品)

불처럼 타오르는 분노를 버리고 욕심을 참는 수행의 길을 제시하고 자애로운 마음으로 살아가는 모든 사람이 좋아하며 죽어서는 천상에 태어날 수 있다는 점을 강조하였다.

(18) 진구품(塵垢品)

인간이 오염시키는 것이 무엇이며 이 모든 더러움에서 벗어나기 위해 어떻게 해야 할 것인지를 밝혔다. 특히 모든 더러움 중에 가장 큰 것은 어리석음이며 바른 도리를 위해서 어리석음에서 벗어나는 것이 열반에 이르는 기름 길이다.

(19) 봉지품(奉持品)

지혜로운 사람은 장로(長老), 사문(沙門)이라는 이름이 내포하고 있는 참된 의미를 밝혔다. 즉 사문은 계율을 지키며 청정한 생활을 해 나아갈 때 비로소 사문이라고 부르는 것이지 단순히 머리를 깎고 출가했다는 것만으로 사문이라고 부를 수는 없다는 것이다.

법에 대해서는 조금밖에 알지 못하더라도 법에 의지해서 바르게 행동하는 사람을 가리켜 사문이라 한 것이다.

(20) 도행품(道行品)

진리를 깨달아 열반에 도달할 수 있게 하는 바른 도리에 대해 밝혔다.

(21) 광연품(廣衍品)

여러 가지 말씀을 담았다는 뜻에서 환하게 넓힘이라 하였다. 도를 가까이할 것. 계율을 지킬 것. 홀로 지내며 선행을 닦기에 힘들다는 것.

(22) 지옥품(地獄品)

지옥에 떨어지는 것은 자신이 지은 행동의 결과이며 어떤 행동으로 말미암아 지옥에 떨어지는가를 밝혔다.

형식적인 것에 치우치는 행위보다는 도덕적 준칙에 따르는 생활이 더욱 중요하다는 점을 일관되게 강조하였다.

(23) 상유품(象喩品)

인간의 여러 가지 행위를 코끼리에 비유하여 설명했다.

코끼리를 다룰 줄 아는 사람이라야 믿음을 준다. 코끼리는 잘 수행한 사람이 가리키는 대로 움직이기 때문이다.

(24) 애욕품(愛欲品)

탐욕과 음해에 빠지는 것은 바른 것이 아니지만 이러한 욕망을 실현하기 위하여 수 없는 재앙과 해로움을 감수하며 살아가는 사람들의 고통스러운 모습을 보여주고 이 애욕을 뿌리 끝까지 잘라서 더 이상 싹이 자라지 못하게 할 것을 권하였다.

(25) 사문품(沙門品)

출가자가 행해야 할 규범을 자세하게 밝혔다. 언제나 법에 의존함 뜻을 바르게 하고 말을 조심하며 몸을 함부로 굴리지 말 것을 권하였다.

(26) 범지품(梵志品)

수행자의 이름을 빌려서 일반적으로 청정하게 살아가는 참된 구도자를 가리키는 의미로 사용한다.

참된 구도자는 법에 따르는 생활을 하고 부지런히 수행하며 자신에 대한 온갖 오욕을 참고 살아 있는 것을 해치지 않으며 모은 악을 선으로 갚는 사람이라는 것을 강조했다.

아래 동자승을 보라!

저 아이에게 무엇이 부러운 것이 있는가.

삼천사에서 만난 여인

「삼천사에서 만난 여인」

즉석발원문

비로자나 여래불께 받치옵니다.

[발원] 제모하시는 여러신도수 서가모니불 시봉잘 하겠습니다. 모두 다 사람마다의 금강경 잘 읽어서 세세생생 업무거움으로 지은 업보 해탈 받고 집안에 안 밖으로 재앙소멸하며 (하옥합니다) 소원성취하옵시오. 세세생생 밝은 날과 같이 발원하옵니다.

[보시] 이것을 주는이나 받는이나 무거움으로 지은 업보 해탈 받을 것임으로 안넘겨으로 재앙 소멸하여 소원성취 부처님 전에 복 많이 지을 받으옵나이다.

사리과 광강 김남리 2004. 12. 17

사인을 보니 2004.12.7. 노적봉에 눈꽃 등산 갔다 내려오다 삼천사에서 공양을 하는데 맞은편에서 밥을 먹던 여인이 핸드폰을 받다 말고 괜찮아요, 아기가 아픈데 어쩔 수 없지요. 그리고 앉더니 큰일 났네 택시를 불러도 삼천사에는 못 올라올 터인데.

예쁘고 금테안경에다 다이아몬드 반지를 끼고 고급 밍크코트에다 누가 보아도 귀부인의 스타일이다.

무슨일이냐 물으니 기사가 아이가 아파서 병원 데려다 놓고 온다기에 안 쫓아갔더니 입원을 한다하여 올 수가 없다 하네요.

집이 어디신데요.

성북동이에요.

잘 되었네요. 우리 집이 평창동인데 정릉고개 골프장에 여러 번 다녀서 성북동 넘어가는 길을 잘 알아요. 끼는 있어 가지고 예쁜여인인데 모르는 척 할 수는 없지.

아마 남자가 그랬으면 못들은 척 했을 거다. 연인이 반색을 하며,

아, 살았다. 이렇게 생각지도 않게 인연이 되어 함께 오게 되었다. 내가 뒷문을 열고 뒷좌석에 앉으라 해도 어떻게 뒷좌석에 앉느냐고 한사코 앞 좌석에 앉는다. 나보고 삼천사에 다니느냐 묻기로 나는 묻지도 않는데 가족 사항을 다 털어 놓았다. 어머니가 광장시장인이 모르는 사람이 없는 건물주로 1년에 만가마씩 세를 받는 분이 아들의 장래를 위하여 비구니가 되었고 지금은 소식도 모르나 이상스리 절만 보면 들어가 노승을 뵙고 기여히 스님들에 대한 이야기를 듣는 것이 나의 소망이 되었나 봅니다.

하니 그 여인도 남편이 장관까지 하신 분인데 못쓸 병에 죽었다 하면서 아들은 서울대병원 외과 전문의고 딸은 사법시험 중이란다.

이야기하다 보니 정릉까지 왔다.

걸어가겠다 하는것을 내 차는 스노타이어고 3,000cc라 눈길에도 끄떡없이 올라가니 걱정안해도 됩니다. 금방 집앞이라 하며 내리며 들어가 차 한잔하시고 가란다. 초면에 어떻게 그러는가 하니 우리 집에 오신 손님은 그냥 보내지 않는다 한다. 앞 담장만 100m는 되어 보인다. 남편을 삼천사의 영안했기 때문에 수시로 들른다 한다.

그리고 딸을 인사시킨다. 헌법재판소에 다니는데 사법고시 두 번이나 낙제하고도 또 보겠다고 저렇게 집에만 오면 서재에 매달려 산다고 한다. 책이 몇천 권은 되어 보인다. 남편이 워낙 책을 좋아해서 아이들도 저의 아버지가 읽는 책이라 소중하게 간직한다.

차를 마시고 일어나려는데 저녁 먹고 가라고 한사코 잡는다. 저녁을 먹고 나니 책 좋아하느냐 묻기로, 그럼요. 하니 법정이 쓴 책 3권, 도자기 높이 40cm 둘레 25cm에 경월(鏡月) 조청양(調淸揚) 위일철양(爲日淸凉 滿附捎 丙寅年 秋葉) 하나.

의사 아들이 집에서 입는다는 티셔츠 세 벌을 주면서 갖고 가라 하면서 차에서 오면서 쓴 발원문을 금강경 책 첫 장 ○난에다 써 주고 사인을 보니 2004.12.7.이다. 그 집에서 내가 보고 느낀 것은 거실서부터 서재까지 잘 진열된 책장이다. 공직에 몸 담았던 사람들은 거의 서재와 책이 잘 정돈되어 있다는 것이다.

그 후로도 그 아주머니가 기사하고 다니면 이야기할 사람이 없어 심심했는데 아저씨 하고는 이야기하기도 좋고 같이 외식도 하고 너무 신난다 하여 좋은 여친어었는데 내가 전화도 없는 강원도로 가면서 왕래가 끊겼다.

10년 후 전화하니 안 받는다. 물론 집에 찾아가면 찾을수야 있지만 예의가 아닌 것 같아서 그립기는 하지만 잊고 살았다.

산사山寺에 풍경瓊經소리

온갖 존재(存在)는 무상하여 생겨서는 없어지는 성질(性質)의 것일까. 견고(堅固)하지 않고 실체가 없으니 눈 앞에 있는 미미한 즐거움은 잠시도 머물지 않고 이내 흩어지는 것일까.

무릇 천지간(天地間)에 인연으로 이루어진 온갖 현상(現象)은 꿈이나, 허깨비, 물거품, 그림자, 이슬, 번개와 같거니 응당 이러히 사라지는 것이다.

일절유위법 여몽환포영 여로역여전 응작여시환(一切有爲法 如夢幻泡影 如露亦如電 應作如是歡)

이 세상에 온갖 중생은 실로 위태(危殆)롭고 약할뿐이어서 깨어지지 않는 것이라곤 존재하지 않는 것이다?

참으로 일체현상 생겨나도 다 할 때 있고 흥하면 으레 쇠하기 마련이고, 만물이 다 그러하니 무상할 수 밖에

물은 흘리흘리 늘 차있지 않고 타오르는 "불" 머지않아 사그러지며 해는 떠오르는데 서산으로 넘어가고 보름달 다시 또 이지러지나니. 부귀영화가 하늘 닿는 사람에게도 무상한 도리는 한결같지 않는가.

수유불상만 화성불구연 일출수유몰 월만기복결 존영호귀자 무상시복과(水流不常滿 火盛不久燃 日出須臾沒 月滿己復缺 尊榮豪貴者 無常是復過)를 말씀드려도 참절(僭竊, 부정한 수단으로 지나치게 높은 자리에 탐함) 함이 극에 다다르니 슬픔은 여전하였다.

열반경은 말한다.

참극(慘劇) 가슴을 후벼팜일지라도 이 세상 온갖 것은 무상하거나 그 모두 생겨나서 없어지는 것. 나고 사라짐을 아예 없애 열반으로 즐거움을 삼아야 하리.

<u>그와 같이 뭇 생명까지도 외경(畏敬, 어려워하고 공경함)하였고 성냄도 원망도 번민도 없이 늘 평안한 모습을 보여 주었다.</u>

<u>살아있는 모든 생명체에 대한 연민이야 말로 한 인간의 도덕성에 대한 가장 확실하고 튼튼한 보증이다. 참으로 사랑이 깊은 사람을 결코 남을 모욕(侮辱)하거나 화나게 하지 않으며 고통(苦痛)을 준다거나 비난(非難)하지도 않고 그저 모두를 용서한다.</u>

그러므로 그러한 사람들의 모든 행위에는 정의와 자비(慈悲)의 문양이 새겨질 것이다. 따라서 남을 사랑하는 일, 남을 편안하게 하는 일을 바로 인(仁)이라 하였다.

8·15 해방 후 극심한 "좌", "우" 대립으로 벗 간에도 계층 간에도 갈등(葛藤)은 갈수록 칼날을 세웠다. 정신의 고뇌는 우리 영혼의 생명에 있어서 꼭 필요한 조건이라 하면서 의욕적으로 철학사상 및 문학예술, 역사 그리고 학문 천착(학문을 깊이 파

고듦)에 더욱 더 몰두하였다.

가장 훌륭한 형태(形態)란 주제(主題)를 가장 잘 표현할 수 있는 것을 말하는 이상(理想)이라 했다.

삶을 괴로워하지 않고 죽음을 두려워하지 않으면 도를 쉽게 깨달을 수 있으니 바르게 살아갈 뿐 근심할 것이 없지 않는가.

만약 인생길과 산길을 비교한다면 인생길이 훨씬 더 구불구불 하리라.

야장세로비산로　세로갱다천리반(若將世路比山路　世路更多千里盤)

한반도 최남단에 위치하고 있는 두륜산(頭輪山)은 백두산에서 뻗은 태백산맥 줄기의 끝으로 불연(佛緣)이 깊은 산(山)이다.

아름다운 계곡도 많아 경관이 빼어나다. 그래서 예로부터 진리를 찾는 수많은 수행자들의 발길이 끊이지 않았다. 때문에 서산대사의 땅 끝의 한듬절 도장사(道場寺)로 조선시대 배불(背佛)의 암흑속에서도 수많은 고승대덕(高僧大德)을 배출한 곳이다.

현세에서 나, 내세에서나 자기자신 밖에서 참 지혜를 찾는 것은 잘못된 것이다.

진리를 계시하는 예언자는 내 마음속에 있고 온 누리를 찾아 헤매던 생명의 빛도 결국은 자신 안에 있는 것 아닌가.

생명에 대한 진정한 의의를 찾기 위해 어떤 습관을 얻고자 한다면 그것을 그치지 않고 실천하기만 하면 가능한 것이다.

우리의 몸과 마음은 둘이 아니기 때문에 몸이 정화되어야 마음도 정화되어 참다운 법성을 깨닫게 된다.

제 아무리 훌륭한 행법을 취해서 공부를 한다 하더라도 도덕적인 계율이 앞서지 않으면 깨달음의 경지를 이룰 수가 없다. 계율로 말미암아서 건성(虔誠, 진실한 마음)이 생기고 선정(禪定)으로 말미암아 참다운 반야지혜가 생긴다고 했다.

무아(無我)란 피안에 있는 것이 아니라 우리 생활에서 오저(奧底)에 있는 것이고 나를 공(空)으로 하는데서 참기(讒嗜, 어떤일이든 깊이 마음을 쏟아 즐김)가 현전(現前)하기 때문이다.

지혜로운 사람에게는 가는곳마다 고향(故鄕)이요. 고귀한 영혼에는 전 세계가 조국인지도 모른다.

사실 지혜와 높은 누각에 오르기 전에는 번뇌가 산처럼 무겁게 짓누르고 어리석음과 어둠움에 덮여 있어도 편안히 누워서 괴로움을 알지 못하니 언제나 삶과 죽음을 반복하는 윤회에서 벗어나지 못하는 것 아닌가.

목수면중압산 치명위소폐 안와불계야 시이상수태(目垂眠重壓山 癡冥爲所蔽 安臥不計若 是以常受胎)

송고승전(宋高僧傳)에 보면 무착문희(無着文喜) 선사(禪師)가 문수보살(文殊菩薩)을 친견하기 위해 오대산 금강굴 반야사에 가서 문수보살의 화현균제(化現均提) 동자로부터 전해 받은 법문이 있다.

성 안내는 그 얼굴이 공양 가운데 으뜸이요.

부드러운 말 한마디 위 없는 향기되네.

아름다운 그 마음이 부처 외 마음이고 깨끗한 그 성품이 원만한 법신일세

면상무진공양구 상양무전토묘향 심이무전시진보 무염무구시진상(面上無嗔供養具 上裏無嗔吐妙香 心裏無嗔是珍寶 無染無垢是眞常)

지리산은 그 특별함으로 역사, 문화, 지리적으로 다른산들과 달라 그저 쉽게 비교할 수가 없다. 신령스러운 세곳의 산(山) 가운데 서도 으뜸이라 해서 방장산(方丈山)이라도 하고 백두에서 흘러왔다해서 두류산(頭流山)이라고도 했다.

특히 신성함은 불교역사 사상(思想) 문화의 큰 터가 됐다. 바로 구례의 화엄사와 천은사, 연곡사, 남원의 실상사, 백장암 마천의 벽송사 하동의 쌍계사와 천불사, 산청외, 대원사 등으로 그 명맥이 연연하고 있다.

옛글에 도를 배우는 것은 별것 아니요, 본원의 굳은 결심에 있나니 모든 집착을 놓아버리면 물건마다 내 친구되네.

허공과 대지를 한 몸에 품어 온 몸은 사무쳐 다른 생각 없거니 어찌 남을 흉내내어 이류삼류에 떨어지리. 마치 용맹한 맹호와도 같이 평범한 군주의 일원이 되지 않으려는 자는 자신에게 안일을 주지말라 하였던가 부처님의 설산 고행 같은 이야기가 전해지고 있다.

목숨을 건다는 것은 현상적인 상을 여읜다는 것이고 상을 여읜다고 할때는 자기 몸뚱이가 안중에 없어야 한다는 말씀이다.

그렇다 자기 신명을 다 바쳐 진리의 길을 가지 않는 사람들은 진리가 얼마나 소중한지 모른다. 진리를 모르기에 우리마음이나 이 세계는 항시 어두운 무명에 싸여 있는 것이고 그 무명 때문에 가지가지의 악습을 행하여 그에 상응한 심각한 인생고를 받는 것이다. 이러한 혹업고(惑業苦)삼업을 벗어나는 길은 마침내 부처님의 성도(成道)에서 열였다.

도덕과 예의로 자주(自主)를 하면 도덕과 예의가 쌓이고 각박함으로 주지(主旨)를 하면 원한이 쌓이게 된다. 원한이 쌓이면 권속과 사부대중이 등지고 떠나며 예의와 도덕이 쌓이면 안팎이 기뻐하여 감복한다.

그러므로 도덕과 예의가 대중에게 두루 미치면 권속과 수부대중이 기뻐하고 각박함과 원한이 극에 이르면 안팎이 슬퍼하니 슬픔과 기쁨에 따라 재앙과 복이 내려진다.

또한 주지하는데 "세" 요건이 있으니 어짐 "인(仁)", 총명함 "명(明)", 용기 "용(勇)"이다. 어진자는 도덕을 행하여 교화를 일으키고 상하를 편하게 하여 오가는 사람들을 기쁘게 한다.

총명한 사람은 예의를 지키고 안위를 식별하며 훌륭한 자와 어리석은 자를 살펴서 시비를 분별한다.

<u>용기있는 사람은 과감성 있게 일을 처리하고 한번 믿으면 의</u>

심치 않으며 간사하고 아첨하는 이를 반드시 제거한다. 그러므로 선림에서 훌륭한 사람을 주지로 선정하려는 것은 불법과 기강을 전통으로 확립하여 금강지(金剛智)의 법석을 이루기 위함이다. 우리 마음이 본래 청정함을 생각하는 것이 참다운 염불이라고 말씀하신다.

오로지 내 마음이 바로 부처님이요. 우주가 부처 아님이 없다는 믿음으로 참다운 생명의 실상을 생각하면 그때는 바로 염불 참선이 된다는 것이다.

본 성품을 관조하는 그 마음을 지속시켜 염불을 계속하다보면 나중에는 가만히 있어도 자기 몸 전체가 염불이 되는 경지가 온다. 우리가 능히 부처님의 무량공덕의 힘을 분명히 믿을 때는 그 즉시에 삼매에 들어가게 된다. 참으로 부처님의 광명은 우주에 가득차 있다.

그러므로 염불의 공덕이 지극해지면 무수억겁 동안에 지을 수 있는 수승(중이 된)공덕을 성취한다 하였다. 요컨대 온 세계가 불바다가 될지라도 반드시 그 불바다를 뚫고 나가서 꼭 부처님 법을 들을지니 한사코 불도를 성취하여 널리 중생을 제도해야 한다.

화엄경에 보면 진진살살(塵塵殺殺)이 구설구청(俱設俱青)이라 하였다.

하나의 티끌이나 어떤 미물까지를 포함하여 모든 두두물물(頭頭物物)이 함께 말하고 함께 듣는다는 말이다. 자타시비(自他

是非) 없이 일러 평등한 진여불성의 정견으로 보면 산도 살아있고 일체 동물 모두가 우리 인간과 차이 없기에 생명을 갖추고 살아있는 존재라고 했다.

삼매를 가리켜서 참다운 법락(法樂)이 나타나는 경계라고도 한다. 우리 중생들은 동요 없는 법락을 맛보지 못하기 때문에 육신의 노예가 되어 그럭저럭 한세상 보내기 쉽다. 낭비할 겨를이 없는게 인생인데 마음깊은 곳에 숨어있는 번뇌 때문에 오욕락에 물들고 있는 것이다. 그러므로 우리 중생은 기필코 가야할 마음의 고향을 향해 한 걸음도 한 눈 팔지 말고 성자의 가르침을 따라야 한다. 성자의 가르침은 우주만물을 하나의 생명으로 통과하고 있다. 그러니 나무나 돌이나 짐승이나 사람이나 부처님이나 천제나 어느 것 할 것 없이 모두가 둘이 아니고 하나의 성품인 것이다.

우리 인간은 누구나 다 고뇌와 빈곤이 없는 안락하고 풍요한 행복을 간구하고 생로병사가 없는 영생의 이상향을 그리는 사무친 향수를 지울 수가 없다. 그래서 인간의 모든 문화현상은 비록 깊고 옅은 차이는 있을지라도 다 한결 같이 인생고의 구제와 진정한 자유를 구현(具現)함에 목적으로 하고 있으며 다만 그 목적을 실현하는 방법에 차이가 있을 뿐이다.

불교의 많은 가르침 중에서도 극락세계를 너무도 생생하고 인상적으로 밝히신 경전은 정토삼부경(淨土三部經)인데 이는 무량수경(無量壽經) 관무량수경(觀無量壽經) 아미타경(阿彌陀經)입니다.

그래서 아미타불을 염불하는 생활은 현대인의 불안의식과 사회적 혼란을 극복하는데도 다시없는 청량제가 될 것임을 확신하는 바입니다.

그래서 그것은 잃어버린 진여(眞如)의 회복(回復)과 분열(分裂)된 남북(南北) 통일과 영원한 평화와 복지를 위한 가장 근원적인 최상의 길이기도 하다. 자그마한 한반도를 분단으로 후손에게 물려준다면 그보다 더 큰 죄인은 없다. 언제나 희생(犧牲, 남을 위하여 목숨을 바침) 없는 통일은 없다. 영웅이 그냥 되는 것은 아니다.

영생 불멸(不滅)한 법신(法身) 부처님의 자비와 지혜의 광명은 언제나 온 누리에 충만하오나 인간의 무명과 업장이 얽히고 쌓여져 바야흐로 인류사회는 불신과 분열과 불안의 심각한 인생 고해를 자아내고 있다.

<u>그래서 오늘날 온 세계에 언제 폭발할 줄 모르는 화약고는 어두운 전운(戰雲)과 윤리퇴폐(倫理頹廢)와 존엄(尊嚴)한 인간 생명의 경시(輕視) 풍조(風潮) 등 일체 부정적인 사태는 모두 한결같이 진리를 등진 인간의 스스로의 자업자득이 아닐 수 없습니다.</u>

그런데 무지무명과 그지없는 우비고뇌(憂悲苦惱)를 여의고 참다운 자아 곧 불성(不誠)을 개발하여 상락(常樂)한 정토사회를 이룩하는데 부처님의 법이자연(法爾自然)한 가르침이 있습니다. 참으로 불변의 교리는 종교의 동서에 철학이요. 또한 과학이

되는 가혹한 역사적 시련에 처한 인류의 구원을 위하여 가장 근원적인 최선의 감로복음이 되지 않을 수 없습니다.

옛글에 마음에 어떠한 집착도 없고 속을 깨끗이 비우고 살아가며 이것과 저것에 모두 고요한 마음을 지닌 사람을 성인이라 한다고 하였다.

이러한 근원적인 통찰과 의식의 개혁이 없이 다만 피상적으로 현실사회의 구조적인 모순만을 제거하려고 안간힘을 쓰는 한 우리 인간은 혼란과 분열의 수렁에서 영구히 헤어날 기약은 없을 것이다.

혼탁한 탁류(濁流)를 밝히려면 먼저 그 근원을 다스려야 하듯이 우리들의 가장 보편적이고 궁극적인 불교 인생관을 확립하고 그에 따른 도덕적 실천에 노력한다면 인류사회의 모든 병폐와 불행은 그 자취를 감추고 마치 먼동이 터올 때 어둠이 사라지듯 진정한 자유와 평등 복지사회의 여명이 자연히 밝아오게 될 것입니다. 따라서 정견(正見)에 입각하여 우주와 불법의 도리에 어긋나지 않게 무아 무소유의 삶을 살도록 다같이 노력해야 한다는 뜻이다.

각자 자기 생명의 본원인 불성을 자각(自覺)하여 부처님이 되고자 노력해야만 갈등 없는 참된 인격을 갖출 수 있다는 것이다. 비록 살아생전 심상공부도 못하고 별시 공부도 못했다 하더라도 임종에 이르러서 오직 일념으로 부처님을 생각하면 좋은 세상으로 가게 됩니다.

　오직 부처님을 생각하는 일념으로 사무칠 때 그 마음 가지고 극락세계에 태어납니다. 노년에 이르러 하는 공부 이것이 임종공부입니다.

　그러나 그것이 쉽지 않습니다. 젊어서도 공부를 못했는데 늙음에 이르러 지, 수, 화, 풍 사대가 무너져가는 단말마(端末魔, 끝자락)의 고통이 엄습해오는데 일념으로 공부해 가기가 쉽지 않습니다. 우리 인생이 여러 가지 복잡한 일도 많고 고통이 많아서 괴로움의 바다라 했습니다. 또 불타는 집과 같다고 해서 화택이라고도 했습니다. 우리 생명은 지금 이시간도 순간순간 연소하고 있습니다.

　괴로움의 바다와 불타는 집을 벗어나는 길은 오직 하나 성불의 길입니다.

　참으로 지당한 말씀(誠哉是言)입니다

　마음속으로 정성을 다하면(誠心竭力)

　반드시 외형(外形)에 나타날 것이다.

　나는 신도도 아니지만 산행을 할 때 인근 사찰(寺刹)을 찾아 교리(敎理)를 듣기를 좋아한다.

　불교만큼 심오(深奧)한 진리를 내포한 안심입명(安心立命)의 종교는 없다. 산사에는 거의 일주문(佚奏門)이 있다. 실제 여닫고 잠그는 문이 아니고 언제 어느때고 통과하는 문이고 아무리 깊은 산사에서도 사람이 짐승에게 물렸다거나 다쳤다는 소리를 듣지 못했다.

입구 기둥에는 이런 글이 쓰여 있다.

입차문래　막존지해　入此門來　莫存知解
무해공기　대도성만　無解空器　大道成滿
해설
아무리 힘겨운 일이 닥치더라도 이 문으로 들어오면
마음을 비우고 나면 모든 것을 이루어 질 것이다.

또한 오관게송(五觀偈頌)
계공다소　양피내처　偈功多少　量彼來處
촌이덕행　전결응공　村已悳行　全缺應供
방심이과　식등위종　防心離過　食等爲宗
정사양약　위로형고　正思良藥　慰勞形枯
위성도업　응수비식　爲成道業　應酬比食

해설
한방울의 물에도 천지은혜가 숨겨있고
한알의 곡식에도 만인의 노고가 담겨있다.
정성으로 마련한 음식으로 주린 배를 달래고
몸과 마음을 바르고 청정하면 고통에서 벗어나고
모든 일을 착하고 정성을 다하면 선정삼매에 정진할 것이다.

또한 대웅전 사귀에 달린 풍경(風磬)의 메아리를 듣고 있노라면 여운(餘韻)이 마음을 촉촉하게 적셔준다.

아무리 아름다운 글을 쓴다한들 내 삶의 깊이가 없다면 무슨 가치가 있을 것이며 어찌 인생을 아름답다 할까.

모든 생명의 진리가 북풍한설(北風寒雪)을 격고 나야 새봄의 꽃을 피우듯이 내 비록 공양은 못하였지만 정경(正経)은 잃지 않았으니 어찌 *단말마(斷末魔)를 바람든 무처럼 실의에 빠져 있다면 누가 인생을 아름답다 할 것인다.

수행자 틱낫한은 인간이 미소를 짓는 순간 붓다(부처)가 된다 했다. 저승에도 극락이 있다하니 남은여생이라도 지극성불(至極成佛)하여 석조(夕照)의 하늘이 더 황홀(恍惚) 하듯이 마지막 가는 길 붉게 물들이고 싶다.

나무관세음보살(那无觀世音菩薩) Avalokite Svsre

아미타불(阿彌陀佛 : 좌우에서 부처의 교화(教化)를 도움

2024. 甲辰 1月 1日 初

---

* 단말마 : 임종의 고통이 닥쳐올 때

인생 길

　이 길은 나만의 길이다. 이 전기(傳奇)를 쓰기까지 88년이 걸렸다.
　이 길은 내가 만들었고 나만이 걸어왔기 때문에 누구도 이 길은 모른다.
　아직도 갈 길이 얼마나 남았는지 끝이 안 보인다. 그러나 나는 알고 있다. 마지막 막다른 길이라는 걸.
　이 길은 내가 사라지면 누구도 뒤따라오거나 나쁘다거나 참혹한 죽음도 없을 것이다.
　나 자신도 모르고 살았기 때문에 보수(補修)하거나 고치려 노력하지도 않았다. 그냥 마음 내키는 대로 발길 닿는 대로 정처(定處)없이 걷다 보니 여기까지 왔고 남은 길도 정처가 없다.
　다만 그 길은 영묘(靈妙, 신령스럽고 기묘함)하여 그림자처럼 나를 따라다니며 나를 보호했기 때문에 그 길을 잊을 수가 없다.
　청운추월(晴雲秋月)이라 가슴 속까지 맑고 깨끗했다. 좁고도 험준하지만 협산초해(挾山超海)라 불가능을 가능케 하는데서 더욱 편안하고 아름다웠다.

나도 모르게 불도(佛道)에 심장적구(尋章摘句) 옛글에서 글귀를 얻었고 심행수묵(尋行數墨 : 문자에 구애되어 도리에 밝지 못함) 글 짓는데 고심하게 되었다.

아무리 중도(中途)에 고해(苦海)가 닥치더라도 곡돌사신(曲突徙薪 : 재앙을 막아주는)처럼 보이지 않는 관세음보살(觀世音菩薩)이 (Avalokite Svara) 자비의 화신처럼 나타나 모든 재앙을 막아 주었다.

인생사에서 들은 풍문속설 등 잔편(殘片, 흩어진 조각)을 주워 맞추어 쓴 글이 2023년 현대 신인상 응모의 시(詩)와 수필에서 당첨되어 87 인생에 처음 신작로(新作路)의 상패를 받았고 명예(名譽)의 빛을 보았다.

누구에게나 굴곡(屈曲)과 굴복(屈伏)하지 않고 버텨온 것도 어떤 불보살(佛菩薩)의 도움이라 여긴다. 아버지가 유생(儒生)이셨고 어머니가 자식의 정도(正道)를 위하여 스스로 비구니(比丘尼)가 되시었고 그 영향에서인지 한 번도 자탄(自歎)하거나 번민(煩悶)하여 실의(失意)에 빠진 적이 없는 것도 아버지의 20년 훈육(訓育)과 어머니 보리심(菩提心)이 통하였기 때문이었다.

나는 불기 2568 구력(舊曆) 88에서야 복음(福音)을 알게 되었으니 차를 탄들 갈 것이며, 배를 탄들 갈 것이며, 비행기를 탄들, 인공 유성을 탄들 선방(禪房)에는 다다를가.

그 길은 불심의 길이고,

그 길은 숙명의 길이고,

그 길은 영겁(永劫)의 길이고,

그 길은 영생(永生)의 길이다.

어느 날 갑자기 조계사 앞을 지나다 비구니가화집(比丘尼佳話緝)을 전해 주고 법 공양 불기 2568년 4월호를 얻어왔다.

표지 사진 달마도(양산 통도사 응진전 외부 서쪽 토벽의 중앙에 그려진 진본)을 구한 것이 가장 큰 보람이고, 생활도담(生活道談)에서 경봉대선사 집필한 사람과 물질을 초월(楚越 : 생각이 뛰어남)에서 사세고연(事勢固然 : 일의 근원을 찾음)을 보라 했으니,

어떤 사람이 산에 갔다가 큰 곰을 만났다. 큰 곰이 잡아먹겠다며 덤벼들자, 급한 김에 그 사람은 큰 나무 뒤로 숨었다.

사람을 잡으려면 사람의 뒤를 따라가야 할 텐데, 미련한 곰은 손(앞다리)을 들어서 나무를 껴안은 채 그 사람을 잡으려 하였고 그 사람은 순간적으로 곰의 손을 꽉 움켜잡았다.

곰은 사람을 물려고 해도 그사이에 나무가 있어서 물지를 못하였다. 또 움직여보려고 하여도 사람에게 두 손이 꽉 잡혀 있어서 꼼짝할 수가 없었다.

사람도 마찬가지였다. 곰의 손에서 나는 누린 냄새가 코를 찔렀지만, 곰 손을 놓으면 죽을 터이니 그것을 생명선이라 여기면서 온 힘을 다해 꼭 쥐고 있었다. 필사적으로 곰 손을 거머쥐고 있기를 사흘, 어떤 나무꾼이 큰 도끼를 메고 가까이 오고 있었다. '잘 되었다' 싶었는데, 손을 잡고 있는 것을 본 나무꾼

이 생각하였다.

'아이고, 여기 있다가는 영락없이 저 곰한테 잡혀서 죽겠구나.'

나무꾼이 발걸음을 돌려서 달아나려고 하자, 곰을 잡고 있던 사람이 황급히 소리쳤다.

"여보게 그 도끼로 이 곰을 잡자! 이 곰의 쓸개는 금보다 더 비싸다네. 그뿐인가? 곰의 껍질이나 고기도 큰돈이 될 수 있네. 우리 힘을 합쳐서 이 곰을 잡자!

그 말에 귀가 솔깃해진 나무꾼이 도끼를 가지고 오자 그 사람이 다시 말하였다.

"여보게, 자네 곰을 잡아보았는가?"

"아니요."

"나는 곰을 많이 잡아 봤다네. 도끼로 급소를 때려 한 방에 잡아야지, 만약 잘못 때리게 되면 자네도 죽고 나도 죽네. 이 곰 손을 좀 쥐고 있게나."

곰을 많이 잡아봤다는 소리에 나무꾼은 대신 곰의 손을 꽉 거머쥐었다. 사흘씩이나 굶고 곰에게 시달렸던 그 사람은 날아갈 듯하였다.

'살았다' 하면서 안도의 숨을 내쉬고는, 여러 대의 담배를 연거푸 피웠다. 불안해진 나무꾼이 재촉을 하자 그 사람은 말하였다.

"여보게, 내가 실은 곰을 잡아보지 못했다네. 내가 선불리 곰을 치다가는 자네도 죽고 나도 죽네. 그러니 누가 오거든 나처럼 곰의 손을 잡게 하고 떠나가게나."

여기서 이 사람보고 곰의 두손을 꼭 잡고 있으라 하고서 도끼로 머리(정수리)를 후려 갈겼다면 아무리 큰 곰이라도 정수리를 얻어 맞고 살아남지 못했을 터 왜 그 사람은 나무꾼에게 곰과 서로 잡게 하고 혼자서 살려고 도망쳤을까. 그 사람은 곰을 못 죽여서가 아니라 곰도 영물이라 살생을 금한 것이다.

우리는 여기서 깨닮이 있어야 한다. 얼른 생각하기에 다른 사람을 사지에 넣고 자기 혼자 살고자 한 것 같지만 이 글을 쓰신 스님은 모두 사는 방도를 생각했을 것이다. 원체 불자는 곤충 하나도 다칠까 쓸고 앉으라 하였으니 여기서 어떤 살상도 스님은 원치 않았을 것이다.

사람들이 이 세상에 태어날 때 어떠했느냐? 아무 걱정이 없었는데, 학교 가고 취직하고 시집 장가가고 경쟁 사회에 몸을 담고부터는, 마치 저 곰의 손을 거머쥔 듯이 가슴 답답하고 머리 아프게 살아간다. 그렇게 사니 자연이 성격이 급해지고 엉뚱한 고집을 부리게 되어 신경질을 내는 횟수가 많아진다.

그렇다고 문제가 해결되는 것은 아니다. 곰의 다리를 놓지 못하듯이, 꼼짝 못하고 그 상태로 있으면서 오만가지 걱정을 하면서 산다. 그런데 그 오만가지 걱정의 주체 많은 것은 아니다.

오직 사람 아니면 물질, 물질 아니면 사람, 이 두 가지 때문에 밤낮없이 걱정을 한다.

참으로 사람들은 생각이 많고 근심 걱정을 많이 한다. 그러면서 '괴롭다'고 하는데, 무엇 때문에 괴로운가? 대부분은 쓸데없는 생각 때문에 괴롭다. 이 허망하고 덧없는 근심걱정을 잘 다스리면, 절대로 나쁜 일이 커지지 않는다. 오히려 저절로 잦아진다. 모든 일에 순조롭게 잘 되는 것도 '내가 어떻게 생각하느냐. 용심(用心)을 어떻게 하느냐'에 달려 있고, 일이 잘 안되는 것도 '내가 어떤 생각 속에 빠져 있느냐'에 달려 있다.

만약에 나쁜 생각이 떠올라서 그놈이 하자는 대로 말하고 행동을 하게 되면, 출발점부터가 어긋나버렸기 때문에 헛된 노력만 하게 되고, 끝내는 그 생각으로 인해 스스로를 해치게 되는 것이다. 이렇게 여러번 돌다 보면 종당에는 곰도 지쳐서 쓰러지고 그 사람도 살아서 돌아가면 살생이 없이도 다 살수 있다.

∞

예전에 글만 읽던 선비가 논에 나갔더니, 논둑에 구멍이 뚫려서 물이 새어 나오고 있었다. 선비는 흙을 가지고 물이 흘러나오는 쪽을 막았다. 그러나 아무리 바깥쪽을 열심히 막아도 계속 물이 새어 나오는 것이었다. '큰일났다' 싶었던 선비는 급히 집으로 가서 머슴에게 말하였다.

"일꾼 몇 명을 구해서 터진 논둑을 막으러 가자."

머슴은 '아침나절에 본 논둑이 완전히 무너졌을 까닭이 없다'고 생각했기 때문에 '논에부터 다시가 보자'고 하였고, 가서 보니 물이 겨우 졸졸 새는 것을 가지고 야단을 한 것이었다.

"도대체 어떻게 막았습니까?"

"논둑 바깥쪽을 막았는데, 아무리 막고 또 막아도 새어 나오더구나."

머슴이 흙 한 삽을 떠서 안쪽으로 막자 새던 물이 금방 멈추었다. 머슴은 신기해하는 선비에게 청하였다.

"지금 이 상황을 한 글귀로 지어 보십시오."

"방기원(防其源)."

방기원은 '그 근원을 막아라'는 뜻이다. 근심걱정이 일어날 때 어떻게 해야 하는가? 그 근원을 막아야 한다.

그럼 근심걱정이란 무엇인가? 나의 근본 마음이 아닌 번뇌망상이다. 이기심과 불안감에서 비롯된 망상인 것이다.

그러므로 근심걱정이 일어나면 '아, 망상이 일어났구나!' 하고 깨달아서 곧바로 그 생각들을 잘라 버려야 한다. '번뇌야, 왜 일어나서 나를 괴롭히느냐? 고 하면서 그 번뇌를 벗어 버려야 한다. 그리고 지금이 현실에 대해 진실되고 바른 생각으로 임해야 한다.

반대로 근심걱정을 방치해서 계속 끌려다니고 망상 따라 살게 되면, 마음의 평안은 고사하고 불행한 삶이 눈앞에 펼쳐지고 마는 것이다.

과연 사람들이 근심걱정을 하고, 머리 아프고 가슴 답답해하는 까닭이 무엇인가? 사람 아니면 물질에 대한 집착을 놓지 못하게 때문이다. 그러므로 근심 걱정 없이 편안하게 살고자 하면 사람과 물질, 이 두 가지에 대한 집착을 놓아 버려야 한다.

운명(殞命)

마장동 도축장에 가보라
어떤 소는 죽엄이 두려워 음매음매 울고
어떤 소는 눈물을 뚝뚝 떨구며 들어가고
어떤소는 아무런 저항없이 들어간다
그러나 어떤 소도 살지 못하고 죽어간다.
이래도 죽고 저래도 죽는구나
이것이 소의 운명이다.

사람은 죽지 않는 자 있는가?
고대광실 호화주택에 살아도 죽고
왕후장상 왕좌에 앉아도 죽고
예수를 믿어도 죽고
석가여래를 믿어도 죽고
인삼 녹용을 먹어도 죽고
곰 쓸개를 먹어도 죽는다
사람도 태어나면 반드시 죽는다
이것이 사람의 운명(殞命)이다.

그래서 선사에게 물었다.
아무리 착하게 살아도 죽고
도적질을 해도 살고
강도질을 해도 사는 것과 무엇이 다릅니까.

부처와 죽음과 무엇이 다릅니까.
선사(禪師) 정답이 없으니 애둘러 한치 앞도 모르는게 인생인데 부처는 알아서 무엇하나 차나 한잔 하시게.
모두가 운명인 것을.

나침반羅針盤 승산행원스님의 강의에서

나침반하면 흔히 등산할 때, 방위볼 때, 쓰는 지평각(地坪角)을 연상하기 쉽다.

여기에서 말하는 나침반은 불법의 선(禪)을 정의한 글이다.

이글은 승산 행원스님의 법어를 프로비덴스관음 선종학교를 개설하시고 최초의 특강에서 하신 말씀을 저자가 지표를 간추려 놓았다.

세계인류가 다 같이 깨달음을 얻어 세계평화를 추구하는데 밀알이 되어주길 바란다.

세월도 많이 변했고 삶도 많이 변했지만 사람은 더 많이 변한 것 같다. 그런데 인심은 도심(道心)을 잃고 악도(惡道)에 떨어졌다. 좋지 않은 원인결과도 없는 악순환이 매일 일어나니 노약자나 어린이 특히 부녀자들은 혼자는 다닐수가 없다.

현대문명이 발전할수록 사회 인심은 점점 흉폭(兇暴)해져 부모자식 간에도 불신하는 세상이 되어가고 있다. 아직 철도 모르는 아이들이 사행을 하기 위하여 금은방을 털고, 도둑질을 하고, 시골은 노동력이 모자라 외국사람을 데려와 고용하는데 한참 젊은것들이 빈둥빈둥 놀면서 실업수당이나 타먹고 있지 않나. 국회의원이란 자들이 입법은 내 팽개친 채 자기 보수, 비위나 맞추고 남의 뒤 뒤짐이나 하고 있는가하면 사법부는 사건을 맡으면 아주 3년 4년 붙들고 직에서 물러날때까지 판결을 안낸다. 죄상을 못 밝혀서가 아니고 같은 직종 변호사 눈치만 보고 나중에 변호사 개업 때 선배의 불이익이 돌아올까 두려워 판결을 못 내는 것을 국민은 다 알고 있다. 국민은 빵 하나를 훔쳐도 변호사 살 여력이 없어 국선변호나 대신하는데 판검사 정치권은 대형로펌을 전부 사놓고 변호사만 한건에 수명씩 선임하니 아무리 양심 있는 판사도 판결 내기가 곤혹스러운 줄 안다. 그러나 그런 걱정은 하지 마시라 국민은 다 알고 있다. 변호사 안하고 민선에 출마하면 되지 않는가. 승산 행원스님은 원시인과 문명인과의 삶을 같이 평가할 수는 없지만 지금 사람들은 자기 이익에만 추구하고 베풀 줄 모른다 하시었다.

미래를 생각하지 않는다. 즉흥적인 삶을 산다. 사람이 짐승과 다른 것은 자력갱생(自力更生)인데 지금 젊은이들은 전혀 그런 생각을 안한다. 불로소득이나 바라고 한탕주의로 경제도 모르면서 비트코 게임이나 하고 인생을 낭비하고 있다. 꼭 굶주린 맹수처럼 먹이사슬에만 죽자사자다.

나침반이란 불교에서 참회하여 깨달음이다. 나도 책을 많이 읽어도 불도의 행사에는 전무하였다. 그런데 나침반을 읽으면서 유생(儒生)인 나는 감동을 받았다.

불교야 말로 난세를 살아가는 인류에 절실한 교훈이라 생각된다.

사람은 누구나 자기가 처한 입장과 처지에 따라서 이해관계와 생각을 달리할 수 있다. 그러나 가장 높은 자리에 오른 다든지 큰 부자가 된다든지, 노벨상 수상자가 된다든지 그것은 아무래도 상관없다. 다만 불심이란 사기꾼이나 도적질을 경계한 것은 모든 원인이 음해와 욕망에서 생겨나기 때문에 인간이 삶에서 가장 경계할 바라했다.

젊은이 들은 좀 더 큰 뜻을 품고 허송세월하지 말고 더 배우고 읽혀서 우리가 이 사회에서 퇴출하여야 할 부조리가 무엇인지는 알아야 한다는 것이다.

부처님의 삼귀의(三歸依)에 의하면 돈을 벌고 사랑하고 명예를 얻고 멋지게 한바탕 인생에 꿈을 가져 볼만도 하지만 도대체 그 명예, 사랑, 출세가 무엇을 위해 필요한 것이며 그 명예와 사랑과 짊어지고 나는 어느곳으로 갈것인지 한번 의심하여 볼 필요가 있다. 그것을 모르면 그 귀한 명예, 재물이 한 바탕 꿈에 불과하며 아무리 짊어지고 다녀도 삶에 보람을 찾을 수 없다했다.

나는 왜 사는가?
삶에 목적이 무엇인가?

왜 우리만 같은 피를 나눈 형제간에 더 가까이 친숙하게 털어놓고 타협을 못하고 성향이 같고, 언어가 같고, 먹거리가 같고, 핏줄이 같은 겨레끼리 주적이라는 험한 말을 써야 하는가. 이에 대해 생각해 본 적이 있는가.

나라면 어떻게 대답해야 할까?

우리는 놀라운 것은 문고에 가보면 주체할 수 없이 쌓여있는 책을 볼 수 있다.

세상엔 작가도 많지만 나처럼 이렇게 종교서적이나 읽고 독후감이나 쓰는 덜렁이가 또 있을까?

우리는 멀리 보지 않아도 러시아와 우크라이나 전쟁이며 이스라엘의 가자지구 하마스와 전쟁을 보면서 이 세상에 학자들이 야속하다. 콘크리트 건물이 포탄하나만 떨어져도 황폐한 도시에 어떻게 재생을 하고 복구를 할 것인가.

발전한다고 가공할 무기나 만들어 인간들이 인간을 죽이는 세상을 뭐라고 말해야 되나. 나는 이제 어떤일이 닥쳐도 아무 상관 없지만 우리 예쁜 손주들 고운 손주며느리들 생각하면 잠이 안 온다.

한반도 평화는 단순 우리나라의 평화만이 아니다. 세계의 평화의 주춧돌이다. 우리나라는 부처님이 돌봐주시니 우크라이나 하마스 같은 전쟁은 없을 것이다. 믿으면서도 TV를 틀기가 무섭다. 호르무즈 해협에서 또 이란이 미국 석유상선을 납치했다

하니 왜 자꾸 쌈을 거는지 모르겠다.

 인구가 준다고 이민정책을 만든다고요. 절대 반대입니다. 우리나라는 원조 마약 청정국입니다. 외국이 개방되면서 마약 종주국이 되어가고 있습니다. 그들이 몰려들기 시작하면 우리나라는 공권력으로도 못 막습니다.

 아시잖습니까? 유학생이 유학갔다 돌아오면 마약쟁이만 된다고 수천년을 조상이 물려준 삼천리 금수강산을 이웃 강대국으로부터도 지켜온 나라입니다. 제발 공항타령 그만 좀 하십시오. 있는 공항도 적자에 휘둘리는데 공항은 지어 무엇합니까? 국력은 아무리 오버해도 아무도 나무랄 사람 없습니다. 김정은처럼 방위산업부터 활성화하여 방어 3축 아니라 5축인들 어느 국민이 반대하겠습니까?

 좀 못살아도 청정지역으로 사는 것이 국민의 소원이고 부처님의 소원이기도 합니다. 지금 없어서 배곯아 죽는사람 있습니까. 가난 구제는 예부터 나라에서도 못한다 했습니다. 지금 세상에 저 게을러 못 살지 일 없어 못삽니까.

 개발보다는 자연을 보호하고 잘먹기 보다는 좀 못먹더라도 부자 세금깍아줄 생각마시고 억지로 민심을 얻고져 쇼는 이제 그만하시고 실제 보이는 안보를 하십시오. 아무리 말한다고 핵개발을 멈추겠습니까? 역대 대통령이 하나같이 바라고 요구했던 핵 단절도 김정은의 사상은 절대 변하지 않습니다. 국민이 믿게 미사일 발사하거든 북한 땅을 벗어나는 즉시 격추시키십시오.

정년도 60세에서, 70세로 연장해도 조금도 불편하지 않습니다. 매년 2년씩 늘리면 5년이면 70세로 될 수 있습니다.

북하고도 손 놓지 마시고 중국을 통해서라도 두분이(김정은, 윤석열) 역사에 길이 남을 통일의 주체가 되어보십시오.

어떤 방향이던 통일만 이루면 중국을 통하여 동남아로 소련을 통하여 유럽으로 중동까지 고속열차만 연결된다면 우리나라는 관광수입만 가지고도 잘 살것인데 왜 미련하게 살상무기나 만드는지 참으로 맹합니다.

언제고 분단국가로 남겨둔다는 것은 후손들에게 죄악입니다.

미국도 일본도 중국도 소련도 다 외교 외에 군사적으로는 배제하시고 김정은하고 우리가 식량 소고기국 쌀밥먹게 얼마든지 줄테니 북에 지하자원도 우리에게 달라하시고 완전 중립으로 불가침을 법으로 천명하십시오.

그리고 건축자재도 불이나면 순식간에 옥상까지 전소하는 자재는 더 이상 못 만들게 하십시오.

불이나면 그 집만 타고 말게 하십시오. 가정생활도 불필요한 화재 3요소가 되는 발화물질은 집에 두지 말게 하십시오. 그리고 점검하여 전문가로 하여금 발화물질은 못 만들게 금지하십시오.

<u>행원스님은 세계의 중생문제를 바라보면서 파거불행(破車不行)이요. 노인불수(老人不修)라 했습니다. 차에 걸려 다닐 수 없</u>

<u>고 노인들 먹여 살리느냐고 젊은이들이 고생을 해야 한다고 했다.</u>

무엇이든 태어나면 죽습니다.

그러니 죽엄을 두려워 할 필요도 없고 생명을 연장할 필요도 없습니다.

살 만큼 살다가 수명이 다하면 가면 아무런 이유가 없는것입니다.

사람은 성숙할수록 순리에 잘 따라야 합니다. 윗분이 있으면 윗분부터 밀어드리면 자연히 다음은 나를 밀어줄텐데 순서를 지키기가 어려운 것 갔습니다.

군주는 똑똑하다고 되는 것이 아닙니다.

국민을 섬길 줄 모르면 지도자가 될 수 없습니다.

승산 스님은 그의 특강에서

차법심시의(此法甚深義) 대중심갈앙(大衆心渴仰)

유원대선사(唯願大禪師) 광위중생설(廣爲衆生設)

<u>대중들이 목마르게 바라는 마음은</u>

<u>중생을 위하여 넓이 펴 달라는 것이라 했습니다.</u>

<u>위정자들이 부처님 말씀만 잘 실천해도 세계는 밝고 평화로울 것이라 했다. 세계 인류가 부처님의 마음을 가지고 올바른 자유와 올바른 평화를 유지하는 것이 부처님의 길이라 하시었다.</u>

<u>지금 우리 민족만이라도 힘을 합쳐 러시아나 이스라엘 같은 침략에 대비하여 한반도는 한 민족의 땅이니 절대 침범하면 그 나라는 초토화 될 것이라고 만 천하에 발표하고 김정은도 너의 할아버지의 애국, 애민정신을 버리지 말고 남한과 협력하여 조선반도가 세계의 최강국이 되어 세계만방이 우러러 보도록 협력하길 바란다고 메시지를 계속 주십시오.</u>

왜! 고승을 부처라고 부릅니까?

마음도 아니요. 부처도 아니니라(非心非佛)

보라 여기 주전자가 있다. 그것은 왜 주전자라 부르는가.

너는 뭐라 대답하겠느냐. 주전자라 대답해야지요.

왜 주전자라 하느냐. 그거야 모르지요. 다들 주전자라 하니까 주전자라 한 것이지요.

맞다. 부처도 다 그렇게 불렀기 때문에 부처라 한 것이다. 마찬가지로 우리들의 마음도 그와 같다.

태양은 일본사람은 "다이요"라 부르고, 미국사람들은 "sun"이라고 부르고, 한국 사람들은 "해"라고 부를 뿐 왜 "해"라고 부르는지 아느냐. 실은 그 "해"는 "해"도 아니요 "태양"도 아니다. 또 "다이요"도 아니고 "sun"도 아니다.

그러니 나 역시 부처도 아니고 마음도 아니라 할 수 밖에 다만 마음과 불심을 통하여 불심을 깨달을 뿐이다.

나침반(羅針盤) 승산행원스님의 강의에서

그 마음이나 불심에 집착하면 본래의 마음을 깨달을 수 없음으로 마음도 부처도 아니라 한 것이다.

결국 어떤 신(神)도 아닌 나를 깨달아 나를 완성하는 것이다.
그래서 불교를 각(覺)의 운동이라 하는 것이다.
"각"은 깨달음이 있어야 되므로 "각"의 운동을 역(力) 즉 에너지 운동이라 부르고 있다.
그 에너지는 곧 어두운 것을 밝히는 작용을 말하므로 "빛(光)"의 운동이라 하는 것이다.
그 "빛"은 진리의 광명에서 쏟아져 나오므로 이를 진리라 하는 것이다. 따라서 불교의 목적은 결과적으로 인간의 목적을 밝히는 것으로서 삶의 의미를 포착하는 것이 불교의 목적을 달성하는 것이다. 이를 인간의 진리라고도 한다. 기회는 한번밖에 없습니다.
김정은이라고 영원할 수는 없습니다. 두 분이 권력을 행사할 수 있을 때 대의를 이루어 주신다면 두 분은 세종대왕 못지 않은 영원한 조국의 영웅이 되리라 믿습니다.

무엇 때문에 사느냐 묻는다면
어떤 사람은
돈을 벌기 위해서
명예를 얻기 위해서

사랑하는 아내를 위해서

자식을 위해서 등 이유야 가지각색이겠지요.

그러나 그것은 삶의 목적이 아니다. 결국 알고 보면 인생은 자신을 위해서 사는 것이다.

김정은은 금수산에 왕좌를 주시고 일본에 신사처럼 하면 되지요. 어떤것이던 통일이 우선입니다. 김정은에게도 명분을 주고 또 통일 주체로만도 신주가 될 자격이 있습니다.

자기를 깨닫지 못하고 돈이나 명예와 사랑 어떤 것이든 그것에 노예가 되어서는 안된다.

내가 누구인가?

나는 어디서 왔다가 어디로 가는가?

생각하니 앞도 막막하고 뒤도 막막하다.

모든 사물에 이름은 있으되 답이 없듯이 부처도 왜 부처를 부처라 하는가 묻는다면 답이 없다.

왜 바위를 바위라 불렀으며 누가 태양을 해라 불러 주었는가. 마음 뭐냐고 물었을때 마음이 부처라 한다면 미친사람 취급 밖에 더 듣겠나. 어떤것도 그렇게 물어 온다면 박사가 아니라 박 박사라도 이 세상에 "앎"이란 없을 것이다. 왜 해를 태양이라 묻는다면 왜 하느님을 하느님이라 불렀느냐고 묻는 것이나 다름없다.

결국 목적은 내 마음이다. 누가 뭐라해도 중이 된것도 내 마음이요. 사바세계라는 것도 내 마음이다.

내가 알지 못하는 부처님을 왜 부처라고 부르는가 묻는다면 달은 달이라 부르는 것과 뭐가 다를까.

천당이 어디 있으며 지옥이 어디 있는가. 극락이 어디 있으며 저승이 어디 있는가. 다 사람이 만들어 놓은 함정이다. 그러니까 천당갈려고 예수 믿는자나 극락가려고 부처 믿는 것이나 누가 그것을 책임 질 것인가. 다 마음에서 울어나올 뿐이다.

내 마음이 하느님이면 나는 이미 천당에 가 있는거고, 내 마음이 부처면 나 역시 왕생극락 하는 것이다.

저승사자가 무간지옥을 아는가. 저승사자와 이야기 해본 사람이 있는가. 그냥 그리들 말하여 왔기 때문에 우리가 보람 있고 좋은 일을 하고나면 기분이 좋고 뿌듯하니 그것이 극락이요. 나쁜 짓을 하고서 마음이 불쾌하면 그것도 곧 무간지옥이니라.

임제 스님도 꼬박앉아 3년을 찾고 찾았는데도 아무런 계시가 없으니 결국 선승에게 물을 수밖에

입승(立僧) 스님이 이 광경을 보고 답답한 나머지 임제에게 무슨 생각을 그렇게 하고 앉아 있소.

임제 : 좌선입니다.

입승 : 문답을 알아야 물을 것이 있지요.

임제 : 허기야 그렇기는 하지만

입승 : 위의를 갖추고 환벽스님께 찾아가 불법의 대의를 한번 문의하여 보시오.

임제 : 그래 볼까요.

그거야 그리 어렵지 않을 것 같았다.

임제는 드디어 자리에서 일어나 가사 장삼을 입고 예의를 갖추어 황벽스님(스승)께 찾아가 넙죽이 절을 했다.

황벽 스님이 물었다.

무엇하러 왔노.

임제 : 불법의 적적 대의가 무엇입니까?

말이 떨어지기도 전에 황벽스님은 들고 있던 주장자(拄杖子)로 30 방망이를 때렸다.

도대체 이게 무슨일이람. 얼른 일어나 나왔다.

입승 : 뭐라고 하십니까?

임제 : 30방망이를 맞았습니다.

입승 : 거참 안됐구려. 그렇지만 그 이유를 모르고서는 안되니 내일 한번 다시 찾아가 뵈시오.

임제 : 상좌는 그 까닭을 알 필요가 없다. 생각하고 이튿날 다시가서 똑같이 물었다.

그랬더니 또 자짜고짜 30방망이를 내리친다.

임제는 속이 무척 상하긴 했지만 스승이 제자를 때릴땐 내가 어딘가 알지 못함이 있을뿐이라 여겨 더 이상 뭐라 여쭙지 않았다.

임제는 무척 속상했다.

씩씩거리고 눈물을 흘리며 나오니 또 입승이 묻는다.

입승 : 무슨 말씀이 있던가

임제 : 말씀은 무슨 말씀입니까. 등에 피가 맺히도록 매만 맞았습니다.

입승 : 거참 이상하네 이유없이 매를 때릴 리가 없는데. 내일 한번 더 가보게.

임제는 그리하여 세 번째 환벽당을 찾아갔다. 환벽당은 또 똑같이 이유 없이 30방망이를 맞고 선생이고 뭐고 정이 뚝 떨어져서 이런 자에게 무슨 공부를 할것인가 하고 방으로 들어가 짐을 챙겼다.

입승이 또 묻는다.

무엇하는가.

임제 : 짐을 쌉니다. 가야지요. 이런 스승 밑에서 어떻게 삽니까?

이런 숙맥 가르쳐 주지도 않고 혀를 툭툭 친다.

저하고는 이절하고는 인연이 없나 봅니다.

입승 : 그래도 3년 동안 이절에서 밥은 먹고 살았지 않았는가. 큰 스님께 인사는 드리고 가야지 하고 바로 황벽스님께 가서 임제에게 길을 인도하여 주도록 간청을 들였다.

임제가 이 절을 떠난다고 합니다.

바른길을 인도하여 주십시오.

황벽 스님은 아무 말도 하지 않았다.

임제가 와서 절하고 간다하기에

어디로 갈 것 인다.

집 없이 떠돌아다니는 사람이 정한 장소가 어디 있겠습니까? 그렇다면 북쪽 대우(大愚)스님에게 찾아가게. 정작 갈 곳이 없어 떠난다고는 했지만 매우 난감했는데 길을 인도하여 주시니 매를 맞기는 하였어도 고마웠다.

몇 일을 걷고 걸어서 겨우 대우스님이 계신곳에 가니 대우스님께서 보고 물었다.

그래 어디서 왔느냐.

황벽스님 절에서 왔습니다.

그래 황벽 스님께 무슨 법을 배웠느냐.

3년 좌선에 3일 동안에 매만 90방망이를 맞았습니다.

그런데 뜻밖에

노파심절(老婆心切 : 필요 이상의 친절한 마음)이 그토록 친절하던가.

임제는 그 말에 단장 깨닫고 대답했다.

황벽스님의 법문이 몇푼어치 되지 않더군요.

뭐 이놈 황벽스님의 법문이 몇푼어치 안된다고 대우스님은 임제의 멱살을 잡고 옆구리를 세 번 걷어찬다.

너 이놈 누구 앞에서 개소리냐 어서 가서 황벽스님께 감사하라.

하는 수 없이 임제는 그 곳에서 무엇을 깨달았는지 모르지만

나침반(羅針盤) 승산행원스님의 강의에서

멱살을 잡히고 옆구리만 세 번 차이고 다시 돌아왔다.

스님께 문안드립니다. 임제가 다시 돌아왔습니다.

응 그래 올줄 알았다.

스님께서는 임제가 다시 돌아올 줄 알고 계셨기 때문에 조금도 대수롭지 않게 생각하였다.

그래 대우스님께서 뭐라고 하시더냐.

스님께서 그렇게까지 친절하게 가르쳐 주시더냐고 합니다. 그리고 노파심이 지나치셨다 하셨습니다.

하고 임제가 반문하였다.

황벽스님이 화를 벌컥내면서

야 이놈이 여기가 어디라고 막 말을 하느냐.

여기가 어딥니까 환벽당이지.

황벽스님께서 일어나면서 외쳤다.

여기가 바로 호랑이 굴이다. 호랑이 굴에 들어와서 호랑이 수염을 건드려 하고서 벌떡 일어나서 "어흥어흥" 하고 호랑이 흉내를 내면서 임제를 잡아먹을 듯이 달려들었다. 사실은 환벽선사도 노망이라 사태분간을 못한 것이다.

임제는 급히 자리를 피하면서 소리를 쳤다.

얘들아. 이 미친 중을 법당으로 끌고 가거라. 하여 법상을 차리고 대중을 모아 법을 전하니 이것이 황벽선사의 이심전심(以心傳心)이다.

자기가 깨닫고 세상을 구하는 일.

이것을 불교에서는 상구보리(上求菩提)라 하고 하화중생(下化衆生)이라 한다.

중생을 버리면 불국토 건설이 이루어지지 않고 자기를 도외시하면 성불작조(成佛作租)가 멀어진다. 그러니 이 둘 중 어느 하나도 버릴 수가 없다. 이 두 바퀴를 한꺼번에 굴리고 가면서 열반피안(涅槃彼岸)에 이르는 것 이것을 불교의 목적이라 한다.

불교는 배우는데 이외가 있는 게 아니라 실천하는데 의의가 있다. 팔만대장경을 다 외운들 쓰지 못하면 아무런 소용이 없다.

오늘에 이 법회도 내 말을 듣는데 의미가 있는 게 아니라 말을 통하여 불법을 실천하는데 의미가 있는 것이다. 백번 듣더라도 한번도 실천 못하면 나에게 무슨 의미가 있겠는가.

예부터 수염이 석자라도 먹어야 양반이다 했다.

아무리 산해진미가 앞에 있다한들 먹지 않으면 배가 부를까? 그러니 대우스님은 너의 스님이 그렇게까지 친절하시더냐 되물을 수 밖에 없는 것이다.

황벽스님은 이러고저러고 말해 보았자 할 말이 없었다. 설탕물도 마셔보아야 단맛을 알 수 있듯이 직접 먹어보게 한 것이다.

질문하고 대답하면 그 또한 학자불교다.

선은 학이 아니다. 학문은 지식을 배우는 것이지만 선은 각성을 깨닫는 공부를 하는 것이기 때문이다.

그래서 강원에서는 옛 선인들의 이력을 본다고 하는 것이다. 너무나 잘 아는 사실이지만 옛날에 백낙천(白樂天)이 조과선사를 찾아가 물었다.

어떤 것이 불법입니까?
제악막작(諸惡莫作) 중선봉행(衆善奉行)
자정기의(自淨其意) 시제불교(是諸佛敎)니라 하였다.

나쁜 짓 하지 않고 착한 일만 하고
그 마음을 깨끗이 쓰면 그것이 불법이란 말이다.
그러니 백낙천이 껄껄 웃으면서 그까짓 것이야 삼척동자도 다 아는 사실이 아닙니까.
삼척동자도 다 아는 사실이지만 80노인도 실천하기는 어렵다.
그렇다 불법은 행하는데서 지혜가 생긴다.
아는 것은 아는데서만 그치면 식(識)쟁이가 되고
언제 어디서나 자기의 입장과 처지를 분명히 깨닫고 자기가 하여야 할 일을 알면 그 사람이 도인이요, 철인이다.
그런데 여기서 가장 중요한 것은 그 깨달음을 알수 있는 마음에 준비가 시급하다.
배부른 사람에겐 백 가지 음식이 있어도 아무런 소용이 없다. 나를 버리는 일이다.
나를 내세우면 바람이 오다가 먼저 부딪치므로 바람맞는 사람이 된다. 하지만 내가 없다면 허공 따라 흘러가는 바람소리에 흥겨운 노래가 흘러 나올 수 있었던 것이다.

그때 여러 제자들이 소크라테스를 향하여 물었다.

"당신은 당신을 아십니까?"

나는 나를 아직 모르지만 그 모른다는 것은 내가 알고 있네 하여 부지(不知)의 철학을 남겼다.

'루소'도 말했다.

대 자연으로 돌아가라.

스피노자도 말하였다.

제일 원리를 깨달아라.

그 제1의 원리가 무엇인지는 많은 사람들이 아직도 문제를 삼고 있는 바이지만 제일 원리는 곧 원점이요, 근본이다. 근본에 돌아가면 모든 것과 하나가 되고 원점에 이르면 피차가 둘이 아니므로 상구보리 하화중생이 이 둘이 되지 않는다. 자기 완성과 불국정토 이것은 불교의 이상인 동시에 모든 인류의 이상이며 세계의 희망이다. 모든 인류가 너와 나를 함께 깨달아 절대적 자유와 절대적 평등 속에서 절대적 안락세계를 이룩할 때 불교의 목적은 달성되기 때문이다.

빈손으로 왔다 빈속으로 가는 인생 무엇 때문에 왔다 가는지 그것을 깨달음이라 한다.

윤석열 대통령님께 묻고 싶습니다. 역대 대통령 모양 당이나 챙기다 물러나실 것입니까. 아니면 세종대왕처럼 역사에 남을

나침반(羅針盤) 승산행원스님의 강의에서

영웅이 되고 싶으십니까. 어차피 물러나면 다시는 기회는 없습니다. 문재인 같은 식읍(食邑 : 공신들에게 논공행사를 함) 대통령은 되지 마십시오. 사즉생으로 사십시오.

대한민국을 건져 주십시오. 후손에게 분단 조국을 물려주지 마십시오. 전쟁을 하여서라도 통일이 우선입니다. 역사에 길이 남을 대통령이 되십시오.

<u>이는 대한민국 대통령의 사명입니다. 선전포고라도 하여 나하고 같이 역사에 남을 일을 해보자고 먼저 제의하십시오. 그리하여 꼭 두 영수가 통일을 하신다면 재집권 한들 누가 싫다 하겠습니까.</u>

영구집권 한들 어느 국민이 반대하겠습니까. 개떼 말고는 러시아대통령도, 중국 주석도 싸움질하고 사리사욕하는 관리보다는 국민을 평화롭게 다스리는 군주가 더 절실합니다.

기회(企劃)는 한번 뿐 두 번 다시 오지 않는다.

유마경 維摩經 달마스님 一子出家 九族生天

유마경(維摩經)은 대승경전중에서도 가장 초기에 결집된 경전이다. (188년에 첫 번역이 나왔다) 초기 불교의 출가 주의적인 경향에 대해서 제동을 걸고 있는 듯한 느낌이 드는 그런 경전이다.

진리 앞에는 출가와 재가를 가릴 것 없이 오로지 바른 견해가 있을 뿐 인(仁)을 보여주고 있는 지극히 소경(小經)적인 구성으로 이루어 졌다.

유마경 제자품(弟子品)에서 유마거사는 다음과 같은 사자후를 토하고 있다.

출가의 공덕을 함부로 말하지 말라. 왜냐하면 아무런 이익과 공덕이 없는 것이 출가이기 때문이다.

세속적 일(世爲法)이라면 이익과 공덕이 있을지 모르지만 출가란 이런 현상계를 초월한 행위이다. 현상계를 초월한 행위에는 그 어떤 이익도 공덕도 없다.

불심천자(佛心天子)의 소리를 듣던 양나라의 무제가 달마스님을 찾아가 묻는다. 저는 지금까지 수많은 절과 탑을 세우고 불상을 조성하고 스님들을 득도시켰습니다. 이런 저에게 어떤 공덕이 있을까요? 이 물음에 대해서 달마스님은 아무공덕도 없습니다. 잘라 말한다.

이 말뜻은 양무제는 끝내 알아듣지 못한다.

그는 어디까지나 눈에 보이고 귀에 들리는 현상계에만 집착해 있었기 때문에 현상계 밖의 소식은 몰랐던 것이다. 출가에는 아무 공덕도 이익도 없다는 이 말이야 말로 진실한 출가람이 무엇인가를 우리에게 웅변으로 말해주고 있다.

흔히 하는 소리로 일자출가(一子出家)에 구족생천(九族生天)이란 말이 있다. 한 자식이 출가하여 제대로 수행자 노릇을 잘하면 그 집안의 일가친척까지도 모두 천산에 태어난다는 것이다.

얼핏 들으면 귀에 솔깃한 소리 같다. 내가 절을 찾았을때 만나는 스님들마다 그런 말씀을 하셨다.

그때는 듣기 좋은 말로만 알았는데 지금 생각하면 얼마나 무서운 말인지 섬뜩하다.

한 자식이 중노릇 잘하면 그 집안의 일가친척까지도 영광이겠지만 시주의 밥과 옷이나 축내면서 나태와 욕심으로 가득차 사이비 중노릇을 하고 있으면 구족이 함께 지옥에 떨어진다는 이 말이 어찌 무서운 말이 아닌가.(마유경 말씀)

출가란 눈에 보이는 형체로 들어낼 수 있는 것이 아니라 이러쿵저러쿵 하는 온갖 견해를 초월한 경지다. 그것은 바로 열반의 길이다. 이것은 현자가 찬찬하는 길이고 성인이 실천하는 길이다. 출가 수행승을 다른말로 말하자면 출격(出格) 장부라고도 한다. 틀에서 벗어난 사나이란 뜻이다.

  진짜 사나이가 되려면 시시콜콜한 세속적인 잡사에서 벗어날 수 있어야 한다. 해야할 정진은 하지 않고 사나이답지 못하게 시기하고 질투하고 이간질하고 고자질이나 일삼으면서 귀중한 시간을 소모한다면 모처럼 출가했다고 한들 무슨 이익과 덕이 되겠는가. 승가란 뜻이 화합된 모임임을 상기해야 한다. 그렇기 때문에 살생이나 도둑질보다 더 큰 죄는 대중의 화합을 깨트리는 일이다.

  석달 동안의 안거를 제대로 채우지 못하고 살림 중에 대중에게 불안을 안겨주고 떠나는 폐습이 횡행하고 있는 요즘 말 그대로 아무공덕도 없는 출가가 되고 말지 않겠는가!

  온갖 불안과 번뇌와 망상의 불꽃이 꺼져버린 상태를 열반이라한다. 그런 열반에 이르는 길이 진정한 출가가 될 수 있다.
  유마거사는 다시 말한다.
  출가는 온갖 악마를 항복시키고 어리석음에서 벗어나 지혜의 눈을 밝게 뜬다. 거짓된 이름에 집착하지 않고 욕망의 늪에서 뛰어나와야 때 묻지 않는다. 나와 내 것에 집착하지 않고 인연의 밧줄에도 묶이지 않는다. 마음의 동요가 없이 자기 마음을 잘 다스리고 남의 뜻을 존중하면서 선정속에서 허물을 짓지 않는 것이 진정한 출가다.

출가 수행자의 눈은 안으로 거두어 들여야 한다.

수행자의 눈이 안으로 향하지 않고 밖으로 팔일 때 그것은 속세의 눈과 다를 게 없다. 속세의 눈이란 감각과 쾌락의 눈이다. 실상을 망각하고 허상에 사로잡힌 맹목이다. 수행자의 눈이 안으로 향함으로써 허상 대에 우뚝 선 실상을 가려볼 수 있다.

온갖 악마를 항복시키는 것이 출가라고 했다.

비구의 뜻도 같은 내용이 들어있다.

악마란 외부의 세계에서 나를 해치고자 하는 그런 존재로 생각해서는 안 된다. 내 마음속에서 불열과 망상으로 갈등하면서 안정되지 못한 정신상태다.

곧 악마라고 할 수 있다. 우리는 거짓된 이름에 얼마나 연연하고 있는가 출가 수행자에게 가장 강한 욕망은 명예욕이요. 말짱한 수행자가 한번 이 명예욕에 사로잡히면 세상 사람들보다 훨씬 세속적인 속물이 되고 만다.

구름과 물이 한곳에 갇히면 이미 구름과 물이 아니다.

그 바탕인 생명이 사라졌기 때문이다. 정치도 이와 같다. 권력에 치중하다 보면 이미 국민으로부터는 인심을 잃게 된다.

권력이란 안주하다 보면 좌초하고 만다.

보통 것 가지고는 이제 국민은 눈도 깜짝 않는다. 한방 때려서 원산에 잠수함을 폭파시켰다든가, 영변 핵시설을 파괴했다 하면 아마도 박수가 나올겁니다.

민생, 민생 어떻게 국가에서 민생을 책임질 수 있습니까. 절대 불가합니다. 탄도미사일 격추시켜 보십시오. 세계가 깜짝 놀랄겁니다. 김정은도 간담이 서늘할 겁니다. 대번에 협상하자고 할 것입니다.

윤대통령은 절대 개떼를 정치로는 못 이기십니다. 개떼를 섬멸하는 것은 타격 밖에 없습니다.

전쟁 중에는 항명자는 총살해도 무방합니다.

한 대 때려서 놓으면 이재명도 납작 업드릴 겁니다.

군 통수권자를 누가 건드립니까. 다른 방도는 없습니다. 워낙 개떼들의 세력이 커 놔서 법으로 다스리는 한계를 이미 넘었습니다.

사막의 교부들이란 2~5세기에 걸쳐 사막에서 일생을 건 수도생활로 하느님의 길을 걸어간 초기 수도자들을 통틀어 일컫는 명칭이다.

그들의 생활환경이 그토록 천박한 사막에서 수도 생활을 하지 않을 수 없도록 한 외적인 요인은 로마가 그리스도교를 박해한 데도 있었다.

박해로 인해 사막의 수도생활이 이루어졌고 또한 그 박해의 종식과 함께 수도생활이 본격적으로 발전하기에 이른 것이다. 이러한 사정은 중국선종사에서도 비슷하게 작용한다. 불교교단이 국가권력에 의해 혹심한 박해를 당할 때 왕권의 비호를 받던 교종은 지리멸렬하게 되지만 어디에도 의존함이 없이 맑고 꿋꿋하게 구도자의 삶을 지키며 민중과 함께하던 선종은 그 잠재력을 기량 것 발휘하면서 크게 번창하기에 이른다.

국가권력의 비호를 받아야 기를 펴고 박해 아래서는 찍소리 못하고 주저앉고 마는 그런 종교는 온전한 종료라고 할 수 없다. 짓밟힐수록 파릇파릇 새싹이 돋아나는 잔디와 같은 강인한 생명력을 지닌 종교야말로 인류사회에 기여할 수 있는 건강한 종교가 될 것이다.

〈사막교부들의 교문집〉에는 세속적인 눈으로 보면 너무 우직하고 고집불통이고 기이한 일화들로 가득 차 있는 것 같지만 그 일화의 행간을 통해 우리는 영원히 시들지 않는 꿋꿋한 구도자의 자세와 마주치게 된다.

그것은 또한 오늘의 우리들 모습을 비추어 볼 수 있는 맑은 거울이 되기도 한다. 스케데의 수도자들은 그들의 어떤 덕행이 누군가에게 들키면 즉 그들에 무슨 일을 하고 있는지는 누군가가 알게 되면 그 일을 더는 덕행으로 보지 않고 죄악으로 간주했다고 한다.

허영심과 허세는 실 이익이 없는 겉치레 세속을 등지고 나온 수도자가 다시 허영심과 허세를 부린다는 것은 아직도 세속에 대한 미련이 남아있기 때문일 것이다. 그래서 자신의 분수도 모르고 수도자가 나설자리인지 나서서는 안될 자리인지를 가리지 못하고 함부로 설치며 주책을 떤다. 가난과 겸손은 평생 닦아온 수도자가 마지막 목숨을 거두는 순간에 와서 자신이 죄인임을 깨닫게 된다고 한 교부는 말했다.

 중아함전유경(中阿含前喩經)에 나오는 독 묻은 화살의 비유가 연상된다. 형이상학적인 물음에 대하여 부처님은 아무 대꾸도 하지 않았다가 이런 말씀을 하신다. 나는 세계가 무한하다거나 유한하다고 단정적으로 말하지 않는다.

 왜냐하면 그것은 이치와 법에 맞지 않으며 수행이 아니고 지혜와 깨달음으로 나아가는 길이 아니고 열반에 길도 아니기 때문이다.

 부처님이 한결같이 말씀하신 법은 괴로움과 괴로움의 원인을 소멸하는 길이다. 왜냐하면 그것은 이치에 맞고 법에 맞으며 수행인 동시에 지혜와 깨닮의 길이며 또한 열반의 길이기 때문이다.

 돈이 많이 들어오는 절의 주지자리를 놓고 서로 차지하기 위해 쇠파이프와 각목 심지어 가스총으로 무장한 폭력배까지 동원하여 싸우는 작금의 현실을 우리는 어떻게 받아들여야 할 것인가. 지금 의사들의 행위를 강하게 처리 못하는 정부를 어떻게 바라보아야 하는가.

휴정선사는 일찍이 말하지 않았던가.
출가하여 수행자가 되는 것이 어찌 작은일이랴.
편하고 한가함을 구해서가 아니며
따듯이 입고 배불리 먹으려고 한 것도 아니며
어떤 직위나 돈을 벌기 위해서도 아니다.
오로지 생사의 괴로움에서 벗어나려는 것이며
번뇌의 속박을 끊으려는 것이고
부처님의 지혜를 이루려는 것이며
끝없는 중생을 건지기 위해서다.

제악막작(諸惡莫作) 중선봉행(中善奉行)
어떤 사람이 한 원로에게 물었다.
구원을 받으려면 어떻게 해야 합니까.
돗자리를 엮고 있던 원로는 눈을 떼지 않은 채 이렇게 대답했다. 일감에서 그대 눈에 지금 보이는 바를 향하게
종교란 말끝에 있지 않고 당장의 행동에 있기 때문이다.
모든 이론은 회색이다.
그러나 살아있는 나무는 푸르다.
〈에피스토펠레스〉가 파우스트에게 한 말이다.

두타(頭陀)란 범어(dhuta)를 번역한 것인데 털어 버리라는 뜻이다. 번뇌의 때를 털어버리고 입고 먹고 사는 의·식·주에 탐착하지 않으며 오로지 수도에 전념하는 것을 말한다.

최소한의 물질로 만족하면서 심신을 단련하는 청빈한 수행자의 생활규범이다.

어찌 중생을 돌보는 것이 부처님의 뜻만이라 하겠습니까. 이것은 대통령이 할 일이고 모든 공직자가 수행할 청빈이요. 근본이다.

두타에는 12가지가 있다.

부처님의 제자 마하가섭은 죽을 때까지 이 열두가지 두타행을 철저하게 지킨 것으로 후세에 한 표상이 되었다.

현세에 수행자들은 그 어느 종파의 수행자를 막론하고 풍족한 물질과 편리한 시설 쾌적한 생활환경속에서 살아가고 있다.

그렇기 때문에 구도자로써 투철한 질서 없이는 넘쳐나는 물질을 수용하면서 쾌적한 환경에 탐착하느냐고 맑은 구도정신을 지니고 정진하기가 몹시 어려운 현실이다.

<u>세상이 바뀌고 생활환경이 달라진 우리가 옛날 수행자처럼 그렇게 살 수는 없다. 또 그렇게만 살아서도 현재는 무의미하다. 그렇지만 세상에 물들지 않는 깨끗하고 청정한 그 구도정신만은 어떤 세월속에 산다할지라도 영원한 규범이 되어야 할 것이다.</u> 이 땅의 일부 불교계가 온갖 잡음과 비리로 사회적인

<u>규탄을 받고 있는 그 속에서도 잠들지 않고 깨어있는 그런 수행자들이 있어 우리는 희망과 기대를 잃지 않고 있다.</u>

육신과 정신이 편해지고 안락해지면 간절한 구도의 염원이 일어날 수 없다. 옛 수행자들이 말했듯이 가난해서 굶주리고 추위에 떠는데서 구도의 결의가 굳건해지기 때문이다.

그러니 풍부한 물질과 편리한 시설과 쾌적한 환경이 오늘의 수행자에게는 커다란 도전임을 알아야 한다. 이런 도전을 극복하려면 구도자로써 투철한 그 질서와 이 시대에 대한 눈 뜸이 없다면 너와 나를 물을 것 없이 우리는 도량의 한낱 장식품이다.

소도구로 전락하고 말 것이다. 수행자는 본래의 면목이 드러날 때까지 털고 또 버려야 한다.

우리 정치가도 수행자처럼 물질과 사욕에서 벗어나 쾌적한 환경을 이루고 민심에 안정을 도모하여야 한다. 그래야 선정을 할 수 있다.

야당의 횡포가 오히려 윤석열 대통령으로서는 빌미를 만들어 줄지도 모른다.

<u>어느 대통령이 야당이 국정을 방해하는데 손 놓고 바라만 볼 것인가.</u>

어떤 특단의 조치를 취해서라도 국정을 바로 잡지 않으면 점점 그 공세는 극에 다다를 것이고 4년차 지나면 잘못하다가는

레임덕까지 오게 되면 그때는 빼도 박도 못할 것이다.

대통령도 어쩔 수 없이 기로에 서게 되면 특단의 조치 없이는 선정을 하기란 애당초 꿈도 꾸지 말아야 한다.

이것저것 생각하고 따질 여유가 없다.

국민이 그렇게 만들었기 때문에 어쩔 수 없이 강력한 드라브를 걸 수 밖에 없다. 그것은 우리로선 국내정치로는 타개할 힘이 없다.

대통령이 움직일 수 있는 것은 군 밖에 믿을 수 없다.

하루속히 계엄령을 선포하여 국내 질서부터 바로 전시체제로 전환되지 않으면 전쟁을 할 수 밖에.

어쨌든 서해는 미 항모로 견제하고, 압록강 변을 타격하고, 동으로는 우리 해군이 원산으로 진격하고, 육군은 임진강, 한탄강, 양구로 동해 고성까지 방어만 하고 진격은 안하고 계속 항공기로 평양만 놓아두고, 민가만 놓아두고 아주 초토화시키면 될 것이다.

지금은 아무리 군인 숫자가 많아도 함부로 1950년대처럼 인해전술로는 절대 성공하지 못할 것이다.

포도 포문을 열적마다 정밀타격하면 공군의 위위가 승리할 것이다.

언제고 희생 없는 통일은 허구이다.

핵 체제가 완전히 요새화하고서는 장담할 수 없다.

지금은 그래도 공군력이 앞서고 재래식 전투는 위이니 제공

권만 확보하여 완전히 초토화시키면 더 이상 김정은이 버티질 못할 것이고 중국도 대만이 있고 우크라이나 전쟁이 있으니 소련도 한반도 전쟁에 병력투입은 어려울 것이다.

다비식 茶毗式(수필 당선작)

보잘 것 없는 누더기 인생사를 서론(緒論)에 부치려니 종잡을 수 없는 이야기 같아서 인정가화(人情佳話)로 쓰기엔 현대(現代) 정서(情緒)와는 너무 냉혹하여 맞추기가 힘드네요. 언젠가 산 너머 갔다가 다비식을 보았습니다.

지금도 山寺에서는 고승(高僧)이 죽으면 다비식(화장문화)을 거행한다 합니다. 절에 화장은 땅을 파고 항아리를 묻고 항아리에다 넓적한 돌로 뚜껑을 덮고 그 위에다 장작을 쌓고 장작 속에다 시신을 앉혀놓고 불을 지르면 위에서부터 타면서 골수가 끓어 나와 돌 위에서 돌 녹은 물과 화학작용으로 돌을 뚫고 녹아내린 것이 방울져 떨어지며 물에서 깨끗하게 굳은 것이 사리라 한다. 그 사리를 거두어 석함에 넣어 장사지낸다.

나는 생모(生母)가 비구니(比丘尼)이고 아버지가 유생(儒生)으로 반승반유(半僧半儒)의 자식(子息)이 되다보니 37년도만 해도 아직은 이조말년 반상이 존재 할 시기라 아들이 홍길동 되는 것이 두려워 어머니는 서울에 큰절 주지스님이 되었고 아버지는 본가(本家)에 이름을 올려 유생의 아버지에게는 애증(愛憎) 어린 자식이었다. 부모가 그래서인지 어려서부터 절을 무척 좋아했고 동창(초등학교)들과 여행을 하면 꼭 절 있는 곳으로 간다. 10여년 전만해도 각도에 절은 어디에 있는 것까지도 달달 외웠는데 이제 기억에 남는 절은 그 절에서 선승을 만나서 이야기를 들었거나 사고라도 친 곳은 잊혀지질 않는데 그냥 다녀온 곳은 전부 다 잊었다.

언젠가 충청도 보은 속리산 법주사에 갔을 때다.

종각에서 쉬고 있는데 당목이 아름드리로 굵어서 내 힘으로 치느니, 못 치느니 이 옥신각신 하다가 그만 사고를 치고 말았다. 나도 젊어서는 힘깨나 쓴다했다.

매년 백중때면 장사씨름을 하기전에 중년 시름판에서 양은솥도 타오고 세숫대야도 탔다. 그래서 힘자랑 하느라고 줄을 힘껏 당기니 1m는 딸려왔다. 원 위치 시키려다 역심에 손을 놓치니 당목이 가서 종을 타종 했다.

쿵~ 우~웅~ 5분은 울려퍼져 나가니 아니나 다를까 여기 저기서 스님들이 다 쫓아나와 종각으로 모이니 거기 관람왔던 분들도 다 모여 드니 꼭 대통령선거 유세장 같았다.

<u>노승이 앞에 나오시며 무슨일이냐 묻기로 사문이 장난치다가 실수를 했습니다. 하니 사문(斯文)은 성혜(成蹊)라는 말을 들어 보셨는가. 아니요. 처음 듣는 말인데요.</u>

말인 즉슨 덕이 높은 사람이 가는곳에는 사람이 많이 따른다는 말일세. 내가 보기론 이 절이 생긴 이래 이렇게 많은 인파가 운집(雲集)하기는 처음이로다.

이는 필시 사문(斯文)이 부처님과 인연이 아니고서는 이와 같이 많은 인파가 모일 수는 없다하시며 나는 보관이요 필시 큰 공덕(功德)이 있을 겁니다. 하며 합장하고 성불(成佛)하십시오 한다.

그때까지도 나는 성불의 뜻이 뭔지도 모르고 흘러 들었다. 나중에서야 그 뜻이 얼마나 큰가를 헤아릴 수 있었다. 번뇌를 해탈하고 진리를 깨달아 불과(佛果)를 얻는다는 뜻이다.

나는 학교를 초등학교 밖에 못 다녔다.

그때 국민학생은 졸업하고도 한글도 못 깨우치는 학생도 많았다. 그만큼 엉터리 학교였다.

나 역시 공책한권 연필 한 자루 못 사보았으니까. 국정교과서 국어, 산수(수학), 음악, 미술, 사회생활 뿐 이였으니까 나 자신도 한글을 언제 깨우쳤는지 모른다.

깨우쳐 보았자 가갸거겨...흐히 만 알지 띄어 쓰고 문장의 역음은 더욱 무례한(無禮漢, 아무런 뜻을 모름)이었다.

어느날 무소유를 읽다가 불법문에 난해한 문구가 있어 법정(法頂)이 길상사에 기거하신다하여 방문하였다가 토방 앞에서 선승(禪僧)을 만났다. 초라한 모습에 측은지심이 일어 스님은 좋은집을 두고 왜 이런 누옥(陋屋)에서 머물러 계십니까?

스님 : 중이란 본시(本始) 외로움을 먹고사는 고혈단신(孤子單身)이라 비정하지 않고 어지 구도하리요.

참으로 불교란 비정하구려 선승이던 무신교던 다 살아가기 위함이거늘 왜 스님들은 일부러 스스로 고행을 자초하십니까.

이미 속세를 버린 것이 중입니다. 비정하지 않고서 어찌 진리를 보리까?

그렇다면 중은 영화도 모르고 담설진정(擔雪塞井 : 눈을 퍼다 우물을 메운다는 뜻)하면 뭘 먹고 사시렵니까?

본시 가섭(Kasyapa : 석가의 10고제의 한사람)의 삶이란 자연과 벗하고 영리의 고통에서 벗어나 오직 구원을 얻고져 함이요. 오로지 부처의 불변의 진리만 있을 뿐 무엇을 더 바라리요.

참으로 무섭구려 그래도 예수께서는 믿는 자에게는 모든 죄를 사하여 준다하였고 천당으로 보내준다 하였는데 불자(拂子)는 스스로 진리를 깨닫지 못하면 구렁텅이로 빠질 수도 있다는 논리가 아니요. 당연하지요. 선행을 하지 않고 어찌 구원을 바라리요.

선승께서는 연세로 보아 상좌나 두고 편히 쉬실 나이가 된 듯 싶은데 이토록 고행만 하시고 계십니까.

석가모니 부처님께서도 쉰 다섯에 상좌를 두셨다는데 어찌 범승(凡僧)이 득도도 이루기 전에 상좌부터 두리요.

듣자하니 부처님은 여든살에 입적하셨다 하는데 그럼 선승께서는 여든전에 세상을 버리실 겁니까?

당연하지 어찌 부처보다 오래살기를 바라겠는가. 두고 보시게 나의 주검을 보면 아실것일세.

혹시 무소유를 쓰신 법정스님이라면 세상이 다 알까 범승이야 언제 가신들 대중이 어찌 알겠습니까.

허허 그렇기도 하겠군 그러면 법정이 입적하거든 내가 죽은 줄 알면되지 않을까.

그럼 스님이 그 유명하신 법정(法頂)스님이십니까.

그렇소 내가 법정이요.

처음 뵙겠습니다. 이렇게 우연히 뵐 줄은 몰랐습니다.

나는 사문(斯文)이 무소유 책을 들고 있어 나를 만나러 온줄 알고 아무 부담없이 설문설답(說問設答)한 것이지.

어디서 상좌가 쫓아와서 스님은 늘상 상좌들 하고도 풍류(諷諭, 타이름)에서도 농완(弄玩)을 잘 하십시다.

한번은 뜬금없이 내 소원이 뭔지 아느냐. 묻잡기로 어찌 도방인이 선승의 소원을 헤아리겠습니까.

미타(彌陀, 구원을 얻고자 함) 함이 있으시거든 말씀하시면 즉시 봉행하겠습니다. 하니 그러냐. 고맙다. 네 약속을 꼭 지켜주기 바란다.

내 소원은 지금 당장 활활타는 장작더미위에 앉아 열반에 들고 싶구나. 지금 당장 준비하라.

다비식(茶毗式) **255**

스님도 하셔도 너무하십니다. 어찌 봉행 못할 줄 아시면서 다짐까지 받으십니까.

그래 네가 봉행 못할 줄 알았기에 다시 다짐을 받은것이지만 내말도 허풍(虛風)은 아니다. 어쨌든 진심에서 우러난 말이나 너희가 약속을 못 지킬 줄을 알았고 너희는 내가 알면서 약속까지 받은 것이 오해일 뿐 여기 거사가 내 다비를 보고 싶어 하기로 내 속마음을 실토했을 뿐이다.

어느날 기독교 이해인 수녀로부터 편지가 왔다 한다.

밖에는 흰 눈이 펄펄 쏟아지는데 설중송백화(雪中松柏花)의 설경을 담아 답장을 쓰는데 누가 문을 두들겨 문을 열고 내다보니 스님이 운영하는 맑고 향기롭게 장학재단을 맡아 펜클럽을 관리하는 작곡가 여가수 노영심이었다.

어이구 눈이 쏟아져 미끄러운데 어떻게 왔는가 하니 오랫동안 뉴욕에 다녀오셔 보고 싶어 왔습니다.

어이구 잘 나가는 여가수가 하필이면 중의 펜이 되었는가.

이렁저렁 오가다 꽃잎이 날아와 떨어지기로 이것도 인연이라 생각되어 주워담아 가진것이지요.

저 역시 누군가를 돕는 일을 해보고 싶었는데 스님께서 맑고 향기롭게 장학재단을 하시기로 작은 역할이라도 해 볼까 했든 참에 관리 중책을 맡겨주셨고 특히 스님의 말씀 중에 스스로 부족함을 깨닫고 고개 숙일줄 알되 그 부족함이 남에게 줄게 없는 부족함이 되어서는 안된다는 스님의 말씀에 감격하였거든요. 법정(法頂)스님에게는 칠성사를 성불한 자야 외에도 기독교 수녀 이해인 등 맑고 향기롭게 장학재단 펜클럽 회원이 14,000명이나 된다고 했다.

이 흐르는 만큼 물길이 열리듯 많은 회원들의 성의와 뜻을 모이다보니 다른 스님이 보기엔 여인들과의 교류를 사연(邪戀)으로 보았나보다.

스님은 끼니를 굶어 배속에서 쪼르륵 소리가 나도록 정진(精進)하는데 수행자가 독경을 게을리하고 책이나 써 돈을 벌고 심지어 여인을 홀려 돈을 갈취하고 스님들이 가장 경계하는 쇼를 한다하니 송구스러웠지만 겉면으로 보기엔 사실과 같아서 반항하기엔 번뇌(煩惱)가 일까 두려움에서 참을 수 밖에 없었다.

한번은 지하철을 탔는데 한 신사가 신문을 보다말고 역겨워 퉤퉤하면서 중놈들이 배지가 부르니까 지주자리를 가지고 각목 깡패까지 동원한다하고 울분을 토할적에 꼭 나를 보고 들으라고 하는말 같아서 쥐구멍이라도 있으면 기어 들어가 숨고 싶었다 한다. 법정(法頂)은 어떤 환경에서도 당당한 스님도 더는 옆사람 보기가 면구(面灸)스러워 목적지까지 못가고 내렸다한다.

놀라운 일이다. 1997년 12월 14일 길상사 창건법회에 의외로 참석한 분이 명동성당에 김수환 추기경이었다.

수많은 군중이 보는 앞에서 김수환 추기경이 평신도와 똑 같이 불전에 합장을 하고 복배를 드렸다.

법정이 깜짝 놀라 추기경에게 물었다.

어찌 기독교 추기경이 부처님 앞에다 큰 절을 올리십니까?

그러자 추기경이 이렇게 대답했다.

스님은 부처님을 믿으며 다른 교 신도아버지를 뵈면 어찌 하실는지요. 법정은 그제서 추기경이 불법회에 온 이상 부처님께 복을 빈 것이 아니고 손님으로써 예를 다한 것이란 것을 알고 오히려 부끄러웠다 하며 추기경의 진정성을 과연 추기경은 신이십니다 하였다.

두 거목은 타교주로서 길상사 창건법회에서 축사까지 함으로써 수 많은 불도들로부터 우뢰와 같은 박수를 받고 교주로서의 인정을 불교신자들에게까지 받았다.

김수환 추기경은 축사에서 예수님이 이 세상에 태어나 십자가를 지셨듯이 부처님도 중생을 위해 고난의 짐을 지셨습니다.

그분들은 그분들대로의 인연법을 만드셨듯이 오늘 우리가 이렇게 만나는것도 그분들이 만들어준 인연법에 의한 만남이며 종교의 벽이 무너지면 단독의 울타리를 넘어 진정한 예수, 진정한 부처님의 참 모습을 만날 수 있을 겁니다.

종교간 갈등과 마찰은 독선에서 오는 것이니 기독교나 불교나 솔선하여 남을 위해 자신을 버릴 수 있는 삶을 산다면 그것이 진정한 참 삶이라 할 것이다. 그런 의미에서 김수환 추기경의 길상사 창건법회에 참석과 법회축사는 무엇보다 큰 의미가 있다할 것이다.

김수환 추기경은 이렇게 말했다.
우리 인간은 세 부류의 삶이 있는데
이 세상을 살면서도 살아 있으나 마나한 부류
이 세상을 떠나고 나서도 살아서 빛을 내는 부류
이 세상을 떠나서도 영원히 살아있는 부류가 있다.

이 세상을 살면서도 젊은이가 결혼도 안하고 자식도 안 낳고 빈둥빈둥 놀면서 실업수당이나 타 먹는 인간. 이것이 살아있어도 살아 있으나 마나한 부류요.

몸은 죽어서 갔어도 행적의 빛을 남긴 사람 세종대왕.
예술인으로 신사임당, 청주6거리에서 노점상으로 57억을 벌어 충북대에 장학금으로 전액 기부하여 그 장학금으로 충북대생 200명을 아들로 두고 충북대 강당에 영안소를 설치하여 지난 2024. 1. 23일 90세 나이로 별세하였으나 그 이름이 충북대에 영원히 남아 있는 여인.
이 세상을 떠나고 나서도 살아서 빛을 내는 부류.

또 기생의 여인으로 대원각 요정 7,000평, 현금 20억까지 전부 맑고 향기롭게 장학금으로 써달라고 다 내놓고 갔으나 길상사에 부처님의 전당 길상사를 남기고 길상사 요소(要所)마다 그의 초상(肖像)을 남겨 길상사에 영원히 살아 숨쉬게 하는 자야(子夜) 그리고 무소유 책 한권으로 작가의 표상이 되신 법정(法頂)스님.

죽어서도 영원히 만인의 가슴에 살아서 인류를 구원하는 예수 석가모니, 소크라테스, 공자 성현들이야 말로 인류 가슴에 영원히 살아있을 것이다.

이와 같이 기독교나 불교를 떠나 솔선하여 남을 위해 자신을 버릴 수 있는 삶이야 말로 그것이 진정한 참 삶이라 할 것이다.

죽어서도 살아있는 삶이야말로 우리가 밝고 맑게 삶의 지표가 되었고 살아있는 신으로 만들었고 그들이 남긴 말씀은 언제나 간절하였고 진정 가슴 깊은 곳에서 우러나는 진동이었다. 그 진동이야말로 곡절 많은 인생을 아름답게 마무리했으며 그는 인류의 그리움과 슬픔의 비원(祕苑, 자기만의 동산)이 되었다.

어느 날 법정의 종횡무진(縱橫無盡)함을 못 마땅하게 여긴 선승이 수련 방으로 찾아와 이렇게 말했다 한다.

그동안 그대를 쭉 지켜보았는데 그대는 대체 뭐하는 사람이요. 선승(禪僧), 선화자(禪和子)이요. 학승(學僧, 불교를 연구하는 승려)이요 선승이면 선승답게 처신하고 학승이면 학승답게 경전에 일관하기 바라오. 선승(禪僧)이라 하면서 풍유(諷諭)의 속세에 타이름의 글이나 쓰고 돈을 챙겨 장학사업을 하고 타 교회에 가서 강연을 하고 기독교 여신도 수녀와 편지나 쓰고 이러고도 산사(山寺)에 중이라니 말이나 되오.

  법정은 자신이 돌이켜 보아도 선승(禪僧)이 써야할 경서하나 안 쓰고 속세인들이 즐겨보는 시(詩)나 수필이나 썼으니 선승의 경고에 변명할 여지가 없었다. 가슴에 비수처럼 와 꽂혔어도 달리 변명을 못했다.

  가만히 눈을 감고 지나온 길을 다시 더듬어 본다.
  길 잃은 나그네 되어 살아온 세월들 지금 떠난다면 나는 이 세상에 무엇을 남길것인가. 영원히 죽은 사람으로 남을 것인가. 죽어서도 살아있는 사람으로 남을 것인가.
  손바닥을 펴들고 흐르는 달빛에 자신을 비쳐본다. 산이건 물 건이건 그대로 두어라. 흰 구름 걷히고 나면 청산인 것을 양 볼에 자신도 모르게 회한의 눈물이 주르룩 흘러내린다.

  이제 저 달도 마지막이라 생각하니 여한이 너무도 많다.
  열반에 들기 전에 책을 수십권을 쓰고도 자신에 독송(讀誦) 한 소절도 못 남겼으니 무슨 선승이라 하리요. 그는 상좌를 불러 자신이 쓴 글의 흔적을 조금도 남기지 말라는 극한의 유언을 남기고 눈물겨워 울었다.
  무실(無實, 실속이 없음) 법문이 어디 따로 있는가.
  내가 말한 모든 것이 군더더기 뿐인데, 이제 꽃이 피면 가리라 하더니 2010년 3월 11일 그의 말대로 78세의 좌불체로 만

화방창 음 3월 11일에 입적했다.

　법정은 방 가득히 쏟아지는 달빛이 아쉬워 한없이 바라보고 있자니 잔잔한 애상이 가슴을 짓누른다.

　그래 저 달빛을 놓치지 말고 타고 가서 저 달과 함께 살 수 있다면 나도 영원히 열반에 살아있을 것이다.

　이렇게 소쩍새 울음에 가슴을 조이고 있을 때 누군가가 너 이놈 선승(禪僧)이 통렬한 반성없이 달 속으로 숨으려 하느냐. 그렇게 숨어버린다면 네나 저자거리 범부(凡夫)와 무엇이 다르냐. 그들도 다를 바 없는 똑 같이 이 세상에 왔다가 달빛 속으로 사라진 인간들이다.

　정신을 가다듬고 법당을 바라보니 부처는 나를 보고 비웃고 있다.

　법정은 그제서야 동자를 불러 붓과 먹을 가져다 달라하고 이렇게 마지막 유서를 남겼다.

　나를 아는 모든 분들에게 깊이 감사드립니다.

　어리석은 탓으로 제가 저지른 허물은 제가 거둬가렵니다.

　따로 남는 것이 있다면 정의사회를 구현하는데 사용하길 바란다.

　내 이름으로 풀어놓은 말 빚은 다음 생애에까지 가져가기 싫으니 내 이름으로 출판한 모든 글은 더 이상 출판하지 말라 하고 2010년 3월 11일 진달래꽃이 달빛 타고 너울대는 밤 78세의 일기로 좌불화상(坐佛化像)으로 입적(入寂) 생사고개를 벗어나 열반(涅槃)에 들다.

법정(法訂)에게 묻다에서 왜 글을 쓰는가?

자신을 되돌아보라고 썼다.
욕심내지 말고 분수껏 살라고 썼다.
자연을 알라고 썼다.
쓰레기를 함부로 버리지 말라고 썼다.
오폐수를 함부로 흘러 보내지 말라고 썼다.
흙이 아프다고 아우성친다고 썼다.
수질이 오염되어 물고기가 숨을 쉬지 못하고 죽어간다고 썼다.
자기 주위를 돌아보며 자연을 기리며 살라고 썼다.
살아 있는 모든 것들에게 가장 중요한 것은 환경이라고 썼다.
환경이 무너지면 그 속에 생명체도 존재할 수 없다고 썼다.
산불이 빈번하여 자연 생태계가 다 타버린다고 썼다.
파충류를 마구 다 잡아먹고 해충에 천적이 없어졌다고 썼다.
쓰레기 더미 속에서 지구가 몸살을 앓는다고 썼다.
북극에 빙하가 녹아내려 해일이 일거라고 썼다.
덜 먹고 덜 버리라고 썼다.
절약 절제하여 쓰레기를 줄여달라고 썼다.
생활을 개선하여 자연을 지켜달라고 썼다.
글을 써서 책을 팔아 돈을 모아 어려운 이웃을 도우려고 글을 썼다.
그러나 세상은 여전히 암흑 속으로 빠져들어 깨어날 기미가 보이질 않는다.

  법정은 속으로 울었다.

  해를 보고 울었다.

  달을 보고 울었다.

  무지한 정치가들이 자연 파괴로 지구가 죽어가는 생각은 않고 자연파괴 공약만 남발하고 있다.

  자연은 그대로 보존하는 것이 최상임을 모른다.

2024. 2. 15.

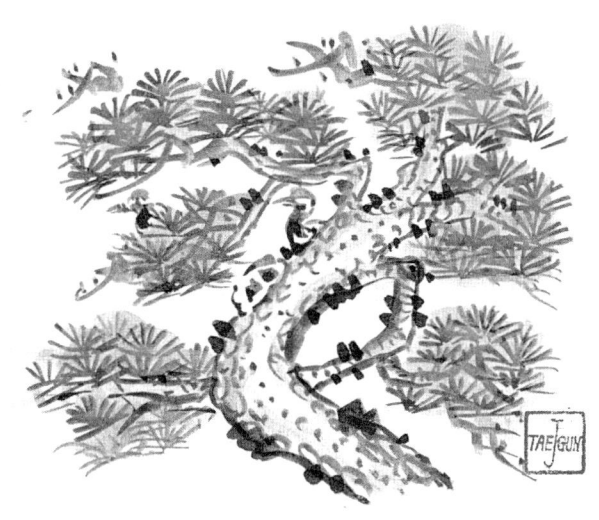

세월(歲月)

세월불대인(歲月不待人 : 세월을 기다리지 않는다).

그래서 무정세월(無情歲月)이라 했고 덧없이 흘러간다 했다.

달력을 보니 지나온 한 해가 묵은 세월로 다 빠져나가고 3개월 밖에 안 남았다.

무슨 일을 하면서 또 한 해를 소모해 버렸는지 새삼스레 돌아본다.

그러다 문득 내 남은 세월의 잔고는 얼마나 될까, 하는 생각을 하여보니 하루하루가 이렇게 소중할 수가 없다. 누구나 나이를 먹는다. 그러나 삶은 과거나 미래에 있지 않고 바로 지금 이 자리에서 이렇게 살고 있음을 잊지 말아야 한다.

삶의 비참함은 죽는다는 사실보다도 살아 있는 동안 우리 내부에서 무언가 죽어간다는 사실에 있다.

꽃이나 달을 보고도 반길 줄 모르는 무뎌진 감성. 저녁노을 앞에서 지나온 자신의 삶을 되돌아볼 줄 모르는 무감각, 넋을 잃고 허물어져 가는 일상 등 이런 현상이 곧 죽음에 한걸음 씩 다가섬이다.

저물어 가는 이 가을 누구나 황혼기에 접어들면 한 인간으로서 가정의 의무나 사회적인 역할을 할 만큼 했으면 이제는 자기 자신을 위해 남은 세월을 활용할 줄 알아야 한다.

어차피 홀로 남게 마련이다. 이 세상에 올 때도 홀로 왔듯이 언젠가는 혼자서 먼 길을 떠나지 않을 수 없다.

이것이 엄연한 삶의 길이고 덧없는 인생사이다.

사람은 나이가 들수록 보다 성숙해야 한다.

나이 들어서도 젊은 시절이나 다름없이 생활의 도구에 얽매이거나 욕심을 부린다면 그의 인생은 아무리 성공을 했어도 추하다. 어떤 물질이나 관계속에서도 그 소용돌이에 휘말리지 않고 적당한 거리를 두고 바라보며 즐길 수도 있어야 한다.

자신을 삶의 변두리가 아닌 중심에 두면 어떤 환경이나 상황에도 크게 흔들림이 없을 것이다. 모든 것을 담담하게 받아들일 수 있는 삶의 지혜와 따뜻한 가슴을 지녀야 한다.

인생의 황혼기는 묵은 가지에서 새롭게 피어나는 꽃일 수 있어야 한다.

이 몸은 조금씩 이지러져 가지만 마음은 샘물처럼 차오를 수 있어야 한다.

자신에게 주어진 한정된 시간을 무가치한 일에 결코 낭비하지 말아야 한다.

나이가 어리거나 많거나 적거나 간에 항상 배우고 익히면서 탐구하는 노력을 기울이지 않으면 누구나 삶에 녹이 슨다. 깨어 있고자 하는 사람은 삶의 종착점에 이를때까지 자신을 묵혀 두지 않고 거듭거듭 새롭게 태어나야 한다. 그래야만 어디에 가서 섰을 때도 당당할 것이다.

크리슈나무르티 〈명상집〉에서 이런 글이 실려 있었다.

홀로 명상하라.
모든 것을 놓아 버려라.
이미 있었는지를 기억하지 말라.
굳이 기억하려 하면 그것은 이미 죽은 것이 되리라.
그리고 그것에 매달리면 다시는 홀로 있을 수 없을 것이다.
그러므로 저 끝없는 고독, 저 사랑의 아름다움속에서 그토록 순결하고, 그토록 새롭게 명상하라, 저항하지 말라.
그 어떤 것에도 장벽을 쌓아 두지 말라.
온갖 사소한 충동, 강제와 욕구로부터 그리고 그 자질구레한 모든 갈등과 위선으로부터 진정으로 온전히 자유로워지거라.
삶을 한복판을 뚜벅뚜벅 당당하게 걸어갈 수 있으라.
우리는 반가운 철새의 울음소리를 들으며 차 한잔을 음미하는 것은 삶의 운치가 아닐 수 없다.
진달래가 필 무렵에는 서쪽새가 운다.
또 찔레꽃이 피어나면 뻐꾸기 소리를 들을 수 있다. 이와 같이 꽃과 철새의 상관관계를 통해서 자연은 우리에게 계절의 기쁨과 그 은밀한 속들을 한 자락 열어 보인다.

어떤 학자가 조주 선사에게 물었다.

저는 모든 것을 버리고 한 물건도 가지지 않았습니다.

이럴 때는 어떻게 했으면 좋겠습니까?

조수 선사의 대답.

방하착(放下著) 내던져 버려라.

이미 한 물건도 가지고 있지 않은데 무엇을 놓아버리라고 하십니까?

그렇다면 지고 가거라.

그 학자는 자신의 모든 것을 버렸다는 그 생각에서 아직 벗어나지 못한 것이다. 그런 생각이 남아 있는 한 겉으로는 버린 것 같지만 실제로는 버린 것이 아니다.

바람이 나뭇가지를 스치고 지나갈 때처럼 안팎으로 거리낌이 없어야 비로소 자유로울 수 있다.

언젠가 우리에게는 지녔던 모든 것을 놓아버릴 때가 온다.

그때가서 아까워 망설인다면 그는 잘못 살아온 것이다.

본래 내 것이 어디 었었던가. 한때 맡아 가지고 있었을 뿐인데 그러니 수시로 큰마음 먹고 놓아버리는 연습을 미리부터 익혀 두어야 한다. 그래야 지혜로운 자유인이 될 수 있다.

그리고 내 몸이 성했을 때 순간순간을 잘 살아야겠다는 생각이 차올라 있을 때 수많은 생명체들이 서로 주고 받으면서 어울어 산다. 자연을 수단으로 여겨서는 안된다. 생명의 근원으로써 하나의 생명체로써 바라봐야 한다.

자연은 인간과 격리된 별개의 세계가 아니다. 크게 보면 우주 자체가 커다란 생명체이며 자연은 생명체의 본질이다. 우리는 그 자연의 일부분이며 커다란 우주 생명체의 한 부분이다.

이 사실을 안다면 자연을 함부로 망가뜨릴 수 없다.

강은 살아 있는 굽이굽이마다 자연스럽게 흘러가야 한다. 모든 일에는 때가 있는 것이다. 세상을 살아가면서 그때그때 삶을 매듭짓지 않으면 오랜 체증이 속병이 되듯이 결국 빚의 무게를 견디지 못하고 지려져 간다.

지나온 내 삶의 자취를 돌이켜보니 건성으로 살아온 것 같았다. 주어진 남은 세월을 보다 알차고 참되게 살아야지 욕심을 부려본다.

문득 영국의 극작가 버나드쇼의 묘비명이 떠올랐다.

우물쭈물 하다가 내 이럴줄 알았다. 자신의 묘비명에 내가 남긴글에 비하면 이 한줄에 글이 무한의 진리가 잠재(潛在)되어 내 글을 초라하게 만든다.

그는 덧없는 인간사를 이렇듯 솔직하게 털어놓은 것이다. 그 어떤 남기는 말보다 진실하고 울림이 크다. 누구나 삶의 종점에 이르면 허세를 벗어버리고 알 몸을 드러내듯 솔직해 진다. 그것은 어떤것도 받아들일 수 있는 마음에 여유가 생겼기 때문이다.

언젠가 로마에 갔을 때 "베네딕도" 성인이 3년간 은수(隱獸) 생활을 한 수비아꼬에 있는 거룩한 동굴을 찾았을 때의 감회가 새로웠다.

　외부인이 접근할 수 없는 가파른 절벽가운데 있는 동굴인데 앞은 천길 낭떠러지인 깊은 골짝에 큰 개울물이 넘쳐흐르고 무엇도 접근 할 수 없다. 음식도 밧줄에 달아서 내려주면 받아먹고 했으니 그 속에서 3년을 은둔생활을 했다하니 그 삶이 무엇에 비하랴. 성베네딕도는 뒷날 몬떼까시노에 수도원을 세워 보다 나은 생활을 하였다 한다. 거기에 써있는 생활지침서에 이런말이 써 있다.

　세상의 흐름에 휩쓸리지 말라.

　분노를 행동으로 옮기지 말라.

　자신의 행동을 항상 살피라.

　하느님이 어디서나 우리를 지켜보고 계신다는 것을 확실히 믿어라.

　말을 많이 하지 말라.

　공허한 말로 남을 웃기려는 말을 하지 말라.

　다툼이 있었으면 해가지기 전에 바로 화해해라.

　바위 굴 속에서 아무도 접촉할 수 없는 곳에서 규율치고는 너무 장황하지 않은가.

　언젠가〈바가바드기타〉의 강론에서 천상의 노래에 귀를 기울이면서 눈으로는 비노바바베의 생애를 음미하는 장소를 같게 되었다.〈바가바드기타〉는 간디의 충직하고 헌신적인 제자로서 그가 감옥에 수감되었을 때 같은 동료들의 요청으로 바가

바드기타를 강론하게 되었다.

그는 인도 전역을 걸어 다니면서 지주들을 설득하여 4백만 에이커의 토지를 반납받아 땅이 없어 굶주리는 사람들에게 나누어 주어 온 세계를 감동시켰다.

간디는 일찍이 그를 가르켜 인도가 독립되는 날 인도의 국기를 맨 먼저 계양할 사람이라고 칭찬한 바 있다.

비노바바베의 생애는 암담한 인류사회에 희망과 영감을 불러일으켰다.

공기와 물과 햇빛처럼 땅 또한 신의 선물이다 하며 모든 사람이 그 땅에 대해 공평한 권리를 가져야 한다 하였다.

우리가 살아온 날들을 보다 구체적으로 말한다면 만나는 이웃들을 어떻게 대했느냐로 물었을 때 다시한번 반성하게 된다.

그러나 이미 지나간 날들을 두고 후회하는 것은 부질없는 일이다. 그것은 앞으로 살아갈 일을 새롭게 다지는 것만 못하다.

첫째, 우리 시대의 고질병인 과속문화로부터 벗어나야 한다. 성급하게 앞장서 가려는 잘못된 버릇부터 고쳐야 한다.

남보다 앞질러 가는 것은 결코 바람직한 일이 못된다. 흐름을 쫓는 것이 진리다. 어떤 사람은 많은 일을 하면서도 한결같이 행동은 유연하다. 사람들이 어떻게 그럴수 있느냐고 물으면 이와 같이 대답한다.

나는 서 있을 때 서 있고, 걸을 때는 걷고, 앉아 있을 때는 앉아 있고, 음식을 먹을 때는 먹었을 뿐이라 대답했다.

이는 오늘의 성급하고 조급해하는 과속문화의 병폐를 드러낸 이야기이다.

둘째, 내가 만나는 사람들에게 보다 따뜻하고 친절하게 대할 것을 다짐한다.

무엇보다 내 괴팍하고 인정머리 없는 성미 때문에 내 가족에서부터 많은 사람들에게 끼친 서운함과 상처를 조금이라도 보상하기 위해서라도 더욱 따뜻하고 친절하게 대해야 한다.

이 세상에 가장 위대한 종교가 있다면 그것은 친절이다. 만나는 대상마다 그가 곧 내 복밭이고 내 마음이다.

법보전(法保全) 주련(柱聯 : 기둥이나 벽에 걸린 글귀)에는 지금도 이런 법문이 걸려있다.

부처님 계신 곳이 어디인가.

지금 그대가 서 있는 그 자리.

종교만이 아니라 우리들 삶도 바로 지금 이 자리를 떠나서 따로 존재하지 않는다.

사람의 생각과 행위를 문자로 기록해 놓은 이 책이 인류사회에 공헌한 바는 굳이 말할 필요조차 없다. 만약 우리곁에 책이 없었다면 결코 현재의 우리들을 이룰 수 없었을 것이다. 책은 공기와 물과 태양과 마찬가지로 인간에 삶에 없어서는 안될 귀중한 요소이다.

해병 상병 특검은 절대 수용하면 안된다.

60만 장병에는 항상 사고는 도사리고 있다.

군의 대민 봉사는 늘 해왔던 것이고 어느 재해든 솔선수범해 왔던 것이다.

어느 지휘관이 부하의 사고를 방치했을까.

이 또한 운명이라 생각해야지 군은 이미 공원묘지에 묻혀 없어졌는데 무슨 특검타령인가.

사고는 돌릴 수 없지만 본인의 실족도 있는것이지 어찌 책임을 상사에게 돌리는가.

사병은 전역하면 그만이지만 장교는 이미 국가에 목숨을 바친 것이다.

장교에게 내리는 징벌은 죽음을 뜻한다.

일일이 사고마다 부대장에게 책임을 지운다면 어찌 강군을 육성할 것인가.

그래서 군에서 순직은 예우를 하는 것이고 국립묘지에 안장하고 평생 영원토록 국가에서 돌보는 것이다.

특히 대통령은 군 통수권자로서 마땅히 사고에 대하여 이러라 저러라 간섭하는 것이 원칙이지 모르는 척 있으면 그것은 직권을 소홀히 하는 것이다.

그러잖아도 지휘관이 부족한데 별 하나 만들어내는데 국비가 얼마나 많은 투자를 했는데, 어떤 경우에도 직접 사살이 아니면 절대 부대장에게 책임을 물어서는 안됩니다.

죽을 사람은 집에서도 죽고, 교통사고로도 죽는다. 살 사람은 바다에서도 산다.

부모가 마음 아픈것이야 뭐라 할 수는 없지만 무리하게 대한민국의 부대장까지 죄를 물어서는 안됩니다. 아마 순직한 병사의 영혼이 있다면 상사에게 죄를 묻는다면 극구 반대했을 것입니다.

또 우리국민에게 호소드립니다.

절대 수뇌부까지 죄를 묻지 않기를 바랍니다.

순직 병사 부모님께서도 이미 죽은 사람을 두고 부대 상사를 처벌한다고 그 장병이 다시 돌아오지는 않을 것이니 마음을 내려놓으시고 군에 정해진 매뉴얼 대로 처리하게 하시고 특검 같은 것은 말라하여 주십시오.

장교하나 전역시킨다고 죽은 장병에 무슨 이익이 돌아올까요. 다 운명이라 여기십시오.

군에서 별을 달을 수 있다는 것은 그만큼 투철한 군인정신과 애국정신이 배어있기 때문이다. 이는 장관이나 국회의원처럼 수장의 공천(추천)만 받으면 능력이 있고 없고 자리에 있는 것이 아니다.

모진 훈련에서 투철한 애국정신이 길들여지지 않으면 불가하다.

또 장교는 강군을 육성하려면 언제든 크고 작은 사고는 존재하는 것이다.

역대 군대에서 그래왔고 앞으로도 매뉴얼을 벗어나서는 안

된다.

군은 기강이 먼저다.

훈련을 못 견디고 죽을 수도 있다. 그러나 그것은 군대라는 특별한 단체에서는 어쩔 수 없이 겪어야 하는 훈련이다.

그러지 않고 각기 사정을 다 들어준다면 어찌 전쟁에 이길 수 있는 강군을 육성할 것인가. 우리 국민은 더 이상 군에서 일어난 사고에 대하여는 대승적인 마음으로 용서하시기 바란다.

어머니

울 엄마 날기르실 적

오늘이 1950년 6·25가 일어난지 74년이 되는 날이다.

언젠가 교보문고에 갔다가 〈신현림〉 에세이를 사 읽은 적이 있다.

급작스런 중공군 30만 투입으로 1951년 1월 4일 후퇴를 하게 되었다.

그때 서울에서도 두 번째 이삿짐을 싸게 되었다.

눈이 펑펑 쏟아져 쌓이는데 미군 패잔병 몇 명이 양구 어느 산골짝을 탈출해 나오는데 근처에서 아가 울음소리가 나더란다.

동료의 만류에도 이 병사는 아기 우는 곳을 찾아보니 아기 엄마가 자기가 입고 있던 옷을 전부 벗어 아기에게 감싸 주고 품에다 아기를 구부려 안은 채 죽어 있더란다.

그래서 특정한 바위를 배경으로 하여 동료와 같이 돌을 주어다 마주 세워 묘를 만들어 놓았다 한다.

그리고 그 아이를 데려다 미국으로 데려가서 아들로 입적하였다 한다

그리고 그로부터 50년이 지난 후에 그 아기가 성인이 되어서야 데리고 나와서 아이 엄마의 묘에 인사를 드렸다.

그날도 눈이 펄펄 날리는 추운 겨울이었지만 미국인도 그 여인의 죽은 날을 일부러 찾아다녔다 한다. 미국인과는 아무 연관 없는 여인임에도 돌무덤 앞에 아들과 같이 꿇어 앉아 기도를 하고 그제서 그 아이에게 어머니에 대한 이야기를 하였다 한다.

양 아버지로부터 모든 사연을 전해들은 아들은 입고 온 코트와 윗옷을 벗어서 돌무덤을 씌워 주고 대성통곡을 하며 어머니 저를 버리고 탈출하였다면 능히 한 목숨 살아갈 수 있었을 텐

데 저를 살리려고 어찌 그렇게 모진 일을 하셨습니까. 얼마나 추우셨습니까. 이제 소자가 어머니 더는 춥지 않게 따뜻하게 모시겠습니다. 그리고 그곳에다 깊이 파고 해골을 모아 장사 지내고 이름 모를 들국화라 묘비를 세우고 봉분에다 국화를 심었다 한다. 지금도 그 묘에는 가을이면 국화가 온통 덮여 지나가는 길손의 걸음을 멈추게 한다. 이는 천지신명의 도움이 아니고는 그 아기가 살 수 없다고 본다.

그것은 어머니의 생명을 대신했기 때문에 기적적인 일이 일어난 것이다. 어머니가 같이 살려고 아기를 업고 있었다면 필시 둘 다 죽었을 거고 또 아기를 버리고 엄마가 혼자 나왔다면 천벌을 면치 못했을 것이다.

우리는 우리 어머니들은 어떠한 지경에서도 자식을 살리려는 어머니의 희생이 있었기에 그 산 중 난시속에서도 미국군을 만날 수 있었던 것이라 생각하면 죽고자 하면 살고 살고자 하면 죽는다는 전투에 비어를 돌아보게 된다.

우리는 신을 믿고 안 믿고 간에 생각지도 않은 데서 기적이 일어난다. 도저히 믿기지 않는 일인데도 현실이 되는 때가 너무 많다. 포탄에 무너진 콘크리트 속에서도 20여일을 살아 돌아온 사람이 있는가 하면, 비행기 추락에서도 살아남은 사람이 있는가 하면, 가라앉는 배 안에서도 수일을 버티고 살아남는 사람이야 말로 어떤 영혼이 도와주지 않고서는 믿겨지질 않는다.

오늘 이 글을 쓰는데 친 장손에게서 전화가 왔다, 그놈은 여태껏 흑막(黑幕, 어떤 경우에서도 소침하거나 비굴하질 않는다) 매사에 긍정적이고 떳떳하다.

그래. 너는 절대 연봉이나 환경에 연연하지 말고 내 맡은 일에 충실하여라 하니 대기업은 초봉이 억대인데 걱정 안 해요 아니 삼성은 연봉이 1억 2천이라 하는데도 단체 교섭인지 뭔지 한다고 해서 너는 그런데 동요 되지 말라고 하는 소리다 하였다.

나는 그 손주만 보면 하나도 부러운게 없다.

우선 시원시원하다. 그래서 이제 27세인데도 할애비는 만나면 결혼 얘기다.

사람은 첫째가 가정이라고 너희 아빠도 대학원 다닐 때 너희 엄마 만나서 결혼하지 않았느냐 하면, 예. 걱정하지 마세요 그럴게요. 하지만 나 결혼할 때 생각하면 손주 나이에 딸이 셋이었으니 모든 할아버지의 공통된 바람일 것이다.

천재는 지혜능력이 욕망의 욕구 이상으로 발달되어 있다. 인간의 지능은 욕망에서 벗어날때 비로서 외모나 마음과 성품까지 진자(眞姿)를 볼 수 있다. 사람이 천지 사이에 사노라면 긴 노정에는 반드시 험로와 평지가 있게 마련이다. 험로를 만났다고 피하려 한다면 어찌 전지전능(全知全能)하는 모든일이 평탄한 길이 될 수 있겠는가. 더욱이 나라를 다스리는 지도자가 평정을 잃는다면 순치(淳治)를 할 것인가.

가진자는 잃는 것을 배우고, 행복한자는 고생하는 것을 배워라 하였던가.

폭풍우 속에서 항해의 솜씨가 나타나 보이듯 인간으로서 용기는 그가 인생에서 가장 어렵고 위험한 상황에 직면했을 때 비로소 그의 됨됨을 알 수 있다 하였다. 영웅은 노력한다고 되는 것이 아니다 그만큼 어려운 난세에서 많이 탄생하는 것이다.

빈곤과 불행을 시련과 고통을 유익한 스승으로 삼아 부닥친 역경을 능히 감내할 수 있어야만 모든 난관을 극복할 수 있다.

내면적인 것으로 학문과 예술을 봉사하는 자는 자기 이익을 위해서가 아니라 자기희생으로서 자신의 사명을 수행한다.

외면적인 것으로도 문학과 예술은 모든 사람이 느낄 수 있어야 선각자(先覺者)라 말할 수 있다.

아버지는 항상 밥을 3분의 1밖에 안 드셨다. 아버지의 밥은 항상 하얀 쌀밥이었다. 어려서 아버지가 밥을 남기시기에 먹었다 된통 혼났다. 그 밥은 배고픈 사람 먹이려고 남긴 것인데 네가 먹으면 그 밥으로 살아가는 사람들은 굶어야 하지 않느냐.

너희는 집에서 밥을 안 먹어도 옥수수, 감자, 고구마 이것저것 군것질을 해서라도 배는 안 곯지만 스님들이나 동냥거지들은 남의 것을 훔치지도 않고 뺏지도 않고 농사도 안 지으니 우리 같은 부자가 동냥을 안 주면 굶는다 하시며 연인이 비구니라서 그랬는지는 몰라도 밥쌀 낼 때는 꼭 확인하신다. 우리 집은 원체 산골이라 학교는 몰랐다. 해방되고도 글방에서 글을 배웠고 우리 마을엔 나 이전엔 학생이 하나도 없었다, 그래서 이웃 형들도 국민학교도 늦게 입학하여 모두 나보다 나이는 두세 살 많아도 학교는 후배였다. 나도 시대를 잘못타고 나서 그랬지 이조에 태어났다면 과거도 봤을 거고 뭐라도 한 자리 하지 않았을까.

시대를 잘못 타고나 한참 공부할 나이에 8·15 해방을 맞고 (여덟살) 또 국민학교라고 졸업하자마자 6.25로 중학교를 가려면 하숙을 해야 했으니 밥만 먹으면 맹자 왈 공자 왈만 찾다 19세 결혼하고 연년생 딸을 셋을 낳으니 그때는 아무것도 모르고 한문 공부만 많이 하면 되는 줄 알았다.

유교사상이 투철한 학자로서 자식을 유학을 보내기가 어려웠을 것이다.

더 말하면 무엇하나. 장가가면서도 돈 10원을 못 만져 보고 살았으니 지금은 아들, 딸. 오남매. 다 월급 주고 사장 소리 듣고 살고, 손주들도 대학원 수료하고 박사도 둘이 있고, 다 대기업에 근무하고, 손주 며느리도 다 미인이고, 증손주도 다섯이고, 첫 증손은 상하이 국제초등학교 입학했다.

선승禪僧 이규

14세기경 실제 일본에서 있었던 일이란다.

어느 무더운 여름날 여인네가 냇가 수양버들 그늘 밑에서 나신으로 목욕을 하고 있었다.

선승 이규가 너무 더워 수양버들 그늘 아래 잠시 쉬어 갈까 하고 제방 둑을 넘어 수양버들 아래로 가서 보니 여인이 미처 수습을 못하고 가슴만 두 손으로 가리고 서있었다.

선승 이규(1394-1481)도 갑작스레 일어난 광경이라 못 본 척하고 그냥 지나갈 줄 알았는데 삿갓을 벗어서 옆으로 내려놓더니 여인 음부 앞에다 큰 절을 삼배를 하고서 다시 삿갓을 쓰고 유유히 가더란다.

마을 사람들이 멀리서 이 광경을 바라보고 스님을 쫒아가 선승께서는 하찮은 여인에게 큰절을 세배나 하고 가십니까? 하고 물으니 스님 빙그레 웃더니 하찮이라니요. 나는 이 세상에서 가장 존귀한 것을 처음 보았소. 어머니가 나를 낳으신 것을 알고 있었으나 그것을 대한 것은 처음이요.

어찌 그 진귀한 보물을 보고도 인사를 안 드리고 그냥 간단 말이요.

　법문을 전수하신 석가모니도 세상을 조롱한 달마대사도 모하메드 간디도 스승도 다 여인의 그곳에서 태어났다 하니 또한 여러분이나 모든 중생을 다 낳은 그것을 어찌 모르는 척 그냥 지나간단 말이요. 저는 우리 어머니께 예를 올렸을뿐입니다. 이규 스님의 그 말에는 아무도 반박하는 이가 없었다 한다.

　지금까지 우리는 여인의 그곳을 성기로만 여겨 왔지 선승처럼 나를 잉태한 보고로 생각해 본 적이 있나 우리는 청정함을 맑고 깨끗함에만 여겼지 명기(明器)로는 생각지 않았다.

　선승 이규는 여인의 그곳을 청정(淸淨)을 담아 놓는 물이라 하셨다. 맑음은 개인의 청정함을 떠나 청정해서 일어나는 향기로움은 사회를 정화하는 메아리라 하였다. 진흙 속에서도 한 점 티 없이 향기로운 연꽃이 피어나듯이 혼탁한 이 세상에서 우리 모두는 그 연꽃처럼 맑고 향기로운 존재임에도 하찮은 욕심 때문에 인생의 보고를 노예화하고 죄를 저지르고도 사회를 어지럽히고 결국 자신을 타락에 떨어뜨리고 만다. 모든 여인을 우리 어머니라 생각하면 누구도 범해서는 안된다.

　소리에 놀라지 않는 사자와 같이
　그물에 걸리지 않는 바람과 같이
　흙탕물에서도 더럽혀지지 않는 연꽃같이
　생명을 잉태하고도 조금도 두려워하지 않는 어머니 같이 더 맑고 밝은 것이다.

사람은 어떤 만남을 위해서든 다음 세대를 형성하는 것이니 어떤 모태이든 인류 사회를 지탱해온 보고임에는 틀림없는 사실이다.

옛 어른들 80이면 애가 된다는 말씀은 나아가 종신에 이르면 누구나 어린애같이 순진무구(純眞無垢)해진다 하여 어린 아기와 비유한 것이다.

사람은 태어나면서부터 죽을 때까지 계속 인연을 맺고 살아왔다. 만나고 싶어서가 아니라 만남이 만들어진다.

선사께서는 만남이란 무엇이냐 물음에 때로는 물 같고 때로는 불 같기도 하고 때로는 바람 같다 하시며 만남 속에서 순간 순간 우리의 삶이 움직여짐이 있는 것이다.

인도 역사상 가장 칭송받는 아소카 왕에게 설법을 요청 받은 니그로다는 주의 기쁨은 열반으로 가는 길이며 주의 깊지 않음은 윤회로 가는 길이다. 주의 깊은 사람은 윤회에 얽매이지 않기 때문이다.

주의란

모든 사물을 진지하게 맞이하고
일하는데 있어서 그 일이 작은 일이든 큰일이든 간에 모두 똑같이 진지하고 무게있게 대하는 것을 뜻한다.
우리는 옷을 입을 때마다

음식을 먹을 때마다 허겁지겁하게 된다.

전혀 그럴 필요가 없고 필요에 따라 천천히 챙겨야 함에도 나가서는 아이고 무엇을 빼놓았는데 계속 가스 불을 안 잠갔네 하고 허덕되고 다시 들어가 보고 나와서 잠그고 괜히 그랬다고 한다. 이것은 신중하지 못한 데서 오는 아킬레스다.

우리는 천천히 강물 흐르듯 바람에 구름 가득 그렇게 오가는 삶의 여유를 갖는 것이다.

주의 깊음은 모든 행동이며 사물을 대할 때 마주하는 상대가 목숨을 가졌거나 그렇지 않거나 크거나 작거나 간에 모든 존재와 마주칠 때 한결같은 비중으로 대하라는 것이다.

모든 이에게는 조상이 있듯이 지구를 살아가는 인간은 지구의 자손이다. 사람은 어디든 가서 살 수는 있어도 지구를 떠나서는 살 수 없다. 그래서 지구를 모태라 하는 것이다. 내 자녀의 복지와 안심을 이 세상이든 저 세상이든 언기를 절실히 바라는 것과 똑같이 모든 사람이 복지와 안심을 바라는 마음은 간절하다. 이것이 바로 모든 사람들을 위한 절절한 바람이다.

내 바라는 의도는 서로가 신의를 가지고 자신에 대한 두려움 없이 사는 것이며 부와 권력보다는 가족이 화목하고 편안하게 살기를 소망할 뿐이다.

그리고 모든 이들이 진리를 실천하며 이 세상이나 저 세상에서나 평안하고 안심하고 살기를 바라는 것이다.

우리의 작은 만남의 불씨가 어떤 폭발력을 지녔는지 아무도 모른다. 하지만 그 어떤 만남이라도 만남이 없이는 이루어지지 않는다. 만남을 통해서만 인류 사회는 공고히 형성된다.

어떤 분이 내 책을 편집하면서 어느 대학 나왔느냐고 묻는다. 자기는 대학 교수를 하면서도 선생님의 글을 못 따라 쓰겠다 한다. 새로운 소절마다 자기들은 상상도 못할 문구를 교류(交流)된 글이라 꼭 조선시대의 문장을 읽는 것 같다하여 나 역시 칭찬인지 조롱(操弄)인지 분간 할 수가 없어 웃고 말았다.

나도 돌아보면 세쌍의 인연을 맺어 주었다. 충주 농협에 있을 때 밥집 아가씨를 동양활석 정상무 동생과 결혼시켜 주었고, 고향친구 동생 이혼하고 있을 때 6촌동생 처제하고 결혼시켜 주었고, 관리소장시 화공약품(정화조 정수제) 박영철과장하고 경리아가씨하고 결혼시켰고, 이렇게 세쌍을 결혼시켜 주었다.

그것은 누가 만든 것도 아니고 또 왜 낮과 밤을 만들어 어둠과 밝음을 만든지도 모른다.

그렇다고 누가 이의하지도 않고 알려고도 안 한다.

어느 나라는 사계를 만들어 주고 어느 나라는 이계를 주고 어디는 동토(冬土)고 어디에 어느 곳은 열대라도 누구도 항의하지 않는다.

우리나라는 아무런 기다림 없이도 겨울이 오고 또 봄은 온다.

긍정(肯定)이란 그러하다고 믿음이다. 모든 현상을 밝게 보는 것이다. 기회를 밝음과 함께 한다. 유머는 옛날이나 지금이나 세상을 긍정하게 만드는 윤활유다. 유머는 어떤 영역보다도 사람들 사이를 가깝게 만든다.

주위가 썰렁할 때 유머 하나 던져 보라.

바르고 맑은 참선하는 자에겐 풍요로운 물질과 편리한 시설이 가장 두려워해야 할 함정이다. 지금 학생들 참으로 불쌍하다.

생활에 도움이 되는 것도 아닌데 대학 이름 한번 달기 위해 인생을 다 바친다. 그러면서도 교권는 무너질 대로 무너졌다 옛날 유학(儒學)을 할 땐 선생님의 그림자도 밟지 말라 했고 어김없는 독설로 사정없이 경책(警責)하고 회초리로 때려도 공부하는 진정한 후학은 스승 매를 오히려 고맙게 여기고 다르게 받들며 각고(刻苦) 정진하였다.

제비꽃은 장미꽃을 시기하지 않는다.

저 생긴 대로 자신이 지닌 향을 내고 자기 꽃을 피울 뿐이다. 아이들도 성적이란 하나같이 똑같은 평가를 받게 될 것이고 어른아이 가리지 않고 서로 무한 경쟁을 한다. 자기 정체성과는 관계없이 오직 고지만 보고 달려간다.

법정 스님은 무료할 때 고개를 숙이고 다리 가랑이 사이로 하늘을 바라보라 가끔은 이렇게 거꾸로 보는 것도 익숙한 것을 낯설게 세상을 바라보는 것도 스트레스를 푸는 것이라 유머를 하시어 주의를 웃기시기도 했다.

낯익은 모습도 거꾸로 바라보면 새로이 낯설어진다. 날마다 보이는 구경인데도 어느 날은 처음 보는 풍경처럼 느껴질 때가 있다. 우리는 아무 목적 없더라도 여행을 하면 신선하고 즐겁다 매일 가는 산이라도 정상에 올라가면 탄성이 절로 난다. 우리는 세상을 바라보는 맥락이 바뀔 때마다 맥락이 바뀌듯이 글을 쓰면서도 맥락이 바뀔 때마다 새로운 창조가 일어난다.

춘추전국시대 송나라 장주(莊周)가 쓴 남화진경(南華眞經) 천도 천리 중에서 황공(王)이 책을 읽고 있는데 수레를 만드는 목수가 뜰에서 수레바퀴를 깎고 있다가 환공에게 와서 왕께서 지금 읽고 있는 것이 무엇입니까?

왕 : 성현 말씀이다.

목수 : 그러면 지금 그분이 어디에 계십니까.

왕 : 오래전 죽었지.

목수 : 그렇다면 왕께서는 윗사람이 남긴 찌꺼기를 읽고 계시는군요.

왕 : 아니 이놈이 어찌 한낱 마차바퀴나 만드는 목수 주제에 무엇을 안다고 입을 함부로 놀리느냐. 지금 네가 한 말을 이치에 맞게 설명하지 못하면 살아남지 못할 것이다.

목수 : 저는 어디까지나 제가 할 일을 하면서 터득한 경험으로 미루어 말씀드린 것입니다. 수레바퀴를 깎을 때 너무 구멍을 크게 깎으면 헐거워서 쉽게 빠지고 덜 깎으면 좁아서 아예 들어가지 않습니다. 그러므로 꼭 맞게 깎으려면 아주 섬세하게 하지 않으면 버리게 됩니다.

그러나 그 기술을 오랜 경험을 쌓아 손에 익혀야하므로 말로는 설명이 다 안 됩니다. 그 요령을 자식한테 가르치던가 똘똘한 장인에게 가르쳐 주어야 하는데 자식이 멍청하게 놀고 있음에도 고노(故老)의 나이에 쉬지도 못하고 이렇게 일을 하여야 합니다.

옛 성현도 그와 마찬가지로 자신들의 깨달음을 고스란히 전수하지 못한 채 죽었을 겁니다.

그러니 왕께서 읽으시는 그 글은 성인들이 써 먹고 남긴 찌꺼기가 아니고 무엇입니까?

우리는 흔히 공부만 잘하면 그것을 바탕으로 세상을 잘 살아갈 수 있다고 생각하지만 지식만으로는 세상을 꾸려가기 어렵다.

지식이란 살아서 움직이는 생명체가 되지 못하기 때문에 자기만이 아니면 누구도 사용할 수가 없다. 극히 잔인하고 무자비한 뜨거운 맛을 보지 못한 사람은 실감하지 못할 것이다.

마찬가지로 추위에 떨고 있을 때 여기 따뜻한 물이 있는데요. 한다고 추위에서 벗어나질 못한다.

오히려 물이 있다고만 하고서 물을 안 주면 더욱 갈증에 시달린다. 물을 마셔야만 실제 추위에서 벗어날 수 있다.

사막에 오아시스만 있다고 갈증이 해결되지 않는다는 것이다. 한동훈 국민의 힘 비상대책위원장은 본래부터 길이 있는 것이 아니다. 하며 사람들이 가고 나면 길이 생기는 것이라 했다. 그 길은 낫다고 다 다닐 수 있는 길이 아니다. 책이 아무리 많다고 책의 뜻을 모르듯이 그 길도 다녀 보지 않고는 어디에 어떻게 가야 하는지 알지 못하는 것이다. 아무리 공부를 많이 하고 학식이 높다고 저절로 그 길을 가질 못한다. 구슬이 서말이라도 꿰어야 걸 수 있다 했듯이 길이 있다 한들 가보지 않고 평탄하고 험난함을 알리요.

국가의 경영도 마찬가지다. 윤석열이 검찰총장으로 정권의 비위를 잘 맞췄다면 지금 대통령이 되지 못했을 것이요 한동훈도 법무장관에 연연하고 있다면 결국 법무부 장관으로 끝나는 것이고 새로운 길을 가 보아야 고지에 다다를 수 있는 것이다.

책만 많이 읽는다고 스승이 되는 것이 아니다.

배운 것을 전수하지 않으면 스승이 될 수 없다. 길고 짧은 것은 돼봐야 아는 거지 내 것이 아무리 더 길다고 한들 자기소개만 담고 있으면 누가 그 길이를 알까.

아무리 유능한들 그 앎을 크게 쓰지 않으면 어찌 크게 앎을 인정할 수 있을 것인가.

나도 학교라고는 문전에도 안가 봤어도 책을 다섯 권이나 썼다.

자랑이 아니고 책을 쓰다 보니 자랑으로 보일 뿐이지 아직까지 이에 대한 입밖에 내 본 적이 없다

서슬 푸른 구도(求道)

일연 스님이 쓴 〈삼국유사〉에 나온 글이다.

백월산(白月山) 두성인(二聖仁)이 득도를(成道記) 하기 위하여 지금 창원 북쪽에 있는 백월산 무등곡(白月山無等谷)에 들어갔다.

그들은 저마다 좋은 곳을 택하여 자리를 잡고(노일부득)은 북쪽에 암자를 짓고 미래에 부처인 미륵불을 섬겼고

성인 달달박박은 남쪽 암자에 있으면서 미래부처인 아미타불을 열심히 예경(禮經, 예법을 수록한 경서)하면서 정토왕생을 염원했다. 3년째 되던 어느 봄날 저녁 나이가 20쯤 되어 보이는 자태가 아름다운 낭자가 달달박박을 찾아왔다. 하룻밤 자고 가기를 청하며 아래와 같이 시를 읊었다.

날 저문 산 중에 갈 길은 아득하고
길 잃고 인가가 안 보이니 어찌하리요
오늘 밤 이곳에서 자려 하오니
자비하신 스님은 화내지 마시오

하지만 달달박박은 차갑게 거절했다. 수도하는 곳은 청정해야 하니 그대가 가까이 올 곳이 아니요. 지체하지 말고 어서 돌

아가시오 하고는 인정 사정없이 문을 쾅 닫고 들어가 버렸다.

야멸차게 거절당한 낭자는
노일부득을 찾아가 하룻밤 묵어가기를 부탁한다. 무조건 갑작스런 예쁜 여인의 출연에 놀라면서 말했다.
그대는 이 밤에 길도 없는 산속으로 들어왔소. 여인은 아무런 대답 없이 시 한 수를 읊는다.

첩첩 산중에 날은 저문데
가도 가도 인간은 보이지 않고
송죽 그늘은 한층 그윽하니
시냇물 소리는 더욱 차갑구려
길을 잃어 찾아왔다 마시오
바른 법 일러주러 왔으니
부디 요청을 들어 주시오
길손이 누구인지 묻지도 마시요.

이 말을 들은 노일부득은 크게 놀라면서 말했다. 이곳은 여인과 함께 밤을 지낼 곳이 아니오만 깊은 산 중에서 밤이 어두웠으니 연약한 여인을 막무가내 문전박대할 수 없구려 중생을 살피는 일이 보살행 가운데 하나이니 들어오시오.
밤이 깊도록 자지 않고 정신을 가다듬으면서 염불에만 몰두

하였다. 새벽이 될 무렵 등 뒤에서 자고 있던 낭자는 신음을 하면서 노일부득을 불렀다.

갑자기 산기가 있으니 죄송하지만 스님께서 아기 받을 자리를 좀 마련해 주시오. 부득은 고통하는 여인이 가엾어서 촛불을 밝히고 아기를 받았다. 여인은 해산을 마치자 물을 데워 아기와 같이 목욕을 시켜 달라 한다.

부득은 민망스러웠지만 이곳에는 그 여인하고 자기밖에 없지 않는가. 할 수 없이 물을 데워 넓은 그릇에 부어다 붓고 여인과 아기를 물통에 앉혀 놓고 목욕을 시켜 주었다.

이때 문득 통속 물에서 향기가 진동하더니 목욕한 물이 금물로 변했다. 부득이 놀라서 당황하니 여인은 물 밖으로 나오는데 금보살이 되어 나오며 부득보고 스님도 이 금물에 목욕하시오. 부득은 그 여인이 시키는 대로 목욕을 했다.

그러자 갑자기 정신이 상쾌해지고 온몸이 금빛으로 변하며 금부처가 됐다. 물 동이 옆에 연화대가 있는데 연꽃 화분을 치우고 여기에 앉으라 한다. 그리고 나서 나는 관세음보살인데 이곳에 스님 뜻이 가득하여 대보리(大菩提)를 이루어 드린 것입니다. 아기 동자승을 옆에 남겨두고 여인은 눈 깜짝할 사이에 홀연히 사라졌다.

날이 밝자 박박은 필연 그 여인과 부득이 한 방에서 잤으면 계율을 어겼으리라 하고 가서보니 부득이 돌부처가 되어 금부처 동자부처와 앉혀 앉아 있다.

박박이 어찌 된 영문인지 물으니 금부처 부득이 어젯밤 그 낭자가 관세음보살이시었다 하며 그 낭자 씻은 물에다 씻으니 금부처가 되었다 하니 나는 마음이 옹졸하여 부처님을 먼저 만나고도 예우를 하지 못하였구려 큰 덕이 있어 나보다 먼저 성불이 되었으니 부디 지난 교분을 봐서라도 성불이 되도록 도와 주시오. 자신도 제도해 줄 것을 간곡히 간청했다.

부득이 박박이 보고 그 금물통에 들어가 금물로 목욕을 하라 하니 소원대로 아미타불이 되어 함께 구름을 타고 날아갔다 한다.

이 이야기를 하시며 법정 스님은 이렇게 말씀하셨다.

수행자는 구도형과 봉사형으로 나눌 수 있다.

달달박박은 서슬이 푸른 구도형이고

노일부득은 온유한 봉사 형이다.

탐구와 사랑이 겉으로 보기엔 다를 것 같지만

지혜가 없는 자비는 맹목이기 쉽고

사랑이 없는 지혜 또한 메마른 관념에 빠지기 쉽다.

내게 밤늦게 찾아오는 여인이 있다면 그가 관세음보살이 아니라 생 부처님이라 할지라도 그를 가차 없이 쫓아 버렸을 것이다.

그런 예절도 모르는 보살과 부처가 어디 있단 말인가.

그것은 내 질서고 투철한 내 삶이기 때문이다. 실제 비오는 어느 날 무서움에 질린 여인이 법정스님 처소로 찾아 들어온 예가 있었다 한다. 그때 법정스님은 그 여인에게 관세음보살하고 냉정하게 그 자리에서 돌려보냈다 한다.

연기법(煙氣法)

친지가 죽으면 곧 우리 자신의 한 부분에 죽음을 뜻한다.

누구의 주검이든 자신의 차례에 대한 예행연습이며 현재 삶에 대한 반성이다.

삶이란 불확실한 인생 과정이지만 죽음만은 틀림없는 인생의 한 과정이기 때문인데 더 엄숙할 수밖에 없다.

삶에는 한 두차례 시행착오도 용납될 수 없다.

그러나 죽음에는 그럴 만한 시간 여유가 없다.

그러니 잘 죽는 일은 바로 잘 사는 일에 직결되어 있다.

잘 죽기 위해 잘 살아야 한다면 우리 삶이 어때야 할까?

사람도 나무나 풀처럼 봄이 있다.

모든 식물이 봄을 맞아 행복하듯이 사람도 새로운 춘정이 일어나면 춘흥이 일어난다.

국민소득이 4만불이라는데 어느 누구 하나 삶이 풍요하다거나 만족하다는 이가 없으니 어쩐 일일까?

부유한 사람은 부유한 대로 세금 때문에 못 살겠다 하고, 가난한 사람은 물가폭등 때문에 못 살겠다 한다.

누구도 불안해하지 않는 이가 별로 없고 마음 편히 산다는 이가 없으니 그래서 불확실성 시대라고 했다.

요즘 우리나라도 언제 무슨 일이 닥칠지 불안해한다.

거대 영토를 가진 러시아가 약소국인 우크라이나를 침공하고도 3년이 되어도 전운이 그치질 않으니 불안했는데 이스라엘이 가자지구를 초토화되었음에도 전쟁이 끝난다는 소식이 없으니 휴전선을 맞대고 가공할 무기를 자랑하는 우리나라에서 전쟁이 일어나면 어떻게 될까?

외국의 전쟁보다 더 불안하다. 세상일이 예전처럼 단순하지 않고 순식간에 많은 변화를 이룬 탓에 갑자기 상상도 못한 일이 일어나고 있다.

나가 보면 모두가 넘쳐나는데 살맛을 잃어가고 있다. 사람들은 누구나 행복해지길 희망하고 안정을 바란다. 하지만 세상은 언제 어디서 무슨 일이 일어날지 모르는 불안 때문에 더 불안하다.

그러나 찬찬히 생각해 보면 그것이 우리의 삶이다. 지금의 흐름마저 멈추면 생명력을 잃고 죽게 된다. 삶에 있어 불안정이야말로 고통이다.

고통을 느낄 수 있다는 것은 자유가 살아 있다는 증거다. 만약 6·25때 통일이 북으로 이루어졌다면 지금처럼 고통을 호소하고 살 수가 있을까. 고통조차도 느끼지 못할 때 이미 이 목숨은 이 세상에 없다.

안정이야 말로 죽음을 뜻한다.

살아있는 모든 존재는 죽음을 두려워한다.

그런데도 아이러니하게도 우리는 안정된 삶을 고대한다.

계절로 말하자면 사람들은 누구나 만물이 소생하는 봄을 마냥 기다린다. 어쨌든 추운 겨울은 누구나 싫어한다.

앙상하게 굳어진 동토에서 본체만이 덩그렇게 서 있다.

추위에 시달릴수록 난민에게는 새로운 봄이 오기를 기다려진다. 어쨌든 봄은 인간만이 기다리는 계절이 아니다.

만물이 다 같이 소생하기 때문이다.

신선하고 새롭지만 누구에게나 가장 불안정하다. 차라리 겨울은 봄을 동경이라도 하지만 겨울은 경직되어 있지만 다른 계절보다 안정할 수 있기 때문이다.

또 농경시대에는 가을에 풍부하게 수확하여 쌓아 놓았기 때문에 빈민이라도 겨울 한 철을 안정을 누릴 수 있었기 때문에 겨울을 오히려 동경하였다.

그러나 옛 나그네들은 봄을 가장 싫어했다.

봄이 좋다 하나 청춘이라 한들 기댈 때도 없고, 어느 문전에서도 밥 한 끼 거르기가 어려웠다. 김삿갓이 천하를 주유하며 떠돌아 다니던 어느 봄날 해는 길어 때가 지나다 보니 승늉 한 그릇도 청하야 못 얻어먹고 배가 등짝에 들러붙어 굴신을 못하던 중 멀리 숲속으로 불빛이 아스라이 보이기로 단숨에 달려가 문을 두드리니 젊은 부부가 친상을 당하여 울고 있다.

문을 열고 보니 저녁 상식을 드리고 있다 무조건 들어가 조문을 하니 어디 사시는 누구시길래 어머님 상에 알고 오셨습니까?

그게 아니고 제사가 빨리 끝나야 상의 음식을 거둘 것이 아니요.

3일을 굶었더니 너무 배가 고파서 음식 밖에 안 보였기로 마침 잘 되었습니다 말하니 부인보고 음식부터 차려 드리라 하고 저는 산 중에 땅이나 파먹고 살다 보니 글을 몰라 부고를 보내야 하는데 부고를 써서 전해 주시오.

김삿갓 : 그야 뭐 어려운 일이요 아무 걱정 마시오.

하고서 밥을 허겁지겁 먹고 부고를 쓰려하니 돌아가신 어머니가 누구인지도 모르고, 또 누가 어디에 사는지도 주소를 모르니 오히려 부고를 누가 어떻게 죽었고 누구에게 전할지 몰라 이쪽이든 저쪽이든 몰라보긴 마찬가지라 하여 생각한 것이 문을 열고 산세를 그리고 노친 어머니를 그리고 다리를 꼿꼿하게 뻗었다.

그래서 산 아래 갖다 뿌려 놓으니, 글을 몰라도 산새로 보아 외딴 집이고 다리를 뻗은 것으로 보아 죽었음을 알고 아랫마을 사람들이 몰려와 장례를 치러 주었다 한다.

비록 예의에 벗어난 행동이긴 하지만 그들에게 아무리 예를 갖춰 부고를 잘 써 전한다 한들 까막눈이 어찌 모친상을 알아보리오.

김삿갓은 무리한 행동이지만 그들에게는 정확한 전달이 되었다.

우리는 행복과 쾌락은 바라보면서 어느 만큼이 행복인지 어디까지가 불행인지 모르고 산다. 알고 보면 행복과 불행 고통과 쾌락 삶과 죽음은 모두 동전 양면과 같아서 행복이 있어야 불행을 알고, 고통을 겪어 봐야 쾌락을 알고, 죽음에 이르러서야 자신을 삶을 반추하게 된다.

하지만 우리는 이런 원리를 알지 못 하기 때문에 나에겐 절대 불행은 있을 리 없고 행복만을 원하고 불행을 싫어한다.

삶을 추구하며 죽음을 싫어한다 만남이 있으면 반드시 헤어짐이 진리라는 것을 모르고 만나면 다시는 헤어지지 않으려고 발버둥 친다. 그러나 아무리 그러기를 버텨도 늙음은 오고, 죽음은 오고, 이별은 온다. 어떤 것도 현실과 환상에 지날 뿐 어느 한 쪽만 택할 수 없는 것이 삶이 지닌 이중성이다.

고통도 안고 가고 싫은 것도 받아들여야 한다.

살아가는 세상에 마냥 안정되거나 확실한 것은 어디에도 없다. 왜냐하면 삶 자체가 불확실하기 때문이다. 오히려 불안정한 삶이 가장 역동성을 띤 삶이다. 불확실하다는 것은 내게 주어진 기회가 그만큼 많다는 것을 뜻한다. 결국 우리에게 주어진 역동은 불안정하다는 것이다 그 불안정이야말로 살아 있다는 반증이기도 하니까.

불안정성은 연기법(煙氣法, 사물이 생겨나는 유래)이 살아있는 이는 반드시 죽고, 내가 이 세상에 오고 가고 하는 것과 관계없이 누구에게도 예외가 없는 본디 법칙이니 우리는 롤러코스터를 타고 역동을 만끽하듯 그 불안정 자체가 완전함이라는 것을 알고 자기 자신에 맞는 삶을 살아야 한다.

어디 사는 어머니가 꼿꼿하게 다리를 뻗었다는 죽엄을 그림으로 표시한 김삿갓의 융통성이야 말로 아무것도 모르는 동물에게 부고를 아무리 잘 써다 준 줄 알지 못하였을 것이니 차라리 받는 분도 감격했을 것이다. 우리의 삶에서 딱딱한 똑 부러진 말보다는 김삿갓처럼 농담 같은 상대방을 헤아릴 줄 아는 부드러운 말이 더 순종이 어려 우리의 마음을 포근하게 하여 주지 않을까 제시하여 본다.

우리의 정치도 마찬가지다. 가만히 보고 있으면 정치판이 아니고 개판이다. 국회의원이 국정은 안 돌보고 정권을 뺏으려고 국회를 산적 두목 노름이나 하고 있으니 우리 국민은 관심이 없다.

막말로 그 놈이 그 놈이라는 것이다.

김삿갓이 부고를 현실로 쓰듯이 융통성 있는 정치를 했으면 좋겠다.

용서(영혼속에도 세월이 존재하는가?)

이 세상에는 새 부류의 사람이 있다.

1. 살아 있는 사람.

2. 살아서도 죽은 사람.

3. 죽었어도 살아 있는 사람이 있다.

그 가운데 죽어서도 살아있는 이들은 이 세상 빛이 되어 수백 수천 년이 지나도 여전히 이 세상을 밝히고 있다.

살아서도 죽은 사람이란 몸은 버젓이 살아 숨 쉬고 있지만 아무런 생각 없이 닥치는 대로 사는 사람.

아무런 생각이 없기에 도전하지 못하고 또 도전 하는 데에서 실패의 두려움을 극복할 수 없다는 생각에서 주저앉아 있는 사람을 살아서도 죽은 사람이라 말한다.

어떻게 살 것인가?

내가 한 바로 내 자신이다.

죽어서도 산 사람은 되지 못할지라도 적어도 살아 있는 동안 만큼은 살아서 펄떡펄떡 뛰는 사람이 되어라.

어떻게 해야 펄떡펄떡 뛰는 삶을 살 것인가.

익숙한 삶에 안주하려는 마음을 털어 버리고 새롭게 도전하라. 그러나 도전에는 불안이 따르게 마련 잘 할 수 있을까 이번에도 잘못되면 어떡하지 가만히 있으면 중간이라도 갈 텐데 괜히 나서서 망신이라 떠는 거 아닐까? 하는 생각에 두려울 것이다.

두려움을 떨쳐 버리려면 어떻게 해야 할까?

두려움을 떨쳐 버리려면 두려움과 맞서야 한다. 두려움과 마주 설 때 본디 자기 자신 자기 실존으로 도약할 수 있다.

두려움이야말로 실존으로 나아가는 디딤돌이다.

이것이 불안을 해소하는 철학(哲學, 현실과 이상에 관한 근본 원리를 연구함이라 했다)이고 정리하는 고갱이다.

두려움 없는 사람이 없다.

불안하지 않으면 도약도 없다 결국 불안은 걸림돌이 아니라 도약의 발판이다. 우리는 늙었다는 말과 낡았다는 말을 혼동한다. 하지만 늙음과 낡음은 완전히 다르다.

낡은 것에는 싹이 돋지 않는다. 하지만 천년이 넘게 산 고목에도 새싹이 돋아나고 꽃은 핀다.

늙는다는 말은 자란다는 말과 같다. 또한 사람은 오래 살수록 성숙해진다. 늙음에는 그만큼 여유가 있다. 사는 것을 안다.

불교에서 성문장 삼장에 이런 말이 있다.

성문장(聲聞藏) : 좋은 평판

연각장(緣覺藏) : 스승 없이 혼자서 불법을 깨우침.

보살장(菩薩藏) : 용맹스러운 마음으로 보리를 구하고 자비스러운 마음으로 중생을 구제함.

통달하지 못하고 세속 욕망을 끊지 못한다거나 신통력을 얻지 못한다면 단 한 순간일지라도 절대로 옆구리를 땅에 대고 눕지 않으리라, 협존자(脇尊者)가 말했다.

그 80 노인은 밤낮을 가리지 않고 용맹 정진한 끝에 3년 뒤 마침내 크게 깨달음을 얻는다.

공동묘지나 화장터에 방부(房付)를 들여야 할 사람이 나이 여든에 스님이 되겠다고 절에 들어오는 것을 보고 모두 비웃었다.

당신은 늦었어. 괜히 청정한 승단에 들어가 시주 밥이나 축내려 합니까.

이 말에 80노인은 크게 분발해서 강한 서원을 세운 불교의 33조사 가운데 열 번째 조사다.

세상 사람들은 그를 존경해서 옆구리를 땅에 대지 않는 협존자(脇尊者)라고 일컫는다. 늦었다고 생각할 때가 가장 좋은 시기라는 말에 이 늙은 선비에게도 해당되지나 않을까 기대하여 본다.

내 나이 88이 되어서 죽을 날이 가깝다 보니 자꾸 헛소리를 하면서도 뭘 하겠나 낙담을 하면서도 하루도 글을 쓰지 않으면 날밤을 하얗게 세운다. 무엇이든 좋은 일 하나라도 죽기 전에 더 하고 싶은데 기력이 다하다 보니 나다니며 할 일은 없고 좋은 글이라도 써서 젊은이들에게 교훈이라도 남겨 놓고 싶었다.

오늘 갈지 내일 갈지 알 수 없는 늙은이가 어찌 내일을 기약할 것인가 모든 삶이 단 하나뿐 내일이란 없다.

한 제자가 스승에게 물었다 한다.

전 생애를 두고 제가 할 수 있는 가르침을 일러 주십시오.

스승 그것은 바로 용서니라.

용서란 남의 허물을 감싸주는 것이다. 또한 너그러움이 관용이다. 용서는 사람이 가진 여러 미덕 가운데 가장 으뜸가는 미덕이다.

용서 참 어렵고도 어려운 말이다. 하지만 모든 원인은 원한으로는 절대로 풀 수 없다고 부처님도 말씀하셨다. 과연 어디까지가 용서란 것인가.

어떻게 해야 용서가 될까.

사람은 누구나 크고 작은 허물이 있다.

그 허물을 낱낱이 지적하면서 꾸짖으면 상대허물은 결코 고쳐지지 않는다. 허물을 감싸주고 덮어주는 용서는 사람을 정화시키고 맺힌 것을 풀어준다.

용서는 사랑과 이해의 통로를 연다.

30여년전 미국에서 일어난 살인사건이다.

한 소년이 아무 원한도 없는데 같은 친구를 쏴 죽였다.

죽은 소년의 어머니가 너는 밖으로 나오는 날 내 손으로 꼭 너를 죽이고 말테야 했다 한다.

착실하게 교도소 생활을 한 덕분에 사면을 받아 석방되었다. 아들을 잃은 어머니가 찾아와서 너 이제 어디로 갈 거니?

소년이 저도 잘 모르겠어요. 전 엄마도 없고 갈 곳이 없으니까요. 그러자 죽은 아들의 어머니가 말했다. 내가 너를 죽이려면 곁에 두어야 죽일 수 있으니 우리 집으로 가자. 그래서 그 소년 또한 갈 곳이 없어 아들 죽은 어머니 집에 가서 같이 살게 되었다. 그 어머니도 하나밖에 없는 자식을 잃었다.

어느 날 어머니가 소년에게 내가 법정에서 꼭 너를 내손으로 죽이겠다는 말 기억하니?

네. 그럼요.

사람을 죽였는데 어떻게 잊을수가 있겠어요. 저도 어머님이 애처로워서 어머니가 집으로 가자 할 적에 따라왔어요.

제가 도망을 가면 어머니의 마음이 얼마나 아프시겠어요.

어머니 그때 그 말은 진심이다. 그런데 지금 내 곁에는 아들이 없으니 너마저 보내고 나면 나는 누구와 사니.

그러니 너도 부모가 없고 나도 자식이 없으니 네가 내 아들을 죽였으니 내 아들을 대신해서 내 아들이 되어라.

소년은 와락 어머니를 끌어안고 어머니 걱정 놓으세요. 지금부터 제가 어머님을 모실게요.

이는 실제 있었던 이야기일 뿐 아니라 이는 누구가 용서라기보다는 사랑이었다.

아메리카 인디언들 속담에 다른 사람 목하 신을 신고 십리를 걸어가기 전에는 그 사람에 대하여 말하지 말라는 말이 있다.

역지사지란 용서란 내 처지가 아니라 네 처지에서 생각하는 것이라 했다. 그 사람 처지에서 있어 보지 않고는 그 사람을 바르게 이해하기 어렵듯이 용서를 거쳐서 상대 상처가 치유될 뿐 아니라 굳게 닫힌 내 마음 문도 활짝 열리게 된다. 사람은 용서를 통해서 사람다워지고 그 그릇이 큰다.

나는 내 인생에서 누구를 용서해 본 적이 있는가? 용서란 받는 것이 아니다. 내 마음에서 내려놓는 것이다. 그러면 저절로 용서가 되는 것이다. 저 사람이 용서 안 되는데 내가 왜 용서해.

그것은 용서가 아니다. 용서 받기를 원하는 것이지.

요즘 국회의원들 너무도 뻔뻔하다. 부끄러운 줄 모른다. 하기는 그런 자를 당선시킨 국민이 있음이니 달리 나무랄 수는 없으나 배움이 있으면 양심이 있었으면 한다.

당 대표란 자들이 그런 자를 공천하고도 공정한 사회를 외치고 다니니 나라가 이 지경인데도 개떼들만 판치고 있지 않나.

개야 오직 주인만, 아니 영리한 짐승이라 이생에 가장 영화를 누리는 존재가 되었는지도 모른다.

두고 볼일이다. 과연 민주당은 국민을 위하여 어떤일을 할 수 있을까? 아무리 잘한다 해도 남북통일을 못하면 실패한 정치다. 언제나 조국은 하나다 둘이 될 수 없다.

우리나라가 동강나지 않았다면 아마도 세계 최강국이 되었을 것이다.

손(手)

손은 신이 주신 선물 중에 제일 으뜸임은 틀림없다.

태어나서 제일 먼저 움직이는 것이 손이다.

우리는 병원에 가면 손 먼저 내밀어 맥부터 본다. 수술(手術)을 할 때도 손으로 째거나 베어내는 작업을 한다. 손은 장애인이 아닌 이상 누구나 둘이다.

왼손, 오른손 다른 역할을 하지만 묵시적으로 신호를 준다. 무엇을 자를 적에 오른손 혼자서는 일을 할 수 없다.

오른손이 연장을 들면 으레 왼손은 오른손을 도와 일을 수월하게 하여준다.

또 손도 손가락이 없으면 있으나 마나다. 손가락도 엄지, 검지, 중지, 약지, 새끼손가락이 역할이 다 다르다.

엄지는 지장 찍을 때 꼭 필요하지만 대장 역할을 성실히 한다. 수저를 집을 때나 글씨를 쓸 때는 엄지와 검지가 쥐여주면 중지가 옆을 바쳐주어 보조역할을 하고 또 왼손은 으레 바른손이 잘 시행하도록 여건을 만들어 준다.

아무리 엄지라도 이렇게 손가락들이 받쳐주지 않으면 아무런 역할도 못 한다. 또 약지는 대가 역할이 적은 대신 미를 상징한다. 반지를 다른 손가락에 끼면 일하기가 거북하지만, 약지에 끼면 하등에 불평하지 않으니 약지가 다른 4형제의 역할을 지시하여 준다. 그리고 반지를 끼는 것으로 손을 모든 미를 창출한다.

또 새끼손가락은 막내답게 약속을 걸기도 하지만 귓구멍, 콧구멍 후비는데 안성맞춤이다.

잘려 나간 일이 아니고는 누구에게나 손은 있다.

우리는 평생 손을 도구로 사용하면서도 고마움을 모른다.

88년 밥을 먹여 주고 사랑을 보조해 주고 이렇게 종신토록 그를 쓰게 하여 준다. 아무리 머리 생각하고 가슴이 포용한다지만 실제 다른 사람에게 전하는 역할은 내가 아니면 누가 하랴.

그러나 거기에는 알게 모르게 내 손을 움직일 수 있도록 헌신하는 눈이 있기 때문이라는 걸 잊어서는 안 될 것이다. 이 손이 아니면 인간이 어떻게 만물의 영장이 될 수 있을까. 짐승이나 새들도 날개와 발은 다 갖고 있어도 손이 없기 때문에 힘을 발휘할 수 없다.

짐승들이 사람보다 촉각은 더 발달되었지만 싸울 때도 입 밖에 없으니 무한한 기량을 가진 손을 어찌 당해내랴.

그나마 돼지같이 몸집이 크고 힘이 센 동물은 박치기를 통하여 싸우지만 일방적인 방어 없이는 사람을 제압하기란 힘들 것이고 사람이 두려워하는 짐승은 거의 멸종 단계에 와 있다.

  사자, 호랑이가 입으로 무는 데는 명중이지만 그들은 무기를 만들지 못하니 손을 가진 인간들 감당하지 못하는 것이다. 어떤 것도 사람에게 복종 안 하면 죽게 되어 있다. 개처럼 영리한 동물은 사람 앞에 복종을 배웠기로 지금같이 험난한 세상에도 너는 사랑을 독차지하고 있구나.

  나는 사람을 대했을 때 언제부터인가 손부터 보는 습성이 생겼다. 성형 수술의 발달로 이제 언청이도 미인으로 만들고 남자를 여자로 만들고 여자를 남자로 만드는 세상이다 보니 눈에 볼 수 있는 부위 중에서 손 밖에 믿을 수가 없다.

  지금 지하철을 타보면 60~70%는 미인이다.

  그러나 손을 보면 미인은 20~30% 밖에 안 된다. 그러니까 40~50%는 성형을 했다는 것이다. 여자를 남자로 바꿔도 지문은 못 바꾸나보다. 그러니까 40~50년 전 범죄라도 지금 지문으로 잡아 내는 것. 대개의 사람들은 외모만 보지만 나는 항상 손을 본다.

  왜냐하면 손은 보아도 실례가 안 되기 때문이다. 손에는 그 사람이 본성이 고스란히 살아있다.

  그 사람의 살아온 과거까지 고스란히 남아 있다. 또 상대방이 가장 존귀한 손을 제일 잘 뜨이게 하기 때문이다. 옛날에 유럽에서는 얼굴도 가렸지만 손에도 꼭 장갑을 끼고 다니기 때문에 서민이 아니고는 손보기가 힘들었다.

요즘 국가대표를 한 펜싱 선수가 여자와 결혼하려고 상대방의 유방도 절제하고 남근도 심는다 한다.

참 아이러니한 세상이다. 우리가 알기로는 국가대표가 되면 생활은 부족함이 없을 터 무슨 영화를 보겠다고 성전환자와 결혼을 약속하는지 이해가 안 간다.

더구나 결혼까지 하고 아기까지 낳은 경험이 있다면서 사랑의 메아리쯤은 알고도 남았을 터인데.

아무리 남녀를 마음대로 바꿔도 아직 손 바꿨다는 인간은 보지 못했다. 아무리 인간을 똑같이 만들었어도 손놀림은 자유자제가 안 된다. 시스템에 의해 움직일 뿐이지.

옛 교수들을 일러 가냘프고 고운 여인의 손을 섬섬옥수(纖纖玉手)라 하여 은연중 미인임을 칭송하였다. 미인 조건에 반드시 손이 들어가는 것은 사람의 신체에서 손이 차지하는 비중이 그만큼 높기 때문일 것이다.

우리가 사회생활을 통하여 제일 먼저 친절을 묘사하는 것이 악수나 포옹이다. 악수나 포옹은 실제 상대에게 접촉으로 의사를 표현하기 때문 손에 나이프나 함마 같은 것을 들고 가까이 해서는 안 된다.

칼은 예리하기 때문 단절을 의미하고 함마는 무디기 때문에 파괴를 의미하기 때문이다.

현대 춤에서 고전무용과 달라 동성 간에 부킹은 안한다. 무용은 개인기라면 댄스는 서로 마주 보고 몸의 접촉이 있어야 실감이 난다.

우리가 가장 많이 가는 곳이 콜라텍이다. 클럽은 주로 젊은 이들의 향연장이지만 상대가 뚜렷하게 정해져 있질 않으니 아무렇게나 음악에 맞추어 흔들어 주면 되기 때문에 어떤 교육이라든가 동작이 정해져 있지 않다.

그러나 콜라텍은 다르다. 거의 예전 카바레를 간판만 변경했지 실제 춤은 똑같다. 콜라텍은 아가씨서부터 80~90까지 오니 연령층이 고정되어 있지 않다.

특히 여인들의 손에는 그들의 직업이 담아져 있다. 한 번 놀아보면 대번에 신상을 파악할 수 있다. 요식업에 종사하는 여성은 손이 고을 수가 없다. 손등보다 손바닥이 거칠다. 손이 거칠면 손을 잡고 싶은 생각이 없어진다. 더욱이 습진이 있는 손은 나무껍질 만지는 기분이 들어서 3곡 끝나기만 기다린다. 습진은 전염이 되기 때문에 더욱 신경이 쓰인다. 그러나 손이 따뜻하고 보들보들하면 한없이 경련에 빠져든다. 접촉은 손 뿐인데도 온 전신을 포근함이 전도된다.

사람의 손은 운명이다. 엘리아스카네티가 남긴 말이다.

도구를 쓸 때는 노동기관이지만 노동을 가져다주는 산물이기도 하다. 사람은 처음 태어나면서부터 제일 먼저 손을 놀린다.

지금은 엄마 젖을 안 먹이니 모르겠지만 우리가 모유를 먹일 적만 보아도 손으로 젖 먼저 찾는다. 손에 젖이 닿으면 입이 쫓아간다. 이는 본능이다. 그리고 그 손놀림이 사람들의 뇌(惱) 지능과 능력을 키웠다. 아울러 사랑은 그 뇌가 커지는 속에서 노동협력을 통해 서로가 의사소통을 할 필요성을 느끼게 되고 그것이 '말' 언어 발생을 가져왔다는 것이 유물론 관점에서 본 프리드리히 엥겔스 인간학이다.

그는 말했다.

사람이 나무에서 내려와 땅 위에 서서 살게되면서부터 손을 해방시켜 도구를 쓸 수 있게 했다. 유인원는 손을 나무 타는데만 사용하지 도구로 쓸 줄 모른다.

결국 사람이 손을 쓰게 된 것이 문화와 문명 발달을 가져왔다.

언젠가 아들이 미술관 구경을 시켜 준다고 종로 통의동에 있는 대림미술관에 갔다가 수많은 손을 볼 기회를 가졌다. 손으로 말한다(Speaking with Hands)란 주제 아래 미국 캘렉터헨리불이 소장한 작품들을 펼쳐 놓았기 때문이다.

'팝 아트' 거장 앤디워홀파리한 손으로부터 '조각가' 핸리무어 거친 손.

시인이자 극작가였던 장 콕토 세심한 손.

골무를 끼워 농염함 느낌을 주는 화가 조지아 오키프 손.

그리고 세계 헤비급 챔피언이었던 권투 선수 조루이스 주먹에 이르기까지 한 시대를 풍미했던 사람들 손이 사진 안에 담겨

있었다.

가장 인상 깊은 것은 굵고 거친 주름을 지닌 손이었다. '마더 테레사' 손이다

그 손이 말한다.

선한 일을 하면 이기심에서 하는 거라고 비난을 받을 것이다. 그래도 선한 일을 하라. 정직하고 솔직하면 상처 받을 것이다. 그래도 정직하고 솔직하라. 여러 해 동안 만든 것이 하룻밤에 무너질지도 모른다. 그래도 도와줘라.

그래도 도와줘라 좋은 것을 주면 발길로 차일 것이다. 그래도 줄 때는 나에게도 필요한 가장 좋은 것을 줘라. 그래야 그 사람도 가장 소중하게 잘 보관할 것이다. 내가 보기 싫은 것은 누구에게도 주지 마라. 받는 사람에게 짐만 될 뿐이다.

사람은 동물 가운데 유일하게 부드러운 손을 가진 존재다. 모든 신경의 말초는 손끝에 모여 있다. 따라서 손은 몸 중에 가장 소중하고 예민한 곳이다. 그 예민한 손을 내밀어 하는 악수는 당신과 좋은 관계를 나누고 싶다는 표시이고 손뼉을 치는 것은 칭찬과 격려인 동시에 진심으로 한다는 의중이기도 하다. 새끼손가락을 걸면 약속이고 반지는 내 몸과 당신의 몸을 묶는다는 당신을 사랑한다는 약속이고 맹세이다.

두 손 모아 기도하는 일은 온몸을 대신하여 드리는 염원이다. 절할 때 두 손을 모으는 것이나, 불교의 합장이나, 그리스도의 가슴에 성자와 성신을 읊음이나, 그 의미는 마찬가지다.

우리가 손으로만 할 수 있는 것은 부지기수이다. 소중한 사랑을 위해 기도하고, 넘어진 누구라도 붙잡아 일으켜 주고, 나그네의 갈 방향을 가르쳐 주며 지압만으로도 죽어가는 생명을 구할 수 있으며, 이렇게 글을 써서 만인에게 도리를 가리켜 주고, 꿈과 소원을 이루어 주고, 두 손을 번쩍 들어 만세를 외치고, 사랑한다는 표현은 예쁘다. 먼저 따스한 손으로 감싸 주고, 단단한 자기 의지를 드러내 보이며 한마음으로 얼싸 안고 뭉칠 수 있고, 우리의 삶을 대신하여 주고, 세상을 조롱한다.

맹인들이 손의 감각으로도 모든 의사를 표시하고 전달하는 모습을 보면서 살가운 정이 담긴 손길이야 말로 해악이 넘치고 멋과 낭만이 겸비한 넉넉하고도 훈훈한 손과 마주했을 때 얼마나 뿌듯한 행복을 느낄 수 있는가.

우리의 삶도 물과 마찬가지로 끊임없이 흐르지 않으면 삶도 탁해지고 고린내가 난다.

무엇이든 변해야 한다. 그래야 흐르는 물과 같이 모든 것을 받아들이고 스스로 정하고 바다에 다다를 수 있다.

원앙소리(올드파트너)

　우리 인간은 인정을 먹고 산다. 단 한 사람이라도 나를 알아주고 보듬어 주는 이가 곁에 있다면 그것만으로도 세상에 존재할 까닭이 충분하다. 〈키케로〉는 평생의 벗이 하나면 족하다고 했다. 그 한 벗은 나를 믿어 주는 벗이라 했다. 우리 옆에는 지금 마음 놓고 믿어 줄 벗이 있는가?
　88년이 되고 보니 친하다고 자부할 수 있는 벗은 다 떠났으니 뭐라고 말해야 좋을지는 몰라도 70년을 함께 해 온 아내조차도 나를 무척이나 아끼면서도 100%로 믿는다고 장담은 할 수 없다. 이제 하루만 못 봐도 미치게 그리워하던 친구도 가까워질 수 없는 당신이 되고 나니 내 자식마저도 믿기지 않는다.

　우리에게는 잔잔하고 숨 떨리는 감동으로 밀어 놓은 소리가 있다. 원앙 소리 원앙은 소 목덜미에 달아 놓은 방울이다.
　원앙을 단 소는 움직일 때마다 달랑달랑 소리를 내는데 밤에 도적이 나타나면 마구 흔들어 주인의 잠을 깨워 준다.
　어두운 밤에 아버지가 매 놓고 출타하시어 심산계곡에 소를 끌려 가면 가만히 있다가도 주인 기척이 나면 원앙을 마구 흔들어 자기 있는 곳을 알려 준다.

소는 말을 못 하니 원앙을 통하여 위험이나 의사 표시를 했다. 원앙 소리는 이충열 감독이 찍은 독립영화로 그 해에만 처음 300만 관객이 즐겨 찾은 순정영화다.

나는 10여 년 전 불광 N.C 백화점 영화관에 상영할 때 혼자서 보고 또 아내를 데리고 가 보고했다.

주인공은 산간오지 경북 봉화마을 청량산 자락에서 살고 있는 팔순 할아버지와 마흔 살 먹은 소가 나누는 우정을 담은 실화다. 청량산은 항상 즐겨찾던 이웃산이기도 하지만 지금도 어쩌다 TV에 비치는 그때 주인공을 볼 때마다 지난 세월에 묻어난 그리움에 이 글을 쓴다.

보통 소는 평균 수명이 15년이라 한다. 소고기는 4년만 넘으면 질겨서 못 먹는다. 먹어도 맛이 없다. 가랑잎 씹는 기분이다. 그때 사람들 또한 환갑만 살아도 유종명이라 했는데 소 40이면 인간 100수와 얼간하다.

그때는 결혼도 거의 15세~16세만 했고 우리 당숙은 9살에 16살 먹은 숙모와 결혼했어도 부부해로 하였고, 아버지 12살 어머니 14살에 결혼했어도 어머니가 시집와서 밥해 먹고 길쌈하고 아들, 딸 10남매나 낳았다.

원앙에 나오는 최원균 할아버지는 여덟 살에 다리 힘줄을 다쳐 평생 한쪽 다리를 절어 절뚝발이로 살았다.

다리를 저는 할아버지하고 늙은 소가 만들어낸 콤비는 내 생애에 본 영화 중에 가장 오래 인상이 남아있다. 이 영화 제목도 올드 파트너다.

최 할아버지는 늙은 소가 끌어 주는 작은 마차를 타고 밭에 나가 일을 하고 돌아올 때 또 마차를 타고 온다. 소는 운전기사다. 그 소 덕분에 여기저기 농토를 찾아다니며 농사를 짓고 자그마치 아홉 남매를 길러냈다.
우직한 늙은 소가 한 집안을 먹여 살리는 역할을 했다.

할아버지는 농약을 치지 않고 농사를 지었다. 농사지은 부산물은 겨울에 소 먹이를 하려면 절대 농약을 써서는 안 된다. 여름에도 꼴초를 베어다 먹이려면 풀 한 포기도 청정해야 했기 때문이다.
할아버지는 다른 일은 못 해도 소먹이 꼴은 안 빼놓고 베어지고 다녔다. 농사꾼은 가을 거지가 끝나면 새초를 해야 한다. 새초란 들풀을 단풍질 무렵에 베어 말려야 영양가가 살아있다. 우리네 김치 담는 것이나 같다.
할아버지는 장애로 시나브로 농사를 지었지만 소 때문에 자식 9남매를 길러냈다. 그러나 삶이 싫증이 난다거나 열세(劣勢)라 생각지 않고 옹골차게 살아왔다.
늙은 소와 할아버지는 영화에서 만이 아니고 실제 삶이 영화와 같았다.

 느린 걸음으로 힘겹지만 티를 안 내고 끝까지 포기하지 않고 오로지 한길을 가는 노인의 고집통이나 노인이 시키는 대로 어김없이 꾸벅꾸벅 자기 할 일을 충실히 하는 소나 끈기는 자랑할 만하다.

 소 엉덩이에 덕지덕지 붙은 쇠똥이나 할아버지 바짓가랑이에 누덕누덕 눌어 붙은 진흙덩이나 별반 차이가 없다.

 소가 얼마 있으면 자연사 할 거라는 마누라 성화에 못 이겨 소를 팔기로 작정하고 마지막 주는 소죽이라 생각하고 콩을 한 되박이나 퍼다 여물과 섞어 쑤어 주었으나 소도 팔려 가는 것을 눈치를 채고 눈만 끔뻑끔뻑하고 주인만 응시하고 소죽을 안 먹는다.

 우시장에 누가 거들떠도 안 보는 소를 가장 좋은 소 값을 부르며 한 푼만 깎아도 안 판다 하니 도로 끌고 올 수 밖에.

 할아버지와 함께 다시 집으로 돌아온 소는 아무런 반응도 없이 또 다시 노인을 따라 산속으로 들어가 할아버지가 베어 실은 나무를 가득 싣고 집으로 돌아온다.

 집에 들어서자마자 엎드려져 생을 마친다. 할아버지 마을사람들과 끌어다 평생 갈아 일구던 밭머리를 파고 묻다가 같이 소와 구덩이에 엎어져 죽는다.

 이는 동물에 대한 애완이기도 하지만 농부의 일생이기도 하다. 이 글 또한 컴퓨터가 아닌 소박한 손 글씨로 쓰다 보니 펜 끝에 묻어나는 전설이 아닌 현실의 조명이라 한결 간절한 마음이 든다.

우리가 지니고 있는 이 모든 것은 자연이 준 선물일 뿐 어느 특정인의 것이 아닌데 누가 누구에게 베푼단 말인가.

우리가 사랑하는 아내나 자식도 병상에서까지 끌어안고 애지중지하던 재물도 죽음 앞에선 아무런 도움이 되지 못한다. 오직 자신을 끝까지 따라다니는 것은 자신이 행한 업뿐이다.

좋은 일이든 나쁜 일이든 내가 나눈 그 행위만이 떨어지지 않고 죽음의 길에 동행한다.

코끼리도 늙어 죽을 때가 되면 스스로 깊은 밀림 속으로 들어가 조용히 생을 마감한다.

자기 죽음을 다른 이에게 피해가 되지 않으려는 성자의 발로다. 그래서 코끼리를 영물로 단정하는 것이다.

사람은 뻔히 죽을 줄 알면서도 더 살기를 원한다.

자의던 타의던 생명 연장 또한 순리를 역행하는 처사다. 죽을 때 죽게 두는 것이 정답이다.

우리는 노인들로 인한 폐해가 이만저만이 아니다. 알면서도 놓지 못하는 것은 예부터 전해오는 습관 때문이다. 사람을 죽게 버려두는 것이 큰 죄악처럼 두려워하기 때문이다.

의료기관에서도 죽을 줄 알면서도 기어이 식물인간을 연명시킨다.

국회에서는 노인폄하가 아니더라도 안락사를 통과시켜야 한다. 그것은 결례가 아니고 선행이다.

죽음이 결코 나쁜 것이 아니기 때문이다.

지금 의사들이 밥그릇 가지고 투쟁하는 것을 보면서 지성인 같지 않다.

또 대통령도 왜 하필 선거를 앞두고 의료분쟁을 일으키는지 원망스럽다.

꼭 의사 숫자를 지금 당장 늘려야 했는지 오히려 식물인간을 가지고 4~5년씩 생명연장을 해야 했는지 젊은이라면 몰라도 80이상이면 자연사 시키는 것이 국가적으로나 가족이나 평안을 줄 수 있을터인데.

나도 큰 집에 있을 때 머슴이 둘이고(상머슴은 무슨일이든 막힘없이 하는 사람 쌀 여덟 가마니, 하머슴은 주로 소먹이는 아동 머슴이다. 쌀 네 가마니) 그리고 겨울에 품삯으로 쌀 갔다 먹은 사람 매일 들 일꾼이 4~5명이었다.

나는 일은 안해도 비료주고, 심부름 하기도 바쁘다. 그래서 농사일은 잘 안다. 산장에 가 있을때도 양념농사는 다 지어다 주었다. 배추도 얼마나 큰지 웬만한 장정은 잘 들지도 못했다. 무도 장정 넓적다리만큼 굵었다. 그런데 다 같은 농토인데 지금 아이들이 지어온 배추, 무는 질겨서 못 먹고 고갱이도 없다.

물 흐름을 따라가시게

한 젊은 수행자가 지팡이를 만들 나무를 찾아 헤매다가 깊은 산 중에서 그만 길을 잃었다. 날은 저물고 돌아갈 길을 찾아 허둥대다 머리를 풀어 늘어뜨리고 풀 옷을 걸친 한 노스님을 만났다. 길 잃은 수행자는 노스님에게 묻는다. 스님께서는 산에 들어와 계신지 몇 해나 되셨습니까. 둘레 산 빛이 푸르렀다가 노래지는 것을 한 해에 한 번씩 보았을 뿐이네. 젊은이가 길을 잃었사온데 마을 있는 곳으로 나가려면 어느 쪽으로 가야 합니까. 저 골짜기 따라 흐르는 물줄기를 따라가 보시게 우리는 살아가면서 고의든 실수든 크고 작은 문제와 만난다.

때로는 어려움인 줄 모르고 지나친 어려움도 많다. 그러다가 뒷날을 돌이켜 보니 커다란 위험이 비켜 갔다는 것을 뒤늦게 알아차리고 몽골이 송연해질 때도 많다.

2018년처럼 세계의 고황 악질 코로나로 가장 절친 벗 셋이나 잃고 나니 자연이 허둥되게 되고 그러면 그럴수록 더 깊은 늪으로 빠져든다. 어느 날인가 쇠 하는 소리가 귀에 들리는가 했는데 나도 모르게 금방 정신을 잃고 쓰러졌다. 아니라 다를까. 어제 그 시각에 친구가 죽어가며 마지막 일성이 태근이가 보고 싶어 만나게 해줘 하고 죽었다 해서 아! 죽을 때 보고 싶은 사람과는 텔레파시가 통한다는 걸 알게 되었다.

산속에 선사가 흐름을 따라 가라는 말은 선사도 알고 이르는 것이 아니라 진리를 이야기했을 것이다.

바다가 어디냐고 물어도 물 흐름을 따라가라 함이 그것이 물이 가진 진리이듯이 산 중에 길이 없으니 길을 안내할 수도 없고 그가 가고져 하는 곳이 동서남북에 어디에 있는지 모르고 일러 주는 것은 오히려 안 알려줌만 못 하니 산골 도랑물은 어느 쯤 가면 내가 나오고 내(川)를 지나면 개울이 나오고 개울을 지나면 강이 나오니 어쨌든 가장 빠르고 헷갈리지 않는 길이 물길이니 도승답게 바른 길로 일러 준 것이다.

지금 내가 가야 할 곳이 어딘지 그대는 알고 있는 것 좀 나에게 나그네가 갈 길을 묻는다면 사방 삼발짝씩만 걸어 보고 가장 유연한 방향으로 가라 할 것이다. 바람결이 선뜻하면 벼랑이나 길섶이 험난할 것이니 맹수 등이 나타날 수 있고 너무 고요하고 어떤 느낌이 없으면 점점 깊어가는 것이고 훈훈한 바람이 불어오는 곳에는 강이 있고 인가가 있음이라.

물 흐름을 따라가는 말은 어떤 어려운 지경에 처했을 때 괜히 찾아 헤매지 말고 자연의 순리를 따르라는 것이나 길뿐 아니라 삶에서 확실한 것은 억지로 임의대로 생각하지 말고 자연의 순리를 따르라는 것이다. 서두르지 말고 몸에 힘을 빼고 한

호흡 깊게 드리시고 나서 여유를 갖고 순리를 따른다면 한치도 오차가 없을 것이다.

　수천년 역사가 그랬듯이 결국은 자연의 순리로 돌아갈 것이다. 순리란 옳은 곳을 쫓아라 했으니 자연은 조금 더 옳지 않음이 없으니 자연에 순응하면 그 길이 바른 길이다.

화담서기(花潭瑞氣)

선악으로 받는 고통

불교에서는 삶에서 일어나는 모든 실체를 업보라 하고 또는 '선, 악'이라 한다. 우리 인간이 삶에서 가장 많이 회자되는 것이 재물과 이성이다.

불교에서는 몸을 해치는 것은 이성보다 더한 것이 없고, 도를 잃게 하는 것은 재물에 미칠 것이 없다 했다.

그러므로 부처님은 계율을 마련하여 재물과 이성을 비구로 하여금 엄금하신 것이다.

이성을 대하거든 호랑이와 뱀을 본 것처럼 하고 금이나 옥을 가까이 할 때는 나무나 돌같이 보라고 했다. 지금은 금전만능 시대니 옥 같은 건 별로지만 금이나 현금이라 함이 맞을 것이다.

비록 어두운 방에 있더라도 큰 손님을 만난듯하고 남이 볼 때나 안 볼때나 한결같이 해서 안과 밖을 달리하지 말라하셨으니 마음이 청정하면 선신이 수호하고 이성에 연연하면 천신(天神)이 용납치 않는다.

선신(善神)이 수호하면 아무리 험난한 곳에서도 어려움이 없고 천신이 용납하지 않으면 편안한 곳에서도 불안이 따른다. 우리에게 신은 누구에게나 똑같은 신이다.

인간의 연민은 '흑', '백'인이 다르지 않다.

땅은 누구에게나 소중하다. 그러므로 땅을 <u>해롭게 하는 것</u>은 어머니를 모독하는 것이다.

지구는 인류의 어머니다. 사랑으로 말하자면 지구는 어머니고 태양은 아버지다. 땅은 동식물뿐만 아니라 지구상에 존재하는 모든 생명체의 어머니이다. 또한 태양은 지구상에 온 누리를 고루 비쳐줌으로써 생명을 잉태시킨다.

당신의 잠자리를 계속해서 오염시키면 당신은 언젠가 당신 자신이 버린 쓰레기에 묻혀 숨을 거두게 될 것입니다.

들소들이 모두 살육되고 야생마들이 길들여지고 숲속의 신성한 구석구석들이 인간들의 쓰레기로 손상된다면 그것은 삶의 종말이며 죽음의 시작입니다.

마지막 인디언들이 땅으로부터 소멸되고 오직 광야를 가로질러 흘러가는 구름이 그림자만 남았을 때 그때에도 이 해변과 숲들은 내 백성들의 정신을 간직하고 있을 것입니다. 당신들에게 우리가 살던 땅을 넘겨준 후에 우리가 이 땅을 사랑하였듯 사랑하고 우리가 보살펴 왔듯 보살피면서 그것에 대한 기억을 당신 마음속 깊이 간직하세요.

당신들이 이 땅을 차지한 후 당신들의 모든 힘과 능력과 마음으로써 당신들의 자녀를 위해 보호하고 사랑하십시오.

인디언 추장의 이 편지는 150년 전 미국 대통령만이 아니라 자연을 파괴하고 오염시키고 있는 오늘날의 우리들에게 보내 온 묵시(默示 : 은연중 의사 표시)라고 보아도 좋을 것이다.

인간의 생활은 생태계인 순환에서 벗어날 수 없다. 우리들 인간의 행위가 곧 자연계의 직접적인 영향을 미치고 그 행위는 다시 결과로서 우리에게 되돌아온다. 이런 현상이 인과의 법칙이고 우주 질서다.

이제라도 우리 인간이 생각을 바꾸어야 한다.

인간의 철저한 내적 변화만이 오늘의 파국을 극복할 수 있다. 근본적인 해결을 위해서는 인간의 맹목적이고 타성적인 생활 습관에 일대 변화가 와야 한다.

무엇보다도 잘못된 것은 우리가 현재의 생활 방식을 정상적인 것으로 착각하고 있다는 것이다. 소비를 미덕으로 여기는 현재의 생활 방식은 역사적으로 볼 때 지극히 <u>근래에 이루어진 일이다</u>. 인간과 자연 사이에는 새로운 관계가 맺어져야 한다. 그것은 정복과 착취의 관계가 아니라 협력과 동반의 관계로 전환되어야 한다.

옛 말에 땅에서 넘어진 자 땅 짚고 일어서라 했다 우리가 쾌적한 자연환경 속에서 인간다운 삶을 이루려면 오늘 우리에게 주어진 과제의 극복을 통해서만 가능하다.

오늘의 문명은 자연이 낳은 환경만으로는 모자라 자연이 쌓아둔 자본까지 갉아 먹고 있는 비정한 실정이다.

만신창이가 되어 앓고 있는 오늘날 자연의 신음 소리는 곧 우리들 자신의 질병이며 신음 소리임을 잊지 말아야 한다.

우리가 보다 인간다운 삶을 누리려면 될 수 있는 한 생활용품을 적게 사용하면서 간소하게 살아야 한다. 우리가 사용하고 있는 모든 물건은 지구상에 한정된 자원의 일부이며 공장에서 기계와 기름과 화학 약품으로 생산되기 때문에 지나친 소비는 반드시 자연의 훼손과 자연의 오염을 가져온다.

우리는 적을수록 귀하게 여겨진다. 많이 가질수록 그만큼 인간의 영역이 시든다. 맑고 고요하고 한적함이 우리의 삶에 어떤 몫을 차지하는가를 다시 생각해 보지 않을 수 없다.

시끄럽고 어지러운 세상살이이기 때문에 때로는 맑고 고요하고 한적한 삶의 여백이 필요하다. 이런 여백을 통해서 시들어진 일상을 되돌아보고 개선할 수 있다.

개선과 개혁이 없는 삶은 한낱 타성이고 습관에 지나지 않는다. 타성과 습관은 사람을 찌들게 하고 시들게 한다.

옛 어르신들의 가르침에 재물에서 생기는 화(禍)는 독사보다 무섭고 천재보다 피하기 어렵다. 재물과 욕정에 대한 인력(引力)은 그만큼 강인하기 때문에 거기에 휘말리면 두고두고 헤어나기 어렵다. 독사에 물리면 자기 몸만 상하지만 재물이나 욕정의 그물에 걸리면 가족이나 다른 사람까지 피해를 보기 때문이다.

여색이나 재물에 얽매이는 것은 감옥보다 더 헤어나기 어렵다. 감옥은 수감일만 채우면 더 이상 죄를 짓지 않는 한 자동으로 풀려나지만 정욕과 재물은 어떤 재앙도 피해가질 않는다. 이 글은 단란한 가정을 모두 싸잡아 말한 것이 아니다. 다만 재물에 대한 욕망과 이성 간의 불륜을 추슬러 말한 것이다. 재(財), 색(色)은 성현군자도 한번 빠지면 헤어나기 힘들어 에둘러 말한 것뿐이다.

 부처님은 이성과 마주칠 때 연정이 일어나거든 이렇게 하라고 이야기했다.

 나이 많은 여인은 어머니로 생각하고
 비슷해 보이거든 누이로 생각하고
 적어 보이거든 동생을 생각하라.
 어린이는 내 자녀처럼 생각하라.

조롱(操弄, 남을 놀림)

법정(法頂)스님이 채소밭에서 상추쌈을 먹으려고 상추를 제쳐 담는데 등산객이 지나가다 이렇게 말했다 한다.

스님 참으로 행복하시겠어요. 그 사람은 무심코 던진 말이지만 참선을 하는 스님이 듣기로는 농으로 들을 수 밖에 없었다.

산속에서 상추 잎 제치는 사람보고 참 행복하겠다니 진의가 뭔지 무척 궁금하였다.

왜요 스님도 뜻밖에 듣는 말이고 수도사가 가장 싫어하는 말이라 고해(苦解)를 하는 스님으로서는 칭찬이라도 조롱이라도 듣고 싶지 않는 조롱이다.

등산객 이런 맛 좋은 케일을 먹고 살 수 있으니까요. 더욱이 '케일' 잘 알아듣지도 못하는 영어로 하니 너무도 싱거운 행복론의 스님은 어이가 없었다 한다.

더욱이 산중 오두막에 수행하는 스님에게 영어까지 섞어서 말을 하는 것 보고 아무리 보아도 본데없는 잡놈 같았다. 시골 사람이야 태고부터 심어 먹고 도시에서는 사시사철 먹을 수 있는 지극히 당연한 것을 행복을 결부시키니 저자가 행복의 뜻이 뭔지나 알고 지껄이나 회의가 갔다.

그 등산객 말대로라면 시골 사람들은 모두 행복한 것이고 도시 호텔에서 스테이크에 케일을 먹는 자는 어떻게 표현해야 할까.

스님은 이야기 도중에도 케숀마크를 붙이셨다.

요즘 세상에는 행복이 먹는 일로 빛이 바랬는가. 그러지 않아도 봄철 밥맛이 달아나려고 하는데 물론 이렇게 직접 가꿔서 싱싱한 것을 밭에서 바로 따다 먹는 것을 그린 것이겠지만 말이란 은연중 던진 말이 누구에게는 상처가 될 수 있으니 신중하지 않으면 본의 아니게 다른 사람에게 상처를 준다.

그렇다 행복지수란 민족마다 사는 방식마다 다 다르니까. 흑인과 백인이 다르고 평민과 부자가 다 다르니까. 스님은 그렇다고 그런 자하고 시시비비를 가를 필요도 없고 그냥 무시해버렸다.

요즘 우리들이 쓰는 적절한 말의 개념을 모르니 그 자리에 꼭 들어맞는 말을 가려 쓰지 않고 아무렇게나 함부로 뱉어내는 현실이 안타깝다.

그만큼 생각 없이 떠들어대는 엉성한 말의 문화가 인스턴스식 문화에 끼워 들어가기 때문에 지극히 당연하고 사소한 자연현상을 가지고도 상대방의 고마움을 느끼지 못하게 하는 것이 안타까울 따름이다. 사실 평생 동안 삶을 지탱하기 위해서는 먹어야하기 때문에 먹거리로 행복과 불행을 분간할 수는 없지만 세상에 허구 많은 음식 중에 상추 하나 가지고 행복을 얹어 준다면 듣는 사람은 농으로 들을 수 밖에.

중아함경(中阿含經) 제3권에 도경(度經)이란 경전에 부처님이 기원정사(祇園精舍)에 계실 때 제자들에게 다음과 같이 말씀하시었다. 이 세상에 세 가지 그릇된 소견을 가진 사람들이 있는데 지혜로운 이는 그것을 밝게 가려내어 거기에 맹목적으로 추종하지 말아야 한다.
세 가지 그릇된 소견이란 무엇인가.

첫째, 어떤 사람을 말하기를 우리가 이 세상에서 겪는 모든 일은 괴롭든 즐겁든 다 전생의 업에 의한 것이다. 어느 때 그렇게 주장하는 사람이 많나.
그 주장의 확신을 갖느냐고 물었다.
부처는 그렇다고 대답했다.

당신의 주장대로라면 사람을 죽이거나 도둑질을 하거나 여인을 폭행, 강간을 하거나 어리석은 생각을 갖는 것도 모두 전생에 지은 업보 탓인가.
만일 그렇다면 이런 일을 해서 안 된다거나 이 일을 해야 하겠다는 의지적인 노력은 소용없을 것이다. 따라서 어떤 자제노력도 없이 마음 내키는 대로 함부로 행동하는 사람도 정당화해야 되나 하지 않겠는가, 라고 반박했다.

　우리들은 무슨 일이 잘 안 풀리면 흔히 사주팔자 탓으로, 혹은 전생에 지은 업(業)으로 돌리는 경향이 있다. 그 운명이나 숙명은 우리의 힘으로는 도저히 극복할 수 없는 것으로 생각하기 쉽다.
　이렇게 되면 현재의 삶은 과거의 찌꺼기일뿐 전혀 새로운 삶의 의지가 없게 된다. 그러나 우리가 분명히 할 것은 숙명과 인과관계를 혼동하지 말아야 한다. 과거의 업이라 할지라도 현재의 의지적인 노력에 의해 얼마든지 극복할 수 있음을 알아야 한다.
　인과관계란 과거로만 소급할 것이 아니라 지금 삶에서 이어져 과거에 가기 전에 지금 받을 수도 있는 것이다.

　지난날 과실이나 무절제한 생활로 인해 병이 들었을 경우 그걸 운명이나 숙명으로 돌린 나머지 좌절하고 만다면 그 병은 날 가망이 없을 것이다. 그러나 병의 원인을 자세히 살펴 과거에서 온 피로를 풀고 무절제한 생활을 청산하고 절제된 새로운 생활습관을 꾸준히 개선해 나간다면 다시 건강한 삶을 얼마든지 누릴 수 있다.
　이런 사실은 괜히 글의 구색을 맞추려고 하는 변명이 아니다. 우리가 순간순간 산다는 것은 자기 생애의 소모인 동시에 억겁이나 숙명을 자신이 만들어 가는 것이다. 그러니 하루하루 다른 삶을 살아간다면 이생에서 지나간 과오를 전부 갚을 수 있다. 여명이 다할 때까지 모두 청산하고 남음이 있다면 어쩔 수 없이 다음 생애로 받을 수밖에.

 사람은 좌절하지 않고 노력하면 내 인생의 지은 '업'은 얼마든지 보답할 수 있는 무한한 잠재력을 지닌 존재다.
 아마도 내가 글을 쓰지 않았더라면 88년을 살아오면서 세상에 끼친 빚을 고스란히 떠안고 갔을 것이다.
 나는 지금까지 살아오면서 덕을 쌓지 못했지만 그렇다고 남을 해하는 죄는 짓지 않았다. 소소한 잘못이야 수없이 많지만 어쩔 수 없이 행해진 과실이라 아직까지 고통도 없이 병 없이 가족 모두가 잘 사는 것으로 이생에서 지은 죄는 모두 보시(報施)하였고 남음이 있다면 이 책을 중생들에게 무량 남기고 갈 것이니 여생토록 갚음을 게을리 하지 않는다면 저승에 가서 지옥은 면하지 않을까 기다려 본다.

 우리가 인생을 바르게 사는 것만으로도 전생을 청산하는 것이라 여긴다. 또 어떤 사람은 말하길 인간의 여정은 모두 신의 뜻이라 여긴다. 특히 무속인의 신의 믿음은 생사를 방불하며 개신교 기독교인들은 자신이 하나님인 찬양하고 자신의 권한으로 죄를 지우고 사하여 준다고 현혹하여 교인을 자기 삶을 부속품 취급한다. 그래서 무속인이나 맹신도들의 어떤 가르침이나 변화를 바란다는 것은 있을 수 없고 특히 기독교인들에게는 하느님을 폄하한다는 것은 용납하지 않는다.

  신이나 하느님은 절대적인 세계를 갈구하고 있을 뿐 자신의 미개(未開)의 소리 소치라고는 생각지 않는다. 그러기 때문에 신은 사람처럼 화를 냈다, 기뻐했다 하는 변덕쟁이가 아니고 자기를 믿고 찬양하면 무조건 슬기를 내리고 복을 줄뿐 다른 종파나 어떤 민족에게만 치우치지 않는다.

  무하마드 간디의 표현처럼 종교는 이런 것만 좋아하고 저런 것은 피하는 것이 아니다. 우리는 명심할 것은 신을 위한 기도를 해서는 안 된다는 것이다. 신의 노예가 되어서도 안 되고 자신이 가진 무한한 덕성을 발휘하라는 것이다. 어떤 신성을 믿고 귀의할지라도 거기에 집착하거나 붙잡히지 말라는 것이며 모든 것을 한 곳에다 매달리지 말라는 것이다.

  신은 사랑이고, 진리이고, 우주 질서인 까닭에 우주는 어떤 신이나 위력적인 존재에도 질서를 변하지 않는다.

건강에 감사를 법구경法句經

나는 작년 봄에(2022년) 삼선교 친구가 청량리 노인 병원에 입원했을 때 면회를 갔다. 면회는 안 되고 멀리서 바라본 것이 하도 충격적이어서 지금까지도 눈앞에 어른거린다.

코로나 환자들이라 가족조차도 면회가 안 되고 멀리서 바라만 보고 있게 하는데 그 친구도 나를 바라보고 볼에 눈물을 주르륵 흘리고 사라졌고 그것이 마지막 굿바이가 되었다.

나는 87년 나이 먹으면서 이처럼 아파 본 적이 처음이다. 마지막 떠나는 친구를 배웅도 못하고 돌아와야 하는 심정이 내 입술이 바싹바싹 마른다. 나는 마음속으로 나는 저렇게 가지 말아야 할 텐데 가족조차 말 한마디 못 건네고 떠나는 심정이 어땠을까?

이것은 결코 남의 일이 아닌 우리 모두의 일이기 때문이다. 이 세상에 태어나서 늙지 않는 사람이 어디 있으며 병들거나 죽지 않는 사람이 단 한 사람이라도 있던가?

진리의 말씀 법구경(法句經)에서

보라 꾸며 놓은 이 몸뚱이를. 육신은 합성된 상처 덩어리 병 치레에 끊일 새 없고 욕망의 타오르고 견고하지도 영원하지도 않은 꺼풀.

이 몸은 늙어서 시들고 터지기 쉬운 질병 주머니 썩은 육신은 마디마디에 흩어지고 삶은 반드시 죽음으로 끝난다.

우리들 자신의 존재의 의미는 관계된 대상이나 그 세계를 통해서 그때그때 확인할 수 있다.

우리가 한 생각 꼭 막힌 중생인지 앞뒤가 활짝 열린 본래의 부처인지 알 수 있다.

자기 자신만을 위한 이런 어떤 일도 복이 될 수가 없다. 이웃에게도 이득이 되고 나에게도 이득이 되는 행위가 마음 밭에 뿌려진 복이다. 마음 밭에 씨를 뿌려야 위 없는 불도를 이룰 수 있다. 부처님의 이 말씀은 우리들이 늘 명심해야 할 교훈이다.

뒷날 아니룻다는 파치나나란 숲에 머물면서 이런 생각을 한다.

〈중아함 팔념경(中阿含 八念經)〉
이 진리는 욕심이 없는데서 얻는 것이고 욕심이 있으면 얻을 수 없는 것이구나.

이 진리는 넉넉한 줄 아는데서 얻는 것이고 넉넉한 줄 모르면 얻을 수 없다.

이 진리는 진정으로써 얻는 것이고 게으르면 얻을 수 없다.

이 진리는 군중과 멀리 하면서 얻는 것이고 많은 사람들의 번거로움 가운데서는 얻을 수 없다.

진리는 바른 생각으로 얻는 것이고 그릇된 생각에서는 얻을 수 없다.

이 진리는 고요 속에서 얻는 것이고 시끄러움 속에선 얻을 수 없다.

이 진리는 지혜로운 사람이 얻는 것이고 어리석으면 얻을 수 없다. 이때 부처님은 아니룻다의 생각을 아시고 그의 앞에 나타나 말씀하시었다. 착하다 아니룻다야. 어느 큰 사랑의 깨달음을 생각하고 있구나. 그 다음 한 가지는 부질없는 궤변을 늘어놓지 않는다. 너는 깨달음을 생각하고 수행하는 동안 욕심을 버리고 기쁨의 경지에 들어갈 것이다.

열반으로 가는 너희 남루한 옷도 마음에 들 것이고 빌어서 먹는 밥도 맛있을 거며 나무 밑 풀자리에 앉아도 마음은 즐거울 것이다. 부처님의 이와 같은 가르침을 듣고 있으면 우리들 자신은 보잘 것 없이 부끄럽다. 당연히 해야 할 의무나 이웃의 도리를 가지고도 우쭐거리거나 생색을 내려 한다.

중생들이 악의 근원인 몸과 말과 생각의 행을 참으로 안다면 지옥 아귀 축생 등 삼악도(三惡道)에는 떨어지지 않을 것이다. 중생들이 그것을 모르기 때문에 나쁜 길에 떨어진다. 나는 그들을 위해 복을 지어야 한다.

이 세상에 여러 가지 힘 중에서 보호의 힘이 가장 으뜸이다. 천상이나 인간에 이보다 나은 것이 없으니 불도도 이복의 힘으로 이룬다. 부자들이 늘 외고 있는 네 가지 큰 소원 가운데 첫째 소원은 끝없는 중생을 다 건지리이다.

이미 미혹의 바다를 건너 다시 더 구할 것이 없을 것 같은 부처님도 박복한 중생들을 위해 복을 지어야 한다는 것이다.

자비란 기쁨을 나누어 주고 슬픔을 거두어 준다는 뜻이다. 좋은 일에 함께 기뻐하고 괴롭거나 슬픈 일에는 함께 신음해야 하는 것이다. 친구가 좋은 일을 맞이했는데도 함께 기뻐할 줄 모르고 슬픔을 보고도 들어주질 않는다면 그를 친구라 할 수 없다.

시기나 질투심은 인간의 본래 마음이 아니다.

그것은 중생심이다. 동정심 곧 그것이 자비심이다. 그것이 불심이다. 한마음이 옹졸하면 중생이 되고 한마음이 널려 너그러우면 부처와 보살이 된다. 부처님은 다시 아니룻다를 불러 말씀하셨다.

아니룻다야 너는 잠을 좀 자거라.

중생의 육신은 먹지 않으면 부지할 수 없다.

"눈"은 잠으로 먹이를 삼는다.

"귀"는 소리로 먹이를 삼고

"코"는 냄새로 "혀"는 맛으로 "몸"은 감촉으로 "생각"은 외부의 현상으로 먹이를 삼는다.

아니룻다는 마침내 실명을 하고 말았다. 그러나 애써 정진한 끝에 마음의 눈이 열리게 되었다. 그는 부처님의 10대 제자 중에서 천안(天眼)이 제일이라고 불렀다. 마음에 눈이 열렸다고 하지만 육안을 잃어버린 아니룻다의 일상생활은 말할 수 없이 불편하였다. 어느 날 헤진 옷을 깁기 위하여 바늘귀를 꿰려고 이렇게 중얼거렸다. 누구든지 복을 지으려는 사람은 나를 위해 바늘귀를 꿰어 줬으면 좋겠네.

이때 누군가 거의 손에서 바늘과 실을 받아 헤어진 옷을 꿰매 준 사람이 있었다. 그 분이 다름 사람 아닌 부처님인 것을 알고 아니룻다는 깜짝 놀랐다.

아니 부처님께서는 그 위에 또 무슨 복을 지을 것입니까? 아니룻다야 이 세상에서 복을 지으려는 사람 중에 나보다 더한 사람은 없을거다.

아니룻다로서는 이미 미혹의 바다를 건너셨고 애착의 늪에서 벗어나셨습니다.

그런데 무슨 이유로 복을 더 지어야 한다 하십니까?

부처님이 말씀하셨다.

나는 여섯 가지 법에 만족할 줄 모르기 때문이다.

보시에는 이 정도면 됐다고 할 것이 없다.

인욕에는 여기까지라고 할 한계가 없다.

진리를 추구하는데도 끝이라는 것이 없다.

이와 같이 설법과 중생제도와 복 짓는 일도 한계가 없다.

우리가 어떤 일을 할 때 일 따로 생각따로 흩어지면 일의 능률도 안 오르고 일하는 즐거움도 없다.

일과 생각이 하나가 되어 순수하게 집중하고 몰입하면 그 일을 통해 일의 기쁨만이 아니라 삶의 잔잔한 기쁨과 함께 마음의 안정을 가져올 수 있다.

정서가 불안정하다는 말은 자기가 하는 일과 생각이 하나가 되지 못하고 따로따로 흩어져 있는 불안한 상태라는 것을 알 수 있다.

책을 읽거나 쓸 때도 마찬가지다. 마음은 다른 곳에 가 있고 눈으로만 들여다 봤자 읽으나 마나 그때 쓴 글은 하나도 쓸모가 없다. 이런 현상을 마음이 일에는 없고 잿밥에만 있다고 한다.

기도도 마찬가지다. 절할 때는 정성이 없고 차례상 음식에만 마음이 가 있으니 경을 읽은들 들리기나 하겠는가? 상대와 이야기할 때도 딴전을 피우면 친구가 왔다 간 의도는 모르고 나중에 지나간 뒤에 그때 이야기했잖아 하면 그때서 자기가 실수를 깨달은 들 무슨 소용이 있으랴.

이와 같이 몸의 동작과 상태를 있는 그대로 관찰하여 몸의 움직임이나 생각이 흩어지지 않게 되면 몸에 대한 현상이 그대로 드러나고 그 시각에 있었던 일이 떠오르고 어떤 환경에도 당황하거나 집착하지 않게 될 것이다.

지혜란 다른 말로 표현하면 우리들 마음의 빛이다.

이 마음의 빛은 생각을 한 곳에 기울여 몰입하고 집중함으로써 마음이 안정된 상태에서 그 빛을 바라게 된다. 선정과 지혜의 상관관계는 물과 그림자의 관계와 같다. 물이 일렁댈 때는 물속이 아무것도 안 보인다.

그러나 물결이 잔잔해 있을 때는 그 속에 있는 것 뿐이 아니고 달 그림자 하늘에 떠 있는 조각구름 아지랑이까지 다 보인다. 이와 같이 마음도 차분해야 속마음도 들여다 볼 수 있다.

만약 모든 사람들이 자기 마음이라고 자기 주장대로 행동한다면 이 세상 모든 일은 부정되고 마침내는 걷잡을 수 없는 혼란을 가져오게 될 것이다. 지혜로운 사람은 이와 같이 잘못된 소견을 잘 분별하여 거기에 현혹되지 말아야 한다.

요즘 어린아이들까지 범법행위를 아무렇지 않게 유흥비를 마련하기 위해 강도짓을 하고 남의 생명을 수단으로 범법행위를 저지르니 사회적으로 큰 물의가 아니라 할 수 없다. 나만 당장 즐기려고 부모형제고 남의 슬픔이나 괴로움은 생각지 않는 풍조는 아이들 교육이 소홀하지 않았나 되돌아보기 바란다. 아직 미성년자라고 방치해서는 안 된다.

반드시 어른의 심부름이 아니면 밤에 뜬금없이 사라진다거나 쓸데없이 많은 돈을 요구할 시 이상한 짓거리를 할 시는 적극 감시해야 한다. 부모가 주지 않았는데 고가품을 산다거나 주머니 속에 흉기나 패물이 있을 때는 한 번 더 의심하고 자유 행동을 자제할 필요가 있다.

그리고 어떤 것도 자신의 잘못만이 아니고 모든 책임이 부모형제에게 돌아간다는 사실을 알려 줘야 한다.

자기가 한 일이 모두가 부모에게 그 책임이 돌아온다는 사실만이라도 알게 하여 준다면 아이들도 무모한 짓은 안 할 것이다. 나무라지만 말고 좋은 일이든 정당한 곳이라면 어떻게라도 마련해 줘라. 절대 남이 안 보이는 곳이라고 남의 물건에 손을 대서는 안 된다는 사실을 일깨워 줘야 한다.

나갈 때는 가는 이유와 어디서 무엇을 연락처를 남기게 하며 앉고 누울 때는 상태를 바로 하도록 하라.

그래서 생각이 그 몸의 동작 밖으로 흩어지지 않게 하라.

세상에서 큰 일을 이룬 사람들은 누구를 막론하고 남들이 자는 시간에 자지 않고 깨어나 일한 사람들이다.

잠도 일종의 습관이다. 대개 게으른 사람들은 다른 사람들보다 한두 시간씩 더 잔다.

대게 승문들은 정진하는데 있어서 두 가지 큰 장애가 있는데 "잠"과 "망상" 그것이다. 조용히 앉을 만하면 잠이 오고 맑은 정신으로 또렷또렷 할만 하면 또 망상이 떠오른다.

그래서 졸음을 수마(睡魔)라고 한다. 부처님이 기원정사에서 설법하고 계실 때다.

아니룻다 제자가 꾸벅꾸벅 졸고 있었다. 그는 석가족 출신으로 부처님의 사촌 동생이었다. 설법이 끝난 뒤 부처님은 아니룻다를 따로 불러 말씀하셨다.

그 내용은

증일아함역품(增一阿含力品)에 실려 있다.

아니룻다야 너는 어째서 집을 나와 수행자가 되었느냐.

근심 걱정 괴로움이 싫어서 그것을 떨쳐 버리려고 집을 나왔습니다.

그런데 너는 설법의 자리에서 졸고 있으니 어떻게 된 일이냐. 아니룻다 자기 허물을 크게 뉘우치고 꿇어앉아 부처님께 여쭈었다.

오늘 이후로는 죽는 한이 있더라도 이 같은 실수를 두 번 다시 저지르지 않겠습니다. 이때부터 잠을 안자고 마침내 눈병이 나고 말았다.

환자의 증상을 진찰해 본 지바카는 환자가 잠을 자면서 쉬어야 치료할 수 있다고 부처님께 말씀드렸으나 아니룻다는 듣지 않았다.

우리는 주는 사람에겐 집착이 있을 수 없다. 준다는 것은 어떤 조건도 걸지 않는 것이다. 그러나 이해가 성립되면 사람이 무뎌지고 오만하고 불만과 괴로움이 따르게 된다.

내가 그만큼 주었으니 저 사람이 그 대가로 얼마는 주겠지 기대하고 기다린다면 차츰 집착이 생긴다.

사랑도 마찬가지다.

내가 사랑하는 것으로 만족해야지 상대방에게 내가 한만큼 받고자 한다면 기어이 오해가 생기고 불신이 생긴다.

좋은 것이든 나쁜 것이든 들뜨거나 흥분하지 말아야 한다. 차근차근 천천히 그 원천부터 살펴본 후에 이해를 시켜 줘야 한다. 그리고 문제해결을 외부에서 찾지 말고 자기 자신 안에서 찾도록 하라.

휴정선사가 죽은 스님을 앞에 두고 이렇게 읊었다 한다.
올 때는 흰 구름 더불어 왔고
갈 때는 밝은 달 따라서 갔네
오가는 그 주인은
마침내 어느 곳에 있는고
목숨 다해 정신 떠나면 가을 들녘에 버려진
표주박 살은 썩고 흰 뼈다귀만 딩구는 데 무엇을 기뻐할 것인가

<u>사람은 젊고 건강이 주어졌을 때 잘 살아야 한다.</u>
<u>자신에게 주어진 건강에 고마워할 줄을 알아야 한다.</u>
<u>얼마나 많은 사람들이 시간의 여유와 건강에 모자라 인생의 꽃을 피워보지도 못하고 열매를 거두지 못한 채 사라지고 말았나.</u>

막막한 병실에 갇혀 신음하면서 죽을 날만 기다리는 그들에게 다시 시간과 건강이 주어진다면 그들은 되찾은 인생을 과연 어떻게 살까?

우리는 능히 짐작할 수 있다. 오늘의 우리처럼 무자각 상태에서 살지는 않을 것이다.

나는 직장생활 끝내고는 의료 공단에서 건강진단 받으라 하

였어도 한 번도 안 받았다.

　병원 근처만 지나도 대기실에 환자들을 보면 병이 옮을까 두려워 병원 근처도 가기 싫다.

　언젠가 친지 의원에 갔다가 공짜로 심전도 검사를 받아보라고 하며 모든 병을 알았을 때는 이미 늦었다고 하기에 허락했는데 찬 침대에 뉘어 놓고 1시간 이상 윗옷을 벗고 여기저기 감식기를 집어넣고 있다 와서 평생 한 번도 안 앓던 감기에 걸려 10여일간 죽다 살았다.

　그 후로는 검사라면 진저리가 난다.

　그 후로는 한 번도 안 받아도 20년간 감기 한번 모르고 산다.

　내가 어리석어서 인지는 몰라도 나는 자식들에게 늘 심심당부를 한다. 어떤 일이 있더라도 내 몸엔 다른 아무것도 생명연장은 절대 하지 말라고. 88년을 건강하게 잘 살았으면 됐지 왜 죽어가면서 마지막까지 연장해 본들 무슨 의미가 있다고 호흡기까지 써가며 목숨을 연장하느냐고, 내 손으로 밥 먹고 똥 오줌 가리도록만 사는 것이 수명을 다하는 것이라고.

　국가에서도 80세 넘은 노인들은 고통 받는 것보다 소생 가망 없는 환자는 자연사할 수 있도록 본인 의사를 반영시켜준다면 의사들의 진료도 한결 수월할 것이고 또 무슨 생식기가 살아 있을 때 제공할 수 있게 하면 더 많은 장애인을 치료할 수 있지 않을까?

　법정(法頂)스님도 텅 빈 충만에서 자기에게 주어진 시간과 건강을 어떻게 쓰느냐에 따라 그 인생의 우열을 가릴 수 있다 했다.

시간과 건강을 보다 값있는 일에 쓰고 있다면 그 삶은 노소를 막론하고 창조적인 삶이 될 수 있다.

누구나 한번 지나가면 다시 되찾을 수 없는 소중한 시간과 건강을 제대로 사용하지 못하고 부질없는 일에 탕진하고 있다면 그 인생 자체가 소모요, 타락이 아니겠는가.

사람은 자기 몫의 삶을 제대로 살 줄 알아야 한다.

그것도 자신의 의도대로 움직임이 있을 때.

죽는 것이 가장 행복한 죽엄이다.

가화집(佳話輯)을 완성하기까지 따뜻한 품을 나눠 꽃비를 내려주시고 서훈(敍勳)을 같이 하신 심사위원, 교수님 고맙고 감사합니다.

덕분에 큰 용기를 얻어 천하지대본(天下之大本)을 완성케 하여주시고 종명에 여명(餘命)의 글을 쓰게 하여주시어 감사드립니다.

나무 관세음보살.

약산화상

약산유엄(藥山惟儼, 745~828)은 17세에 출가하여 27세에 형악의 희조율사(希操律師)에게 구족계를 받았다.

어느 날 아침 약산은 말했다.

대장부가 마땅히 법을 떠나 스스로를 밝혀 밝힐 것이지 어찌 좀스럽게 형식적인 예법(細行)에 얽매이겠는가? 그 길로 그는 석두희천(石頭希遷) 선사를 찾아가 그 문화에서 부지런히 선을 수행한 끝에 크게 깨달았다.

하루는 약산이 좌선을 하고 있는데 스승이 와서 물었다.

그대는 거기서 뭘 하고 있는가?

아무 일도 하지 않습니다.

그렇다면 일 없이 그저 앉아 있단 말인가?

일 없이 앉아 있다면 무엇인가 하는 것이 됩니다.

스승은 더욱 몰아세웠다.

그대는 아무 일도 하지 않는다 했는데
그 아무 일도 하지 않는다는 것은 도대체 무엇인가.

이런 신란한 추궁에 약사는 태연이 대답했다.

여기에 이르러서는 천 사람의 성인도 알지 못합니다.

스승은 계속으로 그를 칭찬한다.

본래부터 함께 살면서도 그 이름을 모르고

되는 대로 어울려 그저 그렇게 지낼 뿐

예전의 성인도 알지 못한다 했는데

어찌 범부들이 밝힐 수 있으랴.

스님은 그 후 예주의 유약산에 살았기 때문에 세상에서는 약산 화상이라 부르게 되었다. 낭주의 주지사 '이고'가 일찍부터 스님의 명성을 듣고 몇 번이나 초대를 했지만 스님은 일절 응하지 않았다. 마침내 '이고' 쪽에서 몸소 약산에 올라와 스님을 뵈려고 했다.

주지사가 뵈러 왔다는 전갈을 받고도 스님은 못들은 채 경만 보고 있었다.

 사자가 가까이 와서 거듭 알렸다.

스님 지사께서 찾아오셨습니다.

'이고'는 슬그머니 화가 치밀어 스님의 반응을 더 기다릴 것도 없이 이렇게 내뱉었다.

막상 와서 보니 천리밖에 소문만 못 하구나.

이때 비로소 스님은 지사를 불렀다.

이 지사! '네'

어째서 그대는 <u>귀만 소중히 여기고 눈은 천하게 여기는가</u>.

'이고'는 이때 스님에게 정중히 인사를 드렸다.

그리고 이렇게 물었다.

어떤 것이 도입니까?

스님은 손가락으로 하늘을 가르켰다가 다시 물병을 가리키면서 물었다.

알겠는가?

'이고'는 무슨 영문인지를 몰라 어리둥절했다.

스님은 이렇게 말했다.

구름은 하늘에 있고 물은 병에 있네.

이 지사는 알아차린 바 있어 스님께 절한 뒤 다음과 같은 계송을 읊어 찬탄했다.

수행하신 그 모습 마치 학과 같은데
"천"그루 솔밭 속에 두어 "함"의 경전
도를 물으니 다른 말씀 없으시고
구름은 하늘에 물은 병에 있다 하시네.

그렇다 구름은 하늘에 있고 물은 병 안에 들어 있다. 법(眞理)은 마땅히 있을 곳에 있는 것인데 우리는 그것을 특별한데만 있는 것으로 잘못 알고 있다.

일상생활을 떠나 따로 진리가 있지 않다는 말이다.

종교가 혹은 신앙생활이 순간순간 우리가 살아가는 그 속에 있음을 우리는 명심해야 한다. 교회나 절 안에만 종교가 있다고 착각해서는 안 된다.

교회나 절은 어떤 의미에서 틀에 박힌 커플 만남은 종교이기 십상이다. 그리고 오늘의 교회와 절은 진실한 수행보다는 상업주의에 거의 오염되어 가고 있는 현실도 직시할 줄 알아야 한다.

진리를 마음 밖에서 찾지마라. 한 것도 일상적인 무심한 마음이 곧 도리라 한 것도 이런 맥락에서 임을 알아야 한다.

어느 달 밝은 밤에 약산 스님은 산 위에 올라가 어슬렁어슬렁 거닐고 있었다. 문득 구름이 열리면서 그 사이로 둥근 보름달이 환희 그 얼굴을 드러냈다. 이때 스님은 온 산골짜기에 메아리가 울릴만큼 크게 웃었다. 산 위에 거닐다가 달을 보고 한바탕 크게 웃는 노스님을 상상해 보라.

그것은 한 폭의 호쾌한 그림처럼 여겨진다.

이 소식을 전해들은 '이고'는 시를 지어 스님께 보내 드렸다.

그윽한 거처에 소탈한 뜻을 맞았으니
한 해가 다 하도록 맞고 보낼 일 없었네
때로는 곧바로 외로운 산정에 올라
달 아래 구름 해치고 한바탕 웃으셨네.

호쾌한 웃음소리를 들은지 언제인가
오늘날 우리 곁에는 그런 웃음소리가 그립다

살기에 쫓기고 지쳐서 웃음을 잃어가고 있다.

시름에 겨울수록 사람은 웃을 줄 알아야 한다.

웃어야 닫친 마음이 열리고 막혔던 일이 술술 풀린다.

겹겹으로 쌓인 어둡고 답답한 벽들이 허물어진다.

땅을 울리고 하늘에 메아리치는 그런 호쾌하고 장대한 웃음이 인류의 미래를 밝게 열어 줄 것이다.

근심 걱정에 쌓여 우거지상을 하고 있는 이웃들이요

굳이 산꼭대기가 아니더라도 친구를 만나 한바탕 실컷 웃어 보라

혼자서 웃으면 실성했다고 할 테니까 누구와 함께 실컷 웃어 보라.

그러면 모든 일에 훨씬 여유를 갖게 될 것이다.

웃으면 복이 온다고 하지 않았던가.

인생식자우환시(人生識字憂患始)

사람은 학문을 함으로써 인생의 여러 가지 모순(矛盾: 앞, 뒤)을 알게 되고 삶에 대한 고민이 비롯된다 하였다.

날로 치열해지는 경쟁사회에서 바른 삶을 살기란 너무 힘들구나.

3~4살 나이에도 핸드폰을 가지고 게임을 하고 5~6세에 사행(射倖, 이익을 노림)을 하는데 한가히 육필(肉筆)로 글을 쓰면서도 작가라 하니 어찌 부끄럼을 모르는가.

유만부동(類萬不同)이라 글 쓰는 사람이야 수 없이 많지만 정수(精髓, 사물의 정요)가 살아있는 수작과 어찌 비교하랴.

인막약고(人莫若故)라 했듯이 사귐에는 오래된 고향 벗보다 더 좋은 벗은 없다 했듯이 창작(創作)도 영감(灵感)이 배여 있지 않으면 허구(虛構, 실제 하지 않은 일을 사실처럼 엮어 만듦)에 불과하다.

한 편에는 또 다른 세상이 존재한다.

어쩌면 인생을 의미있게 하는 건 저 높고 멀리 있는 게 아니라 평범하고 진솔(眞率)한 사설(僿說 : 자질구레한 이야기) 속에 들꽃처럼 티 안 나게 숨어 있음을 깨달았다.

글을 쓰면서도 알아볼 수 없는 혼돈(混沌)상태였던 내 사유(思惟)의 노트가 늦게나마 일목요연(一目瞭然)하게 정리되는 것 같아 문풍(文風, 글의 풍류)이 날로 문질(文質)이 꾸밈없이 순박하게 정리되어 가는구나.

이제껏 살아오면서 알면서도 모르는 척 실없는 농담(弄談)으로만 무시해 버렸던 말들이 문장의 시정(詩情)이란 것을 늦게나마 깨달았다.

인생자고수무사(人生自古誰無死)라 했듯이 살아생전에 보람된 일을 하라는 안자(晏子)의 말이 생각난다.

속물(俗物 : 세상살이에만 얽매여 식견이 천박하고 풍류를 모르는 사람)로 살다가 글을 쓰다 보니 어느새 말경(末境)의 게으른 심법(心法)을 깨우쳐 주었고 사람답게 살라는 자신감을 북돋아 주었다.

누구의 인생이든 쉽고 행복하기만 한 인생은 없다. 부자나 가난한 자나 인생이란 근심 없이 살 수는 없는 것이다.

어떤 것도 마음대로 된다면 그 삶이야말로 함정(陷穽)의 삶이다. 한없는 고통을 겪어 보아야 안락의 즐거움을 알 수 있고 황야(荒野)를 떠돌아 보아야 따뜻한 안식(安息)을 알 수 있다.

풍찬노숙(風餐露宿 : 객지 생활)을 해 보아야 어머니가 화로 불에 보글보글 끓여 주시던 씨레기 된장국이 생각난다.

우리는 한마디 말이 인생을 바꿔놓고 따뜻한 말 한마디가 지옥과 천당을 경험했고 말 한마디가 절망에 빠진 인생을 구원해

주었고

　말 한마디가 비수가 되어 가슴을 쓰리게 후벼 파놓고

　말 한마디가 절망과 희망을 바꿔 놓기도 하고

　말이란 침묵보다 온정이 있어야 하고

　말이란 수다보다 가치가 있어야 하고

　말이란 칭찬보다 울림이 있어야 한다

　말 속에는 빛이 있고

　말 속에는 무게가 있다

　말은 고구(故舊)와 같이 따뜻하고

　말은 마음의 표현이고

　말은 사랑의 향연이다

　말로 천냥 빚을 갚을 수 있고

　말로 낫는 자식은 죽음도 없다

　나는 지금 무엇을 찾고 있나

　아무리 생각을 해 보고 또 생각해 보아도 생각나는 것이 아무것도 없구나.

　언젠가부터 내 몸에 자리 잡은 추심(推尋 : 챙기어 찾아 가지거나 받아냄)만 뭉클대고 언제부터인가 내 몸속에 집을 짓고 시련을 감싸 안고 있다.

　하지만 돌이켜 보면 추심이 있었기에 혹독한 세상을 살아왔고 수 없이 많은 깔딱고개를 넘어올 수 있었다.

　고난과 수난의 연속인 인생살이

불행과 고통의 더부살이
갈등과 슬픔의 지옥살이지만
그래도 네가 있어 삶의 풍요로웠다.
그것들은 내 삶에서 넘어서 건너야 할 피안의 세계였다.
인생의 낙오자가 너마저 없었다면 어찌 저 멀리 바다건너에 피안이 있는 것을 알았겠나.
밤새 오가고 밤새 흔들어 대다가도
너는 너의 일에 충실하고
나는 나의 일에 충실하면 그만이다.
붙잡아도 가야 할 사람은 가야하고
떠밀어도 남은 사람은 살아간다.
네가 있어 내가 살아가는 건지
내가 있어 네가 흘러가는 건지
신이 있어 인간이 있는 것인지
내가 있어 신이 존재하는 건지 나도 모른다.
그저 세월을 베고 누웠으면
너도 가고 나도 가는구나.

부처님 말씀에 가진 것이 많으면 그만큼 걱정도 많고 가진 것이 없으면 그만큼 홀가분하다 하시었다.
마음이 너그러우면 작은 것에도 흡족하지만 마음이 옹졸하면 아무리 많이 가지고도 늘 가난을 면치 못한다 했다.

부와 가난은 가진 것과 못 가진 것이 아니고 마음이 넉넉하면 물만 먹고 살아도 모자람을 모르고 마음이 궁색하면 재물이 가득 쌓여도 빈천을 못 면한다.

부처님은 이렇게 말씀하시었다.

마음이 없는 곳엔 아무것도 없다.

지금보다 더 찬란한 무릉도원이 있다 해도 그곳에 마음이 없으면 공(空)과 다르지 않다. 마음이 없는 곳에는 어느것도 무상(無常)이다. 즉 무감각이다. 있다는 것은 그곳에 마음이 있기 때문이다.

하느님이 마음에 있기에 예수를 믿는 것이고, 부처가 마음에 있기에 부처를 믿는 것이다.

마음은 하나이기 때문에 예수와 부처를 다 가질 수 없다.

마음이란 두는 것도 한쪽이고 내려놓는 곳도 한쪽이다. 아무리 좋아도 이것저것 다 가질 수는 없는 것이다.

예수가 하느님이 듯이

부처의 마음도 우주의 이치와 자비를 창조할 뿐이다.

유교의 마음은 예절과 선행을 창조할 뿐이고 아무리 부처가 좋아도 어려서부터 한학만 하다 보니 유림이 마음에 베어 부처까지 마음에 안고 갈 빈자리가 없다.

예수는 예수를 믿으면 모든 죄를 다 사면하고 천당으로 보내준다 하는데 아무리 예수라 해도 도둑이나 살인, 강간까지 천사가 될 순 없다.

아무리 숨기려 해도 죄인은 반드시 벌을 받는다.

부자가 아무리 잘 먹고 잘 입어도 마음의 평화까지 다 누리지는 못한다. 나라에 대통령이 마음이 어두우면 국민이 고통과 괴로움에서 벗어나지 못한다.

세상 이치가 이와 같을 진데 부와 가난에 연연하지 마라. 누구나 삶은 똑같다. 먹고, 자고, 입고, 살아서 즐거우면 죽어서도 즐거웠고 살아서 고통은 죽어서도 고통이다.

산 사람은 죽었다 깨어난 사람보고 물어보라. 그 사람이 아는 것이 있는가. 죽음이란 꿈과 같은 것이다. 공부를 많이 하고 대통령이라고 죽어서도 신을 지배할 수 있는가.

그래서 나는 단언하건대 살아서 즐거우면 죽어서도 즐겁고 살아서 고통은 죽어서도 고통이다.

내가 분묘를 만든지도 10년이 넘었다.

영면지도 부동산 값 상승과 똑같다.

집터 2,000만 원 하면 그것도 2,000만 원 한다. 나는 늘 장흥묘지에 가 산다. 내가 천만년 영면 할 곳이라 생각하니 집에서나 거기서나 다른 곳에 가기가 싫다.

집에서도 내 방이 제일 아늑하고 편하듯이 그곳에 가도 종일 있어도 조금 지루하질 않는다. 그래서 나는 이곳이나 그곳이나 똑같다. 내 집이 명당이니 영묘도 명당이다.

나는 없이 살아도 내 갈 길을 누구에게도 기대 보질 않았다. 그러니 살아서 부러운게 없이 90까지 살아왔듯이 죽어서도 또 그렇게 영면할 것이다.

법정(法頂)은 도반이 소원이 뭐냐고 물으니 하루빨리 열반에 드는 것이 소원이라 했다.

나 역시 지금 소원을 묻는다면 당장이라도 장흥 신세계공원으로 가서 잠들고 싶다. 그것 만이 내가 그리운 새끼들을 늘 만나볼 것 같다.

나에게 좌우고면(左右顧眄)을 묻는다면

놀면서 배부르기를 바라지 말라.
배우지 않고서 진리를 탐구하지 말라.
비우지 않고서 채우려 하지 말라.
싸우지 않고서 평화를 논하지 말라.
독재자 앞에서 자유를 논하지 말라.
기도하지 않고서 영총(靈寵)을 바라지 말라.
얻는 것이 있으면 줄 줄도 알라.

일체유심조(一切唯心造)

사람이 살아가면서 바른 도리를 쫓는 것만큼 정당한 것이 없다. 정상正常적인 삶에는 비열鄙劣함도 없고 두려움도 없다. 진리에 순응하지 않고 다른 방패막으로 대처하려는데서 모든 일이 꼬이는 것이다. 어떤 것도 순리에 역행하지 않으면 방해되지 않는다. 젊은 베르테르의 슬픔(소설)을 써 세계적인 명성을 떨치고 있을 때 그의 애독자가 찾아와서 선생님 저도 불후의 명작을 쓰고 싶은데 어떻게 하면 명작을 쓸지 비결을 가르쳐 주십시오 하니 괴테가, 꽃밭에서 행복하게 뛰노는 아내와 아이들을 가르치며 나는 지금 내가족이 행복하게 뛰어노는 모습을 보면서 글을 쓰고 있네.

명작이란 거창하고 대단한 게 아니라네. 소박하고 순수하고 꾸임이 없는데서 나오는 것이라며 글은 누구나 쓸 수 있지만 명작은 내가 쓰고 싶다고 쓰는 것이 아니라네. 글쓰는 사람들이 좋은 글을 쓰고 싶지 않는 사람이 어디있겠나. 명작은 독자가 만들어 주는 것이라하며 아무리 잘쓴 글이라해도 독자에게 감동을 주지 못한다면 좋은 글이라 할 수 없다. 더욱이 지금처럼 사람들이 문학에 관한 예술적 감각이 없는 사회에서 좋은 글을 쓰기가 더욱 어설퍼진다.

역사적으로도 책이란 인륜도덕을 실천하는데 도움이 되어야 하는데, 아예 도덕이란 찾아보기가 어렵다.

우선 정당대표란 자가, 허구虛構투성이다 .하지도 않은 일을 사실처럼 엮어 만들어 실제처럼 유튜브에 올려놓고 직위를 이용하여 아니면 그만이라는 허무맹랑한 짓거리를 하고서도 더러운 짓거리를 하는 자를 대표니 대변인이니 하고 있으니 국정을 혼란에 빠지게 하고 있으니 세상민심을 혼탁混濁하고 어지러 놓아도 누구하나 제지 못하는데 나처럼 무지랭이가 아무리 정성드려 글을 쓴들 어느 누가 알아주랴.

문민정부 5년 동안 억소리에 억장이 무너졌는데, 문빠가 없어지니, 재명이가 파란波瀾을 일으키니 언제나 정상적인 사회가 오려나 답답하구나.

이런 자를 선량으로 뽑아준 시민이나, 그런 자를 대표라 앉혀놓고 정치의 근간마저도 말살하는데도 들러리나 서는 개딸들이 판치는 세상에 내 아무리 좋은 글을 쓴들 그 누구가 알아줄 것인가. 득갑환주得匣還珠(구슬에만 현혹되어 자기가 해야할 일을 잃어버렸다는)라했다.

정권이 바뀌었어도 아직도 제가 집권당 후보라도 된 것처럼 득의양양得意揚揚하고 우쭐대고 있으니 나라가 어지러울 수 밖에. 맹자도, 선천적으로 현명한 사람은 없다했다. 인간에게는 역사가 있다. 우리가 역사를 배우는 것은 지난 날의 잘못을 반면교사로 깨달음을 얻고자 함인데 사회의 지도자가 되겠다는 자들이 추집醜雜한 추태醜態를 못 버리니 글을 쓰기조차 민망하고나, 세태에 맞춰 글을 쓰려다 보니 좋은 글을 쓴다기 보다 이재명 말따나 창작자체가 어설프다. 언제든 역사는 바뀌는 법이다.

우리국민은 미개인이 아니다. 자기네 맘대로 20~30년 집권할 것 같지만 지난 시장(서울시장, 부산시장) 보궐선거, 대통령 선거 지방선거에서 보듯이 언제고 정치를 바로하지 않으면 국민은 권력을 바꿔놓는다.

영구 집권에 연연하지 말고 국가를 바로 세우는 정치를 하시라. 얕은 꾀로 민심을 얻으려하지 말고, 나라가 부강하고 국기가 바로서는 정치를 하시라. 내년에 총선에 이기려면 여나 야나.

패거리 정치에서 떠나서 국가가 정의가 바로 서는 정치를 하시라. 내가 글을 쓰면서 정치에 대한 글을 쓰는 것은 우리의 지도자가 윤석열 같은 지도자가 되라는 것이다.

이태원 참사에도 흔들림 없이 기강을 바로 세워놓고 운수노조에서도 조금도 흔들림 없이 야당 대표의 면담에도 정정당당하게 거절하신 것은 참으로 잘하셨습니다.

민심에 가장 폄하貶下한 연금 개혁이라든가. 노동개혁 역대 대통령이 민심에 가장 취약한 개혁을 할 수 있다면 글쓰는 사람으로써 칭송을 안 드릴 수가 없다. 이는 우리나라 뿐만 아니라 세계가 다 개혁을 꺼려하는 가장 손대기 어려운 것이기 때문이다. 얼마나 중후重厚한 우리 대통령인가.

민심에 연연하지 않고 오직 강국 국민만 바라보고 임무에 충실 하겠다는 우리 대통령. 이는 필시 하늘이 대한 민국에 영웅을 내리신 것이다. 수십년을 공을 드리고도 못하던 개혁을 대통령은 하겠다한다.

대통령께서 전 정권이 돈으로 민심을 사다시피 방사放肆 해 놓은 무도한 정권을 빼앗을 수 있는 것도 훌륭하시었지만 인기에 연연하지 않고 어느 정권도 손대기를 꺼려온 허접한 일을 몸소실천하시려하니 어찌 국민이 우러러하지 않으리오. 김대중 대통령이 금 모으기를 했듯이 국민이 힘들드라도 참고 따르는 것은 대통령 하시는 일이 다 옳기 때문이다.

우리가 세기에 없는 대통령을 가질 수 있는 것은 우리 국민이 깨어있기 때문이다.

우리 국민이 윤대통령을 믿기 때문에 또 세계의 대통령이 다 꺼려하고 국민이 폄하하는 쇄신을 한다는 것은 보통사람은 절대 못한다. 야당 보시라 가스대금 폭탄이 윤정권의 실책처럼 호들갑을 떨고 추경을 몇 조를 풀자고 하는데 그들대로 라면 우리 후손이 빚더미에서 눈물을 머금고 살아야 하는 비운을 아시었기 때문에 절약 하는 것이지 누가 돈 풀줄 몰라서 안 푸는가.

해방, 6·25 다 겪으며 쌀 한 말을 담아놓고 못살던 그 시절을 생각하면 너무 호강이다. 어려워도 조금 참자. 그리고 대통령을 믿자. 이런 좋은 대통령이 마음껏 소신의 정치를 할 수 있게 국민의 역량을 모아드려야 한다.

다시는 자기나 살아보려고 당이야 망하던 죽던 나라야 빚더미에 앉든 말든 개딸이나 등에 업고 살려는 정치인에게 다시는 정권을 주어서는 안된다. 후손들에게 아프리카 어린이들의 흉칙한 모습을 보여서는 안된다. 우리는 지금 너무 넘치게 산다. 좀 줄여 살아도 조금도 부족하지 않다.

무슨 독립 운동이나 한 것처럼 다 그 시기에 태어난 비운인데 또 다행히 해방됐으면 지난날은 다 잊고 이웃나라와 협력하고 살아야지 당신들 때문에 왜 국고마저 담보가 되어야 하는가. 나라가 우선이지 오래전에 지나갔고 일본도 당사자는 다 떠난 것을 누구에게 원망을 할 것인가.

위안부던 징용이던 왜 지금 우리 국민이 다같이 책임을 져야 되는가. 대통령님 자기네들 가서 받던 말던 마음대로 하라고 내 버려두고 위안부 꺼려말고 국교 정상화 하시고, 무역도 정상으로 하시고, 공연히 늙은이들 떼쓰는데 마음두지 마세요. 윤대통령님이 책임질 일은 하나도 없습니다. 저부터도 사과 안 하겠습니다.

조상이 그때 한일을 왜 지금 우리가 사과를 받아야 합니까. 일본하고 전쟁피해가 우리 뿐입니까. 일본하고 합병한 것도 그때 우리 조상이 잘못했기 때문이지 왜 일본 사람들만 자꾸 붙잡고 사과하라 합니까.

지금 그들이 뭘 잘못했다고 사과 타령입니까. 어떻게든 대통령이 우리 국민에 이익이 되도록 노력하여 결정하면 아무말 말고 따라야지 왜 국가의 외교까지 당신네 마음대로 좌지우지 하는겁니까. 당신 조상이 잘못했다고 지금 당신 보고 사과하라하면 예하고 응하겠습니까.

내가 일본인이라도 안하겠습니다. 사람들이 좀 양심이 있어야지 지금까지 그래도 국가에서 특별 대접해주었으면 고맙게 생각해야지 언제까지 이웃나라와 척을 지고 살겁니까.

해방된지가 80년 전입니다. 우리 집에서도 이웃에서도 징용도 다녀오고 다했어도 보상 한 푼 없이도 아무런 요구 없이 살다가셨습니다. 다 운명인 것을 어쩌라구요.

지난 사라호 태풍에 충주시가 물에 다 잠기고 살림 세간이 다 흙더미에 묻혔어도 국가에서 돈 10원 보상 없이도 아무말도 안하고 지금까지 잘 살아왔습니다. 저희 환갑 때나 65세 때도 국가에서 돈 10원도 안 주었어도 그때 노인들 다 지금 90~100세 잘 살고 있지요.

TV에서 어느 시골 할머니는 국가에서 돈 주는 것 한 푼 안쓰고 다 기부했다고 합니다. 제발 국가에 돈 맡겼나요. 국가도 국민이 내는 세금 갖고 운영하는 단체입니다. 다 국민의 허락 없이는 대통령도 마음대로 못쓰는 돈입니다. 당신들이 뭘 국가에 기여했다고 국가에 매달립니까. 국가에서는 국가의 안위를 위해 써야지.

왜 당신들 뒤치닥거리나하고 국비를 낭비합니까. 개인은 좀 못살아도 괜잖아요. 저는 지금 없으면 한 끼 굶고 두끼만 먹고도 아무런 불편 없어요.

지하철 공짜지요. 뭐가 모자라서 그럽니까. 나는 책을 쓰면서 국가에서 나오는 25만원 가지고도 빚 안지고 살아요. 왜 국가에 매달리나요. 무슨 국가에 돈 맡긴 것 있나요. 그나마 노인 수당을 주는 것만도 고마워해야지요.

물론 억울하지요. 꽃 같은 나이에 사랑도 못하고 부부도 못 가져보고. 그러나 국운이지 지금 정부의 탓은 아니잖아요. 더 이상 정부 괴롭히지 말고 대통령이 알아서 하시는 대로 하세요. 지금 이 나이에 돈 돈 해서 뭐합니까.

나는 이 글을 쓰면서 무슨 글을 써야하나 많이 노력했습니다. 왜 내가 이 나이에 이런 글을 써서 여러 사람에게 욕을 먹어야 하나. 그러나 내가 안하면 또 누가하랴 했기 때문에 과감하게 펜을 놀려 육필로 글을 쓰는 것입니다. 언제고 약소국에서는 이런 저런 고통을 겪고 살아왔습니다.

전쟁은 그래서 무서운 것입니다. 전쟁에는 용서란 없습니다. 아무리 억울해도 어쩔 수 없습니다. 전쟁에서 지면 어쩔 수 없이 당할 수 밖에 없는 것입니다. 그래서 우리는 가정의 일을 나라에 책임을 물어서는 안되는 이유입니다.

가정이나 누구고 한 두 집 못산다고 하나도 걱정할 필요가 없습니다. 언제고 가난은 있었고 백성의 가난은 나라에서는 구하지 못한다. 아주 옛날부터 그렇게 전해내려 오고 있습니다.

국민은 자기만 건강하면 무엇을 해도 걱정할 필요가 없다 했습니다. 정약용 같은 분도 그의 글에 이렇게 썼습니다.

아들들을 모아놓고 근검(부지런하고 검소하면) 어디가서 무엇을 하고 살아도 끼니걱정은 안하는 것이니 남이 잘 산다고 부러워도 말고, 시기하지도 마라, 누구나 먹고 자고 살다 가는 것은 똑같다하며 못사는 것도 자기가 게으른 탓이고 검소하지 못한 탓이라 하며 어떤 것도 욕심내지 말고 네 분수에 맞춰 살라 했습니다.

내가 그랬지 큰 물가에 살지 말고, 낮은 곳에 살지 말고, 축대밑에 살지 말고, 벼랑 밑에 살지 말라고. 중국에서는 이재민이 우리나라 전 인구만큼이나 많이 생겼다 하고 세계에서 안전망이 가장 잘 되어 있는 일본에서도 수해 피해는 막지 못한다 했고, 우리나라도 2021년 7월 22~25일까지 폭우에 남해부터 동해안이 물바다가 되지 않았든가.

삼가, 내 이르는 것만 잘 지켜도 두려울 것이 없나니라. 아무리 부귀영화를 누린다 해도 자연재해는 막지 못하는 것이니 미리 알아서 대처하라.

비오는 날 차 좋다고 지하도 들어가지 말고, 하루 24시간 1440분, 86,400초 매 초마다 최선을 다하는 것만이 미소가 되고 행복이 되는 것이다. 옛날 어떤 구두쇠가 안 먹고, 안 입고 재산을 방안 가득히 쌓아 놓으니 저승사자가 와서 데려가더란다. "네가 이 생에 무슨 일을 하였느냐" 하고 물으니 "안 먹고 안 쓰고 모았어도 거지가 왔기로 찬 밥 동냥을 주어 보냈다."고하니 "저 자를 지옥으로 보내라." 했단다.

그제서야 정신이 번쩍들어 옥황상제님께 사정하여 "다시 돌려 보내주시면 전 재산을 사회에 돌려주겠다."고 저승사자에게 각서를 쓰고 다시 와서 재산을 정리하고 돌아가니 "잘했다. 이제 천당가는 동아줄을 내려 줄 것이니 이 금 동아줄을 타고 올라 오거라." 하여 금 동아줄을 잡고 천당에 다 올라와서 생각하니 전생에 모은 재물은 다 사회에 환원했으니 대신 이 금줄은 옥황상제가 내려 주신것이니 내가 걷어가지고 가야지하고 끌어 오르려고 보니 아래로 수 많은 사람이 매달려 줄을 타고 오르는지라.

"이 금줄은 옥황상제가 나에게 내린 금줄인데 당신들이 왜 이줄에 매달려."하고 다시 줄에 매달려 발로 아랫사람들을 찍어 누르다가 동아줄이 끊어지며 도로 지옥으로 떨어졌다한다.

우화라 하지만 욕심을 버리라는 경고이기도 하다. 이때 이 광경을 지켜보던 염라대왕 하는말이 "참으로 어리석도다. 천당에는 널린 것이 금은보화 뿐이고, 안 먹고 안 입어도 영구불사 하는 곳인데 그 놈의 욕심 때문에 기어이 지옥으로 가는구나, 그것도 네 운명인걸 어찌하랴."

100세 인생을 어찌 착한 일만 하고살까. 욕심없는 사람이 어디 있으랴. 다만 넘치지는 말라. 남음이 있거던 선행도 하여라.

자꾸 쌓아 보았자 갈 때는 빈손이다. 재산이 아까워 눈 못감아 보았자 가는길만 고달플 뿐이다. 죽기전에 깨끗이 정리하고 홀가분이 가는 것도 행복이니라.

　옛날에 어떤 부자집 마님이 중병을 얻어 전국에 용하다는 의원은 다 찾아다녔으나 병이 낫질 않아 어느 절에 스님이 신통력으로 병을 고친다는 소문을 듣고 그 절에 찾아가 뵙기를 간청하였으나 스님은 동자를 시켜 부처님 전 삼천배를 드려야 만나 주겠다고 하였단다.

　동자는 부자 마님에게 법당에 가서 "삼천배를 하고 오시랍니다." 하니 내 늙어 내 몸조차 못 가누거늘 내 많은 재산을 내어 이 절을 제일 큰 절로 지어줄 것이니 병을 고쳐 달라고 하니 스님은 동자에게 "아직 죽을 만큼 아프지 않은 모양이니 그냥 돌아가시라 하라했다."

　마님은 아무리 용해도 그렇지 늙은이가 전 재산을 내어 절을 지어주겠다는데도 늙은이를 삼천배를 하고 오라니 너무한다.고 하고 돌아와서 오기가 생겨 힘센 장정을 여럿 사가지고 부처앞에 가서 그냥 장정들이 교대로 양쪽에서 부추기고 구부려 주고, 펴주고 삼천번을 하고서 스님 만나기를 청하니 그제서야 스님 반갑게 맞이하며 "장한 일을 하셨으니 병을 완치 할 것이라."하며 "어디가 어떻게 아프시냐."고 하니 "아무데도 아픈데가 없다."하며 "과연 스님은 명의십니다. 손도 까딱 안하시고 오랜병을 감쪽같이 고쳐놓으십니까." 하고 내려와서 전 재산을 내어 절에 불사하고 보살이 되어 백세 누렸다 한다.

불경에 일체유심조一切唯心造라 했다. 내 일찍이 법주사에 갔을때 스님(보관스님) 말씀이 생각난다.
사람은 마음이 현실을 만들어낸다 했다. 인생에 가장 큰 행복은 얼마나 오래 사는 것이 아니고 하루를 살더라도 마음 편히 사는 것이라 했다. 몸이 아플때는 책을 읽으라 하시며, 책은 언제나 마음을 풍요롭게 하여주고 사람의 마음을 어루만져주고, 눈물을 닦아주고 언제나 행복을 가져다 준다 하시었다.

참지도 말고, 담아 놓지도 말고, 쌓아두지도 말라 하시며 비움이야말로 모든 행복을 얻을 수 있는 지름길이고 모든 번뇌와 시름을 잊게하는 보고라 하시며 책만이 나에 행복을 채워주는 재산이라 하시었다.

내가 힘들 때마다 생각나는 것이 절에 스님이다. 절에 스님은 다른 종교인과 다르다. 자아自我에서 길을 찾을 뿐 패거리나 전도를 하지 않는다.
그냥 삶에서 길을 잃은 나그네가 무아무상의 경지를 찾아 덧없고 허무한 인생을 아무에게도 의지하지 않고 참선하는 것이 선방이라 할 것이며 스님들은 떠남과 머무름이 정해져 있지 않으니 정송강 면앙정 시에서 석양을 안고 무등산 속으로 걸어가는 중을 보고 "다리 위에 저중 아 너 가는 곳 어드메뇨."하니 막대로 구름속을 가르키며 "도인이 가는 곳이 내 길이고 머무는 곳이 내 집이거늘 어느 절은 물어 무엇하나." 했듯이 스님들의 삶이야말로 참된 부처라 할 것이다.

앞서가는 사람의 발을 걸어 넘어뜨려서라도 자신의 욕망을 성취하려는 각박한 경쟁속에서 바른 삶을 살기란 너무 힘들구나. 바른 삶이란 탐욕에 빠지지 않는 것이며 남을 저주呪抖하거나 원망하지 않으며 남을 시기하거나 속이지 않음이라 했으니 오직 밥을 먹을때나 잠을 잘때나 세상살이가 귀찮고 괴로울 때 들어서도 오직 깨달음 뿐이다.

그래서 나는 절을 좋아하고 불교리를 좋아했는지도 모른다. 내가 처해진 현실과 지난날들을 회상하다 보면 어떤때는 눈을 한번 부쳐보지도 못하고 창이 밝을때가 있다. 이제 내 곁에 남은 사람이라고는 함께 늙어온 망구의 아내밖에 없다. 자식도 다 떠났다.

친구도 다 떠났다. 이제 나를 지켜주는 것은 고독 밖에 없다. 고독을 해소하는 책 밖에 없다. 맛있는 것을 주어도 못먹고 돈도 야망도 다 쓸데없는 영감탱이다.

남은 것은 허상뿐이다. 허명무실虛名無實뿐이다. 허구만 남아 있는 창조물이다.

이 '책' 속에는 사람들의 마음을 치유할 수 있는 맑고 향기로운 이야기가 담겨있다. 당신은 지금까지 이루지 못한 행복을 마음에 평화를 선물로 받게될 것이다. 이 책을 끝까지 읽는다면 당신의 아픈 마음을 시원하게 치유하는 지혜의 처방을 제시해 줄 것이다.

　당신의 가슴에 얹혀있던 모든 돌 더미가 물에 얼음 녹듯이 탐독하는 동안 모두 다 사라질 것이다.

작은 빵 가게 아가씨

우리 집에서 족두리 봉을 올라갈 때 불광초등학교 앞에 작은 빵집에 있다. 나는 족두리 봉을 거의 30년을 오르내렸기 때문에 우리 집 앞뜰 같아 등산 길이 바위 길인데도 힘든 줄 모른다.

거리는 3km지만 늘쌍 다니다 보니 몇 발짝 앞에는 나무뿌리가 있고 장애물 하나도 자세히 알기 때문에 88 나이에도 불편한 것은 모른다. 자주 들려서 빵을 먹다 보니 단골이 되었고 빵집 아가씨도 친할아버지처럼 대한다.

내가 이름을 부르면 할아버지 왔다 하면서 나를 다려다 앉혀 놓고 오늘도 그대로 하면 알아서 가져다 준다. 나는 그날 나온 야채 빵하나 하고 바나나 우유 하나면 더 먹지를 않는다.

이빨이 시원치 않다 보니 양상추 들어간 빵이 아삭아삭 잘 씹혀 먹기가 좋다.

또 거의 저녁을 안 먹기 때문에 그게 저녁 대용이다. 나는 늘 상 산에 갈 적에는 내가 쓴 책을 한 권씩 들고 나간다. 내가 쓴 책에 대하여는 여자들이 더 잘 물어온다.

그리고 책도 여인들이 잘 받아간다. 그런데 그날은 일기가 좋지 않아서인지 부킹이 안 돼서 책을 못 주었다. 빵집 아가씨가 할아버지 책 사온거야 하기에, 아냐 내가 쓴 거야 할아버지 책도 써…

왜 나는 쓰면 안 되냐… 아니 그게 아니고 그냥 심심풀이로 쓴 거야 정식 작가는 못되고 너 책 좋아하니 그럼, 책 읽다가 밥도 굶는 걸… 그럼 이 책도 가져다 보거라. 정말 가져도 돼. 그래 진작 알았더라면 책 많이 가져다 줄걸… 나한테 책이 1,000여권이나 있는데, 너희들이 좋아하는 책도 많은데, 가만 있자 내가 시 한수 써줄까 책 이리 줘봐 하며, 표지 다음 장 공란에다 즉석 시를 써 주었다.

〈작은 빵집 아가씨〉
작은 빵집 아가씨 참 예쁘다
작은 가게에서 일한다고 기죽지마라
모든 행복은 작은 것에서부터 시작된다
이 빵집은 언제와도 인정이 넘쳐난다
빵 냄새도 좋지만 사람 내음이 더 향기롭다
그래서 이 집에서 빵을 먹고 나면 기분이 좋다
그것은 열 아홉(19) 아가씨의 순향이 배어 있기 때문이다

사실 빵집에서 배경도 없고 뭐 쓸것이 없다.
실상 써 주겠다고 하고 잘못 썼다 가는 늙은이가 손녀딸 같

은 아가씨를 앞에 두고 농짓거리 한다고 할 것이고 그렇다고 이 빵집에서 엉뚱한 화제를 가지고 글을 쓸 수도 없었다.

그 아가씨 이름은 가희다.

고향이 전남 강진이라 한다.

집이 가난해서 학비 대줄 형편이 못되어 학교 갔다 와서 오후에 몇 시간씩 아르바이트를 한다고 한다.

광주여고를 수석으로 졸업하고 연대에 합격했다고 한다.

얼굴만 예쁜 게 아니라 낯을 안 가리고 손님에게 인사성이 있고, 생글생글 말을 할 때 은연중 사람이 빨려 들어가게 한다.

누구나 좋아하는 성격의 아가씨다.

나도 어딘가 모르게 그 아가씨 소재로 하여 글을 쓰고 싶었다.

그리고 이 빵집 가득이 향수로 채워주고 나중에 그 아가씨의 그림자가 한 가정과 사회에 빛을 남긴 여인으로 만들어주고 싶었다.

어느 날 빵을 먹는데 다음과 같은 경험담을 이야기하는데 그렇지 않아도 소재에 목말라 하는 나에게는 가뭄에 단비와 같았다.

어느 날 눈이 펑펑 쏟아져 길도 미끄럽고 차도 나다니질 않아 다른 날보다 조금 일찍 가게를 접고 지하철을 타러 가려고 건널목에서 신호들 기다리는데 갑자기 지붕에 눈이 하얗게 덮인 차를 가게 앞에 대더니 문을 열고 나와 빵가게를 들여다 보고 불 꺼진 가게 문을 두드려 본다.

기척이 없으니 그냥 낙심하고 돌아서 차에 오르기로 쫓아가서 차 문을 두들기니 문을 열고 요 뒤에 롯데 아파트에 사는데 어머니가 암 말기라 일산에 암병원에 입원하고 계신데 주치의가 이제 시간이 2~3일밖에 안 남았으니 보고 싶은 분들은 와서 보시라고 하고 잡수고 싶은 것 있으시거던 사다 드리라 하여 엄마보고 뭐가 드시고 싶으냐 물으니 이 집 아가씨가 가져다 주는 빵이 먹고 싶으시다고 하니 아가씨가 알아들었다 한다.

언젠가 빵을 드시고 아르바이트로 공부한다 하니까. 50,000원을 주시고 나가시며 남는 돈은 학비에 보태 쓰라고 하셨기 때문에 대번 알 수 있었다 한다.

차에서 내려 기다리라고 하고 다시 문을 열고 들어가서 빵을 그 아주머니가 평소 즐겨 찾던 빵을 한 보따리 담아다 차에 주고 얼마냐 하기로 빵 값은 병 쾌차하시고 오셔서 주시라고 하고 그냥 보냈더니 10여일 후 그 청년이 오더니 어머니가 돌아가시며 수중에 가지고 계시던 현금을 몽땅 봉투에 넣어주시며 빵집 아가씨 갖다 주라고 했단다.

아가씨 세어보니 팔백만원이었다 한다.

이렇게 큰 돈을 어떻게 받느냐고 못 받는다 하고 도로 돌려주니 그 청년도 내 것이 아니고 어머니가 돌아가시며, 꼭 빵집 아가씨에게 전해주라한 것을 아들이 어떻게 어머니의 소원을 무시하고 도로 가져 가느냐하면서 기어이 뿌리치고 갔다 한다.

내 생각이다.

작은 빵 가게 아가씨 375

나도 그 아가씨가 손주 며느리감으로 점 찍고 손주 오거든 만나보게 하려고 마음 먹었는데 그 여인도 아들 며느리감으로 생각했나보다.

그러니 그 돈을 아무런 이유 없이 아들보고 갔다 주라고 한 것 같다. 손주도 대학 졸업하면서 곧바로 대기업 공채에 합격하여 연수원으로 갔다 오면 대기업 본사에서 근무한다고 한다.

아들로는 장손이 2022 봄 졸업하고 10월에 대기업에 합격했으니 가문에 이보다 영광이 어디 있으랴 큰 아들 손녀딸은 고려대학원 졸업하고 연구실에서 조교로 있으면서 월급을 또 박또박 타다 벌써 일억을 모았다고 한다.

독자편지

지난 겨울 대학 동창 모임에 갔다가 불광동 사는 친구가 고객님이 주신 책이라고 주기로 그냥 갖다 책꽂이 꽂아 놓았다.

어느 바람 부는 날 잠이 안 와서 할아버지가 쓴 「내가 바라는 나라, 내가 그리는 대통령」을 감명 깊게 읽었습니다.

처음에는 오빠라고 썼다가 집에 할아버지보다 작가 할아버지가 연세상 위시라 그냥 듣기좋게 할아버지라고 까불어 보았습니다.

처음엔 좀 어설프고 쑥스러웠으나 자꾸 부르다 보니 응석 같아서 제 생각나는 대로 조잘거려봅니다.

저는 일찍이 홀어머니 밑에서 형제도 없이 크다 보니 무척 외로웠습니다.

아예 시집도 안 가고 어머니와 둘이서 살려고 일부러 남자를 멀리하여 왔습니다. 그런데 책을 읽다가 신기한 일이 일어났어요.

저 자신도 책을 읽으면서 어느 순간 제가 할아버지 품속으로 딸려 들어갔고 무엇에 홀린 것처럼 환상幻想속으로 끝없이 추락하였어요.

온 몸이 할아버지 품속에 러브콜되는 것 같아서 황홀하기도 하고 어떻게 빠져나와 보려고 몸부림을 칠수록 한없이 캄캄한 암흑 속으로 빨려 들어가고 있었어요.

다른 책에서 벌어진 옷솔기로 반은 가려진 채, 반은 드러난 채 꼭지가 커다란 먹대추처럼 부풀어 튀어나왔다 할 적에 나도 모르게 내 가슴을 풀어 젖히고 거울에다 비춰보니 28년 자라도록 그런 황홀한 광경은 처음 보았어요.

한번도 일부러 꺼내놓고 감상한 적은 없었으니까요.

엄마 것도 보았으나 그렇게 붉으래 까마족족한 큰 대추는 평생처음 보았어요. 그리고 환영幻影에 아무것도 안보이고 할아버지 품속에서 헤어나올 수가 없었어요. 그리고 겁이 났어요.

평소에 물컹물컹한 가슴이 딱딱하게 손가락이 안 들어가요. 그러더니 아랫배 밑이 화끈하더니 나도 모르게 그럴수록 책을 열심히 읽으니 제 몸 구석구석에서 경이로운 변태가 일어나고 별안간 그것에서 음수가 폭포수처럼 쏟아져 나와 침대보에 다 울긋불긋 세계지도를 그려놓았어요.

나 혼자인데도 어쩌면 할아버지 가슴에 안긴 듯 포근하고 꼭 남녀 자웅雌雄한쌍이 빈방에 있는 기분이었어요.

저도 모르게 옷을다 벗어 던지고 책을 읽으며 제 몸 구석구석을 더듬어 보았어요.

그대로 언제 잠이 들었는지 엄마가 일어나 세수하고 밥 먹어야지 할 때에서야 겨우 일어나 보니 방이 온통 미끄러워 다닐 수가 없었어요.

속옷을 가지고 대강 닦고 이불 홑이불로 다시 닦아다 세탁기에 넣고 세수를 하고 화장을 하는데 나는 안보이고 예쁜 아가씨가 베시시 웃고 있어요. 그런데 저만 그런게 아니었어요.

엄마도 보자마자 너 남자 생겼지. 나는 엄마는 나 시집 안가고 엄마하고 산다고 했잖아 하니 엄마 내 딸을 내가 몰라 이제 좋은사람 만나서 시집가야지.

나는 또 엄마는 정말 사귀는 사람없단 말야. 하니 암만 보아도 네가 거짓말하는 것 같다.

어쨌거나 남자 사귀려면 엄마부터 보여야 한다. 지금은 남자가 조금만 잘해주면 그냥 빠져들 나이야.

이럴땐 엄마가 보는게 정확해.

밥을 먹고 나오며 나도 모르게 콧노래를 흥얼거리니 엄마가 등 뒤에다 꼬리표를 붙인다.

계집애가 밤늦도록 쏘다니지 말고 일찍일찍 들어와야 한다. 엊저녁에도 많은 것을 다 쏟아버려서인지 리모델링한 것처럼 상큼하게 28년에 몸속에 고여 있던 질고疾故노폐물이 다 빠져나간듯 시원하다.

직장에 도착하니 나는 아무런 변화도 없는데 직장인들은 대번 알아본다.

지점장이 먼저 농을 건다. 거기 미스유 맞아?

네, 맞는데요. 왜요? 어디가 잘못됐어요? 잘못되기는 아냐.

그냥 갑자기 너무 예뻐진 것 같아서.

김과장 옆에다 미스코리아 아가씨를 두고 뭐하는거야?

그렇잖아도 유양에게 고백하려고 했는데 겁이 났어요. 퇴짜 맞으면 어쩌나 하고요. 그러더니 갑자기 김과장이 미스유 오늘 나하고 점심 같이 할래요? 하며 안그러더니 말끝에 존댓말을 붙인다.

거절할 명분도 없어서 사주시면 고맙지요. 하니 O.K 오늘 점심은 지점장님부터 전 직원이 저 뒤 부산회집에서 제가 살테니 드시고 이름만 적어놓고 오세요.

미스유 실은 벌써부터 말하고 싶었는데 점심 한번 같이하기가 이렇게 쉬운걸 여직 괜히 혼자 끙끙 앓고만 있었네. 옆에 다른 직원이 또 거든다. 일은 저희들이 차질없이 할 터이니 두 분이 영화라도 보고 오라고 지점장님이 허락하십시오.

암 미스유만 괜찮다면 내 허락한다.

오전 근무 말끔하게 정리하고 나가도록 해요.

할아버지 요사이 신이나 너무 좋아요.

머지않아 처녀 딱지도 뗄 것 같아요. 할아버지 책 쓰거든 꼭 연락 주셔야 해요. 책 나오면 제가 점심은 살게요. 건강하게 오래오래 좋은 책 많이 쓰세요.

2023. 3.
새 손녀가 드림

인연 이야기

내가 충주 농협 첫 직장에 다닐때다.

농협에서 100m 떨어진 곳에 밥집이 있었다. 전직원이 대놓고 먹는 집이다. 어느 날 토요일 당직이라 다른 직원은 오전 근무하고 다 퇴근하고 저녁을 먹는데 밥집의 큰딸이 25세인데 무척 예뻤다. 농협 직원은 매일 가 먹다 보니 나이가 많으면 오빠 적으면 동생이라 했다.

저녁을 먹는데 명회가 내 팔짱을 끼더니 엄마도 앞에 있는데 오빠 내일 뭐 해 하기로.

하긴 뭘해. 그냥 낮잠이나 자는 거지.

아까 어떤 아줌마가 그러는데 작은 새재 묵밭에 가면 나물이 지천이래. 금방 한 바구니 뜯는데. 나 좀 데려다 줘라.

야 나이가 스물다섯이나 된 것이 시집갈 생각은 안 하고 늙은 오빠보고 나물 하러 가자 하니.

싫음 그만두고.

내가 "엄니 명회가 내일 나물 뜯으러 같이 가자고 하네요." 하니 어머니 그걸 왜 나한테 묻나. 꼭 남말 하듯 한다.

명회가 거 봐 엄마도 오빠가 알아서 하라잖아.

알았어 내일 일찍 올게 준비하고 있어 하고서 사무실 가서 자전거를 끌고 자전거포에 가서 뒷 자석에 아가씨 태울 것이니 푹신한 안장으로 달아 주고 튜브도 새것으로 갈고 다 말끔하게 손을 보아 가지고 다음 날 아침에 아침 먹고 일찍이 가니 벌써 나와 있다.

야! 수건 하나 가져다 땀도 닦고 손도 닦고 해야지.

들어가더니 새 수건 두 개를 갖고 나온다.

야 오빠 것 뭐 아무거나 하나 있으면 되지 오빠 것이 따로 있냐.

시내를 나가는데 좋다고 소리를 지르고 조잘대더니 시내를 벗어나 비포장 도로를 가니 오빠 내 엉덩이 다 깨졌어 왜 이리 투덜거려.

자갈깔린 자동차 길은 자전거를 타고 가려니 힘이 들어 도저히 못 가겠어서.

야 내려서 걸어가 널 태우고는 도저히 자전거는 못 타겠다 하니

그럼 끌고가 나보고 자갈길을 어떻게 걸어가라고.

명회를 태운 채 자전거를 끌고 가니 힘은 들어도 예쁜 아가씨와 이야기하다 보니 다 왔다.

야 여기가 작은 새재여 하니.

싫어.

나물은 무슨 나물 이렇게 봄볕이 좋은데 데이트나 하자 나물은
오빠는 아가씨하고 데이트하는 것보다 나물이 더 좋아
그야 데이트가 더 좋지
그럼 됐어. 우리 문경새재 넘어갔다 오자.
그럼 그렇게 해 하고 자전거를 김옥균 이대 총장 별장 앞에
세워 놓고 둘이 걸어서 가니 명회는 좋아서 뛰어가다 잔디밭에
눕기도 하고 콧노래도 부르고 나는 그런 명희가 너무 귀엽다.
별장서 3관문까지 10리 3관문서 2관문까지 10리 또 1관문
까지 10리 30리를 걷고 나니 나도 피곤하다. 때마침 숲속 주막
에서 아주까리 등불 옛 노래가 나온다.

코미디언 송해가 부르는

[아주까리 등불]
피리를 불어주마 울지 마라 아가야
산 너머 아주까리 등불을 따라
저 멀리 떠나가신 어머님이 그리워
너 울면 저녁별이 숨어버린다

자장가 불러주마 울지 마라 아가야
울다가 잠이 들면 엄마를 본다
물방아 빙글빙글 돌아가는 고향 길
날리는 갈대꽃이 너를 찾는다

명회가 오빠 저기 가서 한잔 하자.

그래 목도 마르는데 30리를 오도록 사람 하나 없더니 주막에는 빈 병으로 보아 두세 병씩 비웠으니 일찍 온 모양이다.

한 잔만 할까 했는데 한 호리병이 한되라 한다.

종글 바가지에 따라 마시니 다섯 바가지 밖에 안 나온다.

내가 한잔하고 명회가 넉 잔을 마시고 한 병 더 하잔다. 부침개도 멀건 반죽에다 백김치에 고사리 도라지 놓고 붙인 것이 한 입 넣으면 그만이다. 어찌나 얇은지 뱀허물 같이 붙여 놓는다. 부침개는 내가 한 소당 더 먹었고 술은 나는 한잔 먹고 아홉잔을 혼자 마시더니 혀도 꼬부라지고 몸도 뒤뚱거린다.

이게 누굴 골탕 먹이려고 이렇게 많이 먹어 하고 그만 가자 하니 또 하나만 더 하잔다. 안 돼 더 먹고 싶거든 너 혼자 먹어. 오빠 혼자 갈테니까 하고 돈을 치르고 일어서 오니 안 되겠든지 쫓아온다. 내가 참 잘했다는 생각이 든다. 만약 술이라도 잔뜩 먹고 뻗으면 그땐 버리고 갈 수도 없고 스물다섯이나 먹은 처녀를 업고 갈 수도 없고 난감했는데 그냥 따라온다.

이관문 주월산 입구에 오더니 갑자기 옷을 훌훌 벗는다.

야 너 맞을래 어디 오빠 앞에서 옷을 벗어

나 며칠 목욕을 못했단 말이야.

땀이 나고 궁성거려 못 견디겠어.

그때는 시내 사람들도 집에서 목욕하는 집이 없었다. 다 목욕탕으로 가서 목욕을 할 때다. 그러니 산골짜기에 펑펑 쏟아져 흐르는 물을 보니 어찌 목욕 생각이 안 나겠나. 이따 수안보 지나다 목욕하자면 어쩌나 했는데 오히려 잘 됐다. 이곳에서 씻으면 목욕하자 소리는 안 하겠지 하고 내가 피해 줬다. 술 취한 것 보고 떠들어 봐야 멈출 것 같지 않고 술도 깨고 하게 씻게 두고 20m 떨어진 곳으로 가서 나도 양말을 벗고 씻는데 오빠 오빠 고래고래 불러댄다.

등좀 와 밀어줘

싫어 너 벗은 걸 어떻게 보라고

바보 쑥맥 처녀를 보면 더 좋지 하더니

나 옷 입었어 등 좀 밀어 주라 사정을 한다.

가보니 아랫도리는 입었다.

벗고 있는 가슴이 풍만한게 너무나 예쁘다. 가서 엎드려 하고 미니 쭉 미끄러지며 내가 등에 엎어진다. 이 아가씨 좋아서 어쩔 줄 모르고 깔깔 된다.

안 되겠다 싶어 칡잎하고 가랑잎을 한 묶음 따서 돌에다 대고 비비니 풀이 죽어 부들부들한 것을 수건에 싸서 주먹만 한 것으로 쭉 미니 그제서 때가 밀리는 건지 가죽이 벗겨지는지 국수 가래 모양 밀려나고 민 자국이 벌겋게 살결에 핏기가 맺힌다.

아프지 하니

시원하고도 쓰려.

계집아이가 때가 이게 뭐니 나중에 신랑하고 삶아 먹어도 국

수 한 그릇은 해 먹겠다 하니

　등을 씻고 나더니 다리도 좀 밀어 봐 그냥 씻으려니 미끈미끈 때가 하나도 안 밀려

　다리를 돌에 걸치고 좀 밀어 봐 한다.

　아니나 다를까 거기서도 때가 쭉쭉 밀린다. 이제 치마를 벗어 던지더니 방뎅이까지 드러내고 씻으란다.

　이러다 팬티까지 벗겠다.

　그렇지 않아도 벗고 싶어도 오빠가 도망칠까 봐 안 벗는 거야. 오빠만 괜찮다면 벗을 수 있어.

　쓸데없는 소리 말고 가만히 있어 하고 정말 사타구니만 내놓고 전신을 다 씻어 주었다. 또 수세미로 해서 미니 때가 깨끗이 밀리니 안 씻어 주기도 그렇고 팬티만 입혀 놓고 다 씻겨 주었더니

　나 어때 남자가 좋아할 것 같아.

　별것을 다 묻는다. 아마 1시간은 씻었나 보다.

　오빠는 칡 잎으로 수세미를 만들어 때 씻는걸 어떻게 알았어.

　칡은 아니고 장가가기 전에 여름에 우물에서 목욕할 때 볏짚을 한 움큼 빼다가 말아 가지고 다듬이 방망이로 때리면 걸레 모양 몽굴몽굴했을 때 형수고 어머니고 씻겨드리고 나도 씻고 했지.

　그럼 형수고 엄마하고 다 봤겠네.

　응 다 봤어.

그래도 아무렇지도 않았어.

가족이란 그래 이성간에도 남의 것을 보면 이상한 마음이 생기지만 가족끼리는 아무런 느낌도 없었어.

그렇구나.

나는 형제가 없으니 그래 보질 못 했고 엄마는 같이 목욕탕에 다니니까 늘상 같이 때도 밀고 했지만 아버지하고는 목욕 자체가 없었으니까 어쩌면 너도 동생이라 생각하니까 이렇게 밀어도 동생을 씻겨 준다 생각하니까 아무렇지도 않아. 네가 남이었으면 아마 참기 어려웠을 거야.

그래 나도 오빠가 처음인데도 그렇게 부끄러운 줄을 모르겠어. 오빠가 친 오빠같이 미더웠나 봐.

그러니까 내가 이렇게 네 몸을 구석구석 씻겨 주지. 내가 널 여인으로 여겼으면 가만히 있겠니.

가만히 안 있음 어떻게 할 건데.

나도 몰라 어서 옷이나 입어 가야지. 참 이성간이라도 내 동생이라 생각하니 깨끗이 씻겨 주고 싶은 외에는 아무 생각도 안 했다.

삼관문에 오니 해도 한나절이 훨씬 넘었고 50리를 걸어 다녔으니 배도 고프고 하여 월악산 쪽으로 200m쯤에 오두막에 보이기로 가 보니 음식을 판다한다.

다른 것은 없고 닭 밖에 없다고 하며 자기네는 집에서 먹이는 것밖에 잡아 놓은게 없으니 닭을 잡아서 찜 하자면 2시간은 걸려야 한다며 숲속에 오두막을 가리키며 방에가 푹 쉬란다.

아마도 부부로 알았나 보다. 아니라고 변명할 필요도 없고 목욕하면서 다 만져보고도 아무 일 없이 왔는데 뭐 나는 그냥 잠이 와서. 명회야 오빠는 한숨 잘테니까 나가서 바람 쐬고 구경하고 와 하니.

알았어 하고 나가기로 정신없이 곯아 떨어져 잤다. 얼마를 자고 깨어 보니 명회가 술에 취해서 자기 방으로 착각했는지 다 벗었던져 놓고 팬티 하나만 입고 내 팔을 베고 잔다.

술 취한 걸 깨우면 달려들까 봐 겁이 나서 치마를 끌어다 살살 입혀 놓고 윗도리를 입히려고 팔을 꼬이니 술내를 푹 풍기면서 오빠 내가 벗을게 한다.

이것 봐 오빠인 줄은 아니 하니 어이구 사랑하는 우리 오빠 하며 입을 쪽 맞춘다.

아이고 징그러. 술내가 진동을 하니 욕지기가 난다.

이제 다시는 너하고 술은 안 먹어.

먹지 마라 오빠 아니면 술 먹을 사람 없을라고.

그때 닭 다 되었다는데요 한다

예 가져오세요 하고 옷을 다 입혀 놓고 생각하니 내 꼴이 더 우습다. 갖고 싶은 생각이야 나도 한참 젊을 때인데 없을까만 조합장님이고 혹여나 탄로라도 나면 주제에 갖은 꼴값은 다 떨고 다닌다 할 것이고 애들이 다섯인데 애들은 무선 낯으로 대할까.

믿고 다 큰 딸을 딸려 보내 주신 어머니는 무슨 낯으로 대하랴. 지야 술김에 일 한번 저지르면 그만일지 몰라도 나는 수많은 사람에게 상처를 주는 것이다. 더구나 친구 하나 없는 순수한 처녀 아가씨를 내가 지켜 줘야지 하니 옷을 입히면서도 정말 친동생 같았다.

또 술 안 먹었을 땐 한 번도 그런 일이 없었고 또 남자하고 다니는 것은 한 번도 못 보았다.

막 수안보 온천골목을 들어서니 우려했던 일이 일어나고 말았다.

목욕하고 가자고 자전거 세워달라 한다. 내려주고 혼자 갈 수도 없고 나도 목욕을 하고 싶지만 목욕하러 들어갔다 감당을 목할 것 같다.

주흘산 계곡에서야 야외니 그나마 아무사고 없이 왔지만 수안보 호텔은 들어가면 일이 일어날 것 같아 못 들은척 무조건 달렸다.

명회는 발버둥을 치지만 그러거나 말거나 달렸다.

다행이 수안보서 충주쪽으로 약간 경사져 자전거가 달리기가 쉬웠다. 수안보를 한참 벗어나 살미면에 와서 내려주니 전들 그제서 어쩌랴.

집에 도착하니 아니나 다를까 집에 오니 어머니 제일성이 나물은 하신다.

내가 아무런 생각지도 않고 걸어서 왕건 촬영장까지 걸어갔다 왔어요 하니 그럴 줄 알았어 저년한테 나물을 얻어먹어 하시는데 내 얼굴이 화끈 한다.

낮에 목욕시켜 주고 방에서 홀랑 벗고 내 팔을 베고 잔 것을 아신다면 나를 씹어 먹고 싶으실 것이다.

살다보니 이런 일이 생기는데 앞으로 또 이런 일이 생기면 지금처럼 의연하게 참고 지낼 수 있을까.

또 한번 인생 공부를 했고 내가 중매를 서서 시집을 보냈고 나를 친오빠보다 더 믿고 따랐는데 결국 하늘이 시기했는지 수해가 나의 모든 행복을 빼앗고 말았다.

그래서 삶을 운명이라 했나 보다. 항상 방을 얻어도 가려 얻었는데도 결국 수해에 당하고 말았다.

그러나 물만 차 올라왔지 강물이 덮쳐 쓸어 가거나 흙더미가 무너지질 않은 것이니 사람의 피해는 거의 없었다.

나도 낮은 곳에서 물이 차 오르는 것을 보고 아내보고 이불만 달래서 자전거에 싣고 아무것도 없이 맨몸으로 안집 식구를 따라 둘째 부인이 경영하는 과수원집으로 갔다.

막상 가긴했어도 과수원 그 집 가족만 있다가 큰집 세 식구에 우리 식구 다섯이 함께 하니 주인보다 우리가 더 불편해 못 견디겠어서 큰 집으로 도로 들어갈까 하다가 아이들 크는 것을 보니 다시 시골로 간다는 것은 자식들에게는 악마와 같을 거라 생각하니 죽어도 산골로 되돌아갈 수 없었다.

추태 醜態

술은 동서고금을 망라하고 인과관계나 관혼상제에서 없어서는 안되는 접대의 상징으로 사용하여 왔다.

관혼상제(관혼상제)
관官 관사에서는 연회를 베풀거나 손님을 접대할 때 술이 빠져서는 안되었고 그것은 필연이다.
혼婚 결혼식에는 꼭 술이 빠지질 않았다.
상喪 사람이 죽었을 때 손님접대
제祭 제주는 언제나 빠지지 않는 예절이다.

※ 또한 한서(약제조청)에서는 술을 백약지장百藥之長이라하여 온갖 약 가운데서 으뜸이라 찬미하였고
※ 사기史記에서는 주천지미록酒天之美祿이라하여 하늘이 현자賢者에게 내린 좋은 녹봉이라 하였고
※ 곡주는 주천자 위성인 탁자위현인濁者爲賢人이라하여 청주는성인에 비유하고 탁주는 현인에게 비유했다. 또한 취중

무천자醉中無天子라 하여 술취한 자者는 자신이 왕이라고 떠버리고 돌아다녀도 크게 처벌하지 않았다한다.

※ 주유별장酒有別腸이라하여 주당은 아무리 배가 불러도 술 들어가는 창자는 따로있다했다. 나는 술을 못 먹는다. 그런데 시향에 가면 풍자되는 말이 있다. 술을 못 먹는다 하면 가짜 영일정씨라 한다. 영일정씨 집안은 대대로 술을 그만큼 좋아했다 한다. 역사적으로 보아도 우리 국민이면 다 아는 분, 이 술로 인한 정사를 그릇친 분이 있다.

나의 14대 할아버지 송강(정철)좌의정께서는 술을 너무 좋아하여 이전 회의에서까지 술을 드시고 참여하니 선조께서 커다란 은잔을 하나 하사하시며 경은 앞으로는 짐이 내린 술잔 외엔 술을 마시지 말라하며 매 끼니마다 그 잔 한 잔 이상은 먹지 마라 하였다 한다. 송강 한 잔으로는 갈증을 느낀 나머지 이를 어기면 왕명을 거역함이 되니 국가의 재상이 왕명을 어기지 못하고 은 잔을 얇게 두드려 펴 대접을 만들어 평생 왕명을 따랐다 한다. 지금도 충북 진천 송강 문학관에 가보면 술잔이 망치로 두드려 찌그러진 채로 보존되어 있다.

6·25 후 있었던 일이라. 내 나이 17세 때니 확실하게 알고 있다. 그때 아버지는 매 식사마다 밥은 3술 이상 더 안 잡수셨다. 그리고 집에서 빚은 막걸리 한대접에 새우젓 깨소금 섞어 쪄

내는 것 안주면 반찬도 필요 없다.

어느 날 술 조사꾼이 떴다고 통보가 왔다. 급하게 술 항아리를 싸서 가마니에 넣고 잘 묶어 뒷간나무땐 잿더미에다 묻어놓았다.

그러나 술 조사꾼은 기다란 쇠 꼬챙이를 가져다니며 땅도 찔러보고 집동 나무더미며 벼 가마 모두 찔러보고 뒷간에 가서 재더미까지 찔러보고 찾아내어 대청마루기둥에 매어놓고 봉합(딱지를 붙여놓고)하고 사진을 찍었다.

어머니가 통 사정을 하면서 영감이 식사를 못하여 굶겨 죽게 할 수는없어. 내가 빚은 것이니 용서해 달라고 싹싹 빌어도 막무내다. 사랑방에서 학동 글 가르치던 아버지가 나오시더니 이놈들아 너희는 부모도 없느냐 늙은이가 밥을 못먹어 살아보려고 빚어 먹는 것을 술을 팔았느냐 술로 정사를 망쳤느냐 하시더니 대청마루로 올라가시더니 봉합해논 술 항아리를 번쩍 들더니 술 조사꾼 3인 앞에다 패대기를 치니 술을 뒤집어 쓴 조사꾼도 너무 놀랐는지 아무 말 못하고 사진 찍어 경찰서에 고소한다하고 갔다.

아버지 일은 저질러 놓았으니 엄연히 법에 저촉되는 일이라 겁이 났는지 즉시 들어가 편지를 쓰더니 큰 형을 불러 바로 충주군청에 있는 군내무국장 종조카 태이형에게 전해주고 도지사(정운갑)종숙에게 전해 달라하라 하였다. 그리고 3일 후였다. 양조장에서 술(모주) 전안이 두말을 지고 왔다.(그때 우리 마을에는 우마차고 자전차도 못 다녔다. 산골 소로길이었다.) 그리고 편지 한 장을 전하고 간다.

저의 직원이 어르신을 몰라 뵙고 무례를 하였습니다. 우선 술 새로 익을 동안 보내준 술을 드시고 아무 걱정마시고 술을 담아 드시고 건강하시라 하였다.

언젠가 무도장에서 어떤 아가씨와 놀고서 고마워서 저녁을 먹자하고 장어집엘 갔더니 미끼하다고 술을 한 잔 하자한다.

한 병을 먹더니 한 병만 더하기로 내가 머뭇머뭇하니 아까워야 여기 돈 있어하고 오만원짜리를 꺼낸다.

얼떨결에 일격을 당하고 나니 자존심이 상했다. 그러나 예쁜 아가씨가 놀아준 것만도 고마워서 할 수 없이 한 병을 더 시키니 한 병 더 하더니 네병을 마시고 탁자에 엎으러진다.

할 수 없이 근처 호텔에 데려다 누이니 옷은 훌훌 벗어 던지더니 대뜸 여보 나 하고 싶어한다.

나는 그래 알았어. 씻고 올게 하고 가방 위에다 메모를 해 놓고 술 깨거든 택시 타고 집에 가라고 돈 10만원을 놓고 나왔다.

그 다음부터는 밥을 먹자 해도 싫다고 집으로 즉각즉각 간다. 그리고 나보고 볼 적마다 고맙다 하고 오빠 최고라 한다. 그렇게 단번에 버릇을 고치는 사람도 있다.

그 날 실수가 전화위복이 되었다. 지금도 무도장 가면 나하고만 논다.

천상天上에서 온 편지(등단 수필)

나는 지금도 그때를 생각하면 가슴이 찡하고 눈물을 주체할 수 없다. 말없이 떠난 그 사람이 너무 애처롭고 가엾어서. 가인 박명佳人薄命이라 했던가. 내가 운전면허를 처음 취득했을 때다. 지금부터 40여년전 가장 싼 포니 I이 출시되었을 때 운전교습 겸 혼자서 동해바다를 보기 위하여 정처없는 길을 떠났다.

마누라는 같이 가자 해도 내 차는 안탄다 한다.

친구들도 내 운전이 아슬아슬하여 안탄다 하여 나 혼자 다닐 수밖에 없었다.

그 때만 해도 고속도로가 안 뚫렸을 때이니, 남한강변을 따라 여주 문막 새말 대관령을 넘어 동해를 갔다. 묵호항에서 차를 주차하고 마침 울릉도 가는 배가 있어 울릉도를 가서 하룻밤 자고 돌아와서 친구가 추천한 부산횟집에 자연산 회가 최고라 하여 해삼 우럭회를 시켜먹고 다시 돌려 오다보니, 좌편 산길로 태백, 봉화라 이정표가 쓰여있다.

봉화는 경상도이지만 내 고향 충주와는 소백산만 넘으면 금방이고 여러번 가보았기로 들어섰는데, 완전 비포장에 초보 운전이라 30~40km를 넘지 않으니 가는 둥 마는 둥 한 없이 가도 산골짜기에 집도 없고 사람 구경을 못하니 어디 물어볼 곳도 없었다.

그 때만 해도 네비게이션이 없을때니 산속에서 방향 감각도 떨어지고 지도는 있으나 이곳이 어디인 줄 알아야 지도를 가늠하지 지형을 모르니 난감할 때 길 옆에 주차공지가 있기로 우선 차를 세우고 내려서 용변을 보고 사방을 살피니 100m 남짓 숲속에서 불빛이 보인다. 사실 가끔은 농가는 있어도 전기가 없을 때니 차에 운전을 하면서 발견하기란 그리 쉽질 않았다. 아직 늦여름이지만 서쪽으로 백두대간이 가려서인지 6시인데도 어두캄캄하다.

나이트를 켰으나 산골짜기에선 몇십 m 밖에 보이질 않았다.

그 때 민가에 불빛은 구세주와도 같았다. 한길 반이나 자란 망초대 숲길을 따라 불빛 있는 곳까지 가니 나무가지 울타리에 싸인 아주 작은 너와집이다. 문 앞까지 가서 여보세요 말좀 물읍시다 하여도 대답이 없다.

세 번만에 노인이 문을 빠꼼이 열고 내다 보기로 말 좀 물어봅시다 하니 귀를 먹었는지, 무슨 말인지 못알아 들었는지 뭐드레요 한 마디 하고서 도로 문을 닫는다.

그렇다고 그냥 돌아서면 또 어디서 길을 물으랴 여기가 어딘지나 알아야지 지도를 보지. 이번에는 화난 목청으로 크게 여보세요 소리지르니 또 문을 열고 뭐드레요다. 내가 묻기도 전에 문을 도로 닫는다. 그 노인은 그냥 뭐시래요 밖에 모르나보다.

어쩌랴. 그렇다고 막무가내로 남의 집 방문을 열어볼 수도 없고 차가 있는데 길이 있으면 어디선가는 마을이 나오겠지하고 돌아나오며 혼잣말로 사람이 뭐를 물으면 다타 부타 대답은 해야지 하고 중얼대며 돌아 나오는데 갑자기 들어오세요 한다.

귀를 의심하고 돌아보니 예쁜 아가씨가 들어오라 손사래를 하지 않는가. 아무리 봐도 생글생글 웃는 것으로 보아 사람임에는 틀림없었다.

나는 옛날 이야기에서 어떤 선비가 과거길에 해가 저물어 난 감할제 등잔불이 반짝거려 찾아가니 예쁜 여인이라 하룻밤 만리장성을 쌓고나서 과거고 뭐고 아주 머물러 부부처럼 살았는데 이 여인이 밤마다 삼경이면 나가면 서 절대 보지말라 하고 어딜 다녀오기로 처음에는 약속을 지키다가 어느날 밤에 나가면서 선비보고 오랫동안 잘 참아줘서 고맙습니다.

이제 오늘밤 하루만 더 참고 내다 보지 마십시오 하고 오늘밤만 지나면 마음대로 함께 나가다닐 수 있다하고 나가기로 더욱 궁금하여 하루를 더 못참고 기여이 그 여인이 나가고 나서 따라가니 얼마 안가서 재주를 넘더니 하얀 백여우가 되어 산속으로 들어가기로 쫓다가 들키고 말았다.

그 여우 하는 말 내일이면 천년이 끝나는 날이고 짐승의 벌에서 벗어나 정식사람이 되어 선비님과 살 수 있었을 것인데 저는 이제 영원히 여우로 살 수 밖에 없다하며 홀연히 사라졌고, 그 집도 흔적 없이 사라졌다 했으니 처음에는 내가 여우에게 홀리지나 않았나 의심도 하였으나 보아하니 노인과 아가씨만 있는 것 같기로 한참 장정이 설마 무슨 일이 일어 난다 해도 노인하고 여인하나 못 당하랴 하고 방에 들어서며 저 말씀 좀 하는데 노인 들어오시게 하드니 보다시피 두 늙은이가 딸 아이 하나하고 산속에 있다 보니 사람을 경계한거라우.

내가 그냥 문을 닫으니 딸을 가리키며 저 아이가 이 밤중에 찾아온 사람을 그냥 보냈다 험한 태백령을 어떻게 넘으라고 하면서 저는 엄마하고 웃방에서 잘 것이니 아빠하고 안방에 재워 보내라 하여 들어오시라 한 것이라 한다. 경우야 어떻든 나로서는 최대 은인을 만났다.

설사 어떤 암시가 있다해도 나는 젊은 남자고 이 집에는 노인 내외와 가늘가늘한 아가씨 하나인데 두려울 것도 없지만 잠이 깊이들지 않으면 문제 없을 것 같았다.

또 만에 하나 무슨 일이 있다해도 예쁜 아가씨와 같이 있는 것만도 영광 일 것 같다.

날은 어두운데 이런 산속에서 얼마나 다행인가. 그래도 내가 관상에 악의가 없어 보였나보다. 먼저 고맙습니다.

실은 길이나 물어보려 한 것인데 재워까지 주신다니 너무 고맙습니다.

그 시절만 해도 자가용 가진 젊은이가 그리 흔치 않았을 때라 그래도 자가용을 모는 것을 보고 괜찮은 사람이라 여겼을 것이다. 나는 잠시 차에 가서 세면도구도 가져 오고, 차도 잠그고 오겠다 하고 내려가서 저녁먹고 내일 아침까지 먹을 요령으로 영덕 슈퍼에서 사가지고 온 바나나 우유 두 개, 캔 사이다 2깡, 카스트라 빵 두 개하고 비누, 칫솔, 치약을 가지고 오니 벌써 아가씨가 부엌에서 불을 땐다. 뭐하느냐고 하니 저녁을 한단다.

그냥 나 때문에 하는 줄은 모르고 내가 사온 빵과 우유, 사이다를 아가씨에게 주고 먹으라고 하니 고맙습니다 하고 받는다.

그런데 그 목소리가 산골처녀 목소리는 아니다. 대개 강원도 산골처녀들 만나서 이야기하면 무척 투박하고 냉냉한데 너무 소박하면서도 상냥스럽다.

저녁을 들여왔는데 오랜만에 개다리 밥상에 놋그릇 식기에 밥을 먹었다. 대개 산골 할머니들이 말이 많은데 할머니는 이때까지 말이 한마디 없다. 보아하니 착한 치매증상이 있는 것 같다.

어떻게 저만 주시느냐 하니 벌써 저녁은 먹었다 하고 빵하고 바나나 우유는 두 노친네 하나씩 주고, 아가씨는 사이다만 먹으면서 이게 얼마만이야 하며 사이다가 너무 먹고 싶었는데 오빠 덕에 사이다를 실컷 먹네 하면서 오빠도 하나먹어 하기로 아냐 나는 됐어요 하고 저녁을 맛있게 먹었다.

저녁을 먹고나서 설거지를 하고서 들어오더니 웃방으로 가더니 오빠 이리와 나하고 이야기하고 놀다자요 한다. 의외 제안이라 너무 좋기는 하나 웃방이라야 다 찌그러진 창호문 하나 사이고 안방과 문지방 하나 사이 거기가 거기지만 그래도 벽이 있으니 동작은 안 보인다.

내가 부모 앞에서 아가씨가 부른다고 쪼르르 달려가기도 그렇고 하여 우물쭈물 하는데 아버지께서 가보시게 저것이 오랜만에 사람을 보니 사람이 그리운 모양일세 하신다. 나는 너무 좋아서 고맙습니다 한 마디 하고 아가씨 방으로 갔다. 겨우 문지방 하나넘었을 뿐인데도 분위기는 천차만차다. 우선 노친네와 벽 사이라도 보이진 않으니 동작이 자유로울 수 있었다. 그런데 문지방을 넘는 순간 너무 놀랐다.

책이 좁은 방에 가득하고 겨우 사람하나 누울 공간밖에 없는데 남자 장정이 가서 앉으니 방이 꽉찬다. 둘이 앉으니 공간이 없다.

내가 책이 많네요 하니 오빠 편하게 말 놓자 하고 먼저 아주 놓아 버린다. 그러더니 서울에 사는 오빠가 나 혼자 심심할까봐 올적마다 책을 수십권씩 가져다줘서.

그리고 엄마는 좀 많이 아프셔 한다. 동쪽으로 약 30cm 짜리 작은 창이 하나 있는데 창 앞에는 둥근 두레반이 놓여있고 두레반 위에는 간단한 필기도구와 쓰다버린 낙서들이 흐트러져 널려있다. 그리고 촛불이 을씨년스럽게 이 작은방을 밝혀준다.

나는 살면서 주변 사람들이 인복이 많다는 소리를 많이 들었기로 혼자 속으로 과연 내가 인복은 많구나 이런 산중에서도 이런 예쁜 아가씨와 마주 앉아 있다니 꼭 꿈을 꾸는 것만 같다.

책에 대해 내가 물어서인지 별안간 오빠 책 좋아해? 한다. 사실 한문 책만 읽어서 그 때 소설을 무척 좋아했다. 그럼 많이 좋아해 하니 다행이다 한다. 나는 뭐가 뭔지 모르고 뭐가 하니 아니 낙서한 것보고 욕할까봐 하더니 오빠 학교 어디 나왔어 나는 처음으로 당황했다. 학교를 초등학교 밖에 못나왔으니 어디 학교라고 할 수도 없지만 산골 아가씨로만 알고 순진하게만 여겼는데 별안간 처음 만난 남자보고 그것도 좁은방에 무릎을 맞대고 앉아서 다짜고짜 학력을 물으니 벙벙할 수 밖에. 하지만 뭐 망설일 필요도 없을것 같아서 솔직히 이야기했다.

아버지께서 시골 충주에서 글방 한문 훈장이시라 학교는 초등학교 밖에 못다녔고 한문은 많이 배웠다 하니 그럼 됐지 지금 말로만 대학생이지 뭐 아는게 있어야지.

오빠 한시 잘 짓겠다 하더니 펜을 주면서 시제 하나 써봐 한다. 별안간 건네는 제의라 어리둥절 하는데 나는 성대문과 나왔어 그래서 책을 너무 좋아해서 이 곳을 못 떠나는지도 몰라 나는 책만 있으면 아무 것도 갖고 싶은게 없어 한다.

내가 언뜻 생각이 나질 않아 어리둥절 할 수 밖에. 사실 시인도 아닌데 갑자기 한시를 쓰라니. 그래서 아까 여기 들어올 때 생각이 나서 그대로 썼다.

그냥 그 아가씨가 무슨 사연이 있는 것 같이 보이기로 쓴다는 것이 아프지 않은 상처가 어디 있으랴.

 그냥 끄적여 상처傷處를 나도 모르게 한문으로 써서 건네주니 야 오빠 글씨 잘 쓴다. 깜짝 놀라며 어떻게 오빠가 내 속내를 들여다 보고 있나봐 한다. 그러더니 그러지 말고 나 시 한수 지어줄래 한다. 또 갑작스런 제안이라 그냥 이 곳에 들어오면서 생각났던대로

 심산유곡 교자우합深山幽谷 嬌姿偶合
 깊은 산 그윽한 골짜기에서 아름다운 자태의 여자를 우연히 만나다

 예예낙오 여로막연翳翳落伍 旅路邈然
 해는 져서 어둑어둑한데 길 잃은 나그네의 갈 길이 아득하구나
 ※가릴 예(翳: 해가 기울어 어득어둑한 모양), 멀 막(邈)

 월광도계 입곡환수月光渡溪 入谷還愁
 달빛에 어리는 도랑을 건너 골짜기에서 길을 잃고 근심 하고 있을 때
 혈거무창 요조숙녀穴居無窓 窈窕淑女
 자연동굴 같은 창도 없는 너와집에 용모가 정숙하고 매우 아리따운 숙녀를 만났으니
 문개소안 소사호응門開笑顔 塑舍呼應

포시시 문을 열고 웃음띤 얼굴로 내어다 보더니 흙담집으로
불러 들이네

　고사전언 호여둔갑 古事傳言 狐女遁甲
　옛날 이이야기에 천년묵은 여우가 여인으로 둔갑하여 사람
행세 한다하여

　흉부옹호 거요거동 胸腑擁護 據激擧動
　가슴을 조아리고 들어갈까 말까 망설이다

　어목불이 사차불피 於穆不已 死且不避
　하늘이 만들어준 운명인데 죽어도 피하지 않으리
　※ 어목(於穆 : 아름다움이 끊이지 않음을 하늘의 찬미)

　일사천리 기역낙원 一瀉千里 期亦樂園
　거침없이 기세 당당하게 들어가니 여기가 낙원이구나

　이 시를 읽더니 눈물을 주르륵 흐르면서 덥석 내 손을 끌어
다 자기 가슴에 대더니 오빠 시인이지 하면서 바르르 떨면서
내 손잡은 손을 잡고 가슴을 지긋이 누르면서 오빠 내 가슴이
막 뛰어 그지 막 뛰지 하며 어쩔 줄을 모른다.
　나는 안방에 아버지가 들으실까봐 겁이 나는데 방금 방망이

라도 들고 와서 이놈의 자식 밤길에 안됐어서 재워주려 했더니 처녀 젖가슴에 손을 얹고 어쩌고 저쩌하고 내려 갈길 것만 같아서 겁도 나고 뭉클한 처녀 젖가슴에 손을 대고 있으니 황홀하기도 하고 나 역시 어쩔줄을 모르는데 이 아가씨 마구 내 가슴을 파고들며 너무 좋단다.

나 역시 한숨을 쉬하고 내어쉬니(참느냐고) 그제서야 그 아가씨도 나를 빤히 쳐다보며, 아 좋다 오빠 나 한소절 더 지어줘.

나는 분위기를 모면하려고 그 아가씨가 쓰다 버린 낙서 조각을 쥐어펴 보다.

<u>오늘도 밝은 햇살을 보게해 주셔서 감사합니다. 별안간 가슴이 뭉클하고 그 아가씨가 너무 애처로워 보인다.</u>

그 한 줄 속에는 마치 사형선고를 받은 죄수가 마지막 날을 찬양하는 기도 같아서 울컥 눈물이 쏟아진다.

나는 꽃에서!!
외딸고 깊은 산골에 피어있는 이름없는 꽃송이
별나비 그림자 비치지 않는
첩첩 산중에 무명의 꽃으로 사르리러다
내 말이 떨어지기 바쁘게 이어 받는다.

햇님만 내곁에 있어준다 면이야
한 평생 이곳에 숨어 살으리

하더니 갑자기 오빠 가지 말고 여기서 나하고 살아 하더니 펜을 들더니

혼자는 외롭다.
절대 혼자 살지마라.
외로워서 외로운게 아니라 혼자라서 외롭다.
우리는 어느새 한몸이 된 기분이다.
어여쁜 아가씨와 머리를 맞대고 꼭 시 경연이라도 하는 양 시를 주고 받고 있으니 너무 행복하다. 내가 서화담과 황진이가 만난 기분이다. 아가씨도 자연스레 내 가슴을 당겼다 놓았다 얼굴을 애인처럼 가슴에 묻고 흐느낀다.
나는 지금 속세가 아니고 천상에 와있다. 속세에 이런 곳이 어디 있으랴. 너무 가슴이 아프다. 내 가슴에 묻혀 있는 여인이 사람이 아니라 내 간장같이 녹아내리고 있다.
시 라기보다 현실을 조명하는 신파극을 하는 것 같아서 가슴이 찡하다. 지금 내 가슴에는 한 여인이 무엇이든 다 허락하겠다는 표정으로 나를 바보로 만들어 놓고 있다. 반쯤 드러난 가슴이 터질 것만 같이 부풀어 있다.
나는 이대로 있다가는 무슨 일이고 일어날 것 같다. 자꾸 조여드는 여인의 상기된 모습. 말없이 흐느끼는 가슴을 파고드는 슬픈 흐느낌. 바로 문지방 하나 사이에는 엄마 아빠가 자고 있다.
지금 이 여인은 아무 것도 보이지도, 생각지도 그냥 무방비

상태다. 그냥 완전한 젊은 여인 그대를 원하고 있을 뿐이다. 아무래도 내가 분위기를 바꿔야 하겠어서 "나 화장실 다녀올 게 하니"나두" 하더니 안방으로 넘어간다. 나는 그냥 뒤따라간다.

두 노친네는 정말 자는지 자는 척 하는지, 모르는 척 하는지 그냥 누워있다.

나는 소변을 보고 바깥바람을 쐬고 나니 좀 후련하다. 우리는 가만히 포옹하고 촉촉한 입술에다 키스를 했다.

내가 "우리 오늘 밤 자지 말고 그냥 이야기나 하고 밤 새우자"하니 "그래"한다. 우리는 밤을 새기로 약속하고 다시 들어와 마주 앉았다.

이 아가씨 펜을 들더니 자작시를 쓴다.

외로움도 내 인생에 함께 안고 갈 동반자다.
지금 내 옆에 있는 오빠는 하늘이 내리신 태양이며 빗물이다.
메마른 사막에 오아시스다.
인생이란 낯선 길을 가려면
편안한 신발과 튼튼한 지팡이와 오아시스가 필요하다.
지금 나는 사막에서 오아시스를 만났다.
든든한 지팡이가 생겼다.
아무것도 가질 수 없을 줄 알았더니
오늘 나는 무엇이든 다 얻었다.
내 것은 아니지만 잠깐 빌린 것이지만 무엇인들 어떠랴.

잠깐이라도 좋다. 나는 지금 아무 다른 생각은 안하련다.

나에게 주어진 시간을 다 쏟아붓고 갈거다.

그래서 더 이 시간이 절실하다.

하더니

"오빠 내일 안가면 안돼?"

"나하고 더 있다가면 안돼?"

그제서야 정신이 번쩍 든다. 되물어 묻는다.

지금 나는 천당과 지옥을 수없이 오가고 있다. 직장을 생각하면 지옥이고 이곳에 있으면 천당이다. 나만 좋다하면 한달이고, 일년이고 신선과 선녀로 살 것 같다. 지금 내 앞에 아가씨는 건드리면 폭발할 것처럼 시한 폭탄처럼 안겨있다.

아가씨는 10년 묵은 체증이 다 없어졌다고 신이 나서 떠드는데 나는 커다란 바위덩이가 가슴팍을 짓누른다.

그제서야 그 아가씨가 여행을 하려면 지팡이와 신발과 음료수가 필요하다는 것이 무엇을 의미하는지 알 것 같다. 그리고 자기가 살아있는 날들을 이미 알고 있는 것 같았다.

그 시간을 모두 다 쏟아 붓고 가고 싶다는 걸 말하고 있다.

격의 없이 그러다보니 앞 가슴이 훤히 헤쳐져 있다. 가슴 가운데 마침표도 새까맣게 발기되어 있다.

나는 보기가 민망하여 손으로 가슴 깃을 끌어당겨 봉우리를 덮어주고서 얹어있던 손을 하얀 면사포에 싸가지고 두고두고 꺼내보고 싶다. 꼭 손안에 가슴이 쥐어져 있는 것 같이 아깝고 소중하여 꼭꼭 감춰 싸들고 오고 싶었다.

　여름밤은 나도 모르게 밖이 훤하고 안방의 아버님은 큰 기침을 하시더니 너희들 한 숨도 안잔 것 같은데 이리와서 누워서 눈 좀 붙이시게 한다. 아버지도 안자고 새운 것을 아시었나보다.

　아가씨와 밤을 새우니 오히려 밤이 너무 짧다. 나는 아침을 얻어먹고 그냥 올려고 나오는데 이 아가씨 한사코 하루만 더 있다 가란다. 아버지가 계시다 나를 보고 직장에 지장이 없거든 저 아이하고 하루 더 놀다 가시게나 한다. 나는 아버님의 그 말씀에 아무런 변명을 할 수가 없었다.

　얼마나 딸의 병에 대한 마음이 애절했으면 처음 본 젊은 남자보고 딸과 더 놀다가라 했을까. 휴가일은 아직 3일은 남았으니 하루 더 묵어도 지장은 없을 것 같아서 모르는 척 도로 들어갔다. 솔직히 나도 예쁜 아가씨가 잡는데 발걸음이 안 떨어졌다. 나는 아침을 먹고 그 아가씨를 따라 나섰다. 아주 아가씨는 애인처럼 내 팔짱을 끼고 연실 쪽쪽여댄다. 언젠가 불러본 노래 곡조가 생각난다.

　하룻 밤 풋사랑에 이 밤을 새우고
　사랑에 못이 박혀 흐르는 눈물
　이 밤도 못 잊어 그대를 그리며 눈물에 젖어 울던
　아 아~ 아, 하룻밤 풋사랑
　한참을 1km 올라가니 계곡에 작은 폭포가 있고 맑은 물에는 산천어 떼가 수십마리 씩 모여 다닌다. 옆 너레바위에는 하얀 무늬 돌이 행주로 닦아놓은 듯 깨끗하다.

내가 다리를 뻗고 드러누워 있으니 잠이 사르르 온다. 엊저녁을 홀딱 새웠으니 피곤하기도 하다. 아가씨도 엊저녁에 혼자서 해결 했는지 조금 올라가드니 엉덩이를 씻는다.

나도 치근하지만 같이 씻다보면 또 이상할까봐 나는 모르는 척 누워있었다. 오더니 내 팔을 끌어다 베고 내 가슴에다 얼굴을 묻고 가만히 잔다. 폭포에서 내려치는 물 부닥치는 소리, 각종 새 소리는 자연의 자장가 노래소리로 그냥 잠들게 한다.

내가 눈을 뜨니 아가씨도 눈을 뜨더니 나를 빤히 바라본다. 내가 "내 얼굴에 뭐 묻었니?" 하니

"아니 오빠가 너무 좋아서 내 눈 속에 담아두려고."

"야 내 같은 아이들 아빠를 담아서 무얼하니.'

"내 서울가면 내년에 올 때 근사한 신랑감 하나 데려올게."

하니

"아냐 나는 오빠만."

"됐어 나는 아내가 있다고 했잖아."

"내가 총각이었으면 엊저녁에 너를 가졌지. 엊저녁에 참느라고 죽을 뻔 했다. 안방에는 아버지, 어머님이 계시지 맞아 죽는 줄 알았다. 너는 푼수없이 마구 덤벼들지, 거시기는 주책없이 일어서서 끄덕대지."

"오빠 지금 할까?"

"안돼, 그냥 아무렇게 만났다면 나도 건장한 남자인데 그냥 두었겠니. 아버님 어머님이 곁에 계시는데 참아. 너를 어떻게 안니."

"여기는 아무도 없잖아. 그리고 나 하고 싶어."

"내가 그랬잖아 참으라고, 내가 좋은 총각 내년에 데려온다고, 너를 지켜주고 싶어."

"어쭈 오빠 점점 나를 몸달게 하네."

"야 우리 진짜로 하지 말고 그냥 안아만 주자." 하니

"그래 그럼" 하드니 내 머리를 끌어다 찐하게 키스를 한다.

나도 아가씨 가슴을 살살 주물러주니 못 견디게 신음하더니

"오빠 나 좀 꼭 안아줘." 하기로 힘껏 안으니 비명을 지르며 너부러지더니

"이제 오빠는 내 남자여." 한다.

"네가 혼자 해결했구나. 아이 착하다." 하니

"몰라. 숙맥 멍청이 등신 주어도 못먹어." 하드니

"나가 씻고올게 나도 빤스가 축축하다."

"야 아버지, 어머니 모시고 회 먹으러 갈까?" 하니 "좋지." 하며 아직도 여운이 덜 가셨는지 자꾸 내 입에다 입 맞춤을 하고 몸을 비벼댄다. 아직 젊어선지 아직도 황홀경에 취해서 가려고 안하고 자꾸 안아달라고 한다.

나는 점잖이 사랑에 대하여 연설을 했다.

사랑은 아무렇게나 하고 싶다고 막 하는게 아냐. 사랑할수록

아껴주고 지켜주는거야. 함부로 일을 저지르면 다시는 고칠 수 없는거야. 너 가슴을 보니 아기가질 때야. 나는 부부생활을 하다보니 아가가질 때를 알겠더라. 너 지금 남자 관계 가지면 바로 아기 들어선다.

"그러면 어쩔꺼니? 구관이 명관이라고 오빠라고 너처럼 예쁜 여인을 앞에 두고 갖고 싶지 않겠니."

"너도 나이를 먹을만큼 먹었으니 좋은 사람 만났을 때 아낌없이 주어야지 행복하지. 지금 나와는 불륜이야. 나는 너 같이 예쁜 동생은 평생 좋은 동생으로 두고 싶어. 그래서 엊저녁에도 아랫도리 그 놈은 주체없이 나대어도 참은거야,"

그제서야 "고마워 오빠. 나도 오빠는 잊지 못할 거야."

나는 숙이와 아버지, 어머니를 태우고 임원에 가서 어제 먹은 회집에 가서 회를 실컷 먹었다. 나는 숙이하고 계곡에서 포옹을 하고 났더니 축축해서 "숙아 여기까지 왔으니 백암온천가서 목욕하고 갈까?" 하니 무조건 OK란다.

그리고 "온천에 가면 옷을 입고 들어가는거야?"
"너는 온천에 한 번도 안 가 보았니?"
"내가 누구하고 가."
"뭐 온천을 같이 갈 사람이 있어야 가니" 하니
"그럼 남자도 없이 여자가 어떻게 혼자가." 한다.
"이것아 남탕, 여탕이 따로 있어. 여탕엔 여자만 있고, 남탕엔 남자만 가는거야. 부부가 가도 함께는 못 들어가." 하니

천상天上에서 온 편지 **411**

"나는 온천에는 남녀가 같이 가는 곳인줄 알았어."

그러면서 "오빠가 온천가자 하니 그러자고 했어."

"뭐 나도 성숙한 여자인데 연애 좀 하면 안돼?"

"이거 대학까지 나온 것이 연애를 어떻게 하는 것인 줄도 모르나봐."

"뭘 몰라, 남자 여자가 함께 자고, 함께 밥먹고 같이 사는게 아냐.'

"그래 맞다."

목욕탕엔 나는 아버지 하고, 너는 엄마하고 따로 따로 가는 거야, 나와서 여기서 기다릴게. 엄마 잘 모시고 다녀 하고 목욕탕에 나와서도 한 시간이나 더 기다렸다.

방금 목욕탕에서 목욕을 해서인지 머리를 어깨까지 풀어 늘어뜨리고 화장을 해서인지 엊저녁보다 너무 예쁘다.

"가자" 하고 차에 올라타더니 "오빠 우리 자고 갈까?"

"이제 처녀가 못하는 소리가 없어. 왜 집 놔두고 여기서 자."

하니

"나 아직 호텔에 안가봐서."

"호텔이 별거냐 그냥 침대에서 자는거지. 이제 처녀가 못하는 소리가 없어."

"나 자고가고 싶어. 엄마 아빠 택시 태워 보내드리고."

"싫어." 하고 집으로 가다보니 목욕을 하고 나서인지 피곤한지 노친네는 정신없이 잔다. 숙이는 엄마 아빠가 있거나 말거나 연신 운전하는 나에게 키스를 한다.

나도 어제 밤 새우고 종일 돌아다니다 집에 오니 저녁이고 뭐고 그냥 곯아 떨어졌다. 숙이도 피곤한지 내 옆에서 그냥 잔다.

어머니, 아버지도 그냥 한 가족처럼 한방에서 잤다.

아침에 일어나니 반찬이 너무 맛있다. 고추장 발라 장작불에 구워 낸 더덕구이며 언제 사다두었는지 화로불에 구운 보리굴비는 존득존득하고 고소한게 이렇게 맛있는 반찬은 처음이다. 나는 아침 수저를 놓자마자 차로 와서 시동을 걸고 있는데 아버지 어머니는 50m 밖에서 손을 흔드는데 숙이는 차까지 쫓아와서 차 안에다 만원짜리 다섯장을 던져 넣는다. 뒤 좌석에 다 던져넣어 도로 내줄 수도 없었다. 가다가 맛있는 점심 먹으라한다.

나는 속으로 깊은 산골에서 나물만 먹고 사는줄 알았더니 보리굴비에다 만원짜리(그때는 오만원짜리가 없을때다)까지 점심먹으라고 던져주는 것을 보면서 내 반드시 내년에는 건장한 총각 하나 데리고 와서 저 아이가 소원없이 사랑을 나누게하여 주겠다고 굳게 결심을 했다.

"내년에는 휴가 차 총각 하나 같이 올게. 그 사람과 연애 실컷하여라." 하고 가면서 빽미러를 보니 숙이가 하염없이 서서 울고 있다.

나도 너무 가슴에 애수가 북받쳐 안보이는데 차를 세워놓고 한참 울고 왔다. 워낙 먼곳이고 차도 초보 운전이라 하루 이틀

가지고는 갈 엄두도 못냈다. 그 때는 고속도로도 없을 때라 가는데만 여섯 일곱시간은 걸리니 가는데만 하루, 오는데 하루라 보고싶지만 갈 수가 없었다. 그 때는 핸드폰도 없을 때고, 그 집엔 집 전화도 없기 때문에 연락이 안닿았다.

다음 해에는 이제 운전도 잘하고 보통 100km로 놓아도 끄덕없다. 또 차도 소나타Ⅱ로 새 차를 뽑고, 화장품도 설화수 금딱지로 한 세트 사가지고 가서 점심 얻어먹으려고 쉬지도 않고 줄곧 달려갔어도 한시에 도착했다.

나는 그만 그 자리에 주저앉았다. 사람도 없고, 지붕도 가운데가 뻥 뚫어져 있고 방바닥엔 쥐똥에다 버러지와 거미줄만 사방 얽혀있다. 자세히 둘러보니 벽에다 매직으로 커다랗게 이집에 찾아 오는 손님은 아랫마을 이장님 댁으로 오세요 한다.

즉시 차를 돌려 이장님을 찾아 물으니 정태근씨냐고 묻는다.

그렇다고 하니 들어가더니 편지 한 장 갖고 나오더니 아마도 모든 사연은 그 편지 속에 있을 겁니다 한다.

고맙습니다 인사 하고 차에 와서 뜯어보니 편지에 다음과 같이 쓰여있다.

천상에서 온 편지

사랑하는 오빠에게 보고싶다 오빠.

사실 작년에 오빠와 있는 동안에는 병이 완전히 치유된줄 알았어. 너무 즐거웠고 아픈 것이 싹 사라졌었어.

작년에 나의 거침없는 행동을 보고 오빠가 나를 화냥녀로 보지 않았을까 항상 마음이 찡했어. 그러나 그때 나는 변명 아닌 사실이야. 처음으로 남자를 갖고 싶었고 비록 육체는 섞지 않았지만 오빠는 나에 첫 남자였고 솔직히 갖고 싶었어. 그래서 단 한번이라도 오빠의 여인으로 마음껏 즐기고 싶었어.

지난 초 겨울 오빠 간 후로 아버지가 시름시름 편찮으시다 어느 가랑비 내리는 날 운명하시며 오빠를 무척 보고싶어 하셨어. 그러나 연락할 길이 없었어.

아빠가 돌아가시기 전 내 손을 꼭 잡고 미안하다. 아픈 딸을 남겨두고 가서 그 사람(오빠를 이르며)이라도 왔으면 네가 덜 외로울텐데 하시며 서울로 가거든 그 사람 만나서 의지하고 살아라.

아빠는 오빠하고 폭포거리를 다녀온 날 나와 오빠와 선을 넘은 줄 아시었어. 아버지가 오빠 가고나서 그러시더라 그 청년 좋아하니 그래서 엉 아빠 그 오빠 잡고 싶었어. 그런데 오빠가 아내가 있다고 가야 한다고 하는데 내가 아파서 잡지 못했어. 그래도 후회는 안했어.

그리고 아빠 장례 치르고 엄마는 오빠네 집으로 나는 하늘나라가기 전 정거장 일산 암센터로 갔어. 엄마도 봄에 돌아가셨어. 나도 5~6월 사이에 하늘나라로 갈거야. 알지 내가 왜 그때 오빠를 그렇게 잡았는지. 나도 죽기 전에 한 번만이라도 여자가 되고 싶었어.

실제 나는 이 세상에 내 남자는 오빠 밖에 없어. 비록 하루

사랑이지만 너무나 행복했어. 어차피 떠날 사람이기 때문에 오빠에게 연락 안했어 오빠 아파할까봐.

내가 그냥 갈까 하다가 오빠가 꼭 올거라 생각되었고 그냥 떠나면 나를 틀림없이 화냥녀로 여길까봐 이 편지를 써 놓고 가는거야. 오빠 꼭 하늘나라에서 만나.

오빠가 꼭 올거라 믿었기에 이 편지를 써서 이장집에 주고 오빠 오거든 주라고 하고 떠났어. 오늘따라 오빠가 너무 보고 싶다. 전화할까 하다 아버지, 어머니 보내드리고 병동에 있으면서 초라한 모습 보이기 싫었어 그냥.

작년에 예쁠때만 생각하고 기억해줘.

눈물이 나 더 못쓰겠다.

오빠의 여자가

숙아 나는 너무 행복하면서도 너무 아프다.

내가 가면 너를 찾을 수 있을까.

천상문에다 숙이 네 사진하고 있는 곳을 붙여 놓아라.

나는 지금 편지를 써도 부칠 곳이 없고나.

그냥 천상으로 띄워 보낼 뿐이다.

음 7월 7석 날 연숙娟叔을 그리며

인생여정(人生旅情)

우리는 이따금씩 어디론가 훌쩍 떠나고 싶을 때가 있다. 그러나 아직 운전도 서투르고 또 멀리가 보질 못했다.

허구헌날 밥 먹고 출근하고 돌아오면 잠자고 매일 똑같이 반복 하다보니 나는 왠지는 몰라도 돌아다녀야만 속이 시원하다.

또 그렇게 돌아다니다 접촉사고라던가, 길을 잘못 들어 고생을 하고 나면 다시 집이 그리워진다.

나는 늘상 잘 다니는 곳이 제천서 충주 넘나드는 천둥산 박달재다. 그 날도 아내와는 사전 말도 없이 제천으로 해서 박달재 휴게소에 가서 도토리 묵밥을 먹고서 내려가다 우측을 보니 우측 산골짝으로 괴암 괴석이 즐비하게 늘어 있고 경관이 너무 좋아 옛날에 수 없이 제천 충주를 넘나들어도 대중교통이라서였는지 절경이 그곳에 있는 줄 모르고 다녔는데, 그 골짜기를 찾아가, 차를 입구에 세워 놓고 계곡을 타고 걸어서 올라갔다.

그런 곳에는 차를 갖고 올라가면 구경을 못한다. 도랑 숲이 덤부사리로 우거져 가기가 무척 힘들었다.

천천히 구경하며 한 십리(4km)는 갔을까 한데 절이 하나 있다. 내가 절 간에 도착했을때는 거의 땅거미가 어둑어둑 저물 때이다. 종일 피곤도 하고 초보운전으로 서울에서 제천으로 박달재를 넘어 그곳까지 갔으니 쉬고 싶은 생각이 간절했다.

그냥 뛰어 내려가면 20분 30분이면 차에 갈 수는 있지만 이 상스리 절에서 자고 싶은 생각이 들어 절간으로 들어갔다. 절은 언제나 고요한 곳이지만 이 절은 너무나 적막하다.

어둠이 짙어지니 계곡물 소리만 적막을 깬다. 숲 사이로 스쳐나오는 산바람이 뼈속까지 파고든다.

어둠이 내리자 어디서 주어다 뿌려 놓은 듯 빈틈 없이 영롱한 별빛이 밤하늘을 수 놓는다.

박새들도 집에 가자고 가지 끝에 매달려 마주 보고 찌르륵, 쪽쪽쪽하더니 푸드득 내 앞 나무 가지에 와서 이상한 동물이 들어왔다고 고개를 갸우뚱거린다. 큰 절은 아니지만 작은 암자인줄 알았는데 대웅전까지 있는 것으로 보아 아주 작은 암자는 아닌 듯 싶다.

하룻밤 잘까하고 주인을 찾으니 예쁜 젊은 보살이 쳐다보며 어쩐 일이냐고 묻는다.

지나가는 나그네인데 경관이 너무 좋아 계곡 따라 오르다 보니 너무 깊숙이 왔나 봅니다.

여박旅泊할 곳이 없으니 하루 밤 유숙留宿할 수 있을런지요? 하고 물으니 보살이 무척 곤란한 표정으로 방에 여승을 쳐다보며 이곳은 여스님만 계신 곳이라서… 하고서 스님의 동정을 살

핀다. 스님도 한참 내 거동을 뜯어 보더니 밤에 산속에 찾아 온 사람을 안된다 하기가 난처한지 무엇인가 골똘히 생각을 하기로 안 되나보다 하고 돌아서 나오려 하는데 거기 마루에서라도 하며 보살을 쳐다본다. 마루에는 아직 밤바람이 차서인지 봄인데도 연탄난로가 훈훈하다. 마루는 최근 늘려 놓았는지 사람이 10여명이 자도 넉넉할 것 같다.

내가 아 몰라보았네요 하고서 그냥 가겠습니다 하고 돌아서는데 스님이 공양을 한다. 나그네가 한술 주시면 고맙고 없으면 굶는 거지 정처 없이 떠도는 나그네가 숙식을 걱정하리요, 하고 나도 모르게 벌써 마루에 걸터앉았다.

나는 누가 묻지도 않았는데 내 사주가 역마살이 끼어 이렇게 돌아다니질 않으면 생병을 얻는다 합니다. 하니 스님 보살을 바라보며 공양을 드리라하면서 생년월일을 묻는다.

내가 역마살이었다 했더니 내 사주를 볼 모양이다. 보살이 금방 가더니 밥하고 된장국을 가져왔다.

나는 보살에게 고맙습니다 하고서 돈 오만원을 꺼내 주니 처음에는 안 받기로 스님이 받아서 불전에 갔다 넣으라 한다.

절에는 어딜가도 불전이 비치 되어있다. 그리고 종이를 한 장 꺼내더니 뭐라고 적더니 손가락을 가지고 입을 나불거리며 열심히 집어보더니 빙그레 웃는다.(막말로 육갑을 하는 것이다)

나는 점심 도토리묵에다 조밥 한 술을 말아먹고 늦게 저녁이니 시장했나보다 시장이 반찬이라 드니 아무 반찬이 없어도 꿀

맛이다. 저녁을 먹고 밥그릇 쟁반을 가져가고서 스님 보고 스님 제 사주가 어때요 하고 물으니 이상하네요.

귀한 손님이니 공손히 모시라고 하는데 부처님께 공덕을 쌓으실 거라 하였으니 아마도 부처님이 일부러 보내신 분 같네요.

내가 돈 10만을 내어 놓으니, 보살보고 불전함에 넣으라고 하고 생년월일이 맞느냐고 한다. 그럼 생년월일 속일가봐요.

생년월일이야 내가 지은 날짜가 아니고 부모님이 일러주신 날이니 변동이야 없겠지요. 왜 내가 속이는 것 같아서요? 하니 그건 아닌데 제비가 박씨를 물고 들어 왔다하니 저도 기이해서요. 그때 나는 그 의미를 기억하지 못했다.

우리는 이렇게 농담도 오가며 밤 가는 줄 몰랐다. 스님이 시계를 보더니 어이구 낮에 손님과 만나기로 해놓고 좀 자야 하겠다고 하고 앉은 자리에 그냥 누어잔다.

나도 아줌마도 앉은 자리에 그냥 누어잔다. 새벽에 일어나니 보살 혼자 아침을 한다. 스님은 다른 스님과 약속이 있어 나갔다고 한다. 나하고 보살하고 둘이다.

밥을 먹으며 보살이 이곳에 들어온 사연을 이야기한다. 부모부터 이 절의 신도였는데, 딸이 하나 있었는데 남편이 죽고 나서 딸도 시름시름 앓다가 죽고 혼자 남으니 세상이 살기가 싫어 졌단다. 그러다 여기 노스님이 돌아가시고 젊은 스님이 혼자 있기가 힘들다고 같이 와서 있자고 해서 왔다 하며, 조계사에서 약간의 급여는 나온다 하였다.

절에 보살은 출가하지 않은 사람이다. 내가 스님은 남자를 여자와 혼자 두고 나가셔서, 혹 일부러 피해 나간 거 아니요? 하니 아니요.

몇 일전부터 약속이 있었다 하면서 스님은 모래나 오실 것이니 나하고 산에 가서 나물이나 뜯자고 한다. 아줌마 혼자 겁나지 않아요. 뭐가 겁나요. 처음에는 이렇게 스님이 어디 가고 나면 약간 무섭기도 했지만 부처님께 백팔배하고 나면 아무렇지도 않아요. 이제는 늘 혼자 있어 버릇이 돼서 혼자 있으나 스님이 있거나 똑같아요.

혼자 있을 땐 부처님 앞에 가서 108배 하고 나면 땀이 쭉나요. 내가 아니, 이렇게 남자가 같이 있어도 괜찮겠느냐고 물은 것이지 하니 아저씨가 곁에 있으니 더욱 안심이 되는데요.

그러다 내가 안으면 어쩔거요. 별 걱정을 다하시네 달라면 주면 되지 어디 가서 사다 달라는 것도 아니고 내 몸에 붙은 거 남녀가 함께 있을 때 같이 즐기라고 남녀를 만들어 놓은건데 처녀도 아니고 인생 팔고 다 겪고 살았는데 그 좋은 것을 못하는 게 등신이지 내가, 말은 청산유수네, 하니 나하고 뒷산에 나물이 많으니 나물이나 뜯으러 갑시다.

나는 그 보살이 하자는 대로 나물도 뜯고 내려오다 웅덩이에서 옷을 벗고, 등을 서로 밀며, 목욕도 하고, 나물 반찬해서 밥도 해먹고 아무도 없는 산속에서 멋지고 그윽하게 하루를 보냈다.

여인도 한참 나이라 굶주린 매가 짐승을 포획 하듯이 나를 꼼짝 못하게 만든다.

그 많은 세월을 어떻게 참고 견디어 왔는지 모른다.

하루 밤을 지내고 나니 아주 수십년 산 부부 같았다.

다음날 아침을 먹고 나오는데 가지 말라고 잡는다.

나도 발걸음은 안 떨어지지만 또 출근을 해야 했기 때문에 어쩔 수 없이 헤어져야 했다.

다음에 또 오겠다고 약속은 굳게 하였으나, 나는 다시는 갈 수가 없었다.

스님은 내일 밤에나 올거라 하면서 무슨 남자가 여자를 홀로 두고 가느냐고 한다. 그럼 여기서 살 수는 없지 않은가. 직장에 빠질수는 없지 않는가. 날 보고 자기 꼭 다시 와야 해, 나 자기 없으면 못 살 것 같아, 얼굴만 예쁜게 아니고 어디 하나 안 예쁜 곳이 없다. 정이 넘쳐 흐른다.

정 뿐이 아니다. 말 한마디 마다 사람의 마음을 푸근하게 녹여놓는다. 내가 또 찾아 갔다면 나도 지금에 있지 않았을 것이고 그 여인도 더 이상 절에 머물러 살지 못했을 것이다.

내가 같이 가자하면 그냥 다 버리고 날따라 왔을 것이다. 나는 처음으로 여자의 정이란 무섭다는 것을 알았다. 그래서 그 다음에 가보고 싶어도 다시 찾지 않았나 싶다.

지금도 그 보살이 내 가슴에 얼굴을 묻고 꼭 올 거라고 약속하자고 가슴에 키스 자욱이 선이 남아 있다. 그간 비겁한 자식이라 얼마나 원망했을가, 생각만해도 부끄러워 숨고 싶다.

그 여인과 작별하고 절간을 나오는데 다음과 같이 입구에다 써 세워 놓았다.

유숙계금 留宿戒禁
구무설자당주 口無舌者當主
야유몽자불입 夜有夢者不入

※당주(堂柱) 소경: 이곳에 머무는 자는 이곳에서 보고 들은 것을 말을 해서 아니되며
　몽자(夢者) : 꿈이〈행동〉 행동이 불순한 자는 이곳에는 들어오지 말라 하였다.

나는 그후로는 절대 그곳에 가지도 안았고 거기서 있었던 일에 대하여는 누구에게도 말한 적도 없다.
하긴 여승 혼자 있는 곳에서 어떻게 자고 온 이야기를 하랴.
나는 계율만 어겼을 뿐 아니라 이곳 보살을 밤새도록 희롱했으니 아무리 숨기려 하여도 부처가 아는 이상 숨겨지질 않는구나. 20여년을 입도 뻥긋 안하고(지금은 40여년전 일) 다 잊고 살아왔다.
내가 영월로 내려가기 30년전 일이다.
옛날 도토리묵에 조밥 말아 먹던 생각이 나서 지금 도토리묵에 조밥해 파는 곳이 천등산 박달재 밖에 없을 것 같아서 혼자 토요일에 제천 톨게이트에서 내려서 박달재 휴게소에서 묵

밥을 먹고나서 백운도사가 70년을 깎아 만들었다는 남근목 100개, 여인의 배태胚胎목과 생식기 30개를 구경하고 있는데 길 건너 〈금봉사당〉 앞에서 학생 혼자서 회심곡을 열심히 공연을 하고 잇다

그전에도 그곳에 토요일 일요일 가면 무속을 하는 학생들이 3~4명씩 와서 금봉사당에서 굿을 하였으나 아무런 생각 없이 그 여학생도 그러는가보다 하고 혼자이기로 천천히 그 옆으로 갔다.

나는 너무 놀라웠다. 꼭 20년 전에 백운 계곡 절에서 보았던 그 보살이 아닌가 20년 전이니 60이 넘었을터 그 보살이라 하기는 너무 젊지만 입, 눈매, 머리 매무새 신체조건 너무도 똑같았다.

그러거나 말거나 그냥 저 여학생도 무슨 사연이 있나 보다. 오래된 무당이나 굿 할때 빼놓지 않고 꼭 하는 회심곡경문을 잘도 읽는다 생각하고 아가씨의 경문에 취해 곁에 가서 다 끝나도록 서서 있는데 경문이 끝나더니 돌아서서 아버지 절 받으세요 한다.

갑자기 일어난 일이라 나 역시 허둥지둥 어쩔 줄 모르고 있는데, 백운사, 생각나시지요 그래요 20년전 같은데, 맞아요 그때 떨구어 놓은 씨앗이 싹이터 이렇게 예쁘게 자랐어요.

그래 그건 그렇다고 치자 그런데 어떻게 대번에 내가 너의 아빠란 걸 알았니? 아버지가 제 앞으로 다가 오셨잖아요. 아니 나는 그냥 어린 학생이 수심가와 회심곡을 너무나 구성지게 하

기로 그냥 지나다 구경했을 뿐인데.

그제서 이 아가씨, 사실은 어제 밤 꿈에 아버지의 지금 모습 그대로 보였어요.

엄마에게 꿈 이야기를 하니 엄마가 들으시고 맞다 그 분이 틀림 없다 부처님이 네가 아버지 보고 싶어하는 것을 보시고 상면을 도우시나 보다 박달재에 가서 네가 꿈에 보았던 분이 나타나거든 확인하고 내 편지를 한 장 써 줄테니 드려라. 그리고 너의 아빠는 절에는 오시지 마시라 해라. 나도 보고 싶기야 하지만 스님 보기가 민망하지 않느냐.

너는 20년을 부처님이 점지하신 부처님 딸로 자라왔는데, 대번 눈물이 왈칵 쏟아져 말을 못하고 있는데, 그 아이, 벌써 박달재 입구에 오실 때부터 알고 있었어요.

금봉 아가씨에게 우리 아버지 오시거던 알려 달라고 기도하는데, 눈을 감고 있는데 입구에 차가 들어오시는 것이 보였어요.

내가 이놈의 자식 어려서부터 거짓말해 버릇하면 못써 박달재가 굽이굽이 아흔 아홉 구비 30리 인데 어떻게 보이니 하니 꼭 눈으로 보여야 보나요. 영상으로 보이지요. 그리고 내가 금봉이 아가씨에게 기도하는데 금봉이 아가씨가 아버지 오신다 하기로 보니 저 차에서 아버지 모습이 그대로 훤이 보였어요.

어째든 고맙다 까맣게 잊고 살았는데 찾아 주어서, 서울 우리집으로 가자. 내 너 하나 못 거두겠니 하니, 이제 됐어요 저는 이미 불교에 귀의한 걸요. 이제 아버지 딸이 아니고, 부처님

딸이에요. 승명도 받았는 걸요.

그리고 서울대학교 종교불교학과에서 공짜로 공부하고 조계사에서 생필품까지 다 대주어요. 내가 생각해도 참 요상하다. 내가 어머니가 봉은사 주지였다 하였는데 내 딸이 백운사 주지 스님이라니, 꼭 이것이 벌인지 뭔지 나도 헛갈린다.

이것이 벌이라면 천번이라도 달게 받고 싶다.

밥이라도 한끼 같이 먹을까 했으나 스님은 객식을 안한다 한다. 절에서 주는 음식이 아니면 정 어쩔 수 없이 사 먹어도 나물 된장국이나 간장밥 외엔 먹으면 안된다 한다.

어쩌랴. 나는 언제나 비상금 100만원씩은 늘상 몸에 지니고 다녔다. 그땐 카드가 없을 때라 비상금이 꼭 필요했다. 그래서 그것이라도 아비 구실을 하여 볼까하고 주니 안 받는다. 스님(불자)는 돈을 받을 수 없다 한다. 언제 절에 가시거던 불전함에 넣으시면 공덕은 똑 같습니다 한다. 그럼 아비가 주는 게 아니고 심부름하는 것이라 여기고 엄마 가져다 드려라 그리고 아빠가 미안하다고 말씀 드려랴 그제서야 받아 넣는다.

그 아이를 그렇게 보내고 충주 쪽으로 내려 오다보니 박달재 관문 앞에다 택지 분양이라 써 붙여 놓았다.

근처 절에 보살도 있고 딸도 그 절에 주지라하니 이곳에다 땅을 사서 집을 지으면 그 여인도 만날 수 있을 것이고 딸도 자주 만나 볼 수 있을 것 같아서 분양한다는 곳을 가보니 바로 박달재 입구에서 200m 밖에 안 되는 곳이었다. 충주시에서 전원주택지로 허가났다하고 그 당시 나무를 다 베고 포크레인으로 터 정지작업을 하고 있다.

가서 지주에게 땅, 제일 좋은 곳으로 600평만 떼어 팔라고 하니 혹시 정태근씨세요. 그런데요 어떻게 내 이름을. 방금 따님이 왔다 가면서 아버지가 오시거던 절대 땅을 팔지 말고 지적하는 곳이 있으면 그 아가씨가 사겠으니 아빠한테는 절대 팔지 말라 했어요. 그때서야 그 아이가 보통아이가 아니란 것을 깨달았다.

처음 본 아비를 알아본 것부터, 저희 아비가 이곳에 와서 살고 싶어하는 것부터를 다 알고 내가 이곳에 있으면서 절에 자주 드나들면 비구니 스님보기도 그렇고 저희 엄마도 또 다시 혼란스러울 것이 다 보였나보다.

참으로 영리한 아이구나 생각하고서 엄마가 써주었다는 편지를 읽어보니 (보살이)써준 편지는 편지가 아니고 완전히 감상문이다.

그리운 은혜님께

고절(孤節 : 외로히 절개를 지키는)단신 외로운 몸 무간지옥(無間地獄) 면하려고

한운야학(閑雲野鶴) 수행(修行)할 때 현인(賢人)이 나타나

춘한(春恨)에 이끌려 만정(萬情)이 쏟아 나와

무산지몽(巫山之夢)에 잉태를 하고 나니

비구니(比丘尼)가 알으시고 불심이라 기뻐하며
병원에도 못 가게 하시고 지극정성(至極精誠) 보살피니
만정(萬情)이 그리웁고 썰물처럼 밀려와도
태교(胎敎)를 생각하면 저절로 힘이 생겨
환상(幻想)을 못 버리고 추스리다 감당 못 해
보루에 머리 박고 숨죽여 울었다오.
산고(産苦)를 겪고 나니 경사(慶事)도 두려웠소
수행녀(修行女)에게 영아(嬰兒)를 점지하니 꿈인가 하였다오
다가오는 이 영광(榮光)을 어디다 비하리오
안 먹어도 배부르고 복통(腹痛)에도 웃음 짓고
몽한(夢恨)에도 즐거웠소 천지신명(天地神明)께 감사하고
부처님 전 삼천배로 무릎이 회잔(膾殘)되도
아픈 줄도 모르고서 이모지년(二毛之年)을 한세월(閒歲月) 누렸다오.

어느 날 가야가 꿈에 만난 아버지 이야기를 꺼내기로
부처님의 자식이 아버지가 어딧냐고 윽박지러 나무라니
혼자서 나가더니 대웅전에 108배로 성심으로 기도(祈禱)하며
현몽하신 울 아버지 만수무강하시고 부처님의 연(戀)으로
받아 달라 기도(祈禱)하니 측은(惻隱)하고 가련(可憐)하여
가슴에 사무쳤소
사연(事然)이랑 물어보니 이러저러 하신 분이

가야(伽倻) 앞에 나타나서 아버지라 반기면서
머리를 매만지며 자비(慈悲)하신 말씀으로
우리 딸 예쁘구나 한없이 기뻐하시니
평소에 당신 모습 그려 놓은 듯 사진 본 듯
언제나 오시려나 학수고대 하였는데
어젯밤 보살(菩薩) 꿈에 그리운 님 보였기로
승여(僧女)가 다시 보면 투정(偸情)할까 두려워
가야(伽倻)를 보내오니 박달재에 오시거든
부녀상면(父女相面) 잘 하시고 너무 감개(感慨) 마시고
한양길 머나먼 길 조심조심 가시옵소서

　　　　　　　　　　　　　　　　　나무관세음보살

만남의 존재

어느날 아내와 같이 여행을 다녀올 때다. 나는 그 날 내가 한 일이 정당한 처사인지 아닌지는 생각해보지는 않았다. 그냥 그 때는 활기 왕성할 때라 뒷일은 생각지 않고 행하였을 뿐이다. 그런데 우연찮이 생긴 일이 평생에 친구가 될 줄이야.

청풍명월 송계계곡을 지나오는데 어떤 황소처럼 육중한 사람이 예쁜 젊은 여인과 마주 잡고 싸우는데 남자는 머리채를 거머잡고 여인은 바지가랭이를 잡고 싸우는데도 여인들이 다섯이나 모여앉아 있으면서도 말리지를 않는다.

내가 차를 세우고 내리니까 아내가 눈치를 채고 나를 잡고 그냥 가라고 한다. 내가 아내보고 안 싸워 하고 옛부터 싸움은 말리고 흥정은 붙이라고 했는데 더우기 남자한테 여자가 맞는 것을 보고 그냥 가 하니, 공연히 남의 싸움에 경찰서에 불러다니지 말고 그냥가.

신체보니 저사람 넙적다리 하나 밖에 안되는 당신이 두들겨 맞고 병원비 달래도 안 줄거야. 알았어 하고서 싸우는 옆에 가서 아주머니들 친구가 아니요? 하니 친구지요 한다. 그런데도 친구가 맞는데 보고만 있어요? 하니 말도 말아요. 말리다가 뿌리치는데 죽는줄 알았어요. 힘이 얼마나 센지 말리다 죽는줄 알았어요. 그러다 어디라도 다치면 저녁에 남편 보고 뭐라해요. 친구 싸움 말리다 그랬다고 하면 남편이 남의 남자와 술이나 먹고 싸다니는 줄 알것 아니요. 아까 어떤 오토바이 아저씨가 지나가기로 신고 좀 해달라고 했어요. 경찰 올 때만 기다리고 있는 거에요.

내가 머리채 잡은 남자한테 다가가서 아저씨 여자 머리채 잡은 손을 잡으며 이 손 놓고 말로해요. 하니까 그 손으로 내 멱살을 잡으며 이건 또 뭐여하기로 아저씨 여인을 그렇게 때리면 어떡해요. 하니 너하고 상관 없으니 그냥 꺼져 한다.

아줌마들이 내가 맞을까봐 저 아저씨 어떡해 한주먹 짜리도 안 될 것 같은데 내가 멱살 잡은 손을 양손으로 힘껏 잡고 씨름 배지기 하듯 팔을 어깨에 걸고 업어치기를 하니 육중한 놈이 쿵하고 나자빠지더니 내 허리부러졌네 하고 엄살을 떤다.

내가 무릎으로 가슴을 짓누르고 맞던 아줌마 보고 남편이요 하니 아니요. 그럼 애인이요. 아니요.

그럼 왜 맞고 있어요 하니 우리 동창 모임이라 노는데 저 사람이 오더니 끼워달라하며 허락도 안했는데 내 옆에 와 앉더니 자기가 술을 얼마던지 사겠다고 하더니 술을 한 잔 마시더니 슬며시 내 치마 속으로 손을 넣더니 그곳을 만지잖아요.

그래서 뺨을 한 대 갈겼더니 머리채를 쥐고 미어 박지 뭐요

한다. 아주머니 지금 세상에 공짜가 어디있다고 남자하고 술을 마셔요. 처음부터 뿌리쳤어야지요 하고 내가 놓으니 벌떡 일어나더니 권투하는 식으로 잽을 몇번 날리더니 내 면상을 갈긴다.

내가 살짝 피하며 얼른 손목을 두손으로 잡고 뒤로 돌아서며 비트니 그제서 나와 게임이 안 된다는 걸 알았는지 남자끼리 못 본척 그냥 가시오. 이제 안 싸울게요.

내가 이사람아 여자 거기를 만졌으면 사과를 해야지. 저렇게 가냘픈 여인을 때릴 곳이 어디있다고 때리는가 나같으면 실수라고 죄송하다고 사죄하고 더 좀 때려 달라고 하겠다.

아마 그랬으면 아줌마 손이 아파 못 때렸을 거다. 어떻게 여자를 힘으로 제압하는가. 내가 마누라가 그냥 가자고 하는데 내린 것은 맞는 여인이 너무 가련해서 내린 거여. 그리고 놓고 이사람도 이제는 안 그런다 했고 경찰도 온다했으니 그냥 갈게요.

전화번호 적어주면서 무슨 일이 있으면 나한테 전화해요 하고 왔다. 얼마 있다가 전화가 왔다. 누구시냐고 하니 그때 싸움 말려준 그 여인이라고 했다. 왜 그러시냐고 하니 그때 너무 고마워서 그때 모인 친구들이다 모여서 전화드리라 해서요.

뭘 당연한 걸 가지고 여자가 맞는 것을 보고 그냥 가는 게 비겁하지 그냥들 드시고 놀다 가시라하니까.

또 다른 친구를 바꾸어 꼭 오라고 한다. 그래서 마포에 횟집으로 갔다. 마포에 그렇게 큰 횟집이 있는지 처음 보았다. 그리고부터는 완전히 친구가 되었고 갈 때도 여인들이 내 경비 다 부담하고 어딜가도 데리고 다녔다.

나는 그 여인들의 친구 겸 호위무사가 되었다. 우리가 살아있다는 것은 동시적 의존 관계로 엮어져 진행된다. 모든 존재는 인因과 연緣의 법칙에 의해 서로 연결되어있다.

그날 일어난 일도 우연이라기 보다는 그렇게 인연이 되려고 내가 그 시간에 그 곳을 지나게 된 것이고 그것이 또 좋은 인연이 되었다. 어떤 만남도 우연히 혹은 독립적이고 개별적으로 존재하지 않는다.

나는 너의 원인과 조건이 되어있고 너는 나의 조건이 되어줌으로써 우리는 함께 존재하는 것이다. 이것을 진리의 세계에서는 상호의존적 존재라 한다. 내가 사라지면 너의 존재도 소멸되고 너의 존재가 사라지면 나의 존재 역시 소멸되어 버린다.

헤어지기 괴로우니 만나지 말자 그래도 만날 사람은 어떻게든지 만나게 되어있다. 죽기 괴로우니 태어나지 말자한들 태어남도 내 의지대로 태어난 사람은 하나도 없다. 인간의 실존은 자신은 의지대로 어찌할 수 없는 조건화된 삶의 토대 위에 있다.

한 생애에서 뿌려진 말과 행위의 씨앗들은 그 생애에서 끝나는 것이 아니다. 다음 생애로 이어지면서 생의 모습을 결정짓는다. 너와 나의 관계는 신의 장난처럼 우연히 이루어진 것이 아니라 전생에서 뿌려진 업의 결과이다. 내 생에 일을 알고 싶거던 현재 내가 짓고 있는 것을 보라. 인생의 삶은 날실과 씨줄로 짜여나가는 한 장의 천이다.

이시영 「꽃들의 속삭임」

어릴때 추억

① 북당골 (고사리)

　내가 어릴적에는 유난히 우리 마을에는 나물이 많았다. 그때 시골사람이 봄철에는 봄나물을 시장에 갔다 팔아서 옷도 사 입고 세간을 장만하였다. 우리 집에서 강 쪽으로 마주 보이는 안산이 있고 그 안산 남한강 쪽으로 끝자락에 설렁(돌무더기)진 곳이 이 마을 사람들은 북당골이라 불렀다.

　북당골은 마을과도 2km는 떨어져 있어 나물이 많이 나와도 아줌마들은 자주 안 간다. 그 때만 해도 그곳에는 호랑이가 있다고 하였고 북당골 바위굴 앞에는 짐승들의 뼈가 수두룩했다. 나는 초등학교 다닐 때 큰 형수 따라갔던 곳이라 어느 이슬비 내리는 새벽에 혼자 갔다. (고사리는 비오고 다음날 가면 하룻밤 사이에도 20cm, 30cm씩 자란다. (고사리는 먼저 간 사람이 지나가면 다음은 허탕이라 그 곳 사람들은 비가오면 거의들 새벽에 간다. 새벽에 꺾어다 두릅(열두묶음)으로 엮어다 장호원 시장가면 최고로 값을 제일 잘 쳐준다. 그만큼 맛이 일품이다.

　그래서 나 혼자 커다란 다래끼에 호신용 조선 낫 그리고 가

시덤풀 만져도 가시 안 박히는 소가죽 장갑가지고, 애들때니 2km 쯤이야 번쩍하면 가는 곳으로 그곳에 도착하니 아직 날도 훌딱 안샜고 더군다나 가랑비 온 끝이라 안개가 자욱하여 100m도 안보인다. (고사리 나는 곳은 이상하게도 다른 곳은 아름드리 소나무가 빈틈없이 숲을 이뤘는데 고사리 밭에는 윤달미(갈다리종류 유한풀) 풀만 있고 습기가 많아서인가 시영풀 같은 것이 가득차 있는데 엇 저녁에 자란 고사리가 100여평에 밭을 이루고 있다.

다래끼(싸리로 만든 채그릇)를 옆구리에 단단히 차고 조선 낫으로 앞을 헤치고 나가며 고사리를 꺾는데 얼마나 굵고 실한지 몇 개 안꺾어 한묶음이다. 정신없이 꺾어가는데 앞에 꺼먼 나무토막 같은 것이 보이기로 자세히 보니 독사가 꼬리만 땅에 박고 몸둥이는 20cm 서서 대가리를 꼬부리고 노려보고 새까만 혀를 10cm 이상 내밀고 날름거린다.

나는 그만 그 자리에서 경직되고 말았다. 나물이고 뭐고 우선 물리면 그곳에서 즉사다. 그 놈이 움직이면 사정없이 베어버릴려고 나와 눈싸움을 하고 있을때 갑자기 내 옆에서 주먹보다 더 큰 개구리가 꽥하며 2m언덕 아래로 내려뛰는데 그 뱀이 확날으며 공중에서 개구리를 물고 낙하한다. 그제야 그 뱀이 그 개구리를 노린 것이다. 생각만 해도 진땀이 솟는다. 나는 무사히 그날은 나물을 한 다래끼 가득 꺾어왔고 다음부터 한번도 안가다가 몇십년 후에 찾아갔더니 참나무가 빼곡이 숲을 이루었고 고사리는 구경도 못했다.

② 이무기 노인

6·25 전이니까 내 나이 13세때 같았다. 아버님이 생선 조림이 없으면 영 진지를 못드셔서 나는 아침에 글(한문) 읽고나면 고기 잡으러 가는 것이 일과나 다름없었다. 그곳은 우리 마을 뿐만 아니라 다른 산 계곡에서마다 작은 웅덩이가 있고, 남한강까지 양 골짜기로 계곡이 4개가 있다. 계곡은 계곡마다 거리가 거의 1km, 2km다. 강이 가까워서인지 고기는 다 있다. 미꾸리 수수미꾸리 참매조 모래무지 진거니 퉁바뀌 꾸구락지 피라미 중타리 메기 뱀장어 가물치 털게 고기도 그날 재수다.

잘 걸리면 많이 잡을 때도 있고 어떤 땐 헛수고다. 고기도 장마전에나 잡지 장마가 가고나면 못 잡는다. 대개 봄 가뭄에는 고기가 웅덩이로 모여서 잡기가 수월하다. 대홍수가 가고나면 도랑도 해마다 바뀐다. 그러나 오직 안바뀌는 곳이 폭포수다. 그곳은 완전히 너래 바위라 오히려 장마가 가고나면 깨끗이 씻겨가고 청소한 듯 깨끗하다.

내가 어려서부터 형으로부터 이어받아 매년 한번씩 물을 퍼서 고기를 잡는 웅덩이가 있다. 바로 폭포수 밑에 웅덩이 깊이는 한길 남짓 양가로 넓직한 바위가 있고 가뭄에는 그 바위가 반은 물에 잠겨있고 반은 드러나 있다. ⅓ 정도 약 1m 물에 잠긴다. 그런데 그곳엔 물을 일년에 한 번 폈다하면 고기를 양철 바케쓰(일본말, 물통)로 반씩은 잡았다.

어느 가뭄이 대지를 달구는 봄날 혼자서 삽과 하이바(철모 속에 쓰는 가벼운 모자) 바케쓰를 갖고 폭포수 거리로 갔다. 먼저 늘 하는 방법은 자연 요법으로 웅덩이 앞을 10m 전부터 똘을 1m 이상 쳐서 들어와 물을 타놓으면 수심이 1m 이상 낮아지고 갓으로 뺑돌려 묻이 생긴다. 그러면 폭포에서 떨어지는 물을 받아 갓으로 돌려 내보내는 작업을 한다. 그게 제일 큰 작업이다.

굴 바위만 빙 둘러 떼를 떠다 단단히 막고 나서 하이바로 정신없이 물을 푸니 바위앞 깊은 곳으로 바위가 드러나기 시작하니 바위 굴속에서 야단이 났다. 각종 고기가 물을 따라 나오며 등이 드러나니 막 꼬릴치며 푸덕여댄다. 나는 나오는대로 연신 움켜서 바케쓰에 담았다.

정신없이 물을 푸고 나오는 대로 줘 담다보니 벌써 바케쓰가 반은 차 올랐다. 막 신이난다. 그때다 꼭 천둥치는 줄 알았다. 나는 너무 놀라서 큰 굴 바위밑을 쳐다보니 시꺼멓게 얼마나 굵은지 겁이났다. 내 팔뚝보다 굵다. 마음을 가다듬고 손에다 힘을 다하여 목을 양손으로 움켜쥐니 꼬리를 꾸불텅 치는 바람에 얼마나 힘이 센지 내가 넘어졌다.

그러나 아무렴 제가 힘이 센들 나도 씨름판에 가면 꼭 상을 타던 체력인데 안놓고 갔다. 박께스에 넣으니 그 한 마리가 여직 잡은 것보다 더 많아 보였다.

나는 배도 고프고 오늘 수확이 쏠쏠하여 다음을 위하여 웅덩이를 막아 전과 같이 복구해 놓고 하이바는 머리에 쓰고 한손엔 고기통, 한손엔 삽들고 폭포 위로 올라왔다.

폭포 위에는 폭포 옆으로 난 비탈길 위에 아름드리 갈참나무와 그 밑에 상나무가 있고 상나무는 왼새끼로 둘둘 말아져 있고 각종 색색의 헝겊이 달려있고 참나무 밑에 앉았다. 쉬어가도록 누군지 예쁘고 반들반들한 돌을 의자처럼 몇 개 놓았다.

하천(도랑과는)과는 1m 아래 도랑이다. 나도 허덕지덕 올라오니 갓쓰고 도포입고 선비의 정장을 한 노인이 턱 수염이 하얗게 가슴까지 내려와 있다. 소문으로만 듣던 신선이 앉아있다.

나는 그 노인 보느라고 미처 돌부리를 못보고 채이는 바람에 앞으로 엎어지며 고기통이 기울어졌다. 얼른 일으켜 놓으려는데 그 뱀장어가 퍼득 나르며 폭포수 물과 함께 사라진다. 이제 할 수 없다. 아깝지만 어쩌랴 그리고 정신을 차려보니 방금 앞에 있던 노인이 온데간데 없다. 나는 인사를 하고 앉아 쉬어갈까 했는데 흔적 없이 사라졌다.

그 시각 어디로 갈 겨를도 없었는데 이상하다 생각하고 부지런히 도랑가로 외길을 따라 올라가니 마을 어른이 나무지개를 지고 내려온다. 저 친구 이름을 부르며 "아버지 금방 갓 쓰고 올라가는 노인 못보셨어요." 하니 날보고 "싱거운 아이 다보겠네 갓 쓴 노인이 통행길도 아닌 산 속 나무꾼 다니는 길을 뭐하러 왔겠나. 이 사람아 어른하고 장난하면 못써." 꼼짝없이 장난친 것 같이 다른 변명이 없다. 나 혼자만 본거고 눈 깜짝 사이 흔적 없이 사라졌지 않는가.

집에 와서 아버님 식사 하시는데 오늘 일어난 일을 상세히 말씀 드리니 "참 다행이로구나. 그게 뱀장어가 아니고 이무기다.

이무기는 신령을 가진 영물이니 너를 현혹시켜 놓고 도망가기 위하여 일부러 네가 엎어지게 한 것이다. 너도 조금도 다치지 않았으니 네 몸도 도와주고 이무기도 도망갔으니 다행이다. 만약에 그 뱀장어를 먹었더라면 평생 우환을 면치 못했을텐데 이제 네 건강은 걱정할 필요 없다." 하시었다.

그 덕분인지는 모르겠으나 88세가 되도록 지금까지 병원은 모르고 살았다. 직장 다닐 때부터 의료공단에서 하는 신체검사도 요즘 10년 동안 한 번도 안 받았다.

공연히 아무렇지도 않은데도 피 뽑고 몇시간씩 기다리는 것이 싫어서 매년 의료보험공단에서 건강검진 받으라고 통지서는 와도 안 받는다.

그 사람이 보고 싶다

나에게는 의도치 않은데서 내 인생에 잊을 수 없는 일이 생겼다. 먼저 이 글은 지금으로부터 45년 전에서부터 되돌아볼 수 밖에 없다.

어느 해 내가 소장으로 근무하던 APT에서 일본대사관 관사가 다섯 가구가 있었다. 그런데 관리인이 거의 매일 오다시피 다녀가며 대사관 직원 가족 시장까지 다 참견하는 전 일본 한국 거주 가족의 살림을 돌보는 일을 하였다. 자연이 관리소장인 나와는 친밀할 수밖에 없었다. 관리비며 수리비 등 전부 그 사람이 직접 지불을 하였으니까.

그 사람이 이촌동 닭 칼국수를 좋아해서 일주일에 세 네번은 나하고 같이 식사를 했다.

술 안 먹는 것과 면 좋아하고 회 좋아하는 것이 식성이 거의 같다보니 그 사람이 오면 횟집 아니면 닭 칼국수 집이었다.

밥을 먹다가 그 사람 기사 처가가 외연도라는 섬인데 가을에 장모생일에 같이 가면 자연산 회 직접 잡은 것 실컷 먹을 수 있다고 같이 가자하는데 그들 부부 가는데 나 혼자 쫓아가기도 그렇고 정소장 같이 갑시다 한다.

　나보다 나이도 세 살밖에 차이 안 나니 둘이 있을 때 반말도 하고 친한 사이였다. 그래서 그럽시다 하고 여름휴가를 안 쓰고 11월 초에 썼다.

　사실 나는 초보라 내 차를 안 가져가려 했는데 그 사람 차는 대사관 관용이라 사사로운 휴가에는 차를 가져갈 수 없다하여 나는 아직 장거리 운전이 서투르다 하니 내 기사가 BMW 세단만 몰았기 때문에 운전 걱정은 말라 해서 넷이서 같이 갔다.

　서해고속도로가 없을 때라 경부고속도로 호남고속도로 익산을 거쳐 군산부두에서 점심을 먹으며 바로 저기 건너다보이는 곳이 바로 배를 타는 장흥항이라 한다.

　군산에서 바다가 쑥 들어온 것이 얼마 안 되는 것 같은데 육로로 돌아가니 벌써 해가 뉘엿뉘엿 한다. 부두에 가서 배를 물으니 아침 10시에 출항하여 외연도까지 4시간 30분 걸려 2시 30분 외연도에 정착했다가 1시간 후 3시 30분에 돌아온다 한다.

　원체 손님이 없어 개인이 운영을 못하고 충청남도에서 운영하기 때문에 운임은 싸다 한다.

　그 소리를 들으니 외연도가 취약 섬이라는 것은 확실하다. 선착장에서 가까운 여관에서 자고 아침을 먹고 나서 고기 사가지고 온다고 두 내외 가더니 겨우 돼지 앞다리 하나 사 가지고 왔다.

　나는 속도 모르고 장모 생신에 가는 사람이 돼지고기가 뭐야

소 갈비라도 한 짝 사 갈 것이지.

그리고 대사관 직원이 표를 끊어 배를 탔다. 그래야 1인당 8,000원씩 4인 요금이 32,000원이다.

섬도 하나 안 보이는 망망대해를 쉬지도 않고 갔어도 4시간 30분이니 차만큼 빠르진 않아도 서울서 대전거리는 갔나보다.

외연도에 도착하니 방파제에 해녀 3명이 고기를 파는데 하나는 삼치 70~80cm 몇 마리 놓고 한 마리 20,000원 또 한 해녀는 해삼 다섯 마리 큰 것 20,000원 또 한 해녀는 전복 다섯 마리 큰 거 20,000원이다. 나는 빈손으로 들어가기가 민망해서 전복 3마리 해삼 3마리 하여 20,000원 삼치 600m 깊이 낚시로 금방 잡은 것 살은 것 20,000원 하여 40,000원을 주고 사가지고 들어갔다.

이곳 거주민 거의가 고기잡이가 생업이라 가족은 다 군산 장흥에 있다 한다. 학교 때문이고 이곳에서는 살림을 하기가 곤란하단다.

아이들 학교도 그렇지만 우선 수돗물이 해경에서 바닷물 정제한 것 제한급수라 목욕을 할 수 없고 첫째 불이 없어 난방을 못 하고 물을 데우지 못한다. 그러니 목욕도 일주일에 군산이나 장흥 나와서 하고 간단다.

전기도 해경의 발전기에서 저녁 두 시간 7시에서 9시까지 그것도 1가구 등 하나, 또 화장실도 재래식으로 차면 각기 퍼다 버리는데 집 인근에 구덩이 파고 묻는다 한다.

그날 저녁에 그들은 돼지고기만 가스레인지 불에 푹 삶아 텃밭에서 기른 고갱이 없는 잎배추에다 수육으로 쌈장해서 비개덩이를 그냥 먹었다.

그리고 내가 사간 전복 해삼 삼치는 서울서 간사람 넷이서 저녁으로 먹었다. 그제야 왜 사위가 돼지 비개덩이만 사 간 이유를 알았다.

매일 바다에 나가 고기 잡으며 거의 쌈장하고 회만 먹고 라면만 먹어 동물 기름을 먹어야 했고, 또 물 생선은 하도 먹어 거의 집에서는 안 먹는다 한다. 그 처남은 아이들은 할머니하고 장흥에 살고 두 내외가 고기 잡는다 한다.

그래서 그날 밥은 구경도 못하고 거기 가족은 돼지고기만 먹고 서울서 간 일행은 회만 먹었다. 초장은 그들의 필수 간이니 맛있게 만들었다.

자고 일어나니 아직 해가 안 떴는데 주인이 옛날 막걸리잔 알미늄 양재기 하나 굴 까는 칼 하나씩 주며 남자 3인이 굴 따러가자 한다. 거기 사람들은 안 따 먹는데 그네도 매부나 오면 데리고 가서 딴다 한다.

능선이라야 집에서 50m 남짓 오르면 된다. 지형이 남쪽으로 전라도 마이산(조개껍질 박힌 화석산이 마이산) 서쪽 봉과 똑같이 솟아있고 거기서 서쪽으로 방파제가 50m 가량 있고 방파제 끝나면 여객선 승선하는 곳이다.

포구가 건너 산까지 약 100m 수영 잘하는 사람은 충분히 건

너 다닐 수 있고 산 밑으로 길을 닦아 해경 1개 소대가 주둔하고 그곳에 대형어선 선착장도 있고 마이산 같은 데는 더덕 덤불이 전체를 덮었다. 더덕 향이 입구에 들어서니 진동을 한다. 더덕은 캐지를 못한단다.

 계속 씨가 떨어져 싹은 돋아나나 화석에 뿌리가 박혀 한 뿌리도 캐진 못 해도 싹에서 향내는 진동을 한다.

 거기서 약 200m가 모래 능선인데 갈대만 몇폭 무더기로 있고 모래 능선에서 50m 가량 내려오면 집이 길따라 두 줄로 늘어서있다. 인분은 길과 능선사이 50m에다 파고 묻어도 과이 표시가 안난다 하기로 나는 올 때 알았다.

 밥을 안 먹어서인지 3일 동안 소변 두 번 보고 대변은 한 번도 안 봤다. 선주들이 새벽에 고기잡이 나가면 잡은 것을 장흥 군산 부두에 내려주고 거기서 저녁 먹고 기름 넣고 와 자니 거의 용변도 집에서는 어쩌다 한번이기 때문에 재래식이라도 그냥 말라 붙어 1년에 몇 삽 떠다 버리면 된다 한다.

 그리고 가운데는 빽 둘러 동백나무 숲이고 야트막한데 아름드리 몇 천년 된 것이라 밀림은 볼만한데 들어갈 수가 없다.

 못 들어가도록 가시철망에 한 군데 표지간판이 있고 안에는 졸대 밭인데 각종 새 분비물이 수 천년을 덮어 콘크리트 쏟아 놓은 것 같아서 한 발짝도 들어갈 수가 없었다.

 외연도의 유래는 옛날중국 연나라 재상이 정변을 피하여 조각배로 이곳에 와 정착하여 처음 사람이 살았다 하고 안개 낀

날이면 파도가 잠잠할 때 중국의 상동반도에서 닭 우는 소리가 들려서 고향을 그리며 애환을 달래며 살았다 한다.

그 동쪽 등성이 아래로는 바둑돌 만한 자갈인데 바닷물에 깎이고 깎여 반들반들 한데 그 색깔이 여러 색이다. 보라서부터 검고 희고 붉은색까지 해경이 지키는데, 200m 해변으로 감시 카메라가 세 군데나 설치되어 있다.

햇살이 돋기 시작하니 바둑돌이 박람회 때 롯데 아쿠아 해수관 바닥에 깔아 놓은 연마석 같다. 빛이 발해서 반짝반짝 영롱하게 구슬 같다. 그걸 한 개라도 줍거나 줏어 던지면 바로 즉결에 넘긴다 한다.

국가의 보호지역이라 그 마을 사람도 아직 하나도 반출한 적이 없다 한다.

입구에다 신 옷 다 벗어 놓고 팬티만 입고 들어가 바다와 거리40m 밖에 안 된다. 물에 들어가지 않고 바위에 앉아 손톱만 한 바지락이 다닥다닥 붙은 것을 한자리에서 까 담으니 금방 한 양재기 까 담았다.

나와서 해경 감시하에 옷을 입고 집에 와서 씻으려고 하니 씻지 말란다. 바닷물이 깨끗해서 씻을게 없다 한다. 그게 아침이다. 내가 잡은 것 초장 넣고 비벼 나 혼자 먹었다. 다 각기 자기 잡은 것 자기가 먹었다. 그리고 밥도 없이 그게 아침이란다.

그렇게 아침을 먹고 세면하고 이 닦고 마을구경이래야 200m 호숫가에만 갔다 오면 갈 곳도 없다. 그런데 가옥 맨 끝에 다방간판이 세 집이 있다.

저기 들어가 커피나 마십시다 하니 저기는 커피 파는 곳이 아니에요.

그런데 왜 다방 간판을 붙였나요.

그건 여종업원을 두기 위한 행정적 수단이지요.

실제 차는 안 팔고 인신매매 하는 곳이지요.

아니 고기잡이해서 아가씨 찾아다닐 만큼 수입이 되나요.

아니요.

이 마을 사람은 받지 않습니다. 만약에 이 마을 청년을 받으면 가만히 있겠어요. 부인들이 다 뒤집어 엎지요.

예약 손님만 받아요. 마도로스 선장들은 1년에 휴가가 한 달밖에 없으니 백령도에서 북해 알래스카까지 오가는 선장들이 가장 쉬었다 가기 좋은 곳이 이곳이에요.

수심이 깊어 부두에 배 정박이 수월해요.

그리고 배길에 접해 있어요.

대게 원양어선은 고기를 잡는 즉시 냉동선에 넣어야하기 때문에 작은 배는 냉동실이 없으니 연평도서부터 고기를 받아 남해를 거쳐 부산에 가서 하역하고 알래스카에서 받아 싣고 부산에 하역하고 이렇게 서에서 동으로 가고 동에서 서로 가며 고기를 어선에서 받아 싣고 어업 조합에서는 어부 통장으로 입금하고 하지요.

마도로스는 제들하고 하룻밤에 최하가 100만 원 마음에 들면 천만 원도 준다고 해요.

 그런 아이는 아예 그 선장만 받고 애인처럼 다른 선장은 안 받는데요.

 여기에 민박집은 없나요 하니 있기는 한데 방만 따로지 화장실 세수도 주인하고 같이 써요.

 그래서 민박집을 찾아갔다. 방 두 칸 밖에 없는데 하룻밤 만 원이라 한다. 그런데 나하고 인사하며 혹시 충청도가 고향이세요 한다.

 예. 충주가 고향이요.

 어이구 반갑습니다. 이곳에 오는 사람도 없지만 40년 만에 처음 고향 분을 만났네요. 반갑습니다.

 인사를 하고 마누라를 부른다.

 여보, 저녁 밥 좀 해. 식사 못 했지요 네. 이곳에 오면 밥을 못먹어요. 우리는 고향이 충주라 하루에 밥 한 끼씩 먹지만 젊은 사람들은 가족이 다 육지에 있어 혼자는 밥을 못 해 먹어요.

 우선 반찬이 없잖아요. 밥이야 가스레인지에 물 부어 얹어 놓으면 되지만 반찬을 하려면 다 장흥 가서 시장 봐 와야 하니 젊은이들이 어디 그래요. 육지에 나가면 먹고 새벽부터 고기잡이 나가면 밥 먹을 시간이 없어요. 그때는 이곳에 전기가 없어 냉장고가 없을 때다.

 그저 배고프면 가스레인지에 라면이나 하나 삶아 먹고 빵 등으로 때우지요.

옛말에 고향 까마귀만 보아도 반갑다더니 고향 분을 만났으니 너무 반가웠다. 돈 만 원을 주니까 안 받는다. 아무리 고기나 잡아먹고 살아도 어찌 오랜만에 만난 고향 사람에게 돈을 받고 재워요. 어차피 비어 있는 방 얼마나 더 잘 살겠다고.

참으로 어른다운 말씀에 눈물겨웠다.

그리고 나의 삶을 뒤돌아보게 된다. 나는 다른 사람에게 여지껏 호의 한번 해 본 적이 있나 아무리 돌아봐도 없다. 그분의 말씀에 부끄러운 생각이 든다.

삼일째 되던 날 처남내 집엘 가니 내일 가신다면서요 한다.

예. 출근 때문에.

오늘 제가 선상파티를 준비해 놓았습니다.

선창으로 나가니 해녀 둘이 와 있다.

노는대도 구색이 맞아야 흥미롭지요. 저의 매부하고 저희는 부부가 가는데 손님은 홀로 가자 하면 무슨 재미가 있어요.

그래서 예쁜 해녀 두분 모셔 왔으니 두분 오늘 하루는 마음대로 파트너 하시오.

아이고 고맙습니다. 사실 남자끼리 놀면 재미 없지요.

조물주가 함께 하라고 남녀를 만들어 놓은 것인데.

짝이라기보다 그냥 오늘 하루 친구지요.

어이 미스고 연애 하고 싶거든 해.

그러잖아도 집 나온지 오래돼서 신랑이 보고 싶은데 까짓거 합시다.

해녀들이 화끈하다. 무슨 소리를 해도 웃고 받아준다. 배로 거기서 1시간을 남쪽으로 나갔다.

새까만 작은 바위섬에 갈매기가 가득하다. 배를 대고 하는 소리가 여기는 해초가 많아 아무나 못 들어온단다. 보다시피 저기서부터 100미터는 해초가 쭉 깔려있어 잘못하면 배가 파손된다 한다.

그리고 저 자라목이 이곳의 보고란다. 남쪽에서 파도가 몰려오며 저곳으로 한데 몰려 넘어오며 여울이 생기고 여울 밑에는 각종 해산물이 무진장이라 이분들이 이곳의 단골이라 다른 사람은 이곳에서 물질을 못 한답니다. 그래서 저는 배로 잡은 거 싣고 가는 파트너입니다.

배를 대더니 해녀가 옷을 훌훌 벗더니 쉬를 한다. 여인들 넷이 일제히 엉덩이를 내리고 배 밖으로 내밀고 용변을 본다.

남자들도 다 같이 반대쪽으로 늘어서 오줌을 누었다. 어쩔 수 없다. 그렇다고 기관실에 들어가 볼 수도 없고 배에서는 어쩔 수 없기 때문에 한배 탔다는 말이 여기서 생긴 말이라 한다.

큰 배야 화장실에 따로 있지만 고기잡이배는 그냥 바다로 흘려 보내야하기 때문에 남자고 여자고 어쩔 수 없이 다 보는데서 해결할 수 밖에 없다 한다.

해녀들이 용변부터 보는 것은 잠수복을 입으면 용변을 못 보기 때문에 으레 물길 들어가기 전에 해야 하는 행사라 한다.

용변을 보더니 바로 잠수복을 입어 부표 달린 허리에 메고 고기 망태기를 옆구리에 차고 여울목 속으로 뛰어든다. 해녀들이 부표를 차는 것은 있는 장소를 언제든지 배에서 감시하고 어떤 변고가 생기면 즉시 구조가 가능하다. 물속에서 언제 어떤 일이 벌어질지 모르기 때문에 만약을 위하여 대비한다 한다.

그리고 산소통 모자를 얼굴에 쓰고 하니 해녀도 무척 장비가 여러 개다. 실제로 잠수복도 꼭 끼는 고무 옷이라 살이 조여 무척 답답하다 한다.

그리고 물안경 달린 산소 모자도 배의 산소통과 고무호스로 연결되어 무척 무겁다 한다.

해녀도 이와 같이 오랫동안 예행연습이 있어야 파견근무 한단다. 여기 해녀들은 다 제주에서 왔단다.

우리나라 해녀는 거의 제주 해녀란다.

다 벌어서 가족 먹여 살리려고 몇 달씩 파견 나와 이렇게 해서 일년 가족 생계비를 벌어 간단다.

그래서 이렇게 파견근무자는 해녀중에도 특급이라야 아무 해협에 가도 물질을 하지, 초년생은 늘하던 바다에서는 하지만 처음 하는 곳에서는 물질을 못한다 한다.

둘이 잠깐 잡았는데 한 망태기씩 들고 올라온다. 해삼 전복 바닷가재 성게 문어도 무척 크다.

다 고기잡이 남자들이 순식간에 손질하여 회로 먹게 썰어 놓고 문어도 가스레인지에 물을 끓여 살짝 데쳐 숨만 죽여 썰어 놓는다. 그러니까 큰 문어도 연하게 씹힌다.

술 소주 한 박스 맥주 한 박스를 다 먹었다.

술에 취하니 노래도 부르고 춤도 추고 정말 평생 할 수 없는 선상파티를 그것도 해녀와 종일 놀았다. 선장이 어떻게 연애 한번 할래하니 아저씨들 돈 많이 가져왔어. 그냥 돈이 먼저다.

그러더니 나 보고 아저씨 연애 한번 합시다.

우리는 둘이 빈털털이인데 하니 에이 재미없어, 뭐 연애를 돈으로 하나 연장만 좋으면 되지.

막상 배에서 내려서 안녕히 가세요 인사하고 사라진다.

그제서야 분위기 살리기 위해서 해녀들이 척척 다 받아 주었을 뿐 절대 아무나 만나고 하지를 않는다 한다. 그들은 가정에 대한 애착이 누구보다 크기 때문에 오로지 돈 벌어 집에 보내는 생각 외엔 절대 외도 같은 것은 없단다.

그런 거 밝히고 하면 물질을 못 한다 한다. 하루하루 바다와 싸우고 고기를 낚아야하기 때문에 언제나 몸을 단정히 하는 것이 그들의 바다에 대한 예의라 한다.

나는 못 먹는 술을 한잔 했더니 그냥 와서 떨어져 잤다. 거의 12시가 되었는데 주인이 정씨 하면서 문을 두드린다.

예. 아저씨하고 캄캄한데 문을 열고 내다보니 아가씨와 주인 아저씨가 서 있다. 내가 뭐라 하려니 쉬하고 못 떠들게 하고 들어가 말씀드려 하고 아가씨를 들여보낸다.

사연인즉, 인신매매로 깡패들한테 잡혀와 이곳에 갇혀 있는데 돈은 많이 벌었으나 영영 탈출을 못하면 폐물이나 되야 내 보내 줄텐데 그때 나가서 자식도 못 낳고 무슨 재미로 살아요. 그러니 나 좀 탈출시켜 주세요. 저도 집이 충주예요.

 그래서 아저씨에게 부탁해 놓았고 언제라도 탈출할 수 있도록 배도 마련했고 장흥 가서가 문제에요. 나 없어진 줄 알면 바로 SOS로 연락이 갈 거고 택시기사도 다 그들하고 연결이 되 있어서 여기서 탈출해도 장흥에서 잡혀 도로와요.

 아저씨가 탈출만 무사히 하여준다면 내 돈 다 가지셔도 되요. 아저씨 차도 갖고 왔다면서요. 아저씨 저 좀 살려주세요.

 이렇게 이런 곳에서 몸이나 팔며 일생을 보낼 바엔 그냥 죽을 거예요. 무조건 매달린다.

 알았어요. 장흥 선착장에서 여관이 빤히 보이니 내가 누구든 막으면 선제공격 하여 쓰러뜨리고 차로 갈 것이니 뒤도 돌아보지 말고 뛰어가 여관 근처 숨어 있다 내가 차 문 열거든 바로 나와 올라타요. 일단 차만 타면 무조건 달려 대전으로 갈거니까.

 그 자리에서 대번 오빠다. 고마워 오빠.

 고맙긴 누구라도 당연하지 한 인생에 대한 죽느냐 사느냐인데 외면할 수 없지. 이를 외면한다면 사람도 아니지 나도 선착장에서 공격하면 웬만한 놈 하나 둘은 따돌릴 수 있어.

 그리고 가더니 1시경에 슬리퍼를 질질 끌고 잠옷 입은 채로 가방 하나 날름 들고 왔다. 화장실 간 줄 알라고 옷도 벗어 놓은 채로 신도 문 앞에 그 대로 놓고 잠옷 바람으로 왔어.

 배도 탈출 시킨 줄 알면 이곳에서 고기잡이도 못한데 폭력배와 다 연결되어 있기 때문에 그들이 알면 어떻게든 복수를 한 데. 그래서 고기잡이 배 나갈 때 좀 일찍 나가고 또 장흥에 날 새기 전에 닿아야 하기 때문에 4시로 택했다 한다.

시간 놓칠까 봐 한숨도 안자고 캄캄한 방에서 앉아 이야기만 했다. 4시 10분 전에 나가니 선장이 기다리더니 배와 연결된 줄을 잡고 드럼을 타고 배에 오르며 그렇게 줄에 매달려 드럼을 타고 당기면 된다 하여 그대로 10m 앞 배에 탔다. 갯벌이라 배가 10m 전까지 밖에 못 들어온단다.

몰래가기 때문에 선창에다 배를 맬 수도 없고 배전에 오르자마자 손을 잡고 끌어올려 바닥에 문을 열더니 밀어 넣는다. 배 바닥에 선장이 쉬는 곳이란다. 나는 키가 커서 꾸부리고 앉을 수가 없어 돈 가방을 베고 누웠고 아가씨도 내 팔을 베고 눕는다.

둘이 누우니 꽉 낀다. 혼자 밖에 못 눕는 곳인데 나처럼 덩치 큰 장정과 둘이 누우니 꽉 낄 수밖에, 선장이 전속력으로 달리면 배위로 물이 날려 들어오니 절대 문을 열지 말란다. 문을 열었다가 파도물이 덮치면 다 죽는다고 엄포를 놓는다.

엄포가 아니다. 실제다. 4시까지 안 잤더니 눕자마자 잠이 온다. 아가씨도 긴장이 풀렸는지 코를 골고 잔다.

얼마나 지나 나오라고 해서 나가니 이제 동쪽에 먼동에 틀려고 붉으래하다. 선착장에다 안 대고 부두가 횟집 가판 앞에다 댔다.

얼른 내리니 조심해 잘 가라하고 배는 쏜살같이 사라진다. 내 점퍼를 벗어 머리에 씌우고 여관 10여m 앞에 왔는데 누군가 당신 뭐야 한다. 가방을 주며 가 하고 물어볼 새도 없이 남자 국부를 힘껏 걷어차니 나 죽는다 소리치며 저저저 한다.

그러거나 말거나 뛰어가 차 문을 여니 날쌔게 올라타서 그냥 컴컴한데 익산 쪽으로 달렸다.

순식간에 한 10리는 왔나 보다. 아가씨도 말 한마디 없다.

그제서 그 사람 뭐 하는 사람이야 한다. 모르지 쳐다 볼 새도 없었어. 나도 모르게 팔을 잡기로 돌아서며 사타구니 정조준하여 걷어차니 그냥 주저앉으며 말도 못 하고 저저 소리만하기로 그대로 달려와 차를 탔기 때문에 뭐 하는 사람이지는 몰라도 그 시간에 돌아다니는 것 보아 순찰 아니면 밤손님이겠지. 아 아니다. 밤손님이면 먼저 숨을 텐데 내 소매를 잡는 것으로 보아 순찰 인가봐.

말이라도 건네도 나야 하나도 꺼릴 거는 없지만 너 보자 할까봐 그냥 때려 기절시킨 거야 조금 있으면 괜찮을 거지만 제가 순찰 같으면 경찰에 신고할 것이고 그러면 귀찮을 테니 무조건 이곳을 벗어나는 수 밖에 없어.

다행히 밤손님이면 신고는 못 했을 거고.

무조건 이른 새벽길이라 또 시골길이라 차가 없으니 150~160놓아도 하나도 거침없이 익산까지 갔다.

시내를 거의 다가다 보니 아침 식사 됩니다 소머리해장국이라 써 붙여 있다. 들어가 앉으니 먼저 온 손님이 두 탁자 있다. 해장국 둘하니 따뜻한 천엽하고 생간을 서비스라고 갖다 준다.

그 집은 육고간을 직접하고 매일 소를 잡기 때문에 아침 손님에게만 천엽하고 간을 조금씩 준다고 한다. 오랜만에 먹으니 정신이 번쩍 난다. 그리고 소머리국밥을 한 뚝배기 먹고 나서 기분이 확 솟는다.

그 아가씨도 몇 년 만에 고기를 먹어 본단다.

거의 라면 빵만 먹다가 고기를 먹고 나니 죽었다 살아난 기분이란다. 왜 안 그렇겠어. 엊저녁부터 죽기 살기로 마음을 졸이다 이제 군산 영역을 벗어나 국밥까지 먹었으니 긴장도 풀리고 배불리 먹고 죽다 살아난 기분이라도 과언은 아니지.

거기서부터 웃기도 하고 그제서 얼굴을 보니 너무 미인이다. 엊저녁부터 같이 있었으나 전기 불도 없는 곳에서 컴컴한데서 만나 장흥 와서도 탈출하느라 얼굴 볼 새도 없었는데 아침 먹으며 처음 밝은 곳에서 바라보니 너무 예쁘다.

더욱이 파자마 바람이니 잠자고 집에서 나온 여인처럼 순수해 보이는데다 긴장이 풀리니 너무 좋아가지고 연신 오빠 오빠다.

꼭 부부 같다.

대전 와서 점심을 먹으며 야 옷부터 사 입어야겠다. 잠옷만 입고 다닐 수 없지 않아. 그래서 신과 구두를 사 신고 옷도 정장으로 사 입고 먼저 미장원부터 가서 드라이를 하고 화장을 하고 나니 꼭 귀부인 같다.

우아하고 아름답고 교양이 뚝뚝 떨어지고 내가 이게 누구야 하니 오빠여자 한다.

그건 아니지 야 은행 문 닫기 전에 돈부터 예금하자.

오빠 내 이름으로 못해.

왜.

주민증도 그들이 뺏어갔고 또 통장을 하면 주소도 적어야 하는데 거처를 어디로 해. 오빠 이름으로 하면 안 돼.

되긴 되지만 네가 괜찮겠어. 인감하고 비밀번호만 알면 입출금은 얼마든지 할 수 있잖아.

아 그렇겠구나. 그래.

내 이름으로 하자하고 도장포에 가서 상아로 예쁘게 도장을 새겨 가지고 국민은행을 들어가서 예금 하러 왔다고 하니 통장하고 돈 주세요 하기로 돈을 좀 많이 해야 하는데. 얼만데요.

1억 하니 그 아가씨 억 하더니 지점장실로 들어간다.

차 가져오라 하고 내 이름을 보더니 깜짝 놀라며 지점장 귀에다 뭐라 뭐라 하니 아이고 이를 어쩌나 식사 대접을 하고 싶은데.

아니요 먹었습니다.

가서 통장을 만들어 와 주며 괜찮으면 횟집에가 식사라도.

아닙니다.

그때 APT 관리비 적립금 사위 사업자금 모두 내가 가지고 있을 때라 거의 10억은 되었다. 그때 10억이면 지금 1,000억은 될거다. 그러니 은행 직원이 억하고 은행장이 저녁까지 사 준다고 하지 않는가.

아마 그 아가씨도(명희) 놀랐나 보다.

내가 정신없이 달려왔더니 이제 긴장이 풀려 오늘은 더는 운전은 못 하겠다. 나는 자고 내일 올라갈 테니 이제 너 가고 싶은 데로 가거라 하니 오빠 나도 같이 가 자면 안 돼. 나야 좋지 옛말에 열 계집 마다하는 사내 없다고 너처럼 예쁜 아가씨가 같이 가 준다면 마다할 남자가 어디 있니. 아이고 오랜만에 목욕을 한다 생각하니 금방 날아갈 것 같다. 얼른 가자. 목욕 얼른 하고 싶어.

그렇게 호텔에 들어 목욕을 하고 저녁도 안 먹고 푹 쉬고 나니 아침이 딴 세상 같다. 날아 갈 듯 상쾌하다.

서울로 가면 오빠 날마다 보고 싶을 거니까 나 부산으로 가서 천천히 생각해 볼래. 그래 너 좋은 대로 해라 하고 부산행 기차에 오르는 것 보고 나도 서울로 와서 잊고 살았다.

그 아가씨도 탈출시켜 준 은혜 갚는다고 나하고 하룻밤 잤을 뿐인데 특별하긴 하지만 나는 아이들 손주까지 있는데 까맣게 잊고 살았다.

그간 전화도 한 통화 없으니 잊을 수 밖에 돈이 있으니 어디 가든 잘 있겠지. 또 그렇게 예쁜데 결혼 했는지도 몰라. 잊고 살기로 결심했다.

세화하유치향歲華何有之鄉이라 했던가.

사람은 어떠한 의도도 하지 않아도 세월은 자연의 순리대로 흐르는구나.

어느덧 세월은 덧없이 흘러 자녀들 다 저희들 보금자리 찾아 뿔뿔이 떠나고 사회생활로부터 외면당하는 할아버지라는 노물老物로 영원히 진세塵世방구석에만 묻혀 살 줄 알았는데 아들 며느리 손주 온 가족이 외유를 갔다. 미국 하와이 다음 두 번째 가보는 가족여행이다.

필리핀 세이브 샹그릴라. 필리핀에서는 5성급 호텔이라 했다.

무엇보다 해변가까지 내려가는 공원이 더 멋있었다. 해수욕은 매일 했어도 그날은 가족이 모두 시내 구경하고 찜질방 다녀온다고 해서 나는 가기가 싫어서 혼자 떨어졌다.

무료하여 바다에나 가 놀다 오려고 나가서 수영장비를 착용하고 혼자.

가에는 칼돌이 많기로 100m 이상 멀리 들어갔다.

멀리 들어와 숨을 좀 돌리려고 물안경을 벗는데 어떤 수영하던 아가씨가 오빠하고 부른다.

누가 머나먼 타국 땅 바다 가운데서 나를 부르랴 하고 그냥 나오려는데 나 명희야. 나도 너무 반가웠다. 15년 전 대전역에서 부산행 열차에서 아쉬워 손을 흔들며 작별한 외연도라는 작은 섬에서 의도하지 않게 우연히 만난 그 여인을 수만리 타국 땅에서 수영을 하면서 만나다니.

옛말에 인연이란 아무리 갈라놓고 싶어도 만난다 하더니 너와 나 인연은 인연인가보다. 어떻게 여기서 벌써 15년 전인데 어떻게 금방 알아 보았니.

어떻게 내가 오빠를 잊어. 죽으면 모를까.

난 줄 금방 알아보았어.

그럼 뒤에서 보아도 알겠더라 참 너무 반갑다.

일행은.

남편하고 딸하고.

아 그래 다행이다. 그래 어떻게 지냈어.

그 길로 부산에가 내려 호텔에 들어 뭐라도 해야 하겠어서 자갈치 시장 근처에 가서 여자가 가장 구하기 쉬운 써빙을 구한다 하기로 일하겠다 하니 즉석 OK하여 일을 열심히 하니, 손님들이 팁도 많이 주어 돈도 잘 벌었는데 8개월을 하고 몸이 좀 안 좋아서 그만두었어.

왜 어디가 아파서.

아냐 그냥 조금. 그렇게 3년을 쉬다가 그 집에 또 일을 할까 찾아 찾아갔더니 명함을 주면서 이분이 여러 번 와서 있는 곳을 아느냐 물어 모른다고 하니 혹시 만나거든 이 명함으로 꼭 전화를 해 달라고 부탁을 했다 한다.

명함을 보니 모기업 대표이사라 혹시나 오빠라 생각하고 경비실에가 물었더니 사장님 맞는다하기로 전화를 했더니 부리나케 나와서 보니 횟집에 있을 때 팁 주던 사장님이야. 그 곳을 그만두었다 해서 결혼 했나 궁금했어. 어쩐지 보고 싶더라 하면서 그렇게 만나서 몇번 만나보니 사람이 너무 좋아보였어.

나보고 결혼하재. 전처가 3년 전 죽었대. 아기도 없대. 그래서 결혼했고 나라면 꼼짝 못 해 그래서 내가 말했어. 살다 혹시 오빠를 만나더라도 오해하지 말라고 외연도 이야기는 안했지만 오빠한테 신세를 많이 졌다고. 고향 오빠인데 무척 좋은 사람이라고.

그리고 신랑 인사 시켜 줄게. 딸하고 신랑하고 파라솔 아래서 무슨 이야긴지 재미있게 한다. 나하고 옷을 입고 가서 내가 말한 고향오빠 수영하다 만났어.

신랑이 반색을 하며 그러잖아도 아내가 이야기해서 언제 한번 찾아뵐까 했는데 여기서 만나다니요.

나도 반갑습니다. 하니

애 우리 딸.

어 그래 하니 안녕하세요. 하는데 깜짝 놀랐다.

꼭 셋째 딸 말소리와 똑같아서.

내가 중학생 하니, 예 열 다섯 살이에요.

그래 엄마 아빠 닮아서 무척 예쁘구나.

아빠는 탤런트 김성원이 꼭 닮았다.

좀 앉으세요. 여보 뭘 좋아하시나 내가 가 사 올게.

아닙니다. 저희 가족이 아홉 명이나 왔어요. 시내 나갔는데 올 시간 되었으니 가 봐야지요.

나는 아무런 생각 없이 그럼 잘 다녀가세요.

인사를 하고 오는데 50m까지 쫓아 오길래 왜 와 신랑 딸 있는데 어서가 봐 하니 그때 눈물을 글썽 하더니 그때 하며 무슨 말을 하려다 말고 오빠 저 아이 자세히 보고가 하여 돌아보니 그 아이도 나를 빤히 쳐다본다.

왜 그래 나도 아파하니, 저애 이름이 나라 정, 외연도 연, 배 주자 정연주야.

그리고 열다섯 살이야.

그럼 대전서.

맞아. 말할까 말까 망설였어. 그런데 또 언제 볼지 모르는데 딸 이름은 알아야지. 나도 눈물이 주르륵 흐른다. 진작 알았으면 아까 손이라도 한번 잡아 볼 걸.

쟤 때문에 신랑하고 아기 안 낳고 저것만 키우기로 했어. 그 대신 성은 남편 성으로 갈기로 하고, 그래서 딸은 저희 아빤 줄 알아. 또 다른 자식 낳으면 오빠보기 미안할 것 같아서.

잘 키워 줘서 고맙다. 어디 있든 성이 무엇이든 무슨 상관이냐 건강하게 잘 크면 되지.

저거 하나라 저의 아빠도 저거 크는 재미로 산대. 공부도 잘해.

그리고 그때 오빠 이름으로 예금한 것 통장 그대로 있다.

이제 잔금이 50억 이야.

뭐 50억 어떻게.

신랑이 주는 돈 다 그 통장에 넣었어? 연주 결혼할 때 주고 너희 아빠가 주고 갔다 자랑할 거야.

무슨 말이야 모르고 잘 사는 아이 분란을 자초해. 지금까지 아무것도 모르고 저희 아빠가 최고로 알고 살았는데 엄마가 혼전 자식이라 해 봐. 그 아이가 얼마나 충격을 먹겠어.

집에 가는 대로 당장 저 아이 이름으로 바꿔 놔. 나도 자식들이 혼외자가 있는 걸 알면 당장 난리가 날 거야. 다 잊고 행복하게 살자. 나한테 미안해하지 마. 지우지 않고 혼자 낳아 저렇게 예쁘게 키워준 것 만으로 나는 너무 행복해. 또 생각지도 않았던 딸을 만날 수 있는 것 만도 감사해. 내 말 잊지마. 응 약속했다.

응 오빠.

신랑 봐 울지 마. 나도 울잖아. 어서가.

나는 이게 마지막이라 생각하고 그리움이 사무쳐도 가슴에 깊이 숨기고 또 10여 년을 다시는 생각말자 다짐하고 다짐하며 살았다.

그런데 어느 날 모르는 전화가 왔다.

하도 보이스피싱으로 돈 뜯긴 사람이 많다고 하고 내 친구 대학교수도 고향으로 내려가며 국민은행에 있는 돈 시골 농협으로 이체 하려고 농협에 가서 통장을 만들고 있는데 전화가 와서 그 통장으로 자동이체 입금시켜 주겠다고 농협 계좌 번호를 불러 달라 하여 불러줬더니 4천만 원을 다 빼갔다 한다. 농협에 가 입금 확인하니 안 들어와 국민은행에 확인해 보니 농협 번호로 이체 되었다 하여 고스란히 내가 돈 빼서 안겨주었

그 사람이 보고 싶다 463

다 하여 모르는 전화는 끊으려 하는데 아저씨 연주하기로 깜짝 놀라 누구냐고 하니 연주 이모예요. 안녕하세요.

연주 엄마한테 충주에 이모가 산다는 이야기는 들었어요.

아무래도 언니가 저희 아빠는 만나던 안 만나던 알고는 있어야 될 것 같다고 알려만 드리라고 해서요.

뭔데요.

연주가 검사가 되어 서울 서초 검찰청에 있대요. 보고 싶으시면 만나 보시래요. 그 아이에겐 아직 말 안 했대요.

알았습니다. 고맙습니다 알려 줘서.

이제 언니보고 다시는 연락하지 말라고 하세요. 연주는 내가 알아서 하겠다고요.

내 나이 이미 종명終命에 이르렀거늘 두려워 할 것도 꺼리길 것도 없지만 그래도 염치는 아는지라 앞으로 일어날 아비에 대한 실망을 생각하면 가슴이 무너진다. 이 또한 내 인생의 운명인 걸 어쩌랴.

그 아이 엄마는 사람이 친 아빠가 멀쩡히 살아 있는데 모르는 척 할 수 있는가 하지만 아무리 그래도 나는 도저히 수용할 수가 없었다. 인간의 탈을 쓰고 자식의 불행을 뻔히 알면서 그 아이에게 알린다는 것은 나로서는 도저히 용납할 수가 없었다.

지금 엄마 아빠가 다 없다지만 오로지 아빠 엄마만 사랑 받고 살았는데 혼란을 준다는 것은 아비를 떠나서 인간으로서는 할 수 없는 일이다.

나는 이때껏 이 말을 누구에게도 꺼내 본 적이 없지만 책에라도 내 심정을 다 털어 놓고 나니 가슴이 뻥 뚫리는 것 같다.

시원하다. 아마도 이 글을 그 아이가 읽는다면 필리핀 샹그릴라 호텔 해수욕장이 생각날 것이고 내가 누구라는 것은 알겠지. 나도 내가 어찌하면 좋을지 대답이 없다.

그저 물음표만 있을 뿐이다.

나는 누구인가? 나는 오늘 마지막 족두리 봉에 올랐다.

서초동을 바라보면 한없이 눈물이 쏟아진다.

이제 기억마저 아물아물 사라져 가는데 그저 답이 없구나.

건강해라. 사랑한다. 미안하다. 사람이 늙으면 뻔뻔해진다더니 하루에도 수 없이 마음이 오락가락하여 지는구나.

이러다 무엇이 옳고 무엇이 그름을 판단을 못하면 어쩌나.

걱정이 이만저만이 아니구나.

아직 책을 쓰는 것을 보면 멀쩡한 것 같은데 또 오늘 한 일을 생각하면 겁이 난다. 나는 오늘 그렇잖아도 이 책을 쓰면서 심기가 어수선하고 그 아이가 보고 싶어 미칠 지경인데 아내가 또 책이냐고 싫은 소리를 퍼붓는다.

나는 그만 아내 앞에 여직 안하든 망언을 했다.

책에는 마치 선사禪師처럼 써놓고 이놈의 여편네 또 지랄이야 소리를 지르니 아내가 하도 질려서 말도 못하고 두 눈에 눈물을 주르르 흘리며 자기 방으로 들어간다.

저 착한 여자에게 해서는 안 될 욕을 질러댔으니 내가 안하던짓을 하니 망령이라도 든 줄 알고 욕먹은 것보다 나를 더 걱정하는 것 같았다. 누구한테 인지 전화를 하며 너희 아빠가 좀 이상하다 한다.

나는 이 책을 처음엔 유고집遺稿集이라 수명죽백垂名竹帛이라 썼다가(입신양명하여 명예로운 이름을 후세에 남김)으로 했다가 박근혜대통령 옥중편지가 완판이 되는 것을 보고 마음이 바뀌었다. 그래서 선거홍보에서 사진을 오려서 표지에 붙이고 책명도.

내가 바라는 나라. 내가 그리는 대통령이라 했다.

왜냐하면 아직 치적이 없으니까 대통령이 이렇게 하면 좋겠다고 썼다. 인사 개관정人事蓋棺定이라 했듯이 사람의 진정한 평가는 그가 죽은 후라야 내릴 수 있다 하였으니 더 이상 망언만은 안하고 죽어야 할 텐데.

다시 한번 마음을 다잡아 본다.

2022. 3. 24.

泰根 拜

旅行

　2023. 6. 5 TV뉴스를 보다보니 지중해 크로아티아에서는 사적 연구학자 외 일반 관광객은 받지 않는다 한다. 관광으로 얻는 이익보다는 관광객이 버리고 가는 각종 쓰레기가 깨끗한 도성都城과 해안선海岸線을 더럽혀 놓는다한다. 정보화, 산업화를 살아가는 우리 인간人間에게 정신적 풍요豊饒는 정립定立된 삶의 단계段階일 뿐이다.
　모두가 바쁘게 살아가는 사람들에게 여행은 힐링의 역할뿐 아니라 공상을 해소시켜주고 공론公論을 정당화시킬 수 있는 매개체로써 삶에 안정과 웃음을 가져다주고 지식을 북돋아 준다.
　바쁜 일상 속에서 잠시 여가를 내어 떠나는 여행은 삶의 활력소로도 충분하며 가장 탁월한 여가 활동이라 여겨진다.
　급변하는 시대에 자기만의 개성을 살려 역사를 배우고 글쓰기를 즐길 수 있는 좋은 기회도 여행보다 더 좋을 수는 없다.
　오히려 많은 장비와 소지품은 여행에 부담만 될 뿐 아무런 희소 가치가 없다. 좋은 동시녹음 카메라와 note와 pen 하나면

족하다. 눈으로만 기행을 고스란히 담아 온다는 것은 불가능하다. 더욱이 외래어에 서투른 학식으로는 메모 없이는 외우기가 불가능하다. 특히 고적古蹟 탐사 여행은 더욱 메모가 절실하다 현지 가이드의 설명보다 더 확실한 것은 없다.

아무리 해박한 학자라 하여도 낱말 하나하나까지 숙지한다는 것은 불가하다 흔적의 기록과 촬영과 합성하여 기행문을 쓰다 보면 애써 작가가 되려하지 않아도 출세出世의 명작을 쓸 수 있다. 세계적인 명소를 직접보고 느끼며 형상화하다보면 어느 배움보다 값진 역사적 가치가 잠재되어 있다. 지금같이 다양화 된 여행지는 어딜가도 다 산재되어 있지만 지중해에 위치한 발칸반도 크로아티아를 권고하고 싶다.

아드리아 해안海岸을 끼고 있는 너무도 깨끗한 순백純白의 유리처럼 맑은 블루 코발트 빛 바다며 아름다운 섬들이 점점點點히 떠 있고 반도半島와 만灣으로 이루어진 긴 해안선海岸線에는 달마사원達摩寺院을 뒤덮은 천년千年의 우산 소나무며, 산비탈 절벽에 세워진 사이프러스 나무가 태양에 불타는 해변海邊을 시원하게 가려준다.

내 친구따라 그때 여행이 없었더라면 내 人生에 이보다 더 아름다운 생이 어디에 있을까? 첫번째 도시 두브로브니크 시가지며 눈에 들어오는 유적지와 지중해의 푸른 바다가 그냥 상상만 하여도 가슴속까지 시원하다. 저 멀리 펼쳐진 앞바다로 옛날 유라굴로 광풍까지 뚫은 사도 바울이 복음을 들고 유럽으로 건너갈 때 역사가 토인비는 "어둠의 대륙에 아침해가 떠오르고 있었다"라고 비유했다.

 언듯 나그네들의 낙원 같지만 이곳에도 긴 역사의 격랑激浪은 피할 수 없었고 유고내전에는 세르비아의 폭격으로 폐허가 된 적도 있다. 지금까지도 그때의 아픈 상처傷處가 상흔傷痕으로 남아 묵묵히 흔적을 증언證言하여 주고 있다. 역사는 다 지나간다. 밀라노 대성당 꼭대기 글귀처럼 즐거움도 슬픔도 모두 한 순간처럼 지나갔다. 중요한 것은 영원이다.

 이 땅을 지배했던 로마제국도 오스만제국도 합스부르크제국도 다 사라졌고 유고 연방도 다 깨졌다.

 지금도 도성안에는 로마처럼 역사박물관을 방불케하는 유적들이 즐비하다. 유일하게 이슬람 유적이 없는 것은 오스만 제국의 영향보다 비잔틴과 합스부르크의 영향을 더 많이 받았기 때문이다.

 그러나 사람들의 관심은 유구遺構한 역사 유물보다 빵빵하게 드러내 보이는 색다른 인종人種들의 흉부胸部를 보는 것이 더 좋은 관광이었다.

 도저히 옛날 장비로는 세울 수 없는 척박瘠薄한 해변 자락에 신비의 성을 세우고 지나가는 상선商船들이 쉬었다 가는 해안海岸 바울을 만들고 침략하는 적을 막기 위해 쌓아놓은 불가사의不可思議한 성城채를 보려고 온 세상사람들의 인종전시장人種 展示場이 되었구나.

요즘은 지중해 사람들이 아닌 온세상 각종 인종들이 이곳으로 다 모여들어 사람 장사하는 별천지 도성別天地 都城이 되었구나.

유람선에 올라 두브로브니크 해변을 바라보는 해변에 세워진 요새 성벽의 난공불락은 바벨론 성과 같은 지구상에 또 어떤 고성古城이 있을까. 스르자산에 벼랑진 산비탈에 붙어 있는 그림 같은 집들은 여인의 섬섬옥수로 수놓은 그림처럼 아름답고 막힘없이 탁 트인 끝없는 바다 수평선 너머로 인간 사유를 무한세계로 이끌어 들게 하고 바다 위에 피고 진 문명들의 이야기가 발길을 멈추게 한다.

나는 배움이 부족하여 고적 하나 읽지는 못했지만, 진작에 오늘이 있음을 알았더라면 좀더 촘촘히 메모를 하였을 것을 크로아티아의 섬들 중에서도 왕섬이라는 로크룸 섬은 여기에 또 다른 아름다움이다.

고기뿐 아니라 사람들마저 발가벗고 노는 에덴동산이 여기 말고 또 어디 있는가? 신비한 수림으로 뒤덮인 로크룸 섬은 태고太古의 식물원이요 원초 인간들의 낙원이다. 숲속의 공작들의 짝짓기나 싱싱한 젊은이들의 숨김없는 연애행각은 또 다른 이곳의 볼거리다.

밤이면 해변 망루에 올라 망월에 비치는 인간세상人間世上은 삶이 아무리 힘들어도 여행이야말로 인간만이 누릴 수 있는 극치가 아닌가. 이 성루에는 옛날 오스만제국의 술탄 2세가 콘스

탄티노플을 점령하고 읊었다는 비문은 내 자세히 읽지는 못했어도 황제가 머물던 왕궁에는 거미줄만 엉겨있고, 사마르칸트 망루 위엔 귀곡조가 슬피운다.

　스르자산이 아무리 좋다한들 차마 고도에서 내려다 보이는 깎아지른 절벽 아래 오스만 도성이야말로 꿈속에서나 보아왔던 신기한 별천지요 비경의 요람이로구나. 뒤로 둘러싸인 알프스 산맥山脈은 한 여름에 냉장고요, 병풍처럼 둘러싸인 바위산은 만고의 요새라 그 앞에 펼쳐진 평원에 뒤덮인 소나무 숲은 초원처럼 푸르고 아름답구나.

　푸른 창공에 떠 다니는 뭉게구름은 국경도 없이 자유자재로 정처없이 넘나다니고 옛날 유럽의 꽃이라는 크로아티아의 철학자 버나드 쇼조차 지상의 낙원이라 극찬하지 않았나.

　수천년이 지난 토성都城은 이제 황제는 어디가고 처마 밑에 거미줄과 주춧돌 아래 풀벌레 소리만 을씨년스럽구나. 세상에 어느 도통한 신선인들 이토록 장엄하고 찬란한 대자연을 이용하여 웅대한 문명을 글로써 표현하고 화폭에 담아 예술로 표현하여 온 세상에 알려줄 수 있을까. 다시 태어날 수 없는 초로 인생이기에 사랑하는 자녀들에게 만이라도 이곳을 다녀와서 출세出世의 기행문紀行文을 쓴다면 애서 고행苦行하지 않아도 불후의 명작이 될 거라 확신한다.

2023. 6. 5
할아버지가

아름다운 마무리

아름다운 마무리는 일의 과정에서 길(道)의 도중에서 잃어버린 초심(初心 : 어떤 일에 익숙하지 않은)을 회복하는 것이다.

삶의 순간순간마다 나는 어디로 가고 있는가? 하는 물음에서 그때그때 마무리가 이루어진다.

인생에서 성공과 실패를 뛰어넘어 자신의 순수존재에 이르는 내면(內面 : 인간의 정신, 심리, 감정, 기분 따위의 내적인 면을 문장으로 그려내는 일)을 묘사(描寫)의 연금술(鍊金術 : 외부와의 일반적인 접촉을 금하거나 제한하여 행동이 자유를 어느 정도 속박함)이다.

아름다운 마무리는 공허(空虛 : 허전하고 쓸쓸함)의 생각을 버리고 비움에 다가가는 길이다. 그러므로 비움이 가져다주는 충만으로 자신을 채운다. 타인의 상처를 치유하고 잃어버렸던 나를 찾는 것, 수많은 의존과 타성적인 관계에서 벗어나 홀로서는 것이다. 아름다운 마무리는 모두를 용서하고 이해하는 자비(慈悲 : 중생에게 복을 주어서 괴로움을 없앰)이다.

인생의 늙바탕을 노래한 만날 때 아름다운 사랑보다는 헤어질 때 아름다운 사랑이 되자 한 것은 찬란한 젊음도 두 번다시

오지 않는다.

현명한 자는 하루를 열심히 살지만 어리석은 자는 하루를 즐기며 산다.

한 조각 떠다니는 조각구름도 아침에 돋아나는 햇살보다 저녁노을이 더 붉다.

사람 사는 세상에는 의식주(衣食住)만 풍부하면 삶에 감사해야 한다.

자신에게 일어나는 일들과 모든 과정의 의미를 이해하게 되고 스스로 선택한 자유인의 사는 법 속에서 영원을 발견하고 순간순간 순수와 본질을 회복하는 일에 대한 어떤 종속된 삶이 아니라 기회를 주는 삶이 아름다운 마무리다.

오늘에 이 글이 녹슨 삶을 살아가는 로물(老物)의 영혼에 맑은 바람을 불어 넣고 새로운 인생을 영명하고 로건(老建)을 종명(終命)까지 아무것에도 빚지지 않는 생활에 정신이 녹아들어 있어야 한다.

지나간 모든 것들과 기꺼이 작별하고 아직 오지 않은 순간들에 대해서는 미지(味知) 그대로 열어둔 채 지금 이 순간을 받아들여야 한다.

행복할 때는 행복에 매달리지 말라.

불행할 때는 피하려 하지 말고 받아드려라. 그러면서 자신의 삶을 순간순간 바라보라. 로생(老生)이란 뜻에 찬(寒) 그늘이 내리는 한월(寒月)이다. 겉으로는 쓸쓸해 보이지만 안으로는 심산유곡(深山幽谷)같이 아늑하고 포근한 어머니의 품속 같은 계절이다.

가을 하늘처럼 투명하고 한가로움과 고요로 안식과 치유의 기능을 가진 계절은 그때마다 떠오르는 생각과 삶에서 부스러기를 쓸어 담아놓은 것들이 추수동장(秋收冬藏)만큼이나 풍성하고 듬직하다.

삶은 소유가 아니라 순간순간의 있음이다.

어떤것도 영원한 것은 없다.

모두가 한때일 뿐 그 한때를 최선을 다해 살 수 있어야 한다.

삶은 놀라운 신비요 영원히 이어질 순환(循環)의 아름다움이다.

우리는 언제나 자신을 되돌아보아야 한다.

돌이켜 보니 나 자신도 의식하지 못한 채 같은 말을 되풀이해 왔다.

같은 말을 되풀이한다는 것은 시간의 늪에 갇혀 헤어나지 못하고 있다는 소치(所致 : 그런 까닭)이다. 이 또한 노쇠 현상이 아닐 수 없다.

이와 같은 현상은 새로운 것에 대한 관심과 탐구의 노력이 결여(缺如 : 이지러져 불완전한 모양)되었다는 반증(反證 : 증거를 들어서 어떤 논술이 성립되지 않음을 입증하는 일)이기도 하다.

우리는 자신의 꿈과 이상(異常 : 보통과 다름, 비상식)일 때 늙는다.

세월은 우리 얼굴에 주름살을 남기지만 우리가 일에 대한 흥미를 잃을 때는 영혼이 주름지게 된다.

그 누구를 가릴 것 없이 탐구하는 노력을 쉬게 되면 인생이 녹슨다.

명심하고 명심할 일이다.

흔히들 노후에 대한 불안을 이야기하는데 그것은 아직 오지 않고 있는 이다음 일이지 지금 당장 걱정할 일은 아니다.

세상 물정 모르는 철없는 소리라 할지 모르지만 지금 이 순간을 자신의 분수에 맞게 제대로 살고 있다면 노후에 대한 불안 같은 것에 주눅 들지 않을 것이다.

모든 살아 있는 것들은 지금 이 순간을 살고 있다. 지금 이 순간은 과거도 미래도 없는 순수한 시간이다. 언제 어디서나 지금 이 순간을 살 수 있어야 한다. 생각해보니 내가 이 세상을 의지해 살아오는 동안 알게 모르게 이 지구의 자원을 너무 많이 소비하고 그만큼 지구환경을 오염시킨 것 같다.

이를 극복하기 위해서는 지구인들 각자가 삶의 현장에서 될 수 있는 한 이 지구를 오염시키는 일을 삼가야 한다. 그러자면 무엇보다도 먼저 간소하고 단순하게 살아야 한다. 꼭 그렇게 필요하지도 않은 물건더미에 짓눌려 헤어나지 못하고 있는 우리들 살림살이를 수시로 점검하고 되돌아 볼 수 있어야 한다.

한 해가 다 지나도록 손대지 않고 쓰지 않는 물건이 쌓여있다면 그것은 내게 소용없는 것들이니 아낌없이 새 주인에게 돌려주어야 한다.

부자란 집이나 물건을 남보다 많이 차지하고 사는 사람이 아니다. 불필요한 것들을 갖지 않고 마음이 물건에 얽매이지 않아야 홀가분하게 사는 사람이야말로 진정한 부자라 할 수 있다.

그날그날 삶에 자취를 낱낱이 살피고 자기중심으로 생각하거나 행동하지 않고 세상의 눈으로 자신을 비춰보는 이런 일들을 통해 노년을 아름답게 가꿀 수 있다.

노년의 아름다운 마무리란 모든 일을 담담히 받아들이고 남에게 양보할 수 있는 너그러움에 있음을 잊지 말아야 한다.

올여름이 일찍이 없었던 기후변화를 피부로 실감할 수 있다. 지구인들의 과소비로 인한 지구 온난화에 그 원인이 있음을 뻔히 알면서도 나라마다 경제발전을 내세워 개선하려고 하지 않는다. 마치 제동장치가 고장 난 차가 내리막길을 질주하는 꼴이다.

춘추전국시대 말기 한 젊은이가 전국을 떠돌면서 선현들의 문을 두들기며 군사학과 병법, 청치학을 배웠다.

그러던 어느 날 다리를 건너는데 누더기를 걸친 한 노인이 곁으로 지나다 일부러 신발을 다리 아래로 떨어뜨리며 말했다.

이보게 젊은이 내가 다리 아래로 신발을 떨어뜨렸는데 내가 내려갈 수가 없으니 신발을 좀 주워다 줄 수 없을까?

젊은이는 울컥 화가 치밀었지만 할아버지 같은 노인인지라 참고 다리 아래로 내려가 신발을 주어다 발을 내밀기로 신겨 주었다.

그러자 노인은 말했다.

자네 보아하니 쓸만하군. 닷새 뒤 날이 샐 무렵에 이곳으로 오게.

노인은 약속도 안 듣고 홀연히 그 자리를 떠났다.

닷새 뒤 뭐 다른 볼일도 없고 하여 날이 새자마자 나가보니 노인이 벌써 와 있었다. 노인이 늙은이와 약속을 하고 왜 이리 늦었는가. 하고 닷새 뒤에 다시 오라하고서 노인은 호통을 치며 사라져 버렸다.

닷새 뒤 이번에는 먼동이 트기도 전에 나가니 노인은 벌써 와서 기다리고 있다.

또 늦었군. 닷새 뒤에 다시 오너라.

젊은이는 나가고 싶지 않았으나 두 번이나 일찍 나갔어도 뒤처진 것이 이상해서 이날은 아주 밤중부터 나가서 기다렸다.

그러자 조금 있다 노인이 나타나 책 한 권을 건네주면서 이것을 숙독하면 너는 왕의 군사(軍師)가 될 것이니라.

이 말만 남기고 누구냐고 가타부타 말도 없이 사라졌다.

젊은이가 그 책을 읽어 보니 강태공이 쓴 〈육도삼략〉이라는 병서였다.

이 젊은이는 실제로 모의 연습을 하며 열심히 외웠다.

이 젊은이가 훗날 한(漢)나라를 세운 유방의 군사가 되어 전쟁을 승리로 성공시킨 장양(張良)이었다.

강태공은 자기가 병서를 쓰고도 이미 노약하여 스스로 나가 싸울 기력이 다했음을 알고 전국에 합당한 젊은이를 찾아 병술을 전수한 것이다.

　요즘 사람들에게 내 이 글을 써서 전수한들 읽기나 할는지 얄팍한 지식이나 정보에 덫에 걸려 고전에 대한 소양이 너무 부족하다.

　자기 나름의 확고한 인생관이나 윤리관이 없기 때문에 눈앞의 조그만 이해관계에 걸려 번번이 넘어진다.

　인류의 정신문화 유산인 양질의 책을 통해 보아야 세상을 보는 눈이 열리고 인생의 균형을 유지할 수 있다.

　아무 도움도 되지 않는 텔레비전 프로나 신문기사로 머리를 가득 채우는 것은 영양가 없는 음식을 몸에 꾸역꾸역 집어 먹는 것처럼 정신건강에 해롭다.

　아름다운 마무리는 내려놓음이다.

　내려놓음은 일의 결과나 세상에서의 성공과 실패를 뛰어넘어 자신의 순수존재에 이르는 내면의 연금술이다.

　내려놓지 못할 때 마무리를 일어나지 않는다. 그것은 또 다른 윤회와 반복의 여지를 남긴다.

　아름다운 마무리는 진정한 내려놓음에서 완성된다. 채움만 위해 달려온 생각을 버리고 비움에 다가가는 것이다.

　그러므로 아름다운 마무리는 그 비운이 가져다주는 충만으로 자신의 빈 곳을 채운다.

　삶의 본질인 놀이를 회복하려면 심각함과 복잡한 생각을 내려놓고 천진과 순수로 돌아가야 존재의 기쁨을 누린다.

어떤 것도 이유 없이 일어나는 일은 존재하지 않는다. 자연과 대지, 태양과 강, 나무와 풀을 돌아보고 내 안의 자연을 되찾는다.

궁극적으로 내가 돌아갈 곳은 자연임을 알아야 한다. 눈앞의 이해관계에서 벗어나 나 자신이 세상의 한 부분이고 우리 모두는 서로 연결된 존재임을 깨닫는다.

아름다운 마무리를 스스로 가난과 검소함을 선택한다.

맑은 가난과 검소함으로 자신을 정신적으로 궁핍으로부터 바로 세우고 소유의 비좁은 감옥으로부터 해방하는 일이다.

또한, 단순해지는 것 하나만으로 만족할 줄 알라. 불필요한 것들과 거리를 둠으로써 자기 자신과 더욱 가까워진다. 필요한 것과 불필요한 것을 분명하게 가릴 줄 알아야 한다.

문명이 만들어낸 온갖 제품을 사용하면서 어느 것이 진정으로 내 삶에 필요한가. 나는 이것들로 인해 진정으로 행복한가. 하고 스스로에게 물어야 한다. 그래야 불필요한 것들로부터 자유로워진다.

아름다운 마무리는 살아온 날들에 대해 찬사를 보내는 것. 타인의 상처를 치유하고 잃어버린 나를 찾는 것. 그리고 수많은 의존과 타성적인 관계에서 벗어나 홀로 서는 것이다.

그리고 언제든 떠날 채비를 갖추는 것이다. 그 어디 어느 것에도 얽매이지 않고 순례자나 여행자의 모습으로 살아야 한다.

우리 앞에 놓인 수많은 우주의 선물도 그저 감사히 받아 쓸

뿐 언제든 빈손으로 다 내려놓고 떠날 수 있도록 준비하라.

　머지않아 늦가을 서릿바람에 저토록 푸르른 무성한 나뭇잎들도 내년의 새순을 맞기 위해 스스로 다 떨쳐 버리는 것이다.

　그 빈 가지에 때가 되면 또다시 새잎이 돌아날 것이다.

　이와 같이 우리도 낡은 생각, 낡은 습관을 미련 없이 떨쳐 버리고 새로운 존재로 거듭나는 것은 새로운 로혼(老昏 : 혼나간 늙은이)에 꽃을 피우고 그래야 고목에도 새싹이 돋아난다.

2024. 9.

숨겨놓은 이야기

아내 나이 15살 때 있었던 아내의 이야기이다.

65년 전에 동생과 툇마루에서 놀고 있는데 행낭으로 통하는 문이 있는데 평소엔 늘 자물쇠로 잠겨놓았다.

큰일이 있을 때 손님 접대할 때만 사용하는 문인데 문에서 부스럭부스럭하여 바라봄이 시커먼 것이 뱀 대가리 같이 창호지 문을 뚫고 들어오는데 마침 마루에 다듬이 방망이가 있기로 두손으로 힘껏 내리 갈기니 비명 소리를 지르며 도망치는 소리가 났다.

그때는 남자 것을 본적이 없으니 그게 무엇인지 몰랐다. 그날 이후로 주막거리 과수댁 30먹은 노 총각이 행방불명 되었다는 소문만 들었지 그 이야기를 누구에게도 못했다.

왜냐하면 그 총각이 자기 때문에 도망간 줄 소문이 나면 어른들이 아시면 음흉한 계집애라 소문날까 두려웠고 만의 하나 소문이라도 나면 그 총각은 맞아 죽었을 거다.

그래서 나만 아는 일이기 때문에 아무렇지도 않은 것처럼 숨기고 있다 시집을 와서 신랑하고 잠자리하여보니 그제 그 총각이 방망이에 얻어맞고 지레 겁이 나서 도망을 간 것이란 것을 알아 나중에 생각해보니 그 총각이 병신이나 안되었나 우려스러웠다.

그때는 정말 뱀 대가리인 줄만 알았기 때문에 사정없이 내려 때렸지만, 그땐 정말 너무 무서웠다.

사실 남편한테도 말 못하다 남편이 책 쓴걸 읽다가 생각이 나서 그때 먹 구렁인 줄 알았다 하니 남편도 수긍을 하며 때리지 말고 잡고서 있어 보지 그랬느냐고 하며 농담을 했다.

딸만 있는 집에서 남자 형제도 없다 보니 남자애들도 못 보았기 때문에 정말로 처음 보았기 때문에 남자가 거시기를 문구멍을 뚫고 들어 밀이라고는 상상도 못 했다 한다.

정말 뱀인 줄 알고 사정없이 내리갈겼고 그 총각이 없어졌다는 소문을 듣고도 자기가 때려서 도망친 줄은 몰랐다 한다.

결혼하면 신랑이 꺼내 보일 때 그때 그것이 남자의 불알이란 걸 알았고 썽이나면 그렇게 크다는 것을 알았다 한다.

우리 부부는 그 이야길 하면서 오랜만에 박소를 하였다.

나는 못할 줄 아냐

나 어려서 이웃에 황씨 아저씨 집과 임씨 아저씨 대문을 마주하고 살았다.

임씨 아저씨는 임경업 장군 후손이라 하였고 몸집도 황씨 아저씨 두 배는 되었고 힘이 기계방아 원동기 휠(바퀴) 250k를 지고 운반하는 장정이 그분밖에 없었다.

그분이 오줌 눌 때 보면 시커먼게 아기팔둑만했다.

그리고 황씨 아저씨는 자그마한 키에다 빼빼 말라가지고 꼭 코메디언 배삼용 할아버지 비슷한 분이 어느 모임에서도 그 분이 빠지면 재미가 없다 했다.

나 어릴 때는 마을에서 돌려가며 음식을 나누어 먹었다. 그 날은 이웃은 안 안팎이 다 모여서 먹기 때문에 술이 다 취하게 마련이다.

나도 어른들 노시는 구경을 하고 있는데 황씨 아저씨가 벌떡 일어나 엉덩이를 여러 친구들 앞에다 대더니 방귀를 꾸려고 했나 본대 똥을 뿌두둑 쌌다. 그래도 임씨 아저씨가 얼른 들어 업고 나가더니 앞 논 구역시 샘으로 데려가더니 옷을 벗겨 똥을 빨아 입혀서 황씨 아저씨네 사랑방으로 들어가기로 나는 본대로 어른들에게 말씀드렸다.

앞집 사랑으로 들어갔다는 소식을 듣고 안심하고 놀다 집으로 다 돌아가셨다. 나는 어른들이 가시고 나서 이불 펴고 잤다.

그런데 새벽에 와자지껄 떠드는 소리가 나서 일어나 나가보니 황씨네 사랑방으로 두 분이 같이 들어갔는데 황씨 안방을 보니 임씨 아저씨가 황씨네 안방에서 실오라기 하나 안 걸치고 황씨 부인을 끌어안고 자고 있다.

임씨가 황씨를 씻겨다 자게 하고 자기네 집으로 착각하고 안방으로 들어가 잔 것이다.

황씨 부인도 많이 취해서 옆에 들어와 자는 사람이 임씨 아저씨인 줄을 몰랐는가 보다.

나는 어려서도 그게 어떤 일인 줄 몰랐다.

황씨가 자기네 방으로 안 들어가고 임씨댁으로 쫓아가더니 임씨 부인 방문을 열고 잠자는 임씨 부인을 옷 입을 새도 없이 끌고 자기네 집으로 가드니 방문을 열고 현장을 보여준다.

임씨 부인 잠결에 남편 가장 친한 친구한테 끌려와 보니 남편이 황씨 부인을 끌어안고 자고 있는 것을 보더니 남편 데려갈 생각은 안 하고 황씨를 끌고 자기 방으로 들어갔다.

나는 어려서 그게 얼마나 큰 사건이라는 것을 인식하지 못했다.

그때 들리는 소문에는 황씨는 고자라는 말이 있었다. 잘은 모르는데 고자라서 황씨 아저씨는 수염이 없다고 했고 실제 자식이 없었다.

임씨는 아들만 삼 형제인데 아들 셋은 건넌방에서 늘 따로 잤다.

나는 멋도 모르고 이집 저집 졸졸 따라다니며 구경하다 우리 아버지한테 된통 혼나고 회초리까지 맞았다.

그런데 황씨를 데리고 들어간 임씨 부인이 소리를 지르는데 이러니 마누라가 남의 서방을 데리고 서방질을 하더니 황씨는 바지 춤을 한손으로 잡고서 쫓겨 나온다.

임씨 마누라 황씨를 데려다 분푸리 복수를 하려고 데리고 들어갔으나 황씨가 사내구실을 못했다 보다. 밖에서도 다 들리게 이러니 마누라가 남의 남편하고 서방질을 하지 한 것이다.

기어이 임씨는 집을 팔고 이사를 하였고 황씨 부인은 남자를 알고부터 남편이 알거나 보거나 남편 친구들에게 추파를 하고 결국 황씨는 목 매달아 죽고 황씨 부인은 밤낮 술만 먹고 추태만 부리고 살았다. 마을 복덕방이 되었다.

취태(醉態)는 자동차 없을 때도 늘 있었다.

지금도 가끔은 술 취해 가지고 앞집 옆집 문을 두들기는 취객이 종종 있다고 한다.

나도 집을 사서 이사 오고 얼마 안 있어서 문을 두들겨서 열어보니 술에 취한 아가씨다.

내가 아가씨 집이 어디인데 남의 집에 와 행패냐고 하니 그제야 아저씨 미안, 미안하기로 젊은 아가씨가 이러다 나쁜 사람 만나면 어쩌려고 정신 차리라고 하고 택시 불러 줄까 하니 그냥 계단을 내려가기로 아침에 보니 구두가 한 짝은 우리 집 문 앞에, 한 짝은 옥상 문 앞에 있기로 우리 집 문 앞에다 다른 이 놓아두었더니 언제 와서 가져갔다.

반장이 그러는데 우리 앞집에 그 아가씨가 세 살다 이사한 지 얼마 안 된다 한다.

그 아가씨 술에 취해서 그전 살던 집을 착각했나 보다.

술도 마약이다.

절대 혼자서는 술 먹지 마라.

정히 먹고 싶거든 보호자하고 같이 다녀라 .

사부곡(思父哭)

낮이면 들일하고 밤이면 자리 엮고
고도래 돌 장단 맞춰 사서삼경 읊조리며
넘어지고 부러져도 병원 한번 안 가시고
모진 아픔 속에서도 괜찮다 웃으시고
우울하고 속상타도 자식 보면 힘난다고
인생사 별거더냐 한번 왔다 가는 인생
욕심 걱정 나려 놓고 근면 검소하여라
이 아비가 태만하여 자식 하나 못 거두고
공부도 못시키고 재물마저 못 남겼구나
조급하게 살지 말고 쉬엄쉬엄 살거라
어머니가 지어주신 삼베수의 갈아입고
길도 없고 주소 없는 황막(荒漠)* 저승길을
소쩍새 울음 골 소풍 떠난 아버지
마지막 남긴 말씀 가슴에 사무쳐
그 모습 그리워 애타게 불러봅니다
아버지

---

* 쓸쓸하고 거친사막

사모곡(思慕哭)

힘들고 고생된다 손 놓고 있으면
어느 누가 내 자식을 보듬어 보살피랴
부딪히고 멍들어도 궂은일 마다 않고
한 평생 자식 걱정 뒷바라지 하시다가
모진 고생 속에서도 원망 한번 안 하시고
세월에 무뎌진 거칠어진 손으로
성글어진 등설미를 안타깝게 매만지며
어미가 무실하여 자식 하나 못 거두고
고생을 너무 시켜 뼈마디만 남았구나
눈시울을 지으시며 울먹이며 하신 말씀
손수 지어두신 모시수의 갈아입고
접동새 울고 소풍가마 웃으시네
두 손을 마주 잡고 울먹이는 그 모습
그 모습 그리워 애타게 불러봅니다
어머니

그 사람이 보고 싶다

2025년 1월 20일 초판 발행
2025년 3월 20일 개정판 2쇄 발행

지은이 : 정 숭 용
주   소 : 서울시 은평구 진흥로 15길 12-8, 푸른빌라 402호
전   화 : 010-3751-8201

발행처 도서출판 구암
주   소 서울시 중구 퇴계로 217
인   쇄 구암종합인쇄

등록번호 1991. 6. 12 제2-1188호
전 화 02-2272-0045
FAX 02-2268-3006
E-mail goprint@hanmail.net
ISBN: 978-89-86304-22-0 (03810)

값 : 22,000원

후원계좌 : NH농협 021-02-419777 정태근

※ 잘못 만들어진 책은 바꾸어 드립니다.
※ 본 책의 내용을 무단으로 복사 또는 복제할 경우, 저작권법의
   제재를 받습니다
※ 본 책자의 내용은 도서출판 구암의 저작물이 아니며,
   공식견해가 아닙니다. 정태근 작가의 주관적인 내용입니다.